西北师范大学
NORTHWEST NORMAL UNIVERSITY

教育科学学院

◆ 博士学位论文丛书 ◆

万明钢 王兆璟 总主编

初中语文教学中学生儒家人文思想理解能力培养研究

李彩霞 ◎ 著

甘肃人民出版社

甘肃·兰州

图书在版编目（CIP）数据

初中语文教学中学生儒家人文思想理解能力培养研究 /
万明钢，王兆璟总主编 ；李彩霞著. -- 兰州 ：甘肃人
民出版社，2025. 3. -- （西北师大教育学博士学位论文
丛书）. -- ISBN 978-7-226-06103-9

Ⅰ. G633.302

中国国家版本馆CIP数据核字第 2024EB8570号

责任编辑：程 卓
封面设计：李万军

初中语文教学中学生儒家人文思想理解能力培养研究

CHUZHONG YUWEN JIAOXUE ZHONGXUESHENG RUJIA RENWENSIXIANG LIJIENENGLI PEIYANG YANJIU

万明钢　王兆璟　总主编

李彩霞　著

甘肃人民出版社出版发行

（730030　兰州市读者大道 568 号）

兰州新华印刷厂印刷

开本 787 毫米×1092 毫米　1/16　印张 22.75　插页 3　字数 350 千

2025 年 3 月第 1 版　　2025 年 3 月第 1 次印刷

印数：1~1 000

ISBN 978-7-226-06103-9　　定价：68.00 元

目　录

摘　要 …………………………………………………………… 001

Abstract ………………………………………………………… 005

绪　论 …………………………………………………………… 001

一、问题的提出 ………………………………………………… 001

（一）促进个体精神建构的理性诉求 ……………………… 003

（二）深入开展中华优秀传统文化教育的现实需要 ………… 007

（三）语文课堂教学落实文化理解与传承素养养成的实践需求

………………………………………………………… 010

二、研究问题 …………………………………………………… 012

三、核心概念的界定 …………………………………………… 013

（一）理解能力 ……………………………………………… 013

（二）中华优秀传统文化 …………………………………… 016

（三）儒家人文思想 ………………………………………… 017

四、研究意义 …………………………………………………… 019

（一）理论意义 ……………………………………………… 019

（二）实践意义 ……………………………………………… 020

第一章　文献综述 ………………………………………… 022

　　一、学生文化理解能力的相关研究综述 ……………… 023

　　　　（一）国内对学生"文化理解"的相关研究 ……… 023

　　　　（二）国外对"文化理解"的相关研究 …………… 030

　　　　（三）小结 …………………………………………… 031

　　二、中华优秀传统文化教育的相关研究综述 ………… 032

　　　　（一）"初步探索"阶段（1992—2003）………… 033

　　　　（二）"内化扩展"阶段（2005—2010）………… 037

　　　　（三）"深化融合"阶段（2011—2021）………… 040

　　　　（四）小结 …………………………………………… 062

　　三、初中语文教学中学生儒家人文思想理解能力的相关研究综述 …… 065

　　　　（一）语文教学中学生语文核心素养培育的相关研究 ………… 065

　　　　（二）初中语文教学中学生儒家人文思想理解能力的相关研究

　　　　　　………………………………………………………… 069

　　　　（三）小结 …………………………………………… 072

第二章　理论基础与分析框架 ………………………… 074

　　一、理论基础 …………………………………………… 074

　　　　（一）哲学诠释学 …………………………………… 074

　　　　（二）建构主义学习理论 …………………………… 075

　　　　（三）比格斯教学理论 ……………………………… 078

　　二、分析框架 …………………………………………… 084

第三章　研究设计 ……………………………………… 087

　　一、研究取向、思路和方法 …………………………… 087

　　　　（一）研究取向 ……………………………………… 087

　　　　（二）研究思路 ……………………………………… 088

（三）研究方法 ………………………………………… 090

二、量化研究设计与实施 …………………………………… 091

（一）问卷的编制与试测 ………………………………… 092

（二）样本的选择与问卷发放 …………………………… 093

（三）项目分析 …………………………………………… 093

（四）结构检验与探索性因子分析 ……………………… 095

（五）信度检验 …………………………………………… 102

三、质性研究设计与实施 …………………………………… 102

（一）案例的选择 ………………………………………… 102

（二）资料收集方法 ……………………………………… 103

（三）资料编码 …………………………………………… 105

（四）资料归类和分析 …………………………………… 106

（五）研究的效度 ………………………………………… 107

（六）研究的伦理 ………………………………………… 108

第四章　儒家人文思想的意蕴与教育价值 ………………… 109

一、儒家人文思想的意蕴 …………………………………… 110

（一）"思想"的含义 …………………………………… 110

（二）儒家人文思想的内涵 ……………………………… 114

二、儒家人文思想的教育价值 ……………………………… 122

（一）引导认识自我 ……………………………………… 123

（二）提升道德水平 ……………………………………… 127

（三）促进人的社会性发展 ……………………………… 129

（四）促成自我实现 ……………………………………… 133

第五章　初中生儒家人文思想理解能力的内涵与构成 ……… 138

一、"理解"的多角度阐释 ………………………………… 138

（一）"理解"的词源学含义 …………………………… 139

（二）"理解"的哲学诠释学阐释 …………………………… 140

（三）"理解"的心理学和社会学认识 ……………………… 142

（四）"理解"的教育学应用 ………………………………… 144

二、初中生面对的儒家人文思想基本内容 ……………………… 146

（一）同情之爱 ……………………………………………… 148

（二）"仁"的价值 ………………………………………… 151

（三）生命意志 ……………………………………………… 156

（四）负责任行动 …………………………………………… 159

三、初中生儒家人文思想理解能力的内涵、表现形式及指标体系构建

……………………………………………………………… 161

（一）初中生儒家人文思想理解能力的内涵 …………… 162

（二）初中生儒家人文思想理解能力的表现形式 ……… 165

（三）初中生儒家人文思想理解能力的指标构建 ……… 171

第六章　初中语文教学中学生儒家人文思想理解能力的现状及影

　　　　响因素 ………………………………………………… 179

一、问卷调查对象的基本情况 ………………………………… 179

（一）学校情况 ……………………………………………… 179

（二）样本情况 ……………………………………………… 181

二、初中语文教学中学生儒家人文思想理解能力的现状分析 ……… 186

（一）整体水平 ……………………………………………… 186

（二）各维度之间的关系 ………………………………… 189

三、初中语文教学中学生儒家人文思想理解能力的影响因素分析

……………………………………………………………… 191

（一）内部因素 ……………………………………………… 192

（二）外部因素 ……………………………………………… 198

第七章　初中语文教学中学生儒家人文思想理解能力生成过程的实
　　　　践探索 …………………………………………………… 208

　　一、"同情之爱的感悟力"的生成——以《诗经·子衿》与《卜算子·黄
　　　　州定惠院寓居作》为例 …………………………………… 210

　　　　（一）"同情之爱的感悟力"的生成过程呈示 ……………… 211

　　　　（二）"同情之爱的感悟力"的生成过程分析 ……………… 217

　　　　（三）反思 …………………………………………………… 226

　　二、"'仁'的价值的阐释力"的生成——以《石壕吏》与《富贵不能
　　　　淫》为例 …………………………………………………… 228

　　　　（一）"'仁'的价值的阐释力"的生成过程呈示 …………… 229

　　　　（二）"'仁'的价值的阐释力"的生成过程分析 …………… 234

　　　　（三）反思 …………………………………………………… 239

　　三、"生命意志的反思力"的生成——以《虽有嘉肴》与《与朱元思书》
　　　　为例 ………………………………………………………… 240

　　　　（一）"生命意志的反思力"的生成过程呈示 ……………… 241

　　　　（二）"生命意志的反思力"的生成过程分析 ……………… 245

　　　　（三）反思 …………………………………………………… 250

　　四、"负责任行动的应用力"的生成——以探究活动与写作为例
　　　　………………………………………………………………… 251

　　　　（一）"负责任行动的应用力"的生成过程呈示 …………… 251

　　　　（二）"负责任行动的应用力"的生成过程分析 …………… 258

　　　　（三）反思 …………………………………………………… 263

第八章　初中语文教学中学生儒家人文思想理解能力发展的策略
　　　　及建议 ……………………………………………………… 265

　　一、依照"创建情境—思考探究—表达意义"的思路展开教学
　　　　………………………………………………………………… 266

（一）创建"生活情境" ……………………………………… 266

（二）开展"思考—探究"活动 ………………………………… 270

（三）展开意义表达 …………………………………………… 273

二、探索"核心概念—基本问题—逆向设计"的整合式教学 ……… 276

（一）"核心概念"指引方向 ………………………………… 276

（二）"基本问题"整合内容 ………………………………… 279

（三）"逆向设计"促进实施 ………………………………… 284

三、开展以"体验—反思—对话"为主的生成式教学 …………… 285

第九章　结论与展望 …………………………………………… 294

一、研究结论 …………………………………………………… 294

二、研究展望 …………………………………………………… 297

参考文献 …………………………………………………………… 303

致　谢 ……………………………………………………………… 324

附　录 ……………………………………………………………… 328

摘　要

　　我国的基础教育已进入高质量发展的新阶段，落实"立德树人"根本任务，提高育人质量，成为新时代教育的价值追求。"文化育人"理念的提出正是对这一追求的现实回应。但在学校教育教学实践中，"文化育人"还未能真正落实，中华优秀传统文化教育也面临着困难和挑战，无论是对文化育人本体价值的认识和理解，还是中华优秀传统文化教育的实践开展，都存在着亟待解决的问题。特别是在基础教育的课堂教学中开展中华优秀传统文化教育，需要进一步思考与探究。为此，深入中华优秀传统文化的基质——儒家人文思想，聚焦初中语文课堂教学中学生儒家人文思想理解能力的培养，具有基础性作用。

　　学生的儒家人文思想理解能力是伴随着语文课堂教学的展开而逐步得以生成和发展的，对此，首先探究初中生儒家人文思想理解能力的基本内涵、表现形式及维度指标，以对初中生儒家人文思想理解能力有整体的认识；在此基础上，调查研究初中语文教学中学生儒家人文思想理解能力的现状和影响因素，以形成对初中语文教学中学生儒家人文思想理解能力现实面貌的把握；由此出发，在初中语文教学中探究学生儒家人文思想理解能力的生成过程，促进其发展的策略及建议，以获得对现实实践的指引。

　　围绕研究问题，采用量化和质性相结合的混合研究设计，通过文献梳理对价值意蕴、核心概念、基本内涵及其构成展开探究和阐释，呈现初中生儒家人文思想理解能力的内容；采用调查法对初中语文教学中学生儒家人文思想理解能力的现状及影响因素进行描述和分析，展现初中语文教学中学生儒家人文思想理解能力的状况；通过案例分析法对初中语文教学中学生儒家人文思想理解能力的生成过程进行实践探索，并提出儒家人文思想理解能力发展的策略及建议，以促进初中语文教学中学生儒家人文思想理解能力的发展。

文献梳理发现，儒家人文思想是以人性情感为基础，在情理结构中促进生命智慧生成和生命意志升华，由"仁"的价值指引道德行动，促成人生价值实现的人文力量，因而具有重要的教育价值。无论是在自我理解和实现的引导上，还是在促进个体社会性发展和德性建构上，都表现出积极的教育意义。对于爱欲和理智正处于发展关键期的初中阶段学生而言，儒家人文思想的个体建构价值十分明显。为此，在"知情意行"的范畴内，依据儒家的"性情"范式，即由情感始、通过德性价值和生命意志，展开道德行动，能够凝练出初中生面对的儒家人文思想基本内容："同情之爱""'仁'的价值""生命意志"和"负责任行动"，它们共同构成了儒家人文思想的内容。同时，通过对"理解"的多角度分析阐释，在威金斯和麦克泰格的"理解六侧面"基础上，能够形成"感悟""阐释""反思"和"应用"四种行为表现，将"内容"与"行为"相匹配，能够形成儒家人文思想理解能力的维度表现，即"同情之爱的感悟力""'仁'的价值的阐释力""生命意志的反思力"和"负责任行动的应用力"。对其内涵进行阐释，能够深入了解初中生儒家人文思想理解能力；而对其指标体系的构建，则为初中语文教学中学生儒家人文思想理解能力的现状调查奠定基础。

采用调查研究法，对甘肃省城乡2847名初中阶段学生进行抽样调查，以形成对初中语文教学中学生儒家人文思想理解能力现状的把握。问卷调查显示，样本学生的儒家人文思想理解能力各维度整体表现较好，但各维度之间呈现能力差异，具体来说，"同情之爱的感悟力"较其他能力水平较高，通过聚焦城乡初中学校八年级某班的语文课堂，对其展开分析探究发现，这既与语文教师的课程理解和教学方式有关，也与语文课程和教材内容相关。"'仁'的价值的阐释力"和"生命意志的反思力"在四个维度中处于中间水平，但就目前初中语文教学实践来看，这两种能力表现不仅需要重点关注和引导，而且需要深入拓展，使学生在语文学习中获得对"仁"的价值和生命意志的深入理解与阐释，为道德行动的展开创造条件。"负责任行动的应用力"处于较低水平，这既需要通过语文教学予以引导和支持，也需要将相关能力表现应用于实践，在真实的实践情境中促成其发展与提升。

与此同时，根据调查研究的结果，获得对初中语文教学中学生儒家人文思想理解能力影响因素的把握。调查发现，学生的年龄、知识基础和动机是影响学生儒家人文思想理解能力的内部因素，而语文教师、语文课程和教材、课堂文化则为初中语文教学中学生儒家人文思想理解能力的外部影响因素。进一步聚焦样本学校中的 N 学校和 H 学校两所学校八年级某班的学生和语文教师，探究其现实表现和状况背后的深层问题和原因，能够获得对初中语文教学中学生儒家人文思想理解能力的认识。

由此，关注初中语文教学对学生儒家人文思想理解能力的培养，探索学生儒家人文思想理解能力的生成过程，则奠基起培养的路向。通过案例探索分析，以特定的文本教学为例，在具体教学目标指引下对教学内容及过程的提炼、呈示和分析，能够探究出儒家人文思想理解能力四个维度在教学过程中的生成，进而形成生成图示，进而获得对儒家人文思想理解能力生成过程的整体认识和把握，从而为初中语文教学实践中的应用提供启示。

基于以上探究，尝试提出促进初中语文教学中学生儒家人文思想理解能力发展的策略及建议。依据脑科学提出的"整体""浸润""联系"的"理解"特质，从初中语文教学的实际出发，在特定的思路框架下，提出相应策略及建议：首先，在"创建情境—思考探究—表达意义"的教学思路展开中，将文本诵读与感知表达、故事聆听与生活言说、审美体验与意义理解结合起来，关注古诗文语言文字的文化意蕴、人文主题的意义关联、文化意涵的整体阐释，通过口头与书面表达，获得儒家人文思想文化理解能力的生成。其次，探索"核心概念—基本问题—逆向设计"的整合式教学，在此理路下，关注以与文本相关联的"核心概念"为指引，探索其获得的可能方式；通过"基本问题"贯通和整合相关内容，在"目标—评价"一致性原则下确立学习目标，呈现内容整合框架，据此嵌入学习内容，由此发展学生儒家人文思想理解能力。而逆向设计的思路则为这一过程的实现提供支持。最后，在"体验—反思—对话"的生成式教学思路下，基于文本的主题内容，展开课堂内的多元对话；紧扣"核心概念"和"基本问题"，进行课堂外的多形式对话；围绕现实问题，拓展校内外的多层面对话，从而实现在对话中加强文化积淀、加深文化理解、形成文化认同、开展文化践行的目标。为此，提出重视文化视域下语言文字的教与学、关注"整体"视域下活动内容的关联与整合、加强多形式多样态的表达与创造的建议，从而为初中语文教学中学生儒家人文思想理解能力的培养开辟道路。

关键词：语文教学；初中生；儒家人文思想；理解能力

Abstract

Basic Education has entered a new stage of high-quality development in China. Implementing the fundamental task of "Morality education and people cultivation" and improving the quality of education, have become the value pursuit of education in this new age. The proposition of the idea of "Cultural Education" is a realistic response to this pursuit. However, in the practice of school education and teaching, Cultural education has not yet been truly implemented, the education of Chinese excellent traditional culture is facing difficulties and challenges, there are problems to be solved both in the understanding of the ontological value of "Cultural Education" and in the practice of the Chinese excellent traditional culture education. Especially, in classroom teaching in basic education, it requires further thought and inquiry how to carry out Chinese excellent traditional culture education. To this end, it plays a fundamental role to go deep into the matrix of the Chinese excellent traditional culture-Confucian Humane Thought, focus on the cultivation of students' understanding ability of Confucian Humane Thought in Chinese teaching in junior middle school.

With the development of Chinese classroom teaching, the students' understanding ability of Confucian Humane Thought gradually generates and develops, in this regard, firstly, explore the basic connotation, manifestation and dimensional metrics of the students' understanding ability of Confucian Humane Thought in junior middle school, so as to have an overall understanding and grasp of the students' understanding ability of Confucian Humane Thought in junior middle school; On this basis, investigate and study the current situation and influencing factors of students' understanding ability of Confucian Humane Thought in Chinese teaching in junior middle school, we can form an understanding of the reality of students' understanding ability of Confucian Humane Thought in Chinese teaching in junior middle school; Then, in the practice of Chinese teaching in junior middle school, we can explore the generation process, strategies and suggestions to promote its development for guidance on real-world practice.

Focusing on the research problems, this paper adopts the mixed research design of the combination of quantitative and qualitative study, explores and explains the value content, core concepts, basic connotation and composition through research literature, presents the contents of the understanding ability of Confucian Humane Thought of students in junior middle school; through the survey method is used to describe and analyze the current situation and influencing factors of students' understanding ability of Confucian Humane Thought in Chinese teaching in junior middle school, so as to show the situation of students' understanding ability of Confucian Humane Thought in Chinese teaching in junior middle school; through the method of case analysis, this paper makes a practical exploration on the generation process of students' understanding ability of Confucian Humane Thought in Chinese teaching in junior middle school, and puts forward the strategies and suggestions to develop the understanding ability of Confucian Humane Thought, so as to realize the research on the cultivation of students' understanding ability of Confucian humane Thought in Chinese teaching in junior middle school.

Literature research finds that Confucian Humane Thought is based on human emotion, which promotes the generation of life wisdom and the distillation of life will in the emotion-rational structure, guides moral action by the value of "benevolence", and promotes the realization of life value. Therefore, it has important educational value. Whether in the guidance of self-understanding and self-realization, or in promoting individual social development and moral construction, it shows positive educational significance. For the students in junior middle school whose love and reason are in the critical period of development, the individual construction value of Confucian Humane Thought is very obvious. Therefore, within the scope of "cognition-emotion-will-action", according to the Confucian "temperament" paradigm, that is, starting from emotion and carrying out moral action through virtue value and life will, we can condense the basic contents of Confucian Humane Thought faced by students in junior middle school: "love of compassion", "value of benevolence", "life will" and "responsible action", which together constitute the content of the understanding of Confucian Humane Thought. At the same time, through the multi angle analysis and interpretation of "understanding", based on the "six aspects of understanding" of Wiggins and McTighe, it can form four behavior manifestations of "perception", "interpretation", "reflection" and "application", match the "content" with "behavior", and form the dimensional composition of the understanding ability of Confucian Humane Thought, namely "the perception of love of compassion", "the interpretation of value of benevolence", "the reflection of life will" and "application of responsible action". The interpretation of its connotation can deeply understand the students' understanding ability of Confucian Humane Thought in junior middle school; the construction of its index system lays a foundation for the investigation of the current situation of students' understanding ability of Confucian Humane Thought in Chinese teaching in junior middle school.

Using the method of investigation and research, a sample survey was conducted among 2847 students in junior middle school in urban and rural areas of Gansu Province, in order to form a grasp of the current situation of students' understanding ability of Confucian Humane Thought in Chinese teaching in junior middle school. The questionnaire survey shows that the overall performance of each dimension of the sample students' understanding ability of Confucian Humane Thought is good, but there are ability differences between each dimension. Specifically, "the perception of love of compassion" is better than other ability levels. Through focusing on the class of Chinese classroom in Grade 8 in urban and rural junior middle schools, it is found that this is related to the curriculum understanding and teaching methods of Chinese teachers, it is also related to the content of Chinese courses and teaching materials. "The interpretation of value of 'benevolence'" and "the reflection of life will" are at the middle level in the four dimensions. However, from the current Chinese teaching practice in junior middle school, these two abilities not only need to be focused and guided, but also need to be further expanded, so that students can obtain an in –depth understanding and "the interpretation of the value of 'benevolence'" and "the reflection of life will" in Chinese teaching practice, so as to create conditions for moral action. "The application of responsible action" is at a low level, which not only needs to be guided and supported through Chinese teaching, but also needs to apply relevant abilities to practice and promote the pro-motion in the real practical situation.

At the same time, according to the results of the investigation and research, we can obtain the understanding of the influencing factors of students' understanding a-bility of Confucian Humane Thought in Chinese teaching in junior middle school. The survey finds that students' age, knowledge base and motivation are the internal fac-tors affecting students' understanding ability of Confucian Humane Thought, while Chinese teachers, Chinese curriculum, teaching materials and classroom culture have become the external factors affecting students' understanding ability of Confu-cian Humane Thought in Chinese teaching in junior middle school. Focusing on the students and Chinese teachers in a class of Grade 8 in school N and school H among the sample schools, by exploring the deep problems and reasons behind its actual performance and situation, we can obtain a realistic grasp of students' understand-ing ability of Confucian Humane Thought in Chinese teaching in junior middle school.

Therefore, it is needed to foucus on the cultivation of students' understanding ability of Confucian Humane Thought, and explore the generation process of students' understanding ability of Confucian Humane Thought in Chinese teaching practice in junior middle school to lay the foundation for the way of cultivation. By the case exploration and analysis, taking the specific text teaching as an example, in the presentation and analysis of the refining of teaching content and process under the guidance of specific teaching objectives, this paper explores the generation process of the four dimensions of the understanding ability of Confucian Humane Thought, and forms the generation diagram, then obtains the overall understanding and grasp of the generation process of the understanding ability of Confucian Humane Thought, in order to provide enlightenment for the application of Chinese teaching practice in junior middle school.

Based on the above exploration, this paper attempts to put forward the strategies and suggestions to develop the students' understanding ability of Confucian Humane Thought in Chinese teaching in junior middle school. According to the "understanding" characteristics of "integrity", "infiltration" and "connection" put forward by Brain Science, starting from teaching practice, within a specific frame and mind, this paper puts forward the corresponding strategies and suggestions: Firstly, according to the teaching idea of "creating situation – thinking and exploration – expressing meaning", combine text reading and sensory expression, story listening and life speaking, aesthetic experience and meaning understanding, pay attention to the cultural connotation of ancient poems and proses, the meaning correlation of humanistic themes, and the overall interpretation of cultural connotations, through oral and written expression, students can acquire the generation of the understanding ability of Confucian Humane Thought. Secondly, explore the integrated teaching of "core concepts – basic problems – reverse design", under this approach, focus on exploring the possible ways in which it can be obtained, guided by the "core concepts" associated with the text; through "basic questions" to penetrate and integrate relevant content, establish learning goals under the principle of "objective-evaluation" consistency, present a content integration framework, and embed learning content accordingly, thereby develop students' understanding ability of Confucian Humane Thought. The idea of reverse design provides support for the realization of this process. Finally, under the generative teaching idea of "experience-reflection–dialogue", based on the topic content of text, develop diverse conversations in the Chinese classroom; follow closely "Core Concepts" and "Basic Questions" and engage in multi-form dialogue outside the Chinse classroom; centre on real problems, expand multi-level dialogue inside and outside the school, so as to achieve the goal of strengthening cultural accumulation, deepening cultural understanding, forming cultural identity, and carrying out cultural practice in dialogue. To this end, this paper puts forward suggestions for attaching importance to the teaching and learning of Chinese and Chinese characters from the perspective of culture, paying attention to the association and integration of activity content from the perspective of "whole", and strengthening the expression and creation of various forms, so as to open the ways for the cultivation of students' understanding ability of Confucian Humane Thought.

Keywords: Chinese teaching; students in junior middle school; Confucian Humane Thought; ability of understanding

绪　论

　　党的十八大以来，坚定文化自信，坚持立德树人，培育和践行社会主义核心价值观，加强中华优秀传统文化、革命文化和社会主义先进文化教育，成为教育的主旋律。随着《完善中华优秀传统文化教育指导纲要》《关于实施中华优秀传统文化传承发展工程的意见》《中华优秀传统文化进中小学课程教材指南》等一系列文件的颁布，中华优秀传统文化教育进入了新阶段，培养中华优秀传统文化的继承者和弘扬者，增强青少年的文化自觉与自信，使之坚守民族文化的根与魂，在世界文化激荡中始终葆有一颗中国心，是时代赋予的使命。中华优秀传统文化的核心在于其思想和精神层面，对此学界已有共识，其中，儒家思想是其主导性力量，深刻地影响着中国人的文化心理和行为方式。儒家思想的包容与开放使其虽历经久远却依然具有生命力，尤其是在"人"的思考与建构上，更是展现了持久的魅力。从促进个体"成人"的视角，关注初中阶段学生对儒家人文思想的理解，提升初中阶段学生的儒家人文思想理解能力，居于中华优秀传统文化教育的基础性地位。

一、问题的提出

　　新修订的《义务教育语文课程标准（2022年版）》指出，义务教育语文课程要"围绕立德树人根本任务，充分发挥其独特的育人功能和奠基作用，以促进学生核心素养发展为目的"，通过一系列语文实践活动，引导学生在学习国家通用语言文字运用过程中，"逐步树立正确的世界观、人生观、价值观，体认和传承中华优秀传统文化、革命文化、社会主义先进文化，积淀深厚的文化底蕴，增强文化自信"。①据此，语文课程的育人价值需得到彰显。

语文课程的育人价值正在于文化育人，立足文化，促进学生的全面发展。落实在语文教学中，就要引导学生在学习语言文字运用的过程中获得情感、态度、价值观等的综合生成，实现"以文化人"的价值追求。对于语文教师而言，在语文课堂教学中如何引导学生把握语言文字背后的文化意蕴，理解语言文字运用的典范文本所蕴含和表达的情感、态度和价值观，实现人文素养的培育、文化理解的生成；对于学生而言，如何在学习语言文字运用过程中展开人性情感的升华、理想人格的塑建、人生价值的确立，由此展开自我精神的建构，都是亟待深入思考与探究的问题。这正是"文化自觉"的时代语文课程育人功能的体现。而在语文课程的学习中进行文化理解与传承，是语文课程的目标要求。

课程是时代的聚焦。随着全球化、信息化的高速扩展，现代社会"以消费为目的、以信息为基础、以广告为驱动的文化"②，在满足着人们欲求的同时，也带来了诸多问题，尤其是对于人的"生命价值、人伦情感、道德精神"③的考验，成为人们必须反思的现实。而立足于现在去回望传统，能够给予我们应对现实问题的启示。丹尼尔·贝尔（Daniel Bell）曾指出，文化本身就是对生存困境提供的"一系列内在一致的应对的努力"，而传统提供的"记忆的连续性"，则提示我们在相同情境下应对困境的方式。④中华优秀传统文化作为连续性记忆的原点，展现出对人本身的终极关怀，其所蕴含的思想观念、人文精神和生命意志等更是现代人走出现实困境的思想指引，身处当下却面向

① 中华人民共和国教育部.义务教育语文课程标准（2022年版）[EB/OL].（2022-04-21）[2022-04-21].http://www.moe.gov.cn/srcsite/A26/s8001/202204/W020220420582344386456.pdf.
② [加]马克斯·范梅南.教学机智:教育智慧的意蕴[M].2版.李树英,译.北京:教育科学出版社,2014:2.
③ [美]李申申等.传承的使命:中华优秀文化传统教育问题研究[M].北京:人民出版社,2011:1.
④ [美]丹尼尔·贝尔.资本主义文化矛盾[M].严蓓雯,译.北京:人民出版社,2010:5.

未来的意义探寻。从当下的现实"处境"出发，诠释与理解"传统"的生成价值和建构意义，是创造性转化和创新性发展的现实表现。作为中华优秀传统文化内核的儒家人文思想，更是在人性情感、道德规范、理想人格、人生价值等方面，为个体建构及社会发展奠定了基础，提供了实践的智慧与行动的力量，能够成为解决现实问题的导引。

（一）促进个体精神建构的理性诉求

人的精神确证了人的实存。雅斯贝尔斯（Karl Jaspers）曾在 20 世纪 30 年代提出"人是精神"，人之为人的状况是人的精神状况。[①]人的精神状况在不同时代呈现出各异的特点，但其赋予人的能动的可能性却使人的实存得以显现。张岱年先生对"精神"的字源作过解释，他指出，精乃"细微"，神为"能动的作用"，"精神"就是"精微的内在动力"。[②]正是这一"精微的内在动力"促使人在过去与未来间创造着自身的可能。而立足当下，依然能够感受到技术支配的时代，人们称之为智能时代，促发的深刻变革。从表面上看，科学技术为人的生活带来了便捷与畅通，在关联与跨越中实现了生活方式的转变。而从深层看，人的情感态度、思维方式、价值观念、行为取向等的改变，表征着人的精神世界发生的变化。人的价值理性为功利化的目的所遮蔽。

在此背景下，教育的本质问题再次引人关注，智能时代"教育回归原点"的探讨也由此展开[③]。教育是培养人的活动，通过教育，个体生命能够在理智生成与德性完善中超越自我，在追求幸福的过程中寻求个体价值的实现。但工具理性的支配常使得教育的功利化凸显，个体的精神状况被忽视。个体的精神建构理应成为教育的重要内容。中华优秀传统文化则能够为个体的精神建构提供资源，无论是生命价值的追寻，还是生活意义的创造，都显示出人

---

① ［德］卡尔·雅斯贝尔斯.时代的精神状况［M］.王德峰，译.上海：上海译文出版社,2013:4.
② 张岱年，程宜山.中国文化精神［M］.北京：北京大学出版社,2015:14。
③ 王嘉毅，鲁子箫.规避伦理风险：智能时代教育回归原点的中国智慧［J］.教育研究,2020,41（2）:47-60.

的实存。而居于其核心地位的儒家人文思想，更是关注"人"的存在本身，从人的"知情意行"层面进行个体成人的建构，呈现出"人文化育"的价值追求。具体而言，儒家人文思想对人的精神建构，就表现在作为一种文化对人的存在的赋能，这种赋予的精神力量或精神能量，樊浩将其称之为"文化力"。他指出，借助物理学"力"的概念，文化力可以从性质、大小、方向、作用点及合力五个方面加以阐释。①参照其文化力学诠释框架，能够呈现儒家人文思想对个体存在所面对的情感、态度、价值、行为等方面问题的回应。

1. 以"仁"的核心价值回应个体存在的情感与价值确立

儒家人文思想的核心是"仁"，冯友兰先生以"忠恕"释仁，就是强调人己之间基于人性情感的德性意涵，甚至将其称为"全德"（perfect virtue）②。可以说，"仁"就是人之为人的特质。而其内涵则是在人与人的关系层面显现出来的，也就是说，"仁"的核心价值根植于人与人之间的对待关系上，无论是"爱人"的表达，还是"推己及人"的阐释，都明确了只有以"爱"的情感对待他者，超越一己之私，以群体的意志积极践行仁德，才能真正实现人际和谐、社会和谐。这是与同为传统文化重要组成部分的道和佛不同的。道家也重道德，但却是尊"自然"之德，个体的行为需要在"自然"的范围之内，因而不必在人与人之间做出积极有为的表现，只要顺德而行即可。从守"朴"的意义上，它保有了人的本真，但对于具有社会性的人来说，以他者视域促进个体的实现和社会的发展，更具有现实意义。佛家强调"心"，认为"一个有情物的宇宙的一切现象，都是他的心的表现"③，即人的行为都源于"心"。而通过从智慧、意志、情感等不同方面进行自我心性的修养④，寻求人生的超越，人才能"觉悟"，最终实现完满。这一旨在解决人的精神问题的设计，对个体的自我建构无疑是有重要作用的，但精神层面的超越，还需

---

① 樊浩.文化与文化力[J].天津社会科学,2019(6):4-16.
② 冯友兰.中国哲学简史[M].涂又光,译.北京:北京大学出版社,2013:43.
③ 冯友兰.中国哲学简史[M].涂又光,译.北京:北京大学出版社,2013:232.
④ 周含华. 论佛家智慧对大学生心理建构的意义 [J]. 湖南师范大学教育科学学报,2008(2):98-100,110.

落实在现实人生中。相较而言，以"仁"为核心的儒家人文思想，在个体"成人"的引导上更具有现实性，对个体的教育价值也更为直接和切身。

石中英指出，"仁"的当代教育价值能够表现在对个体的人性、道德情感、价值取向方面。对于以"成人"为目的的教育而言，其前提就是对人性问题的思考。孔子认同人具有"相近"的本性，在本体性的情感、态度、价值观上具有共同之处，因而"己立立人""己达达人"的行仁过程就实现了"成人"的教育目的。在以增进他者福祉为旨归的"成人"过程中，道德情感，特别是同情心教育就具有"极端重要性"。石中英强调，孔子的"仁"本身就具有情感意蕴，行仁也同时出于内心的情感需要，体现出共同的人性。①同情心更是一种人性的体现，对学生进行道德情感和同情心教育，是个体道德成长与完善的基础。由此出发，他者视域下的"仁"的价值确立，就为个体成长和社会发展奠定了"和谐"的基石。可见，儒家人文思想具有对个体人性情感和价值观念的奠基和引导性作用，彰显了人的存在的本体特征。这在工具理性仍占主导地位的当下，面对人的实存的各种问题，仍然能够给予真实的回应。

2. 以"伦"的情感关联导向个体存在的意义生成

学界提出，与西方宗教型文化不同，中国是由伦理型文化主导的，"伦理型文化是'伦'的终极关怀"②。费孝通先生对"伦"的解释为"从自己推出去的和自己发生社会关系的那一群人里所发生的一轮轮波纹的差序"③。孔子强调的正是这种由己而他的外推，由亲属血缘的情感关联出发，逐渐扩展为更大范围的社会关系网络。费孝通先生又强调，每一个网络内的一个个结点都有道德要素的附着，从亲人间的"孝""悌"，到朋友间的"忠""信"，再到他人对待间的"礼""义"，呈现出基于情感的道德关系，维系着社会的秩序。

---

① 石中英.孔子"仁"的思想及其当代教育意义[J].教育研究,2018,39(4):127-134.
② 樊浩.文化与文化力[J].天津社会科学,2019(6):4-16.
③ 费孝通.乡土中国[M].北京:北京大学出版社,2012:44.

儒家人文思想正是由这些基本的道德要素奠基的，当然它们需要符合时代价值的转化。它们从关系的视角揭示出个体存在的价值实现方向，不在于来世，而在于现世，身处真实的当下，能够以道德的方式存在，展开道德的关系，过道德的生活，通过学习不断提升和完善自身的德性，进而获得幸福的人生。这是成长中的个体应确立的生活目标，也是儒家人文思想给予当下学生的引导。由同情之爱出发，孝顺父母、关爱亲人，待人诚信友善，尊重和体谅他者，热爱忠诚于祖国，以恒常的道德要求促进个体存在的意义生成，推进社会的和谐进步。这既是社会主义核心价值观的源泉，也是立德树人的教育追求。教育就是在引领个体进入道德生活的进程中达到其"成人"目的，通过教育实践活动，个体的道德视域逐渐拓展。

3. 以"行"的实践创造实现个体存在的行为转变

无论是"仁"的核心价值，还是"伦"的基本道德要求，都需通过践行来实现。李泽厚先生就曾指出，儒家所追求的是一种"实践理性"。行动本身具有真实的价值，在行动中积极展开"仁"的实践，才能发挥其应有的作用。理性引导下的践行，既是个体存在的表征，个体的情感、态度、价值等最终都要在"行"或实践中体现出来；也是个体意义的生成，个体对意义的理解、阐释及建构都是在"行"或实践过程中展开的。学生只有在积极的践行中，才能真实地感悟情感的力量、明确知识的价值、获得意志的支撑。这种能动的主体性，是儒家人文思想蕴含的特质，它引导人们以"行仁"彰显个体实存的确立。进入"行仁"的进程，就成为个体生命真实展开、道德生活真实开启的时刻。

在教育高质量发展的今天，学校教育已不再单纯追求学生理智的发展，个体的情感、态度、价值观等都成为教育教学关注的方面，情感教育、品德教育、价值观教育等也日益引人注意。可以明确，相关知识的学习已不再是重点，如何将所学的知识迁移和应用到真实问题的解决中，才更为关键。但在教育教学实践中，情感教育、品德教育、价值观教育等的实效有待进一步提升，因为情感、态度、价值观等本身并非通过知识学习的方式就能获得相应的提升，而是在现实的生活情境和真实的社会实践中逐步生成的。孔子十分重视理性的"行仁"实践，并要求为此展开积极的践行。他坚守修身成德的教育目标，借助古代文献、通过对话的方式，引导学生针对特定情境中的真实问题展开思考与探究，在教育的过程中既有基本价值观念的呈现和行为的引导，也以切己的情感传递和榜样的示范引领学生的精神世界。学生由此展开其"行仁"的实践，便知晓了实践的内容、明确了实践的方向。这是教育的本质得以彰显的过程，无论是在内容上，还是在方式上，都回归了教育的本质。

总之，儒家人文思想在个体存在的意义上具有重要的引导性，其所蕴含的对个体精神建构的不同向度，为个体精神世界的构建提供了支撑与引领。在全球化、信息化的时代背景下，以符合时代价值和学生身心发展特征的要求，在创造性转化和创新性发展中理解与诠释儒家人文思想的内涵，使之成为个体精神建构的重要资源和有力保障。

（二）深入开展中华优秀传统文化教育的现实需要

郭元祥指出，人与文化的关系是个体的人与社会文化之间的关系。[①]这意味着：一方面，人是文化中的人，人是文化的结果，人与社会文化不可分割，只有在文化理解和阐释中，与文化达至同一，个体的社会化才能实现；另一方面，个体的社会化过程本质上就是文化的过程，通过对特定文化的理解、反思、践行、创造等活动，促使个体实现从自然生命到社会生命，再到精神生命的转变，展开的正是一个"人化"的过程。而其落脚点在精神上，说明文化的追求在于个体精神的丰富与完善，对个体进行文化的教育就成为引导个体精神生命生成与发展的实践过程。文化育人的理念由此得以确立。文化不单纯是教育的背景、内容和方式，而是与教育过程相一致的生命成长的过程，它指向个体的成人。因此，以培养人为旨归的教育需要引导学生在"文化"的过程中不断获得文化的浸润与滋养，进而实现个体精神世界的充实与丰盈。

---

① 郭元祥,刘艳.论课堂教学中的文化育人[J].课程·教材·教法,2020,40(4):31-37.

孔子是进行文化育人的典范，他非常重视文化对人的教育价值，无论是选取西周时期的经典文献进行文化知识的传授，还是引导学生在品行、忠心和信实等方面的修养，从而成为一个道德高尚的君子，都展现出"以文化育""人文化成"的过程与追求。《论语·述而》"子以四教：文，行，忠，信。"①表达的就是这一内容。由孔子始，文化育人的思想和实践延续与传承下来。尽管孔子及后继者更加重视通过"文化"培育符合道德标准的社会成员，侧重于道德教育；文化特别是传统文化育人曾经历曲折，但文化育人的思想和实践从未停止。当文化育人的理念再次成为时代强音，通过"文化"促进个体精神生命的成长，教育的"文化过程本质"②也得以回归。

优秀传统文化是文化育人得以实现的重要资源。自 2014 年《完善中华优秀传统文化教育指导纲要》颁布以来，中华优秀传统文化教育的开展便有了明确的方向。但在学校场域中，进行中华优秀传统文化教育却面临着问题，这突出表现在如下三个方面：

首先，对中华优秀传统文化和中华优秀传统文化教育的本体价值和意义的认识不足。陈来指出，传统文化的"价值不可以放在功利主义的坐标上"，而应"从人性和人生的需要、社会文化的全面发展以及文化本身的内在价值角度"进行观照。③据此可以发现，以儒家人文思想为核心的中华优秀传统文化，对人的思索的起点就在于人性和人生，由"性相近也，习相远也"④（《论语·阳货》）出发，"仁"的建构就具有了基础。而"推己及人"的方法则为个体成就幸福人生提供了现实可能。孔子从"我—你"关系的视角探讨和理解人性，在"立"与"达"的人我共建中追求人生价值的实现，指明了个体成人的道路。这是个体生命的社会生活展开的过程，它伴随着社会文化的发展。而对于文化的内在价值，如前所述，也是从促进个体生命精神历程发展中加以理解的。文化就是"人化"，它指向个体的"成人"，是具有自然

---

① 杨伯峻.论语译注[M].2 版.北京:中华书局,2004:73.
② 郭元祥,刘艳.论课堂教学中的文化育人[J].课程·教材·教法,2020,40(4):31-37.
③ 陈来.守望传统的价值[J].社会主义核心价值观研究,2016,2(4):5-10.
④ 杨伯峻.论语译注[M].2 版.北京:中华书局,2004:181.

属性的个体生命社会化、及至精神完满的生成过程。中华优秀传统文化教育
也因此而展现出重要的育人价值。但因对此的认识和理解尚未深入，学校教
育实践中的中华优秀传统文化教育，表现为文化知识或文化常识的教育，而
习得就成为教育的目标。对于初中阶段的学生来说，《完善中华优秀传统文
化教育指导纲要》已明确，要以中华优秀传统文化的理解力培养为重点。发
展学生的中华优秀传统文化理解能力是文化育人的基本目标构成，促进学生
儒家人文思想理解能力的提升具有基础意义。

其次，对中华优秀传统文化教育的目标和内容把握存在偏误。中华优秀
传统文化博大精深，中华优秀传统文化教育开展的可能向度也是多重的。但
在学校教育中，中华优秀传统文化教育的目标和内容需要进一步明晰。教育
部新近印发的《中华优秀传统文化进中小学课程教材指南》（以下简称《指
南》）指出，中华优秀传统文化进中小学课程教材以"育人"立意，课程教材
要发挥"育人"功能。主要围绕"核心思想理念、中华人文精神、中华传统
美德"三大主题遴选中华优秀传统文化教育内容。[1]可见，中华优秀传统文化
教育的目标就是实现育人，因而不仅仅是知识的获取，更是文化浸润下的智
慧的生成、情意的发展、实践的创造。徐梓就认为，中华优秀传统文化教育
是"探究"取向的。这意味着中华优秀传统文化教育以质疑和批判为前提，
旨在体认传统、亲炙祖先、认同民族共有之精神家园。[2]由此，中华优秀传统
文化教育的目标指向个体的全面发展。与此同时，中华优秀传统文化的核心
在于思想和精神层面，作为其内核的儒家人文思想，能够为个体的精神成长
奠定基础。发展学生的儒家人文思想理解能力理应成为具体目标之一。在教
育目标的引领下，中华优秀传统文化教育的内容也逐渐清晰，在《指南》确
定的内容主题下，基础教育阶段的中华优秀传统文化教育内容可聚焦于促进
个体生存与发展的思想和精神领域，在此领域内，依据人的"知情意行"的

---

① 中华人民共和国教育部. 中华优秀传统文化进中小学课程教材指南［EB/OL］.(2021-01-19)
　　［2021-07-16］. http://www.moe.gov.cn/srcsite/A26/s8001/202102/t20210203_512359.html.
② 徐梓.中华优秀传统文化教育十五讲［M］.北京:北京师范大学出版社,2018:178.

心理分析框架，结合相应的课程内容，确定中华优秀传统文化教育内容。而儒家人文思想也同样可依此思路确定具体的内容构成。

最后，对中华优秀传统文化教育的实现方式与过程探究不够。从政策文本的层面可以明确，有机融入课程与教学，是目前中华优秀传统文化教育实现的基本方式。中华优秀传统文化课程化、与具体学科相融合、融入学科教学等都是可实践的思路。但在具体的教育教学实践中，教育的实效并不明显。无论是地方课程或校本课程的开发与实施，抑或与学科课程的融合，例如与语文课程的融合，仍需进一步探究其生发与融合的机制。而在课堂教学中，又因缺乏文化育人的鲜明指向，学生的文化理解尚处于浅层阶段，并未进入对深层文化基质的阐释、反思、应用过程，中华优秀传统文化教育的基础目标有待实现。而在课堂教学实践中，提升学生的儒家人文思想理解能力，或能够成为相关问题的突破口。

总之，中华优秀传统文化教育的开展在当下"立德树人"的背景下具有十分重要的意义。面对教育教学实践中存在的问题，以学生的儒家人文思想理解能力为起点，思索和探究中华优秀传统文化育人目标的实现，是对现实需求的回应。

（三）语文课堂教学落实文化理解与传承素养培育的实践需求

核心素养已成为人才培养的基本依据，相应的文化素养也作为核心素养的重要构成，被纳入具体的素养框架体系中。2016 年颁布的"中国学生发展核心素养"框架的第一个方面就是"文化基础"，并要求以此涵养个体的内在精神，培养具有更高精神追求的人。之后研制的"21 世纪核心素养 5C 模型"更是将"文化理解与传承"素养置于素养模型的中心，足见文化素养对于 21 世纪人才生存与发展的重要性。而具体到学科核心素养上，语文学科就明确将"文化传承与理解"素养作为其基本的素养构成，与语文学科的其他核心素养构成一个整体。在《普通高中语文课程标准（2017 年版）》中，"传承中华文化"成为课程目标，强调通过祖国语言文字运用的学习，"体会中华文化的核心思想理念和人文精神，增强文化自信，理解、认同、热爱中华文化，继承、弘扬中华优秀传统文化"。①与此相衔接，《义务教育语文课程标准（2022 年版)》提出将"文化自信"作为义务教育语文课程培育的核心素养之一，强调要使学生"认同中华文化，对中华文化的生命力有坚定信心"②。可见，"文化理解与传承"素养作为 21 世纪核心素养的焦点，已成为语文课程核心素养培育的目标构成。但在目前语文课程与教学实践中，"文化理解与传承"素养的培育尚未充分落实，仍面临着诸多问题。

　　语言与文化密不可分，语言文字本身就是文化，也是文化理解与传承的主要途径。倪文锦说："文化是语言文字的命脉，也是语文教学的命脉。"③汉语汉字的产生与发展是在中华文化的背景与脉络之中，其内蕴着中华文化的心理特征和思维方式，彰显出中华文化的独特思想观念、情感特质和审美追求，展现出中华优秀传统文化的生命力。语文课程作为学习国家通用语言文字运用的综合性、实践性课程，在实施中要"全面把握语文教学的育人价值，突出文以载道、以文化人"，通过一系列语文实践活动，"整体提升学生的核心素养"④。但在初中语文课堂教学中，重零散的语文知识传授和文本详细地分析讲解，缺乏文化视域的语文教学依然存在。单一地呈现语文知识、条分缕析地讲解文章内容、孤立地进行单篇文本的教学等，既缺少整合生成的理念，又忽视学生的整全发展，因而不利于学生核心素养的整体提升。这既与语文教师自身的文化素养和对语文课程的理解相关，也与应试倾向下语文教师的教学方式和学生的学习方式有关。语文教师自身的文化素养和对语文课程的理解直接影响着其语文教学，在应试倾向下，依托语文教材内的文本展开语文知识和方法的教学依然占据课堂教学的大部分时间，而对学生在学习过程中情感、态度、价值观等的生成与发展，关注与引导始终不够；学

---

① 中华人民共和国教育部.普通高中语文课程标准(2017 年版)[EB/OL].(2018-01-05)[2021-07-05].http://www.moe.gov.cn/srcsite/A26/s8001/201801/t20180115_324647.html.

② 中华人民共和国教育部.义务教育语文课程标准(2022 年版)[EB/OL].(2022-04-21)[2022-04-22].http://www.moe.gov.cn/srcsite/A26/s8001/202204/W020220420582344386456.pdf.

③ 倪文锦.语文核心素养视野中的群文阅读[J].课程·教材·教法,2017,37(6):44-48.

④ 中华人民共和国教育部.义务教育语文课程标准(2022 年版)[EB/OL].(2022-04-21)[2022-04-23].http://www.moe.gov.cn/srcsite/A26/s8001/202204/W020220420582344386456.pdf.

生在语文课堂中的学习方式也未能发生根本的转变，导致语文课堂教学培育学生"文化理解与传承"素养的成效有限，学生对民族文化的理解和认同不足。语文课堂教学须在文化的视域中，通过真实文化情境的创设，引导学生深入理解和传承文化，增强文化自信。

为此，从儒家人文思想这一中华优秀传统文化的内核入手，凝练儒家人文思想中与初中生相适应的、能够促进初中生的精神建构、指引其精神成长的质素，展开文化理解和传承活动。而聚焦初中语文课堂教学中学生儒家人文思想理解能力的生成与提升，则是基础探究，能够为解决学生的"文化理解与传承"素养培育的相关问题开辟道路。

综上所述，在文化育人的理念下，中华优秀传统文化教育，特别是儒家人文思想的理解，对个体成人的意义是显明的。陈来指出，"传统的意义更多地取决于我们如何在诠释的实践中利用它，如何创造性地传达其意义。"[①]据此，突破传统伦理教育的局限，从个体全面发展的角度，创造性地理解和诠释儒家人文思想，使之成为个体自我建构的宝贵资源，从而促进个体成人的实现，体现出中华优秀传统文化育人的重要价值。这也成为本研究的出发点与归宿。

二、研究问题

本研究围绕在初中语文教学过程中，学生的儒家人文思想理解能力的培养展开研究。按照"是什么—现如何—怎么做"的思路，提出以下研究问题：

1. 初中生儒家人文思想理解能力的内涵、表现形式和指标维度是什么？

2. 初中语文教学中，学生儒家人文思想理解能力的现状如何？影响因素有哪些？

---

① 陈来.守望传统的价值[J].社会主义核心价值观研究,2016,2(4):5-10.

3. 初中语文教学中学生儒家人文思想理解能力的生成过程是怎样的？基于这一过程，又能提出哪些促进其发展的策略及建议？从而实现其培养。

三、核心概念的界定

在"立德树人"根本任务的指引下，中华优秀传统文化教育旨在通过中华优秀传统文化的思考、体验及学习，实现学生的文化理解、文化认同及至文化自信，塑造既有知识又有文化的中国人。初中阶段学生的儒家人文思想理解能力处于基础地位，对其进行研究需要对"理解能力""中华优秀传统文化""儒家人文思想"三个概念进行阐释与澄清。

（一）理解能力

对"理解能力"进行界定，首先需对"理解"进行深入分析。"理解"是一个普遍使用且内涵丰富的概念。在日常语用中，它指"懂，了解"，例如："你的意思我完全理解。"①而作为奠基研究的一个概念，需要对其内涵进行解析。

从词源上看，中西语境对"理解"的解释各有侧重。在中国语言系统中，"理解"一词更为强调动作行为的过程性及其背后蕴含的事理。《说文解字》将"理"释作"治玉也。"②即将未经打磨的璞石加工成美玉，使之发挥应有的效用。段玉裁注为"是理为剖析也。玉虽至坚，而治之得其？理以成器不难，谓之理。"③后"肌理""文理""条理""道理"等皆为"理"的引申义。"解"，《说文解字》释为"判也，从刀判牛角。一曰解鹿兽也。"④《庄子·养生主》中有"庖丁解牛"篇。"理解"合体最早见于宋代苏轼的《众庙

---

① 中国社会科学院语言研究所词典编辑室.现代汉语词典［M］.7 版.北京：商务印书馆,2016:799.
② 段玉裁.说文解字注［M］.南京：凤凰出版社,2015:25
③ 段玉裁.说文解字注［M］.南京：凤凰出版社,2015:25.
④ 段玉裁.说文解字注［M］.南京：凤凰出版社,2015:330.

堂记》，"庖丁之理解，郢人之鼻斲，信矣。"①使用的正是"庖丁解牛"中所强调的"顺着脉理或条理进行剖析"之义。由此，"理解"一词具有了"从道理上了解"，"说理分析"的动词之义，"见解"的名词之义。②

通过对"理解"汉语词源的考察可以发现：（1）它含有顺着事物的脉络或条理进行剖析和分解之意；（2）这种剖析和分解是依路径、合规律、有条理（顺序）、重方法（技术）的；（3）最终是于细微之处，由表及里，由浅入深，循序渐进，逐步深入和探究事物的内里和本质的。

在西方语言系统中，"理解"一词源于拉丁语"inter-"和梵语"prath"，是指介于两个不同事物之间，强调对"一致性"的追求，是"不断地把新经验融入产生于先前经验的、由关系构成的生态系统的过程"。③《牛津英语词典》解释为"领会（某一思想）的意思及其重要性"。《朗曼当代英语词典》指出作为动词的"理解"，主要有以下语义：（1）了解某人所说的内容或他们所说的语言的含义（to know the meaning of what someone is telling you, or the language that they speak）；（2）知道或意识到事实、过程、情况等是如何运作的，尤其是通过学习或经验（to know or realize how a fact, process, situation, etc. works, especially through learning or experience）；（3）了解某人的感受以及他们为什么会这样行事，并表示同情（to realize how someone feels and why they behave the way they do, and to be sympathetic）；（4）相信或认为某事是真实的，因为你听说过或阅读过它（to believe or think that something is true because you have heard it or read it understand）。④可见，西方语境中的"理解"既指经验同化的理性行动过程，也强调情感的蕴藉能力。

从心理学上看，不同流派对"理解"的认识各有不同，流派内部也存有各自的思想倾向。以认知心理学为关注点，其认知学派强调结构的同化与顺应，"理解"是"个体把新事物同化到已有的认知结构中去，或者改组扩大

①　苏轼.苏轼全集[M].上海:上海古籍出版社,2000:882.
②　罗竹风.汉语大词典:第4卷[M].上海:汉语大词典出版社,2001:575.
③　[美]戴维斯.心智交汇:复杂时代的教学变革[M].2版.上海:华东师范大学,2011:167.
④　Longman Dictionary of Contemporary English online. https://www.ldoceonline.com/.

原有的认知结构"①。信息加工学派认为"理解"是以信息的传输和编码为基础，"根据已有信息建构内部的心理表征，进而获得心理意义的过程"②；建构主义则视"理解"为主体在对外界信息进行认知加工时的信息接受度。人本主义心理学更加侧重人与人之间的情意性理解，强调"移情"的重要性。总之，"理解"在心理学上"意味着一系列心理过程，状态与结构"，是"内在认知（inner awareness）的一次增长，而这种认知又作为一种新的经验加入到我们自己的知识经验的结构之中。"③

　　从教育学上看，"理解"始终立足于人的认识范畴。在现实教育情境中，"理解"关涉人的知、情、行三个侧面，包括：认知性理解，即把理解作为认识手段；情感性理解，即对他人表现怜悯与仁慈；行为性理解，即把理解作为为自己不当言行进行辩护的理由，要求他人谅解或提供行动上的方便。④而聚焦认知层面，将"理解"作为认知目标加以研究，首推美国著名教育家和心理学家本杰明·布卢姆（Benjamin Bloom）。布卢姆将"理解"作为其教育目标分类学认知领域的第二层级，认为"理解"是"包括表明理解交流内容中所含的文字信息的各种目标、行为或者反应"，⑤基于此，安德森（Lawrence Anderson）在对布卢姆教育目标分类学进行修订时，突出"理解"是以"迁移"目标为基础的教育目标中最大的类目，指出"当学生从演讲、书本和计算机屏幕上呈现的信息，包括口头、书面和图画呈现的信息中建构意义时"⑥，"理解"正在发生。而马扎诺（Robert Marzano）则从心理学视角关注"理解"的信息加工层级。在认知系统中的第二级水平上，它负责把知识转化为永久记忆存储的形式，而"生成性"是其本质特征。威金斯（Grant Wiggins）和麦

① 林崇德.心理学大辞典[M].上海:上海教育出版社,2003:734.
② 兰学文.现代认知心理学理解过程的模式及其教学策略[J].教学与管理,1999(4):3-4.
③ [德]汉斯－格奥尔格·伽达默尔.科学时代的理性[M].薛华译.北京:国际文化出版公司,1988:97.
④ 熊川武,江玲.理解教育论[M].上海:华东师范大学出版社,2005:23-24.
⑤ [美]B·S·布卢姆.教育目标分类学——认知领域[M].上海:华东师范大学,1986:86.
⑥ [美]L·W·安德森.学习、教学和评估的分类学——布卢姆教育目标分类学修订版[M].上海:华东师范大学出版社,2008:62.

克泰格（Jay McTighe）认为，"理解"作为有意义的推断，具有迁移性。①动词的"理解"是"能够智慧而有效地使用知识和技能"，名词的"理解"是"努力去理解的成功结果"。②从教育目标角度把握"理解"凸显出的是其工具性特征，而从精神性上认识"理解"，将"理解"与"教育"相贯通，经由"理解"实现个体生命生活世界（lived world）的回归，亦即唤醒与激发生命的活力，促进个体对生命意义的体验，现象学教育学对此做出了探究。在现象学教育学视域中，"理解""更侧重于体验一个具体的情境中的意义方面"，"教育学机智"（pedagogical tact）是其在实践中的实现方式。③

通过以上解析可以发现，超越日常语用，"理解"蕴含着情境性、生成性、过程性、分析性、迁移性等特性。紧扣此特性，基于认知心理学等对"理解"的认识，本研究将"理解"界定为：在特定情境中，个体在已有知识和经验的基础上，透过事物外在的具体表现形式，经由内在心智结构的作用，通过对话互动，深入领会事物的内涵、特质、价值等，并建构和生成意义、实现灵活迁移和应用的能力。

（二）中华优秀传统文化

传统（tradition）是从过去延传到现在的事物。美国社会学家希尔斯（E. Shils）认为传统是"世代相传的东西，即任何从过去延传至今或相传至今的东西"，包括"人们对各种事物的信仰，关于人和事件的形象，也包括惯例和制度"。④

传统文化指"在一个文化群体内通过思想、意识、价值观念、习俗及制度等形式保存下来的文化。它是历史地形成的"。⑤陈来对"传统文化"和

---

① ［美］格兰特·威金斯，［美］杰伊·麦克泰格.追求理解的教学设计［M］.2 版.闫寒冰,等译.上海：华东师范大学出版社,2017:38–41.
② ［美］格兰特·威金斯，［美］杰伊·麦克泰格.追求理解的教学设计［M］.2 版.闫寒冰,等译.上海：华东师范大学出版社,2017:45–46.
③ ［加］马克斯·范梅南.教学机智——教育智慧的意蕴［M］.北京：教育科学出版社,2001:81.
④ ［美］爱德华·希尔斯.论传统［M］.傅铿,吕乐,译.上海：上海人民出版社,2004：12.
⑤ 陈国强.简明文化人类学词典［M］.杭州:浙江人民出版社,1990:195.

"文化传统"两个概念进行了区分，明确了文化传统是"传统文化内在的道，是文化的精神、灵魂、气质"①。

　　中华优秀传统文化在传统文化基础上，更加强调它不仅是汉民族的传统文化，也包括少数民族的传统文化；是中华传统文化中"优秀"的部分，即中华传统文化中"非常好的成分或要素"，在今天依然具有促进民族发展、社会进步和个体精神成长的价值。由此，李宗桂认为应从观念形态的角度界定中华优秀传统文化。因为它是"中国传统文化的精华所在、精神所在、气魄所在，是体现民族精神的价值内涵"。②显然，从精神文化层面切入，透过外显的文化成果把握深层的精神基质，更加符合中华文化本身的特质以及时代发展的诉求。

　　本研究沿用李宗桂先生对中华优秀传统文化的界定，即中华优秀传统文化是中华民族长期发展过程中形成的、有着积极的历史作用、至今具有重要价值的思想文化。③

（三）儒家人文思想

　　李宗桂先生聚焦于中华优秀传统文化的精神层面，将其界定在"思想文化"上。而作为中华优秀传统文化的内核，儒家人文思想则彰显出这一"思想文化"的特质，即关注"人"本身，从人性出发，通过对人的德性建构，实现个体的成人，就是所谓的"人文"。

　　"人文"一词最早见于《周易·贲卦·象传》："刚柔交错，天文也；文明以止，人文也。观乎天文，以察时变；观乎人文，以化成天下。"这里"人文"与"天文"对举，指"人类社会的运行法则"。④其中的"文"字，在甲骨文中像一个站立的人形，前胸饰以图案或装饰物，即"文身"之义，后引申出"花纹""文章"等义。在此基础上又抽象出人对"自身外表行为和内在

---

①　陈来.守望传统的价值[J].社会主义核心价值观研究,2016,2(4):5-10.
②　李宗桂.试论中国优秀传统文化的内涵[J].学术研究,2013(11):35-39.
③　李宗桂.试论中国优秀传统文化的内涵[J].学术研究,2013(11):35-39.
④　楼宇烈.中国文化的根本精神[M].北京:中华书局,2016:223.

感情"的修饰。因此，"人文"不仅是一种制度，它首先是一种思想，即用文化的方式实现人的丰富与完善。人文思想就是以人为本，"保持人的主体性、能动性、独立性"①，尊重人的价值，关心人的利益的思想。正如唐君毅所说，"人文的思想，即指对于人性、人伦、人道、人格、人之文化及其历史之存在与其价值，愿意全幅加以肯定尊重，不有意加以忽略，更决不加以抹煞曲解，以免人同于人以外、人以下之自然物等的思想"。②

对于儒家人文思想的内涵，各家持有不同的理解。郭为藩、高强华认为儒家的人文思想主要包含以下四个方面的内容：第一是人性本质，强调本性的人文化育，教化的作用在于善导人性（率性）与自我实现（尽性）；第二是人伦关系，"仁"是人与人之间应秉持的道德，做到己所不欲，勿施于人，重视现世人生；第三是人生责任，贡献社会从健全自身做起，逐渐扩及他人，成全大我；第四是人文教育，强调人格的教育，发挥人的价值，学习如何做人。③李锦全认为儒家人文思想至少有三方面表现：首先，重视人的价值与尊严，如"天地之性人为贵"；其次，在道德的培养和人格的尊严方面，提出了平等和自由方面的要求，如"人皆可为尧舜"；最后，具有非神权色彩，如"子不语怪、力、乱、神"。④庞朴认为，儒家人文思想分别表现在对人的理解、天人关系、知识态度和义利关系上。⑤张岱年先生也是从关系视角，即人与自然、人与人、人与自身的关系上理解人文思想的。

可见，儒家人文思想以人为中心，关注人在关系视域中的自我建构与生成，体现出了文化的本质意涵。张岱年先生指出，文化是"人类在处理人和世界关系中所采取的精神活动与实践活动的方式"，从过程的意义上，文化"不仅是一种在人本身自然和身外自然的基础上不断创造的过程，而且是一种对人本身的自然和身外自然不断加以改造，使人不断从动物状态中提升出来

①　楼宇烈.中国文化的根本精神[M].北京:中华书局,2016:7.
②　唐君毅.唐君毅集[M].北京:群言出版社,1993:401.
③　郭为藩,高强华.教育学新论[M].台北:正中书局,1987:279-287.
④　李锦全.论儒家人文思想的历史地位[J].哲学研究,1989(1):47-52.
⑤　汤一介,杜维明.百年中国哲学经典[M].深圳:海天出版社,1998:78-79.

的过程。"①可以看出，文化即"人化"，是使人由自然生命到社会生命、再到精神生命的发展过程。中华优秀传统文化也聚焦对人的精神塑建，凝结着中华民族优秀的思想理念、人文精神和传统美德，而儒家人文思想正是其核心，不仅构建了中华优秀传统文化的主体框架，而且深入细部，凝聚出中华优秀传统文化的深层基质和意义脉络，成为中华民族价值追求的主要表达者。

由此，参照各家对儒家人文思想的阐释，依据《完善中华优秀传统文化教育指导纲要》和《中华优秀传统文化进中小学课程教材指南》，从促进个体成人的视角，本研究所指的儒家人文思想是：以孔子的"仁"为核心，由人性情感奠基、体现"仁"的价值与生命意志、指引个体展开道德行动与实践的，旨在促进个体德性生成与人格发展的思想。

四、研究意义

目前，对中华优秀传统文化教育的相关研究逐步拓展，从以澄明概念、确立内容、阐释价值等政策指导和学术论说，到探究其课程化、与学科融合，呈现出不断发展、不断深化的特点。但在基础教育阶段的课堂教学实践中，聚焦中华优秀传统文化的核心内容，探讨中华优秀传统文化理解能力方面的完整研究较少。本研究以儒家人文思想这一中华优秀传统文化的内核为切入点，在阐释与建构、调查与分析基础上提出相应的发展策略及建议，对于中华优秀传统文化教育，特别是思想文化的教育如何与相关学科相融合，在课程实施过程中如何具体展开，又采取哪些促进其发展的路径与策略，具有理论意义和实践意义。

（一）理论意义

通过阐释适应初中阶段学生的儒家人文思想内涵及构成，对初中阶段学

---

① 张岱年,程宜山.中国文化精神[M].北京:北京大学出版社,2015:2-3.

生儒家人文思想理解能力要素指标进行建构，在此基础上，与初中语文课程相融合，在初中语文课堂教学的展开过程中探究理解能力发展的路径与策略，充实了中华优秀传统文化教育的现实可能性，对中华优秀传统文化教育的理论探讨具有一定意义。

中华优秀传统文化教育从教育内容体系中独立出来，不再作为相应学科的附庸、仅以知识或常识形态出现，需要教育实践的充分例证。理论来源于实践，教育实践的探索与试验，为理论的创建提供源泉。对初中阶段学生儒家人文思想理解能力培养进行研究，回应了相关理论不足的现实需求，有助于相关理论的提炼与形成，进而为指导实践的科学展开提供了依据。

（二）实践意义

作为一项基于实践领域的研究，本研究所呈现的实践意义具体表现在以下方面：1. 有助于人们更好地认识和理解语文教育教学实践。在学校场域中，目前仍主要以学科课程形式承载相关内容，中华优秀传统文化教育也主要是以文化知识或文化常识的讲授和记忆形式出现，中华优秀传统文化教育与学科课程互动融合仍然是最直接有效的方式。诸学科课程中，语文课程的优势最为突出。而现有的初中语文课堂教学，又主要是依托语文教材展开优秀选文的阅读教与学，缺乏文化的视域，学生文化自信素养的培育有待进一步深化，语文课程的育人价值未能充分展现出来。本研究围绕学生的儒家人文思想理解能力在初中语文教学中的发展展开探究，有助于人们更好地理解语文课程的文化育人价值。2. 有助于在初中语文教学中更好地促进和发展学生的儒家人文思想理解能力。本研究的主要研究过程和研究结果都基于实践，在初中语文教学中，促进和提升学生的儒家人文思想理解能力，进而由此拓展至其他思想文化的认识、比较和理解，具有现实可能性。从而为中华优秀传统文化教育在学校课程与教学中的实现，提供可资参照的范例。3. 有助于初中语文教育与其他相关学科教育的有机整合。不仅在语文课程中，其他学科课程也可以从自身的学科特点出发与中华优秀传统文化教育相融合，在适宜的契合点上实现其教育目标。同时，在语文课程内部，语文课程内容的遴选、课程实施过程中内容的有效组织和呈现、教学设计的展开、课程评价的方式等，都需探索出一条既不同于传统的知识教学，也不限于各自的知识内容，而是寻求融合的最佳路径。

第一章　文献综述

　　儒家人文思想作为中华优秀传统文化的核心内容，沉淀为中华民族的文化基因，深刻地影响着中国人的心理和行为方式。从个体发展角度来看，儒家人文思想是引导个体进行自我精神建构的重要力量。对已有文献进行梳理发现，单独对学生的儒家人文思想理解能力展开的研究目前尚未见到，故本研究在文献梳理中将视野置于中华优秀传统文化在教育中的传承及通过教育教学提升文化理解能力的相关研究上。通过 CNKI 中文文献系统检索，以"文化理解"为主题词，从 1993 年 1 月（首篇文献刊发）至 2022 年 2 月，检索到全国中文核心期刊及 CSSCI 来源期刊有效文献 46 篇（不含"文化理解能力"为主题词的文献）。其中，CSSCI 来源期刊文献 27 篇。博士论文 10 篇，与外语课程教学相关的 4 篇，跨文化理解教育的 2 篇，对外汉语教学的 1 篇，城市发展的 1 篇，未检索到研究有关民族优秀文化理解的博士论文。以"文化理解素养"或"文化理解能力"为主题词，检索到博士论文 8 篇，其中，涉及外语课程与教学的 4 篇、跨文化交际能力培养的 1 篇、国际理解教育的 1 篇、教学的文化实践属性的 1 篇、艺术教育的 1 篇。未检索到专门研究学生文化理解素养或文化理解能力的博士论文。对国内学术来源期刊进行检索，检索到全国中文核心期刊及 CSSCI 来源期刊有效文献 13 篇，基本上是围绕跨文化视域下外语教育展开探讨的，但也出现了对文化理解素养的内涵和构成要素进行探究的文献，以及在相应学科（语文、音乐）的课程与教学中培育"文化理解"素养的研究，而对学生的文化理解素养或能力培养展开集中而全面的研究的文献目前仍未见到。故本研究并未局限于此，而是扩展至与之相关的包括政策文本在内的更大范围的文献，由此确立本研究的基点。

一、学生文化理解能力的相关研究综述

文化理解能力是 21 世纪个体发展的关键基础能力。对中华优秀传统文化的理解是其重要内容。随着《完善中华优秀传统文化教育指导纲要》《关于实施中华优秀传统文化传承发展工程的意见》《中华优秀传统文化进中小学课程教材指南》的印发，中国学生发展核心素养的发布以及课程标准和教材的修订，"文化理解"作为学生的关键能力日渐成为关注的对象。虽然"文化理解"作为基本要素始终出现在文化研究和跨文化比较研究中，但以学生个体必备的能力、从教育的角度探究其生成机制和提升路径的研究仍零散且浅易，未能对文化理解能力的构成、内涵、维度指标及学科教学实践进行系统研究，目前尚不能从已有研究中获得直接借鉴。因此，本研究从跨文化视域下学生语言学习的文化研究出发，着重对政策文本的相关内容、学生的核心素养指标、语文课程标准的相关表述和语文教材的探索等方面进行文献梳理，以期从中获得学生"文化理解"研究的脉络，并为展开学生文化理解能力研究提供启示。

（一）国内对学生"文化理解"的相关研究

国内对学生"文化理解"的关注始于全球化背景下对学生语言学习实质认识的转变，即语言的学习，特别是外语的学习，不仅是语言要素的习得，更应是文化的理解，以及由此在多元文化比较中文化自信的树立。早期的研究主要是将文化作为背景知识，探讨其对外语（主要是英语）阅读理解的影响。而 21 世纪伊始，伴随着全球化时代的到来，语言的学习需要具有文化的视野和立场开始引起人们的注意，陈岩就明确提出文化理解能力是 21 世纪外语教育的重要目标。他指出，跨文化交流需要语言运用和文化理解两种能力。为适应全球化时代，需要由过去只强调语言运用与传达能力，进而更加重视文化能力的培养。①这一观点具有奠基性作用，文化理解能力至此成为跨文化理解的关键能力要素存在。此后的相关研究基本上都是在跨文化视域下展开的。陆晓红对外语课程与教学中跨文化理解能力进行研究。她提出以学生为中心的跨文化教学要将文化教学整合进语言教学之中，通过意义协商和有意义对话，实现跨文化理解，且这种学习结果只能在有意义的情境中展开。②余娟则鲜明地提出外语课程教学需要文化的立场。语言与文化密切相关，但在我国的外语教学中，却只关注目的语国家的文化介绍，"忽视中华优秀传统文化的学习"，而导致外语教育的文化"逆差"现象，这有碍于跨文化理解与交流。她认为文化回应性教学是解决此问题的有效策略。通过对教学目标、教学内容、教学方式的变革，亦即由语言知识教学到文化知识教学的目标确立、目的语的语言技能习得到双语文化反思的内容选择、灌输式教学到跨文化交际能力的培养，构建外语课程教学的理想文化立场。③陆文静多元文化中的文化能力建构也包含有文化理解能力，具体表现为解释和洞察文化差异、文化比较与文化创新、移情或共情能力三个方面。④刘会英讨论了课语整合式学习的文化教育范式以培育跨文化理解能力。以往外语学习与文化学习是彼此分离的，这一范式则在具体情境中将课目内容与语言学习相融合，促进学生知、情、意的协同发展。在教育目的和内容、教学方式和评估方式上呈现了创新式探索。⑤以上研究在逐步拓展中阐明了文化理解能力对于语言学习的重要作用，但始终是以外语学习的视角进行探讨的，而在跨文化理解中，本民族文化的理解更具有基础性地位，中华优秀传统文化理解能力的培育和提升理应成为学生素养建构不可或缺的部分。

政策文本对此率先给予了回应。2014 年，教育部印发了《完善中华优秀

---

①　陈岩.文化理解能力——21 世纪外语教育的重要目标[J].外语与外语教学,2000(4):1–12.

②　陆晓红.走向跨文化理解的外语课程与教学[J].全球教育展望,2010(9):83–89.

③　余娟.从语言学习到文化理解——论外语课程教学的文化立场[D].武汉:华中师范大学.2011.

④　陆文静.论多元文化中的文化能力[J].湖南社会科学,2013(3):215–217.

⑤　刘会英.培育跨文化理解能力——论课语整合式学习作为一种文化教育范式[J].教育发展研究,2014(6):45–52.

传统文化教育指导纲要》（以下简称《纲要》），明确了加强中华优秀传统文化教育的指导思想、基本原则和主要内容，并提出分学段有序推进的策略，通过在学校课程和教材体系的系统融入，实现中华优秀传统文化教育的育人目标。具体来说，《纲要》指出在"立德树人"根本任务下，中华优秀传统文化教育要坚持六个"结合"，开展以家国情怀、社会关爱、人格修养为重点的教育。为此，不同学段需依据学生身心发展特征，各有侧重地展开相应教育。对于初中阶段学生而言，教育的侧重点在于增强学生对中华优秀传统文化的理解力，提高对民族优秀传统文化的认同度方面。具体落实到相关人文领域中，发挥不同人文学科的育人功能；通过课程和教材建设，借助书法临摹、古诗词诵读、浅易文言文阅读、传统艺术作品欣赏、传统节庆活动参与等教育实践活动，引导学生在情感、态度、价值、意义等层面获得个体精神的建构。[1]由此出发，《关于实施中华优秀传统文化传承发展工程的意见》（以下简称《意见》）于 2016 年颁布，《意见》也强调了教育在中华优秀传统文化传承中的基础地位，坚持"一体化、分学段、有序推进"原则，采取融入与贯穿的思路，将中华优秀传统文化体现在国民教育各环节、各领域。值得注意的是，再次明确要以中小学教材为重点，构建中华文化课程和教材体系，强化了课程教材在中华优秀传统文化教育中的育人功能。[2]这是全面而系统地促进中华优秀传统文化传承和发展的一次整体设计，为中华优秀传统文化教育提供了支撑。为了进一步落实《纲要》和《意见》提出的学校课程教材所承载的中华优秀传统文化教育功能，教育部于 2021 年印发了《中华优秀传统文化进中小学课程教材指南》（以下简称《指南》），指明了在中小学课程教材中，中华优秀传统文化教育的内容、载体、要求、组织实施等内容。其中，最为明确的是对中华优秀传统文化教育的学科安排，提出"3+2+N"全科覆

---

① 中华人民共和国教育部. 完善中华优秀传统文化教育指导纲要［EB/OL］.(2014-03-26)［2021-08-11］.http://old.moe.gov.cn//publicfiles/business/htmlfiles/moe/s7061/201404/xxgk_166543.html.

② 中共中央办公厅、国务院办公厅.关于实施中华优秀传统文化传承发展工程的意见［EB/OL］.(2016-01-25)［2021-08-11］.www.gov.cn/gongbao/content/2017/content_5171322.htm.

盖的模式，以全面落实、重点纳入、有机渗透的策略，实现中华优秀传统文化进中小学课程教材。以语文学科为例，作为落实中华优秀传统文化教育的核心课程，在课程教材中不仅要体现中华优秀传统文化所蕴含的核心思想理念、人文精神、传统美德的主题内容，而且要在祖国语言文字的感悟和理解中培育情感、提升思维、学会审美、确立价值。[①]为此，最新修订的《义务教育语文课程标准（2022 年版）》便明确地将中华优秀传统文化与革命文化、社会主义先进文化一起，作为义务教育语文课程内容主题，在创造性转化和创新性发展的要求下，选择并确定学习内容。[②]总之，一系列的政策文本，明确了中华优秀传统文化教育的意义、内容及实施路径等，指明了中华优秀传统文化教育的方向。

以此为指引，中华优秀传统文化教育追求育人目标的实现，而学生的文化素养是其重要表征。2016 年《中国学生发展核心素养》发布，核心素养作为"关于学生知识、技能、情感、态度、价值观等多方面要求的结合体"[③]，指向个体的终身发展，文化理解素养蕴含其中。中国学生发展核心素养就是以"文化基础"奠基，在"自主发展"和"社会参与"中促进学生全面而可持续发展。这一素养框架的构建深受传统文化思想，特别是儒家思想，对个体成人问题理解的启示，形成了以涵养内在精神（"人文底蕴"）、健全理想人格（"健康生活"）、促进价值实现（"责任担当"）为旨归的素养指标体系，该体系正是以民族文化理解为基础。对文化素养的重视，在国际组织、国家和地区的核心素养框架中也能够看到。联合国教科文组织（UNESCO）"学习领域国际框架"中就包括"文化艺术"学习领域，中学阶段"文化艺术"学习领域有学习研究文化的素养指标。[④]欧盟（EU）《终身学习的核心素养：

①　中华人民共和国教育部.中华优秀传统文化进中小学课程教材指南［EB/OL］.(2021-01-19)［2021-08-12］.www.moe.gov.cn/srcsite/A26/s8001/202102/t20210203_512359.html.
②　中华人民共和国教育部.义务教育语文课程标准(2022 年版)［EB/OL］.(2022-04-21)［2022-04-21］.http://www.moe.gov.cn/srcsite/A26/s8001/202204/W020220420582344386456.pdf.
③　林崇德.21 世纪学生发展核心素养研究［M］.北京：北京师范大学出版社,2016:29.
④　林崇德.21 世纪学生发展核心素养研究［M］.北京：北京师范大学出版社,2016:43-44.

欧洲参照框架》提出"文化意识与表达"（Cultural Awareness and Expression）的核心素养，认为具有"文化意识与表达"素养应呈现出"对自身所处的文化具有深厚的理解及认同感"的态度。①如果说国际组织的核心素养框架所涉及的文化素养更加强调文化的向外延展，即学生要尊重文化的多样和开放；儒家文化圈的国家和地区，则重视向内的塑建，即将个体的情感、态度、价值观置于中心地位。例如，新加坡"21世纪素养框架"是以核心价值为中心的，包括"尊重、诚信、关爱、和谐"等，在此价值引导下，个体需"培养关爱他人、承担责任、建立积极的人际关系"②等能力，以奠基素养的生成。再如，中国台湾的"国民核心素养"中包含"身心素质与自我精进"素养，明确个体"拥有合宜的人性观与自我观""探寻生命意义，并不断自我精进，追求至善"③；"道德实践与公民意识"素养，指出要"养成社会责任感""关怀自然生态与人类永续发展，而展现知善、乐善与行善的品德"④。可见，深受儒家思想影响的国家和地区，在学生核心素养框架的构建中，重视传统文化对个体成人的价值，凸显出儒家思想在人性塑建、人格完善、修身成德等方面的引导作用。这些都是学生文化素养的基本内容，需要学生文化理解能力的支持。

"文化理解"素养作为学生适应未来社会发展的关键能力被明确提出，是在2018年问世的"21世纪核心素养5C模型"中。北京师范大学中国教育创新研究院在美国21世纪学习联盟（P21）提出的4C模型，即审辨思维（critical thinking）、创新（creativity）、沟通（conmmunication）、合作（collaboration）基础上，增加了"文化理解与传承"素养（culture competence），并使之居于5C模型或5C素养的核心，"承担着价值枢纽功能"⑤。该模型研究者

———————————

①　林崇德.21世纪学生发展核心素养研究[M].北京:北京师范大学出版社,2016:68.
②　师曼等.新加坡21世纪素养教育的学校实践[J].人民教育,2016(20):68—74.
③　黄光雄,蔡清田.核心素养:课程发展与设计新论[M].上海:华东师范大学出版社,2017:7.
④　黄光雄,蔡清田.核心素养:课程发展与设计新论[M].上海:华东师范大学出版社,2017:9.
⑤　刘妍等.文化理解与传承素养:21世纪核心素养5C模型之一[J].华东师范大学学报(教育科学版),2020(2):29—44.

认为，"文化理解与传承"素养具有普世性，特别是能够引导中国青少年从民族优秀传统文化中"汲取营养、规范行为、涵养人格""始终葆有一颗中国心"①。这是在全球化背景下，个体可持续发展的必然要求，不仅在认知层面有对民族优秀传统文化的认识和理解，而且在价值层面能够体认其深层意涵，并在行为层面积极践行。由此，文化理解、文化认同、文化践行就成为"文化理解与传承"素养的构成要素。就"文化理解"要素而言，刘妍等认为，它包括体验、认知和反思三个方面，展现出情感与理智的交融。以此为基础，认同与践行才是"理性、自觉"的，文化的传承与发展也才是可能的。落实在学校教育中，他们提出，关注"文化理解与传承"素养在国家课程的整体融入，尤其是在学科课程中的全面融入与强化，并重视充分利用资源，开设相关地方课程和校本课程；同时，强调创设丰富而鲜明的情境，引导学生深度参与文化体验活动，以提升其多维素养。②这一探究确立了素养框架建构的文化立场，将价值观念作为素养框架的中心，展现出个体精神建构是核心素养的价值追求。而学校课程教材是使之落实的基本方式。

修订课程标准和教材就成为中华优秀传统文化教育实施的保证。以语文课程为例，率先修订的《普通高中语文课程标准》就呈现了凝练的语文学科核心素养，分别从语言、思维、审美和文化四个方面展开育人实践，确立了"文化传承与理解"素养在语文学科核心素养这一整体中的地位。③在此框架下确立的课程目标，明确提出，通过学习运用祖国语言文字，"体会中华文化的核心思想理念和人文精神""理解、认同、热爱中华文化"④。这与义务教育阶段的素养要求相衔接。新颁布的《义务教育语文课程标准（2022年

① 魏锐等."21世纪核心素养5C模型"研究设计[J].华东师范大学学报(教育科学版),2020(2):20-28.
② 刘妍等.文化理解与传承素养:21世纪核心素养5C模型之一[J].华东师范大学学报(教育科学版),2020(2):29-44.
③ 中华人民共和国教育部.普通高中语文课程标准(2017年版)[M].北京:人民教育出版社,2018:4-5.
④ 中华人民共和国教育部.普通高中语文课程标准(2017年版)[M].北京:人民教育出版社,2018:7.

版)》不仅强调"继承和弘扬中华优秀传统文化",使学生"具有比较开阔的文化视野和一定的文化底蕴";①而且也凸显出文化素养的重要性,在提出的义务教育语文课程核心素养框架中,将"文化自信"素养置于突出位置,明确了"文化自信"作为义务教育语文课程育人的目标导向,指出"学习语言文字的过程也是学生文化积淀与发展的过程"②,"文化自信"素养需在个体言语经验的发展中实现。这与《义务教育语文课程标准(2011年版)》强调语文课程在优秀文化的熏陶感染中促进学生的发展,使学生"提高思想道德修养和审美情趣,逐步形成良好的个性和健全的人格"③的价值追求相一致,旨在培育学生的文化素养、丰富和涵养学生的精神世界,实现个体的健康成长与全面发展。学生的文化理解能力正是这一目标实现的基础能力。同时,统编语文教材的修订也强化了中华优秀传统文化的主题内容,无论是在经典选文的数量上,还是在选文的人文价值呈现上,都指向学生的文化理解与传承,能够为中华优秀传统文化教育的实施提供支持。

郭元祥等指出,"文化理解"是对民族历史和精神的理解过程,学生的"思想意识、价值观念、品德行为"都与"文化理解"具有"内在关联性",④"文化理解"为文化认同及文化践行提供了基础,是"文化自信"得以实现的前提。因此,在全球化背景下,"文化理解与传承"素养是学生适应个体终身发展和社会发展的核心要素,培育学生的"文化理解与传承"素养已成为学校教育的重要目标。但相关研究还不多,特别是在教育视域下关注学生"文化理解"的研究有限,而聚焦基础教育阶段学生的文化理解能力研究尚待深入拓展。

①　中华人民共和国教育部.义务教育语文课程标准(2022年版)[EB/OL].(2022-04-21)[2022-04-21].http://www.moe.gov.cn/srcsite/A26/s8001/202204/W020220420582344386456.pdf.
②　中华人民共和国教育部.义务教育语文课程标准(2022年版)[EB/OL].(2022-04-21)[2022-04-21].http://www.moe.gov.cn/srcsite/A26/s8001/202204/W020220420582344386456.pdf.
③　中华人民共和国教育部.义务教育语文课程标准(2011年版)[M].北京:北京师范大学出版社,2012:2.
④　郭元祥,彭雪梅.在中小学教学中渗透文化自信教育[J].教育研究与实验,2020(5):1-8.

(二) 国外对 "文化理解" 的相关研究

国外对文化理解能力的研究能够检索到的文献较少，通过 EBSCO 数据库和 Taylor&Francis 检索，以 "cultural understanding" 或 "understanding of culture" 为主题词，检索到有效文献 5 篇。

Mari Haas 探讨了跨文化语言学习中的文化教学策略。通过初中三年级 (K-8) 学生学习活动设计，增强学生对文化相似性与差异性的理解。这一过程需要教师给予学生批判性思维能力，反思、分析、概括信息的能力，文化回应和比较能力的培养。而前提是师生学习和理解本民族文化。①

Damaianti 等通过对印尼万隆初中生的研究，认为运用批判性阅读教学材料，采用主动阅读策略 (active reader strategy)，能够在批判性阅读活动 (critical reading activity) 中提升文本的文化价值理解 (understanding of cultural value)，从而使高尚价值的感知内化于其生活之中。②

Jan B. Y. Berkvens 强调了向不同国家推广教育项目时，文化理解的重要性。Hofstede 曾提出文化差异比较应关注的五个维度：个体主义 / 集体主义 (individualism/collectivism)，权力差距 (power distance)，不确定性的规避 (uncertainty avoidance)，男性 / 女性 (masculinity/femininity)，长期取向 / 短期取向 (long-term/short-term orientation)。Berkvens 以此为观察点，通过三角验证，对柬埔寨在推广儿童友好学校 (child-friendly school) 项目中的表现展开研究，认为研究对象对当代文化的更好理解是获得适切的项目结果的必要元素。③

Victoria Durrer 等对文化理解进行的研究，源于年轻人对文化活动 (cultur-

① Mari Haas. *Strategies for Teaching Culture in Grades K-8*. Learning Languages, 2006(2):12-17.
② Vismania S.Damaianti, Lira Fessia Damaianti, Yeti Mulyati. *Cultural Literacy Based Critical Reading Teaching Material with Active Reading Strategy for Junior High School*. International Journal of Evaluation and Research in Education, 2017,6(4):312-317.
③ Jan B. Y. Berkvens. *The Importance of Understanding Culture When Improving Education: Learning from Cambodia*. International Education Studies, 2017,10(9):161-174.

al activities）的意义和价值（meanings and values）方面的关注较少。他们以北爱尔兰 16 岁年轻人为研究对象，采用由 YLT（Young Life and Times）调查和四个后续焦点团体访谈构成的探索性混合研究方法（explorative mixed methods approach），发现文化参与和对文化本身的理解与历史、地域、语言、宗教、传统、家庭密切相关。值得注意的是，北爱尔兰的 16 岁年轻人能够超越文化表达（expression of culture）的外在形式，从宗教信仰和实践、本族语等更为深层的文化要素呈现对文化的理解。[①]

Allison DiBianca Fasoli 指出文化过程（cultural process）在儿童心理发展中发挥着重要作用。而展开此研究的前提是超越以往突出内容（content）的文化界定，转向关注其过程的理解。在 Fasoli 的研究中，文化是一种实体（substance），包括信仰、观念、价值观以及历史的、共享的、组织化的系统性实践；同时，文化也是一种共同体（communities），其中的个体包括研究者本身积极参与自我调控（self-monitoring）。在这一文化概念框架内，运用诠释的方法（interpretive approach）能够帮助我们捕捉到文化如何以拓展科学知识的方式、改变科学家自身、推动积极的跨文化关系以促进人类的心理发展。[②]

以上五项研究，并未直接对文化理解进行研究，但将其置于文化人类学视角下，关注个体及群体的发展，且研究方法与策略鲜明，能够为本研究的展开提供新的视角。

（三）小结

通过已有文献分析可知，"文化理解"已成为政策文本、素养框架和相关学科课程标准中的重要能力构成，日渐成为国内关注和研究的焦点。但研究的广度和深度有限，尚处于作为能力要素被纳入框架的应然阶段，并未对

---

① Victoria Durrer,Grace Kelly, Martina Mcknight & Dirk Schubotz. *Exploring young people's understanding of culture: a study from Northern Ireland*. Culture Tends,2019,29（1）:4–18.

② Allison DiBianca Fasoli.*Interpretive approaches to culture: Understanding and investigating children's psychological development*. Applied Developmental Science, 2020,24:1–11.

其作为学生必备能力而培养或提升的实然状况进行实证研究，也未在实证研究基础上展开培养方式或提升路径及策略的探究。而国外的相关研究能够从研究视角、问题、理论、方法等方面给予启示。基于此，聚焦学生的中华优秀传统文化理解能力，以实证研究拓展其研究视域，具有现实意义。

二、中华优秀传统文化教育的相关研究综述

21世纪以来，特别是党的十八大以来，中华优秀传统文化教育的育人价值再次引发关注，"文化育人"的探讨也持续展开。郭元祥等强调，文化根本的教育价值在于促进"人化"，也就是"使个体的人成为社会的人"，使人不仅具有自然生命的属性，也同时具有社会和精神生命的属性，而后者更是人之为人的关键。在课堂教学中，通过"文化理解与认同、文化反思与批判、文化觉醒与自信"[①]，逐步实现文化育人。中华优秀传统文化就是"以文化之"的宝贵资源，中华优秀传统文化教育旨在借助这一资源促进学生个体的精神建构。对此进行有效实践的最初典范就是孔子，孔子重视传统文化教育，主张以周朝的礼乐制度和文化典籍教育学生，使学生在人性情感、道德伦理、价值观念等方面不断完善，逐步实现个体生命的"文化"和"人化"。传统文化育人的理念始终影响着中国人的教育实践，对优秀传统文化教育的相关文献进行梳理，试图探索其发展的线索、研究的脉络，能够为本研究的展开奠定基础。

通过CNKI中文文献系统检索，以"优秀传统文化教育"或"中华优秀传统文化教育"为主题词，截至2021年，能够检索到相关博士论文11篇，其中，中华优秀传统文化融入青少年德育的1篇[②]，与社会主义核心价值培

---

① 郭元祥,刘艳.论课堂教学中的文化育人[J].课程·教材·教法,2020,40(4):31-37.
② 彭菊花.中华优秀传统文化融入青少年德育研究[D].武汉:湖北大学,2015.

育相关的 1 篇①，与大学生思想政治教育或理想信念教育相关的 4 篇②，对大中小学中华优秀传统文化教育衔接的研究 1 篇③，先秦儒家君子人格思想融入大学生道德教育的 1 篇④，其余 3 篇均为少数民族优秀传统文化融入思想政治和道德教育的研究⑤。学术期刊检索发现国内从 1992 年 4 月 30 日（首篇论文刊发）至 2022 年 1 月 15 日，中文核心期刊和 CSSCI 期刊有效文献252 篇，遍布从基础教育到高等教育对中华优秀传统文化教育的理论与实践探究。为了呈现中华优秀传统文化教育的整体面貌，本研究基于郭子超对中华优秀传统文化教育相关文献的 CiteSpace 知识图谱分析⑥，将检索到的有效文献按照时间阶段进行划分，依据划分阶段的研究特征，提炼出"初步探索—内化扩展—深化融合"⑦三个依次展开的阶段。每个阶段的研究又都是在特定的政策文本指引下拓展开来的，由此能够梳理出中华优秀传统文化教育的研究发展脉络。

（一）"初步探索"阶段（1992—2003）

这一阶段的研究，主要从民族精神培育与人文素质提升方面入手论述中华优秀传统文化的育人价值与教育意义。这与特定历史时期相应政策的出台

---

① 邓斌.中华优秀传统文化与社会主义核心价值观建设[D].长春:东北师范大学,2016.
② 王西亚.大学生中华优秀传统文化教育研究[D].桂林:广西师范大学,2017.马海燕.中国当代大学生人文精神培育研究[D].沈阳:辽宁大学,2019.丁胜.中华优秀传统文化融入大学生理想信念教育研究[D].哈尔滨:哈尔滨师范大学,2020.秦冰馥.中华优秀传统文化融入高校思想政治教育研究[D].长春:东北师范大学,2021.
③ 张乐农.我国大中小学中华优秀传统文化教育衔接研究[D].武汉:华中科技大学,2019.
④ 石莹.先秦儒家君子人格思想融入大学生道德教育研究[D].成都:西南交通大学,2020.
⑤ 耿学刚.我国少数民族优秀传统文化中伦理道德教育资源研究[D].天津:天津师范大学,2014.包华军.少数民族优秀传统文化融入民族地区大学生思想政治教育研究[D].武汉:中国地质大学,2017.王立高.壮族优秀传统文化融入青少年思想政治教育研究[D].武汉:中国地质大学,2019.
⑥ 郭子超.中华优秀传统文化教育研究的发展历程与未来图景——基于 CiteSpace 知识图谱的分析[J].教育理论与实践,2020(22):50-54.
⑦ 郭子超对中华优秀传统文化教育相关文献的 CiteSpace 分析时间范围限定在 1994—2019 年,本研究进行梳理的文献刊发时间范围是 1992—2022 年。因 1992—1994 年间相关文献较少,笔者对 2020 年 1 月—2022 年 1 月期间刊发的文献重点进行了主题分析,无论是融入相关教育的研究,还是相关课程的设计与实施,从总体上看,仍然可以统摄于"深化融合"特征之下。

相适应，1994 年 8 月 23 日中共中央、国务院发布了《爱国主义教育实施纲要》，明确要求进行中华民族优秀传统文化教育，中华优秀传统文化"这笔丰厚的文化遗产是进行爱国主义教育的宝贵资源"。①8 月 31 日，中共中央出台了《关于进一步加强和改进学校德育工作的若干意见》，指出在新形势下"如何教育青少年正确认识我国国情，继承和发扬中华民族优秀文化传统和中国共产党领导下的革命斗争传统，树立民族自尊、自信、自强、自立的精神"是学校德育工作需要研究和解决的新课题之一。②在此指引下，相关研究相继出现。

在民族精神培育方面，李季较早指出民族文化与青少年爱国主义教育的"民族血缘"关系。他认为，民族文化是青少年爱国主义教育的基础和主要内容，对爱国主义教育具有不可替代的作用。利用民族文化提高爱国主义教育的有效性，可从青少年在文化选择与爱国主义思想取向密切相关的文化价值、文化认同、社会责任感、社会主义信念四个指标上加以把握。继承和发扬民族优秀传统文化所蕴含的思想、精神、价值等能够为青少年的爱国主义教育创造有利条件。③这是将民族文化与青少年德育有机结合的奠基性探究，由此，相关研究进一步论证了优秀传统文化与爱国主义教育的关系，例如，赵馥洁明确了中华优秀传统文化所蕴含的品格、精神、观念等在激发民族自信心和自豪感、提高道德品质、增强民族凝聚力等方面的作用，从而能够作为爱国主义教育的资源促进个体的道德完善。④

潘懋元先生则是从民族性培育角度，强调弘扬中华优秀文化传统应成为海外华文教育的重要组成部分。他指出中华文化是海外华人的"文化之根"，华文教育作为传承中华文化的重要载体，需要对中华优秀文化传统加以继承和弘扬。其实践的重点应放在"语言文字的教学上""在文学、历史、地理、

① 中共中央、国务院.爱国主义教育实施纲要[J].人民教育,1994(10):6-9.
② 中共中央.关于进一步加强和改进学校德育工作的若干意见[EB/OL].(1994-08-31)[2021-10-13].http://www.moe.gov.cn/jyb_sjzl/moe_177/tnull_2479.html.
③ 李季.民族文化与青少年爱国主义教育[J].江西教育科研,1992(2):6-10.
④ 赵馥洁.优秀传统文化是爱国主义教育的宝贵资源[J].理论导刊,1995(1):15-16.

艺术等课程中，体现'以语带文''文道结合'""华文教育应该兼及汉语言文字与中华文化这两方面，在加强语言文字训练的同时，渗透中华优秀文化传统教育"。①在此基础上，潘先生进一步探讨了华文教育与中华优秀传统文化现代价值彰显的关系问题。一方面，华文教育对中华优秀传统文化的传承与创新，能够促进中华文化的现代价值彰显；另一方面，中华优秀传统文化现代价值的彰显，又有利于华文教育的兴盛。据此，潘先生坚信在全球性问题日益凸显下，中华优秀传统文化的人文和社会价值会得到更多认可，华文教育也会成为"学习、了解、吸收中华优秀传统文化的精神实质"的重要途径。②

在人文素质提升方面，随着中共中央、国务院《关于深化教育改革全面推进素质教育的决定》（以下简称《决定》）颁布，明确了促进学生包括德智体美劳在内的各项素质的全面提升目标。其中，重点强调学校必须更加重视德育工作，开展爱国主义教育、中华民族优秀文化传统和革命传统教育、伦理道德教育等，"寓德育于各学科教学之中"，以提高育人实效。③《决定》在延续与承继中指明了中华优秀传统文化教育在不同学段的目标追求。

基础教育阶段，通过中华优秀传统文化教育，指向学生道德的完善。孙殿忠指出，中小学弘扬优秀的民族文化传统是学校教育的永恒主题。对中小学进行中华优秀传统文化教育的重点在于中华民族优良道德传统，其核心是儒家的传统美德。要在以"爱国主义"为首要内容的道德教育中更有效地弘扬中华优秀传统文化，关键在传统与现代文化的结合与创新上，并就此提出以家校社一体、课内外协同为主的建议。④王颖则在国际比较中探索了我国中小学德育整合传统文化的路径。她认为新时期学校道德教育的一个重要切入

---

① 潘懋元,张应强.海外华文教育与弘扬中华优秀文化传统[J].教育研究,1996(6):10-13.
② 潘懋元,张应强.华文教育与中华优秀传统文化现代价值的彰显[J].高等教育研究,1998(3): 12-15.
③ 中共中央、国务院.关于深化教育改革全面推进素质教育的决定 [J].人民教育,1999(7): 4-7,12-13.
④ 孙殿忠.在中小学弘扬中华民族优秀文化传统的几点思考 [J].思想政治课教学,1994(6): 41-43.

点是弘扬传统文化，在传统与现代的融合中培育人才。①

　　高等教育阶段，中华优秀传统文化被视为思想政治教育的重要资源，因而有利于个体文化素质的提高。张岱之先生就是从教育能够塑造人的功能论说出发，指出优秀传统文化对提高大学生文化素质具有积极作用。他同样持优秀传统文化资源观，并特别强调了中国古代思想文化的现代价值，比如"天人之学""有对之学"作为提高大学生文化素质的重要内容；优秀传统文化的"会通"与"融合"特点有助于学生视野和思路的开阔。因此，对优秀传统文化要"使用得当，说明科学"，充分发挥其教育功能。②潘懋元先生也持相似观点，他也强调中华优秀传统文化对于涵养人文精神、促进个体人文素质提升具有重要意义。③

　　可以看出，中华优秀传统文化的育人价值是客观存在的。张静波对此进行了说明，他指出人的文化素质由工具性文化素质和观念性文化素质构成，工具性文化素质是以知识与能力表征的，而观念性文化素质则为人的世界观、人生观、价值观等更为深层、更具导向性的素质表现。学校教育在重视学生工具性文化素质的同时，还需加强观念性文化教育。中华优秀传统文化就是观念性文化的基本来源，中华优秀传统文化教育更应成为观念性文化教育的关注点。引导学生认识民族优秀文化传统、感知传统文化的特质和力量、继承和发扬其所蕴含的民族精神和品格，是观念性文化教育的基本内容。通过"潜移默化"的"浸润"，中华优秀传统文化教育能够为学生的发展助力。④

　　综上可知，这一阶段对中华优秀传统文化教育的研究已进入对其本质内涵把握阶段，即中华优秀传统文化教育指向个体的德性生成、道德完善和价值确立的实现，展现出的正是以文化人、人文化成的过程，因而对个体成人具有重要的意义。值得注意的是，世纪之交的一系列重大政策文本先后明确提出关注和加强中华优秀传统文化教育的要求，除了上文已提及的中共中央、

---

①　王颖.浅议各国传统文化对中小学道德教育的影响[J].外国中小学教育,2004(4):38-41.
②　张岱之.大学生文化素质与中国优秀传统文化[J].中国高等教育,1997(2):17-18.
③　潘懋元.中华优秀传统文化与高等教育现代化建设[J].东南学术,1998(3):4-5.
④　张静波.论观念文化与素质教育[J].江苏高教,2000(5):79-81.

国务院《关于深化教育改革全面推进素质教育的决定》外，2001 年发布的
《国务院关于基础教育改革与发展的决定》《基础教育课程改革纲要（试行）》
两份重要文件，都强调要"加强中华民族优良传统、革命传统教育"；[1]2004
年中宣部、教育部印发的《中小学开展弘扬和培育民族精神教育实施纲要》
中也鲜明提出"中华传统美德和革命传统教育是中小学开展弘扬和培育民族
精神教育的重点"。[2]可见，21 世纪伴随着全球化、信息化的快速发展，价值
理性的回归成为时代诉求。中华优秀传统文化教育所具有的育人价值逐渐为
人所重视。但这一阶段的研究仍停留在理论探讨上，尚未充分展开，且较为
零散，研究成果数量也较少。对中华优秀传统文化教育的育人功能及实现方
式的研究处于初步探索阶段，需要进一步深入探究。

（二）"内化扩展"阶段（2005—2010）

这一阶段的研究是在改革与创新的时代呼声中，素质教育进一步深化的
背景下展开的。素质教育的进一步深化，要求关注学生主体本身，学生在中
华优秀传统文化教育中获得怎样的精神建构，就成为思索与探究的中心，为
后续研究的深入拓展奠定了基础。就已有文献来看，围绕这一中心问题，研
究主要集中在中华优秀传统文化对学生精神建构的价值意蕴、中华优秀传统
文化的继承与发展、实现中华优秀传统文化教育的方式和路径等方面。

2007 年党的十七大报告提出要"弘扬中华文化，建设中华民族共有精神
家园"，在全面认识中华优秀传统文化基础上，使之适应当代社会和现代文
明，同时需加强中华优秀传统文化教育。[3]这就揭示出中华优秀传统文化的基

① 国务院关于基础教育改革与发展的决定［EB/OL］.(2001-05-29)［2021-08-06］.http://www.gov.cn/gongbao/content/2001/content_60920.htm.
② 中宣部,教育部.中小学开展弘扬和培育民族精神教育实施纲要［EB/OL］.(2004-03-30)［2021-08-07］.http://www.moe.gov.cn/s78/A06/jcys_left/moe_710/s3325/201005/t20100527_88477.html.
③ 胡锦涛.高举中国特色社会主义伟大旗帜 为夺取全面建设小康社会新胜利而奋斗［EB/OL］.(2007-10-15)［2021-08-07］. http://www.npc.gov.cn/zgrdw/npc/xinwen/szyw/zywj/2007-10/25/content_373528.htm.

本价值和时代意义。此前，胡卫已对文化教育建设的使命进行了思考，他认为，在多元文化渗透、比较和竞争的时代背景下，文化教育建设的使命首先在于"传承和弘扬优秀传统文化"，以儒家学说为核心的中国传统文化在个体内在品格修养、社会关系建构、群体认同和社会责任感三个方面具有独特价值，这在社会转型时期尤为重要。由此出发，通过文化教育，建设多元包容和独立自强的文化。①中华优秀传统文化在个体精神建构中的基础性地位再次得以确认。中华优秀传统文化是个体精神家园构建的基石，继承和弘扬中华优秀传统文化是回归精神家园的道路。但需明确的是，中华优秀传统文化的继承并不是简单复古，弘扬中华优秀传统文化要符合时代精神、适应时代需求。张伟江立足于高等教育，提出以"培养师生以爱国主义为核心的民族精神和以改革创新为核心的时代精神"为重点的和谐教育。②梁淮平也认为，要重视"创新"，在继承中创新是优秀传统文化的生命线。同时，注重在弘扬与吸收借鉴中提升文化创新能力，为优秀传统文化教育增添活力。③而学生积极的文化实践是提升自身文化创造力的保证。

宏观层面的价值思索引发了对中华优秀传统文化教育的意义探求，而方式与路径的提出则从微观层面展开中华优秀传统文化教育的实践探索。李姗泽提出学前教育可从民族传统文化中获取课程资源，开展多种形式的游戏活动。其中，民间游戏对儿童健康成长具有多重价值，对其进行开发利用，能够"使儿童的实际生活状况与儿童所处的社会共同体的文化相联系"，提升民间游戏课程的有效性。④李英善从《三字经》这部经典蒙学读物的了解和学习状况入手，强调基础教育同样需重视优秀传统文化教育，从点滴起始，逐步拓展中华优秀传统文化的学习。⑤沈立讨论了如何在中小学推行传统文化教育

① 胡卫.传承与超越：文化教育建设的重要使命[J].教育发展研究,2006(10):1-4.
② 张伟江.中国高等教育中的优秀传统文化与和谐教育[J].中国高教研究,2008(1):8-9.
③ 梁淮平.高校中华优秀传统文化教育浅谈[J].江苏高教,2008(3):118-119.
④ 李姗泽.学前教育应重视中华民族优秀传统文化——论民间游戏在幼儿园课程资源中的地位和作用[J].课程·教材·教法,2005(5):31-35.
⑤ 李英善.优秀传统文化教育须从小抓起——从《三字经》所想到的[J].当代教育科学,2005(16):63.

的问题，他认为，在中小学推行传统文化教育可从校园环境与视觉形象入手，创建基于传统文化的学校形象识别系统；进而由表及里、循序渐进地构建起蒙学—小学—大学的课程体系，并以特定的教学原则和方法加以落实。①这是以隐性课程和显性课程有机结合的思路，对中小学优秀传统文化教育进行的探讨。黄昕提出在文化多元背景下加强大学生中华优秀传统文化教育需关注课堂教学渗透、校园文化建设、社会实践活动开展和先进网络技术利用，②全面促进中华优秀传统文化教育的落地。大中小幼不同阶段从各自角度有针对性地对方式和路径的探求，能够为本研究的路径和策略探究提供启示。

　　顾明远先生对此也进行了思考，他在对中华优秀传统文化教育的理性思索基础上，提出地方课程和校本课程能够为优秀传统文化教育的开展创造条件，研究优秀传统文化如何融入地方课程和校本课程是当下课改的重要任务。③而"开展中华经典诵读活动"也作为学校加强中华优秀传统文化教育的基本方式出现在教育部《2010年工作要点》中。④钟樱等则使之付诸实践，在实践中探索进行中华优秀传统文化教育、培育儿童中华优秀传统文化素养的路径，这表现为通过经典诵读和写作、乡土戏剧编演、与遗址博物馆共建等活动融入国家课程，开发校本课程，并在校园文化建设与榜样垂范中使学生体验中华优秀传统文化的博大精深，提高其文化素养。⑤中华优秀传统文化课程化探索成为推进中华优秀传统文化教育的重要路径，为此后的相关研究提供了思路。

　　综观这一阶段的探讨与研究可以发现，对中华优秀传统文化教育的关注不再仅停留在单纯作为德育资源的讨论上，也不再只将注意力集中于借助优秀传统文化提高文化素质的探究上，而是在素质教育深化背景下，回归学生

---

　①　沈立.浅论如何在中小学推行传统文化教育[J].中国教育学刊,2007(5):24-27.
　②　黄昕.文化多元背景与大学生中华民族优秀传统文化教育[J].中国劳动关系学院学报,2008(3):111-114.
　③　顾明远.弘扬传统文化需要走出一些误区[J].中国教育学刊,2010(1):42.
　④　教育部.教育部2010年工作要点[EB/OL].(2010-01-29)[2020-08-09].http://www.moe.gov.cn/jyb_sjzl/moe_164/201009/t20100920_108605.html.
　⑤　钟樱,周刚.培育儿童中华优秀传统文化素养路径探究[J].中国教育学刊,2010(4):79-81.

主体，探究中华优秀传统文化对学生精神建构的价值、方式和路径上。既能够从宏观层面进行深层价值的思索，也开始展开微观层面方法与路径的探求。既有对优秀传统文化育人价值的确立与再认，也有在实践探索之后对经验的呈示与反思。"素质养成""文化认同""文化引领""文化创造力"等表达揭示出中华优秀传统文化教育对学生个体的意义，无论是文化素质的提升，还是对民族文化的认同，都具有不可替代的作用。总之，这一阶段的研究在先前研究的基础上不断扩展，为后续的深化融合铺平了道路。但是相关研究成果数量仍不多，研究范围也有限。

（三）"深化融合"阶段（2011—2021）

这一阶段的研究是在新时代深化改革与创新背景下，以"文化自信""立德树人""社会主义核心价值观""高质量发展"等为关键词的"深化提质"背景下展开的。在此背景下，中华优秀传统文化教育进入一个全新的发展阶段。这不仅表现在一系列重大政策文本的发布，也表现在中华优秀传统文化教育拥有了明确的地位，成为独立研究的对象。

2012 年党的十八大报告提出"加强社会主义核心价值体系建设"，将"立德树人作为教育的根本任务"，为此，需"建设优秀传统文化传承体系，弘扬中华优秀传统文化"。①这是新时期指引中华优秀传统文化教育的基本遵循。为了贯彻党的十八大精神，2013 年党的十八届三中全会通过的《中共中央关于全面深化改革若干重大问题的决定》中再次明确"全面贯彻党的教育方针，坚持立德树人，加强社会主义核心价值体系教育，完善中华优秀传统文化教育"。②而后，中共中央办公厅《关于培育和践行社会主义核心价值观的意见》中又强调"坚持育人为本、德育为先""不断完善中华优秀传统文

---

① 胡锦涛.坚定不移沿着中国特色社会主义道路前进 为全面建成小康社会而奋斗——在中国共产党第十八次全国代表大会上的报告［EB/OL］.（2012-11-08）［2021-08-10］http://cpc.people.com.cn/n/2012/1118/c64094-19612151.html.

② 习近平.中共中央关于全面深化改革若干重大问题的决定［EB/OL］.（2013-11-12）［2021-08-10］.http://www.gov.cn/jrzg/2013-11/15/content_2528179.htm.

化教育"。①一系列政策的强化，使中华优秀传统文化教育真正成为落实"立德树人"根本任务的重要组成部分。上文已提及的《完善中华优秀传统文化教育指导纲要》和《关于实施中华优秀传统文化传承发展工程的意见》就是与此形成的呼应。2017年党的十九大报告一脉相承地强调"坚定文化自信""培育和践行社会主义核心价值观"，体现出新时代文化建设的重大意义；而明确"深入挖掘中华优秀传统文化蕴含的思想观念、人文精神、道德规范，结合时代要求继承创新，让中华文化展现出永久魅力和时代风采。"②则进一步展现出中华优秀传统文化的时代价值，也为新时期中华优秀传统文化教育确立了方向。2019年的《关于深化教育教学改革全面提高义务教育质量的意见》在要求"突出德育实效"中，也强调了"文化育人""大力开展中华优秀传统文化教育"。③基于此，相关研究具有了研究背景与政策支撑，继而促发了不同视域下中华优秀传统文化教育研究成果的涌现。

对已有文献进行分析可以发现，这一阶段中华优秀传统文化教育的研究主要是在以下四个关系层面拓展：第一，中华优秀传统文化教育与社会主义核心价值观及文化自信培育；第二，中华优秀传统文化教育与思想政治教育融合；第三，中华优秀传统文化教育与育人目标及价值的实现；第四，中华优秀传统文化教育与语文课程的融合传承。它们在深化与融合中展现出中华优秀传统文化教育的意义。

1. 中华优秀传统文化教育与社会主义核心价值观及文化自信培育的研究

党的十八大报告提出"社会主义核心价值体系是兴国之魂，决定着中国特色社会主义发展方向。"④作为社会主义核心价值体系内核的社会主义核心

---

① 中共中央办公厅.关于培育和践行社会主义核心价值观的意见[EB/OL].(2013-12-23)[2021-08-10].http://cpc.people.com.cn/n/2013/1224/c64387-23926146.html.

② 习近平.决胜全面建成小康社会　夺取新时代中国特色社会主义伟大胜利——在中国共产党第十九次全国代表大会上的报告 [EB/OL].(2017-10-18)[2021-08-11].http://www.gov.cn/zhuanti/19thcpc/baogao.html.

③ 中共中央、国务院.关于深化教育教学改革全面提高义务教育质量的意见[EB/OL].(2019-06-23)[2021-08-11].http://www.gov.cn/xinwen/2019-07/08/content_5407361.htm.

④ 胡锦涛.坚定不移沿着中国特色社会主义道路前进　为全面建成小康社会而奋斗——在中国共产党第十八次全国代表大会上的报告 [EB/OL].(2012-11-08)[2021-08-10].http://cpc.people.com.cn/n/2012/11/18/c64094-19612151.html.

价值观，更是引导着个体的价值选择与行动。而中华优秀传统文化则是其重要来源。它们之间有着不可分割的联系，将社会主义核心价值观培育与中华优秀传统文化教育相融合，便成为关注的焦点。

杨叔子在谈到他对加强社会主义核心价值体系教育的理解时指出，培养与践行社会主义核心价值观，就是要从包括继承与弘扬中华优秀传统文化在内的四个方面展开。民族文化是一个民族存在的根本，丢掉优秀文化传统，就会"异化"，甚至"毁灭"。一个民族的文化哲理集中体现在其世界观、人生观和价值观上，中华民族的传统文化则强调整体的、变化的、本质的观念，以此为基础，由天而人（"天人合一"），"爱国为民"的价值取向，就成为社会主义核心价值观教育的核心。[①]借助中华优秀传统文化蕴含的核心思想，引导学生修身养德，涵养品格，通过中华优秀传统文化教育实践，实现"以文化人""以文育人"。[②]可见，社会主义核心价值观培育与中华优秀传统文化教育具有相互融通的基础，由此出发，思索与探求其实现路径就成为研究关注的重要方面，相应的方法与策略也得到探讨。

杨文英等基于前人的探讨与研究，全面地思考了中华优秀传统文化与社会主义核心价值观在国家、社会、个人层面的内在统一关系，强调中华优秀传统文化对社会主义核心价值观培育具有导向、心理支撑和精神动力作用，因而理应依托优秀传统文化培育社会主义核心价值观。为此，他们提出挖掘、引领、创新优秀传统文化，其实践基础是深入开展以内在信仰教育和外在教育环境建设为主的中华优秀传统文化教育，并通过学校、家庭、社会教育的融合，显性与隐性教育的结合，学校课程建设与实践活动并重，构建终身教育体系。[③]全面而系统地进行教育体系建设为基于传统文化的社会主义核心价值观培育提供了保障。

---

① 杨叔子.对加强社会主义核心价值体系教育的一点理解[J].高等教育研究,2014(4):1-7.
② 宋文生. 加强大学生社会主义核心价值观教育的三个维度 [J]. 中国高等教育,2014(19): 45-47.
③ 杨文英,范宗宪.基于传统文化的社会主义核心价值观培育[J].教育理论与实践,2016(31): 53-56.

张广斌关注了社会主义核心价值观教育的文化路径探索，以价值教育的校本化为主线，立足中华优秀传统文化开展社会主义核心价值观教育。这源于社会主义核心价值观与中华优秀传统文化之间的内在联系，他认为，二者是"表里一体"的关系，使之真正实现彼此相融，需要从本体、关系和方法三个层面加以认识。具体来说，形成中华文化整体感知是基础，找准传统与现代的价值交汇点是关键，遵循文化育人的方法论是保障。为了实现立足中华优秀传统文化的社会主义核心价值观教育，探索出的学生层面的路径，就是"五学并举"的文化习养课程。所谓"五学"即经典、人物、礼乐、武术、书法，共同指向学生德行的修养，在"知行"一体中促进价值教育的有效开展。[①]之后，他又以文化生态视角阐释社会主义核心价值观教育，建构起以中华优秀传统文化、革命文化和社会主义先进文化、世界多元文化涵养社会主义核心价值观的文化生态模型。在先前提出的路径基础上，再次强调了"学生中心""多元文化育人"的理念，具体从以下三个方面推进中华优秀传统文化奠基的社会主义核心价值观教育：（1）以"经典"为主轴，以"德"为中心，建立整体学习系统；（2）关注学校教育教学的融入，通过各类课程实现教育目标；（3）重视在多元文化生态环境中增强文化鉴别力与判断力，理解价值，感受和体验价值生成。[②]这一基于实践的研究，创建了社会主义核心价值观与中华优秀传统文化教育融合的典范。

与此同时，文化自信培育研究也成为理解中华优秀传统文化教育和社会主义核心价值观培育的另一个研究视点。党的十八大以来，习近平总书记多次提到增强文化自信和价值观自信的重要性。对于文化自信和价值观自信的强调，促使相关研究陆续出现。

张春和等强调文化自信的内核就是价值观自信，通过发挥社会主义核心价值观教育的教化和感召作用，以价值观自信为支点，从历史与现实的维度坚定对中华优秀传统文化与中国特色社会主义文化的文化自信，并由社会主

---

① 张广斌.社会主义核心价值观教育的文化路径探索[J].全球教育展望,2019(8):53-61.
② 张广斌,杨玉春.社会主义核心价值观教育的文化生态分析[J].中国特殊教育,2020(10):3-8.

义核心价值观教育与文化发展以及主体性发挥相结合为推进路径，直面文化认同淡化与理解偏差的现实困境。①邵龙宝指出，文化自信内蕴的根基之一就是中华优秀传统文化及儒道佛经典，其根源为中华优秀传统文化的内在精神和深邃哲理，正是因为中华优秀传统文化的内在精神和基本价值，使文化自信具有了生命力。他认为，要促使学生文化自信得以实现，文化自觉意识和文化价值观的确立、中华传统经典阅读、社会主义核心价值观的文化元素研究等，是主要途径。②方中雄从国家文化战略格局出发，提出文化自信是以中华优秀传统文化为根和源，中小学传统文化教育是夯实文化自信的途径。通过中小学传统文化教育，能够促进优秀传统文化的"传承、转化与创新"。为此，中小学传统文化教育需要从社会主义核心价值观、育人价值、现代教育原则和方法三个方面来衡量其实效性，并致力于完整教育教学体系的构建。③由此，在中小学开展文化自信教育便具有理论与实践的可能。

郭元祥等认为，"文化自信"对人的发展价值在于能够为青少年获得"人的社会本质和文化本质提供内生源泉"④，使之在文化理解、反思和自觉中实现国家身份认同和民族文化精神的同一，丰盈自我的精神世界，收获个体精神成长。据此，在中小学教学中渗透文化自信教育，就是要培养学生的文化理解力和文化实践力，以文化浸润的方式内化民族文化精神。而关注学科教学的文化意蕴是实现这一目标的重要策略之一，即结合学科特点，凸显学科知识内容蕴含的特有文化元素，在优秀文化范围内展开文化自信教育。⑤语文学科是对学生进行文化自信教育的主要学科，在语文课程实施中渗透文化自信教育，是文化自信教育开展的重要途径。新发布的《义务教育语文课程标准（2022年版）》对此给予了支持与回应，育人立意、核心素养导向、

①　张春和,张学昌.坚定文化自信的价值理路分析——兼论社会主义核心价值观教育[J].理论与改革,2016(6):37-40.
②　邵龙宝.文化自信的内蕴、特征及其传承培育[J].兰州学刊,2018(1):31-40.
③　方中雄. 从国家文化战略格局出发 思考中华优秀传统文化教育 [J]. 中小学管理,2017(8):31-34.
④　郭元祥,彭雪梅.在中小学教学中渗透文化自信教育[J].教育研究与实验,2020(5):3.
⑤　郭元祥,彭雪梅.在中小学教学中渗透文化自信教育[J].教育研究与实验,2020(5):1-8.

文化奠基的义务教育阶段语文新课标明确指出，语文教学要突出"文以载道、以文化人"的目标，引导学生"在学习语言文字运用的过程中，逐步树立正确的世界观、人生观、价值观，体认和传承中华优秀传统文化、革命文化、社会主义先进文化，积淀深厚的文化底蕴，增强文化自信"①。由此，语文教学开启了包括"文化自信"素养在内的核心素养导向下的文化育人历程。

总之，这一部分的研究立足于新时代背景，从提升国家文化软实力的战略高度，强调中华优秀传统文化的重要地位，探究中华优秀传统文化教育与社会主义核心价值观、文化自信的关联及融合教育的理论依据和实现路径，为相关研究的进一步拓展铺平了道路，引发了有关研究的持续开展。

2. 中华优秀传统文化与学校思想政治教育融合

思想政治教育是学校教育的关键构成，加强思想政治教育是我国学校教育的重要内容。习近平总书记在 2018 年全国教育大会上强调了加强学校思想政治工作的重要性，2019 年 3 月 19 日，又在学校思想政治理论课教师座谈会上再次强调："思想政治理论课是落实立德树人根本任务的关键课程。青少年阶段是人生的'拔节孕穗期'，最需要精心引导和栽培。"思想政治课就是"用新时代中国特色社会主义思想铸魂育人"，因而"在大中小学循序渐进、螺旋上升地开设思想政治理论课非常必要，是培养一代又一代社会主义建设者和接班人的重要保障。"②因为它指向学生的德性生成与思想情感培育。

王迎迎等就明确指出，思想政治教育不等同于政治教育，而是"德性和思想文化情感的培养过程，深刻地与人的情感、社会文化交织在一起"，而中华优秀传统文化正是以人性情感和道德修养为核心的文化，与思想政治教育的内涵相一致，因而对思想政治教育具有重要价值。这集中表现在：忧国忧民的爱国情感对民族向心力的凝聚，修身为本的德性情感对理想道德人格的

———————

①　中华人民共和国教育部.义务教育语文课程标准(2022 年版)[EB/OL].(2022–04–21)[2022–04–25].http://www.moe.gov.cn/srcsite/A26/s8001/202204/W020220420582344386456.pdf.

②　习近平.用新时代中国特色社会主义思想铸魂育人　贯彻党的教育方针落实立德树人根本任务[EB/OL].(2019–03–19)[2021–08–13].http://cpc.people.com.cn/n1/2019/0319/c64094–30982234.html.

奠基，刚柔互补的生命情感对精神情怀的智慧铸就。由此，建设现代思想政治教育需要从中华优秀传统文化中汲取人文情感资源，关注人文情感教育，回归人的发展。①鲁力相信，从中华优秀传统文化的文化视域观照思想政治教育，它不仅具有文化继承、选择、创造的功能，而且能够促进文化的自觉。②再次证明中华优秀传统文化与思想政治教育之间的互动关系，将中华优秀传统文化教育与学校思想政治教育有机融合，在融合视域中达至育人目标的实现，势必成为相关研究的新的生长点。

就已有文献来看，对中华优秀传统文化教育与思想政治教育融合的相关研究仍持续展开，包括博士论文在内的研究成果也相继呈现，但聚焦高等教育阶段的居多，基础教育阶段的相关研究目前可见的相对较少，且未形成系统的研究。研究内容基本上是在确认中华优秀传统文化的教育价值基础上，探讨融入学校相关课程过程中存在的问题及解决策略。

吴丽讨论了中华优秀传统文化在小学《道德与法治》课程实施中存在的缺失与回归的策略。她首先肯定了中华优秀传统文化教育融入《道德与法治》课程有利于学生学习兴趣的激发、增强对中华优秀传统文化的亲切感和感受力。但中华优秀传统文化在该课程的实施中存在诸多问题，例如，中华优秀传统文化作为教育教学资源表征的地域特色不鲜明，任课教师对此资源的使用较为单一，家、校、社协同教育不够等。据此，她在教学内容、教学方式、教师文化素养、各方协同共育四个层面提出相应对策。③由此扩展，可以获得更为整全的认识。胡昕珏对中华优秀传统文化在中学思想政治课教学中的应用进行研究。研究按照中华优秀传统文化融入思想政治课的必要性—存在问题—应对策略的思路展开。个体的发展、教学内容丰富性、教学改革深化的需求使中华优秀传统文化融入思想政治课成为必需，但学生在学习传统文化

---

① 王迎迎,凡景强.传统文化与现代思想政治教育的人文情感建设[J].中学政治教学参考,2014(6):10-12.
② 鲁力.文化视域中的思想政治教育:属性、功能与自觉[J].理论导刊,2016(6):82-84,100.
③ 吴丽.中华优秀传统文化在小学《道德与法治》课程实施中的缺失与回归[J].教育理论与实践,2020(11):58-61.

和教师在讲授传统文化的过程中皆存在问题。而建设校园文化、优化课堂教学、促进教师专业发展对策的提出，则指向了问题的解决。其中，优化课堂教学的策略值得关注。课堂是中华优秀传统文化融入思想政治课的主阵地，建立理念—方法与手段—评价的优化侧面，能够为提高融合教育的有效性提供思路。而教学模式的改进、教学行为的反思、研究性和启发性教学活动的开展、师生的对话与互动、教学情境的创设、教育资源的选择、过程性评价的运用等，是融合教育的关注点。[1]而回到融合实现的起点，能够再次确认中华优秀传统文化对于个体成人的价值。张粉艳等对此也作出了思考。以先秦儒家思想为主要分析内容，其蕴含的和谐与德育观念、爱国与自强的民族精神，作为学生思想政治教育的恒久资源，奠基起二者融合的基础。[2]

可见，基础教育阶段对中华优秀传统文化教育与思想政治教育融合的研究，能够立足现实、有针对性地进行问题探讨，但总体尚处于面对问题、探讨应对策略的浅层阶段，需要依据学生特定阶段的身心发展特征，在理论与实践各方面展开深度探究。对此，可吸收和借鉴高等教育阶段中华优秀传统文化与思想政治教育融合研究的成果，不仅关注对中华优秀传统文化本体价值的深层挖掘和理解，而且深入探究融合的系统而有效的实现路径，为文化育人的目标实现奠定基础。

综上可知，中华优秀传统文化教育与思想政治教育的关联是以融合的样态呈现的，相关研究主要围绕融入的必要性和可能性—存在问题和现实困境—内容的选择和提炼—实现路径和策略四个方面逐一展开的，在实现路径方面，关注到主体性教学理念、课堂教学过程和方法、教学资源的丰富和完善、实践教学活动等[3]，在力求思想政治教育的实效性上取得了一定的成果，但仍然存在进一步探究的空间及现实需求。

---

[1]　胡昕珏.中华优秀传统文化在思想政治课教学中的应用研究[J].中学政治教学参考,2017（24）:45-48.

[2]　张粉艳,胡艳.中华优秀传统文化融入中学思想政治教育——以先秦思想文化为例[J].中国教育学刊,2020(S1):157-158.

[3]　黄岩,朱杨莉.中华优秀传统文化融入高校思政课的思考[J].思想政治教育研究,2019(1):81-86.

3. 中华优秀传统文化教育与育人目标及价值实现的研究

教育的宗旨在于促进人的全面发展。通过教育实现人的整全，展开的实为"文化"与"人化"的过程。顾明远先生强调，中国的教育旨在"培养中国人，培养有中华文化精神的人"，这种"中华文化精神"就是中华优秀传统文化的核心，开展中华优秀传统文化教育的价值追求就是"中国人"的培育，因而中华优秀传统文化教育的育人本体价值实现就成为相关研究的起点与重点。顾明远先生指出，开展优秀传统文化教育需注意以下方面：第一，有所选择、创造和解释，这是保证传统文化的优质性、时代性和发展性的条件；第二，充分发挥课堂教学的主阵地作用；第三，开展多种形式的课外校外活动，以促进优秀传统文化教育的多样态实现；第四，把握精神实质，避免形式主义。①这实际上呈现出对中华优秀传统文化教育展开研究的四个层面，即中华优秀传统文化教育的本体认识、内容选择与构成、课程化、教育实现。就现有文献分析，也主要是按照这四个层面进行探究的。

在中华优秀传统文化教育的本体探讨上，李申申的《传承的使命：中华优秀文化传统教育问题研究》和徐梓的《中华优秀传统文化教育十五讲》是具有代表性的研究成果。李申申较早地探究了中华优秀文化传统教育问题，她的研究聚焦传统文化中的"文化传统"这一"最具有根本性和稳定性的精神意识"，在"思想观念、价值体系、思维方式、心理结构"等②范畴内探索其育人价值。就具体内容来说，李申申认为，可凝练和关注"文化传统"中的"天人合一、道法自然"的宇宙人生观，"民本、和谐、德行仁善"的道德伦理观，"承担责任、自强不息、爱国奉献"的社会价值观。③它们虽经历史变迁，却是永恒不变的内在的"道"。若使之成为促进青少年"成人"的教育资源，有效的路径是中西文化比较视野下的国学教育及综合力量的支持。该研究对中华优秀传统文化教育具有重要的引导性作用，其对"文化传统"

---

① 顾明远.文化是一个民族的根与魂——谈谈中华优秀传统文化教育[J].人民教育,2017(23)：45-49.

② 李申申等.传承的使命：中华优秀文化传统教育问题研究[M].北京：人民出版社,2011：11.

③ 李申申等.传承的使命：中华优秀文化传统教育问题研究[M].北京：人民出版社,2011：208-262.

的阐释也有助于本研究对中华优秀传统文化的理解。徐梓强调中华优秀传统文化教育就是"植根、铸魂、固本或打底色的工程"①，旨在"使学生掌握优雅、精致的祖国语言，引领学生走进我们的历史，体认我们的传统，亲炙我们的祖先，认同中华民族共有的精神家园，成为一个既有知识又有文化的现代中国人"②。同时，中华优秀传统文化教育的落脚点仍在教育上，因而需要遵从教育的基本逻辑和规律，使中华优秀传统文化教育成为以育人为目标的实践活动。为此，进行"经典教育"和"体验教育"是有效的方法。两部专著对中华优秀传统文化教育问题的探讨为我们厘清概念、把握内容、认识价值、探寻方法提供了全景视角。

在全面的研究呈现同时，从不同角度探讨中华优秀传统文化教育本体的单篇文献也相继出现。高国希指出传统文化教育不是复古，优秀传统文化教育是面向学生的未来，面向整个世界，培养现代公民的。由此，可以构建起"立国—处事—为人"的中华优秀传统文化解释框架。基于这三个维度阐释中华优秀传统文化的内涵，能够看到优秀传统文化在处理人与共同体、人与人、人与自我之间关系时的特质。通过对中华优秀传统文化的当代教育路径进行探究，能够实现培养时代新人的目的。③李建等从儒家"仁礼合一"的思想学说出发思考中华优秀传统文化教育，认为当代中华优秀传统文化教育可依托儒家这一"涵盖个体、社群、自然、天道"的人文传统展开，落实《完善中华优秀传统文化教育指导纲要》提出的主要内容。④这就为中华优秀传统文化教育找到了开展的思想基础，有助于把握中华优秀传统文化的主题内容。钱逊先生指出中华优秀传统文化教育需要注意两个问题：第一，优秀传统文化教育的中心是学做人；第二，传统文化教育应究其本末终始。他强调"重道德"是中华优秀传统文化的特质，弘扬、传承中华优秀传统文化旨在学习做人的道理。学习做人的道理需明确其"本末"，通过经典的学习获得中华文化的基

---

①　徐梓.中华优秀传统文化教育十五讲[M].北京:北京师范大学出版社,2018:8.

②　徐梓.中华优秀传统文化教育十五讲[M].北京:北京师范大学出版社,2018:178.

③　高国希.中华优秀传统文化的现代阐释与教育路径[J].思想理论教育,2014(5):9-13.

④　李建,傅永聚.儒家"仁礼合一"传统与中华优秀传统文化教育[J].齐鲁学刊,2015(4):5-9.

本价值和精神为本，而借助其他传统文学艺术形式理解基本价值和精神则为末，把握好"本末"才能使中华优秀传统文化教育达至育人效果。①

而对于中华优秀传统文化教育的育人根本目标的理解，可以在相应研究中明晰。郗希等提出中华优秀传统文化教育要达至"尽美、尽善、尽慧、尽才"四层次，亦即在"文化美育"中涵养人文底蕴，"道德善育"中建立情操，"心性慧育"中展现智慧，"能力才育"中培养才能。②任翔阐明中华优秀传统文化教育就是要达到"知""意""行"的合一。"知"是文化知识，中华优秀传统文化包含着丰富的知识，了解基本的文化知识，是文化实践的基础。"意"是民族精神，中华优秀传统文化蕴含的思想理念、人文精神、传统美德铸就了民族的精神，理解民族精神，为文化实践提供内在动力。"行"是践行民族精神，在知行合一中提升精神境界，是中华优秀传统文化教育的旨归。③陈云龙等明确指出，中华优秀传统文化教育旨在提高修养、塑造人格。④由此可知，中华优秀传统文化教育的目标不在于文化知识的学习，而是文化知识学习基础上的文化实践，通过中华优秀传统文化涵养品格、陶冶情操、获得智慧、提升能力，在文化浸润中展开文化践行。

最后还需做出概念上的澄清，中华优秀传统文化这一概念在传统文化基础上强调了"中华"和"优秀"，李宗桂先生也曾对此做过解释，指明我们要学习、传承和弘扬的是整个中华民族发展历程中"好"的传统文化，即发挥积极的历史作用、至今仍对个体发展具有重要价值的文化。而"国学"则不能完全等同于中华优秀传统文化，它是20世纪初提出的应对西学挑战的本土概念，国学乃本土固有之学问。现在更加强调其作为学术思想体系⑤而存在。对中小学生而言，用国学教育指称中华优秀传统文化教育并不合适，"可能

---

① 钱逊.传承中华文化要重本末终始[J].人民教育,2016(22):14-17.
② 郗希,刘高升.中华优秀传统文化复兴教育的几个关键问题[J].人民论坛·学术前沿,2018(8):112-115.
③ 任翔.中国传统文化教育的目标与内容初探[J].中国教育学刊,2019(1):58-59.
④ 陈云龙,任建英,曾莹.中华优秀传统文化教育发展的探讨[J].课程·教材·教法,2019(12):89-95.
⑤ 吕洪刚,李小鲁.中华优秀传统文化教育的现代阐释与实践路径[J].学术探索,2016(11):120-124.

会引起歧义甚至误导"①。

在中华优秀传统文化教育的内容上，《完善中华优秀传统文化教育指导纲要》（以下简称《纲要》）首先确立了"一个核心三个方面"的主要内容，即以"弘扬爱国主义精神"为核心，从家国情怀、社会关爱、人格修养三个方面开展教育。②于春海等就基于《纲要》提出了他的理解，自强不息的民族精神、修齐治平的家国情怀、崇德向善的道德追求、内圣外王的人格理想，构成了中华优秀传统文化教育的主要内容。③对此，徐梓则是从内容载体的角度，即经典文本、文化知识和技艺技能④三个方面说明传统文化教育的基本内容，其实指向的是载体背后蕴含的深层的文化意蕴。曲天立在此基础上进一步提炼出中华优秀传统文化教育内容的选择标准，提出"博大精深"的理念，以思想精神文化为主体，聚焦其意蕴和精髓，在古今中外文化的融通中发挥多重教育功能。⑤任翔对基本内容的构建是在其确立的目标指引下展开的，与"知意行"的目标相对应，中华文化知识、中华民族精神、中华文化养成三个方面就成为中华优秀传统文化教育的主题内容，每个主题又是由具体内容构成。例如，在中华民族精神主题下，就包含人本观念、进取精神、德性修养、价值取向的内容建构。⑥可以看出，对中华优秀传统文化教育内容的把握，是依据中华优秀传统文化教育的育人目标展开的，正是因为中华优秀传统文化本身在思想和精神层面体现出育人价值，中华优秀传统文化教育内容也是围绕促进个体精神建构而选择和确定的。

在明确了中华优秀传统文化教育的本体价值和意义内容后，如何使之真实地落实在学校课程与教学中，又应采取何种方法和策略提升中华优秀传统文化教育的实效，以促使育人目标的实现，就成为重点探究的内容。祝安顺

① 方中雄.从国家文化战略格局出发 思考中华优秀传统文化教育[J].中小学管理,2017:33.
② 中华人民共和国教育部.完善中华优秀传统文化教育指导纲要[EB/OL].(2014-03-28)[2021-08-15].http://www.moe.gov.cn/srcsite/A13/s7061/201403/t20140328_166543.html.
③ 于春海,杨昊.中华优秀传统文化教育的主要内容与体系建构[J].重庆社会科学,2014(10):67-75.
④ 徐梓.中华优秀传统文化教育十五讲[M].北京:北京师范大学出版社,2018:74-79.
⑤ 曲天立.中华优秀传统文化教育内容选择的标准维度[J].教学与管理,2017(28):25-27.
⑥ 任翔.中国传统文化教育的目标与内容初探[J].中国教育学刊,2019(1):59-62.

指出，中华优秀传统文化教育"不以知识传授和技能训练为重点"，使之课程化，关注教育过程中的生命体验，是当下中华优秀传统文化教育的关键。①因而，需重点关注中华优秀传统文化教育的课程化方面的研究。

在《完善中华优秀传统文化教育指导纲要》提出将中华优秀传统文化教育系统融入课程和教材体系后不久，魏传光等就以《思想道德修养与法律基础》为例，对中华优秀传统文化教育的课程设计进行了讨论。他们认为课程设计可以从课程内容设计、教学方法设计、课程文化建构的视角展开分析。在内容设计上，依据不同学段的教育目标，设计不同模块的教学内容；在方法设计方面，关注文化比较法、实践法和情景法；在教学文化建构上，提出"超越性""鲜活性""本土化"的课程文化。由此，他们强调，中华传统文化教育作为异于知识传授的文化教育和价值教育，需注重课程实施中指向主体唤醒的情境、指向深度理解的体验，以及通过交往和对话的互动建构。②该研究虽然以大学《思想道德修养与法律基础》课程为基础展开探讨的，但提出的教学方法和课程文化方面的理念和观点，对本研究有重要启示。

在中华优秀传统文化教育课程开发与实施上的研究，李群等一系列基于北京地区基础教育阶段中华优秀传统文化教育的理论与实践探讨具有代表性。这一系列的研究起始于对北京地区小学中华优秀传统文化课程建设的扫描，发现课程目标窄化、课程内容及教材适配性不强、课程实施效果不佳等问题。③针对存在的问题，相关研究逐步展开。首先，他们依据文化脉络，遵循整体性、个性化、引导式的原则，以尊重文化自身的系统性、层次性、实践性的课程理念，进行了传统文化课程体系建构，并提出在此基础上构建文化课堂以保障课程实施有效性的追求。④而后，进一步探讨了中小学中华优秀传统文化课程在课程目标的确定、课程内容的构建、教学策略的采用方面的问题。他们认为，确定课程目标，需从把握中华优秀传统文化的核心要义出发，

① 祝安顺.中华优秀传统文化教育的实践与思考[J].上海教育科研,2016(9):1.
② 魏传光,胡旖旎.中华优秀传统文化教育课程设计论略——以《思想道德修养与法律基础》课为例[J].教育探索,2015(7):102-105.
③ 李群,王荣珍.小学中华优秀传统文化课程建设:北京扫描[J].中小学管理,2016(4):29-31.
④ 李群.在文化脉络中寻找文化课堂的有效实施[J].中国教育学刊,2017(10):89-94.

与社会主义核心价值观相关联，体现出地方课程和校本课程的教育价值；构建课程内容，可依据中华优秀传统文化基本的层次分类，划分相应内容；采用的教学策略，需遵循在不同时空的价值阐释和在体验实践中内化的原则。只有明确了这三个方面的内容，课程开发与实施才是科学有效的。①讨论中华优秀传统文化课程的开发与实施，是为了实现中华优秀传统文化教育的育人目标，而再次回到对中华优秀传统文化课程与教材建设的思考，则是探究中华优秀传统文化教育的必然要求。李群等的思考围绕传统文化课程内容的选择、课堂教学的有效落地、传统文化教育的终极目标展开，为了克服教育实践中的误区、解决现实存在的问题，课程内容的选择需符合时代价值和学生认知规律、突破思想内容局限、构建科学系统的课程体系；落实在课堂教学中，既要重视教师的学养提升和学生的情感体验生成，也要挖掘文本背后的文化意蕴和指导学生综合性思维能力的拓展；以此培育学生的文化自觉和文化自信。②基于教育实践的探索，文化自信的培育需关注鲜明具体的情境创设和学生真实情感体验的激发，通过文化主题的设计和与当下生活的关联，在多样化的实践活动中促进中华优秀传统文化教育"人文化成"目标的实现。③这一系列的研究在问题意识指引下，逐步深入中华优秀传统文化课程建设的探究，在呈现出可应用于实践的研究成果的同时，引发了对相关问题的进一步思考。

何莲芳确认了中华优秀传统文化课程实践的北京经验，强调了中华优秀传统文化进课堂的原则，即有机融入三级课程、促进课堂内外的融通、完善课程评价机制。④姚永辉关注了中华优秀传统文化课程化如何整合社会资源，使家校社协同育人的问题。为解决这一问题，他提出利用文博德育实践基地，

---

① 李群,王荣珍.论中小学中华优秀传统文化课程的开发与实施[J].课程·教材·教法,2018,38(3):101-105.
② 李群,李凯.中小学需要怎样的传统文化教育？——基于北京市中小学"中华优秀传统文化"课程与教材建设的思考[J].中小学管理,2019(1):49-52.
③ 李群,李凯,牛瑞雪."人文化成"：中华优秀传统文化课程建设的反思与实践[J].教育科学研究,2019(6):48-52.
④ 何莲芳.不拘一格降人才：传统文化进校园的几点启示[J].中小学管理,2016(10):53-54.

整合与优化教育资源的路径。通过"活化"文博资源，使之与学段相适应，并转变为学习材料，再经有针对性的教学设计，提升学生传统文化的理解能力。①张庆伟则探讨了中华优秀传统文化融入综合实践活动课程的路径，他认为，综合实践活动课程与中华优秀传统文化教育在精神、生活、实践三个层面相契合，将中华优秀传统文化融入中小学综合实践活动课程，不仅需在课程目标和内容上着力，而且要突出教师的指导与学生的体验在课程实施中的重要性，并以课程评价促融入效果的提升。②王明娣等提出中华优秀传统文化融入教学，不仅有利于学校教育育人价值的实现，而且能够促进学生对多元文化的理解，形成以文化人的培养目标。通过确立文化性教学目标、进行文化回应教学、回归生活实践，从教学目标、过程、结果，探究中华优秀传统文化融入教学的有效路径。③

这些探究从不同角度、运用不同方式促进中华优秀传统文化的课程化，为实践探索提供了全新的思路和视角，具有积极的实践意义。

同时，对中华优秀传统文化课程进行全面而系统的设计并实施，是中华优秀传统文化教育有效开展的保证。在这一方面，曲天立的研究值得关注。他首先确立了构建课程体系的思路，按照"为什么学""学什么""怎么学""学得如何"的脉络展开，中华优秀传统文化课程体系就形成课程目标—课程结构—课程内容—教学任务与目标—实施策略模式—教学实施策略的设计框架。每一个部分都能够自成体系，在对各部分的具体内容细化的过程中，完整的结构模式得以呈现。④其中，"1+X"的课程实施模式富有特色，其丰富的内涵和多样化的实现方式，为中华优秀传统文化课程的实施提供了一种借鉴。这一设计表现出了思路清晰和内容充实的特点，但缺少了对"学得如

---

① 姚永辉.文博资源的"活化"：中华优秀传统文化课程化改革推广新思路[J].基础教育,2017（2）:40-47.
② 张庆伟.中华优秀传统文化融入综合实践活动课程的路径探讨[J].当代教育科学,2018(7):36-40.
③ 王明娣,翟倩.中华优秀传统文化融入教学的价值、困境及路径[J].民族教育研究,2020,31（6）:24-30.
④ 曲天立.中华优秀传统文化教育课程的系统设计与实施[J].教育理论与实践,2020,40(26):41-44.

何"，即课程评价的内容建构，这在其后续研究中需要进一步拓展。而在他新近出版的《中华优秀传统文化教育课程的系统设计与实施》一书中也未能见到相关内容。

总之，中华优秀传统文化教育的课程化研究是需要重点关注的部分，目前已取得了一定的研究成果，但仍需进一步深化和拓展，才能为中华优秀传统文化教育的真正落地提供支撑。

在中华优秀传统文化教育的实现上，这一阶段的研究基本上在整体和局部两个向度上展开。所谓"整体"，就是从主要发展方向上探讨中华优秀传统文化教育的实现；"局部"则是从具体方式和路径上探究提升中华优秀传统文化教育实效。

在中华优秀传统文化教育实现的"整体"探讨上，于春海等认为，中华优秀传统文化教育应关注"建设"与"结合"，政策法规的完善、课程标准及教材的修订、师资和校园文化创建等，都需积极展开；而家庭、学校和社会教育的功能发挥，有利于营造适宜的传承氛围。[①]王定华指出学校是中华优秀传统文化教育实现的主要场域，中华优秀传统文化教育要"融入"课程体系、社会实践活动、校园文化建设和学校管理四个环节，也就是将着力点置于校内外和课内外，从关键层面入手，以把握中华优秀传统文化教育的效果。[②]对此，吴文涛提出学校层面的中华优秀传统文化教育实践应依循"知情意行"四个教育向度、按照"致知""激情""诚意""笃行"的实践步骤展开。具体来说，"致知"是对课程设置与教材编订的认知，"激情"关注教师的教学艺术和创造性教学实践活动，"诚意"强调文化意识的生成，"笃行"指向在生活实践中推进中华优秀传统文化教育。"知情意行"的统一能够促使中华优秀传统文化有机"融进"学校教育。[③]如果说"融入"从横向探讨中华优秀传统文化教育实现的方式，"衔接"就从纵向贯通了中华优秀传统文化

① 于春海,杨昊.中华优秀传统文化教育的主要内容与体系构建[J].重庆社会科学,2014(10):67–75.
② 王定华.中小学生优秀传统文化教育的提升路径[J].中国教育学刊,2015(9):59–61.
③ 吴文涛.传统文化如何走进学校?——论学校传统文化教育的实践逻辑[J].中国教育学刊,2018(3):37–42.

教育实现的可能。张应强就是从大中小学衔接的应然追求探讨中华优秀传统文化教育衔接模式的。他指出，当前中华优秀传统文化教育的突出问题表现为"教育割裂"，而根本原因在于教育理念出现了偏差。因而需要更新教育理念，建构中华优秀传统文化教育衔接模式。①张乐农由此出发，秉持教育衔接的理念，优化大中小学中华优秀传统文化教育衔接流程和路径，建构其衔接模式。②在"整体"思维下，对中华优秀传统文化教育的实现展开整体性建构，呈现出不同视角下的实现方式探究。

在中华优秀传统文化教育实现的"局部"探究上，通过明确中华优秀传统文化教育意义和存在的现实问题，提出一系列具体的实践方法和应对策略。转观念、进课堂、入教材、强师资、造环境、强支撑、重体验，③成为涵盖相关研究的典型方法和策略，具有代表性。同时，不同视角的观照，又能呈现出中华优秀传统文化教育实现的独特方式。从现代立场出发，理性地认识和阐释是前提，批判性改造与选择文本是基础，科学的方法是关键。而学生立场、对话方式、整合样态则是现代教育理念的体现。④从传承与创新的角度，经典教育的创新性发展，能够实现优秀传统文化的智慧传承。而"文以载道—智慧领悟—观念探寻—价值澄清—利益综合—积极行动"的步骤，为中华优秀传统文化教育的实现提供了指引。⑤从文化记忆的视角，青少年的文化记忆建构是中华优秀传统文化创造性转化和创新性发展的新思路。通过经典文本、文化仪式和博物馆教育，经由"知识刺激—价值体认—践行体悟"的实践机制，在家校社教育的多元融通中实现中华优秀传统文化的创新性发展。⑥从校

① 张应强，张乐农.大中小学中华优秀传统文化教育衔接初论[J].高等教育研究,2019(2)：72–82.
② 张乐农.我国大中小学中华优秀传统文化教育衔接研究[D].武汉：华中科技大学,2019.
③ 马文琴.加强中小学中华优秀传统文化教育的有效策略[J].教学与管理,2016(18)：45–48.
④ 吕洪刚，李小鲁.中华优秀传统文化教育的现代释疑与实践路径[J].学术探索,2016(11)：120–124.
⑤ 王丽荣，刘晓明.传承中国智慧,创新经典教育[J].教育科学研究,2018(12)：30–33.
⑥ 赵晓霞.文化记忆视角下青少年传统文化教育的路径与策略[J].西北大学报(社会科学版),2019(2)：112–118.

本化实践视角，通过整合、重组、勾连和互动，包括学科渗透在内的多样态模块的课程体系得以形成。①从具体实践活动视角，可以书法教育为代表的实践活动为抓手，促进学生文化底蕴的生成。②多元思考与探究，在中华优秀传统文化教育实现的进程中，带来了生动的启示。

20 世纪 90 年代，许嘉璐先生就曾呼吁"用传统道德、传统文化教育青少年"。面对复杂的情势，突破固有的思维习惯，以"高尚的价值观和伦理观"为教育内容，通过家校社形式的合力，教师文化素养的提升，以"青少年喜闻乐见的形式"，融通课内外，使优秀传统文化深深植根于青少年心中。③王宁老师也强调过当代传统文化教育去粗取精、"接轨与转型"、课程化的问题。④较早地探讨了通过中华优秀传统文化的创造性转化和创新性发展，促进中华优秀传统文化教育的实现。

综上所述，对中华优秀传统文化教育的本体概念、目标、价值，内容的构成，课程化，实现方式等的理论与实践研究已取得了一定成果，但仍有许多问题亟待解决。为此，陈云龙等总结并提出五点建议：首先，从"立德树人"根本任务出发，认识和把握中华优秀传统文化教育的育人价值；其次，既要重视基础研究，也要聚焦重点研究；最后，关注政策服务意识的强化与资源的保障。⑤中华优秀传统文化教育由此进入全新的发展阶段。

4. 中华优秀传统文化教育与语文课程融合传承研究

于漪老师指出："语文学科从事的是母语教育，有传承和弘扬中华优秀传统文化的天然优势，当然应该义不容辞地担当起民族精神教育。"⑥对此，《义务教育语文课程标准（2011 年版）》明确给予了回应："语文课程对继承

① 张艳,彭苏华,陈雯雯.用适合儿童的方式激活传统文化——中华优秀传统文化教育的校本探索与实践[J].人民教育,2019(21):55-58.
② 尹秀坤.以书法教育为载体弘扬中华优秀传统文化[J].中国教育学刊,2019(S2):59-60.
③ 许嘉璐.中华文化·传统道德·思想教育[J].中小学管理,1994(5):4-6.
④ 王宁.谈当代的传统文化教育[J].北京师范大学学报(社会科学版),1994(4):59-61.
⑤ 陈云龙,任建英,曾莹.中华优秀传统文化教育发展的探讨[J].课程·教材·教法,2019(12):89-95.
⑥ 于漪.聚焦在文化认同上[J].中学语文教学参考,2005(Z2):2-5.

和弘扬中华民族优秀文化传统和革命传统，增强民族文化认同感，增强民族凝聚力和创造力，具有不可替代的优势。"①而新修订的《义务教育语文课程标准（2022 年版)》则更加凸显出语文本身的文化意蕴，以中华优秀传统文化、革命文化、社会主义先进文化作为语文课程主题内容的视域范围，学生的语文课程学习过程同时成为优秀文化的浸润过程；将"文化自信"纳入义务教育语文课程培养的核心素养中，使文化育人的理念得到强化。《普通高中语文课程标准（2017 年版)》及 2020 年修订版也强调了语文课程在继承和弘扬中华优秀传统文化中的重要作用，并将"文化理解与传承"素养作为语文学科核心素养的组成部分，再次体现出优秀文化的育人价值。基于此，以文化育人为旨归，探究中华优秀传统文化教育与语文课程的融合传承，成为当下研究的热点。

对现有文献进行分析可以发现，包括儒家人文思想在内的中华优秀传统文化教育与语文课程的融合研究，主要集中在融合的内容、方式和路径，语文教材建设，语文教学渗透三个方面。

在与语文课程融合的内容、方式和路径方面，相关研究从三个方面展开，首先是对语文课程本身的性质进行阐释，据此揭示中华优秀传统文化教育与语文课程融合的适切性。韩雪屏就鲜明提出语文课程的人文特质决定了其在民族文化传承中的责任和使命。具体探究其文化教育因素，可以明确它在内容和形式两方面表现出的特征。在内容上，语文教材中的文本本身蕴含着丰富文化知识，汉语言文字本身也蕴藏着文化精神，对于进行母语教育的语文课程来说，语言文字是教育教学的重点。而汉语的语音、词汇、语法结构等基本质素与汉字的构造及文化特征，能够成为语文课程的文化价值的表征。在方式上，需认识、把握和挖掘语文教材中的文本所具有的文化教育价值，并研究传统文化有效进入学生知识体系的途径。其中，语文教师对教学内容

---

① 中华人民共和国教育部.义务教育语文课程标准(2011 年版)[M].北京:北京师范大学出版社,2012:2-3.

的分类和加工，引导学生对既有文化知识经验的转化值得关注。[①]张宏对中华优秀传统文化与语文课程深度融合进行了深入思考与探讨。从应然取向看，语文课程在性质上，彰显民族性视域下工具性和人文性相统一；在目标上，凸显工具理性目标和价值理性目标相整合；在内容上，是中华优秀传统文化浓缩与放大共现；在实施过程上则为参与性和体验性共在。据此，语文课程与中华优秀传统文化教育相融合具有基础。从实然表征看，二者融合正需在此进行提升。因而，应从其功能、传统、评价、态度等方面寻求中华优秀传统文化与语文课程深度融合的可行性路径。[②]李煜晖则提出需在澄清和修正中华优秀传统文化进语文课程认知误区的基础上探究育人目标实现的内容、方法和路径。他指出，传统文化不等同于古代文化，传统文化教育旨在实现"精神命脉"的传续，学生通过文化知识的积淀、文化理解的增进、文化认同的形成，在与自身学习和生活的关联与整合中，促进学生思想和精神世界的建构与丰盈。同时，传统文化的"优秀"是其内在"成分"的表达，而非评判取舍的"标签"，因而需以教师和学生为主体进行符合时代特征和学生发展需求的内容阐释和价值判断，以提升优秀传统文化育人的质量。而汉字教育和阅读教学，能够成为中华优秀传统文化与语文课程融合的关注点。[③]其次是围绕校本课程落实融合的路径研究，黄荣华以其语文校本实践提出将优秀传统文化教育课程化的方略，透过"言"进入"道"，成就学生的德行高贵。[④]王占忠则强调中华优秀传统文化校本课程开发与实施应以语文为基，不仅分析语文课程中所蕴含的文化元素，由此"构建向外拓展的校本课程体系"；也要紧密结合语文教学，通过教学设计与方式的革新，促进中华优秀传统文化校本课程建设。[⑤]最后是在语文课堂教学的探索上，温小军认为语文课程传承

① 韩雪屏.发掘语文课程的传统文化教育因素——兼谈语文教材中的传统文化建构[J].语文建设,2015(16):8-11.
② 张宏.中华优秀传统文化与语文课程深度融合的路径探析[J].教育研究,2018(8):108-112,147.
③ 李煜晖,白如.中华优秀传统文化进语文课程的认知误区及其澄清[J].课程·教材·教法,2022,42(1):78-84.
④ 黄荣华.我们是如何将学生带进中华优秀传统文化世界的[J].人民教育,2017(5):43-49.
⑤ 王占忠.以语文为基建设中华优秀传统文化校本课程[J].语文建设,2018(12):72-74.

中华优秀传统文化在课堂教学上处于困境，①这源于语文课程本身包含着实用目标和文化目标，对文化目标的遮蔽使得"渗透"与"融合"无法实现。因而语文课堂教学需要在白话文和文言文上运用不同的教学方法。②以上研究从语文课程本身出发，探究中华优秀传统文化与语文课程融合的理论可能和实践问题，为中华优秀传统文化教育与语文课程的深度融合开辟了道路。

在语文教材建设上，需要强化"经典"意识和"思想性"，发挥语文教材在促成中华优秀传统文化教育的育人价值实现中的作用。倪文锦指出中华优秀传统文化教育是语文教育的固有功能，但长期以来这种功能并未得到充分发挥。从语文教材建设来看，本应以中华民族文化为其根本，却因追求科学性与现代化的普遍趋势而失却了民族性的文化特质，因此回归"经典"是民族文化传承与发展的基本途径。以"定篇"样态出现于语文教材中的中华优秀传统文化是语文教育的血脉。③赖瑞云也认为"定篇"和经典之精神内涵的理解与阐释是重点。④这在统编教材的编写中得以实现。王本华明确了统编语文教材选文的"经典性"标准，"尤其重视古代优秀传统文化作品的选取和学习"，并加大了古诗文在教材中的比重，以此引导中华优秀传统文化理解与传承。⑤郎镝等对统编初中语文教材中传统文化教育进行了全面而深刻的思考与研究。他们阐析了统编教材具备的"守正创新"的传统文化教育内涵和指向文化自觉的三大特点，最终落脚于传统文化教育实施的四大策略上。⑥郑新丽对统编版初中语文教材中传统文化要素进行了梳理，认为涵盖了传统文化的八个方面。⑦后又增加了传统宗教文化，并依此从结构和内容层面展开分

① 温小军.语文课程传承中华优秀传统文化的困境与突破[J].教学与管理,2016(1):36–39.
② 温小军.语文课程传承中华优秀传统文化的三个必要追问[J].教育科学研究,2019(6):53–57.
③ 倪文锦.语文教材编制与民族文化传承[J].语文建设,2015(16):4–7,18.
④ 赖瑞云.用传统文化滋养学生心智——从语文教材的选文和设计谈起[J].语文建设,2015(7):11–13.
⑤ 王本华.构建以核心素养为基础的阅读教学体系——谈统编语文教材的阅读教学理念和设计思路[J].课程·教材·教法,2017(10):35–42.
⑥ 郎镝,张东航.统编初中语文教材中的传统文化教育研究[J].课程·教材·教法,2019(5):92–99.
⑦ 郑新丽.统编版初中语文教材中的传统文化梳理[J].教学与管理,2018(36):86–89.

析，认为统编版初中语文教材实现了多元互补、整散相间和与时俱进，但在内容公平性、设计梯度以及整体性上有待完善。①对此，新修订的《义务教育语文课程标准（2022年版)》不仅要求教材的选文具有"典范性"，富有"文化内涵和时代气息"；而且提出教材的编写需"高度重视继承和弘扬中华优秀传统文化、革命文化、社会主义先进文化"，要"有助于铸牢中华民族共同体意识，增强中华民族自尊心、爱国情感、集体意识和文化自信"，从而"形成正确的世界观、人生观、价值观"。②这一建议明确了语文教材应有的价值取向，通过语文教材建设，能够为中华优秀传统文化教育与语文课程的融合提供支持。

在语文教学渗透上，王丽华等认为要用语文的方法进行优秀传统文化教育，"语文的方法"指向语言文字的载体、诵读的方法和听说读写的语文能力③。杨敏认为，在古诗文教学中渗透传统文化需关注对情境的创设、文本的理解及规律的把握。④程慧则以李白诗作为例，进一步指出可从意象、诗人、思想上，立足当下，联系时代，感知文化的意蕴、气质和精神。⑤仵兆琪理性地阐释了语文教学中传承中华优秀传统文化要明确学习典雅语言和涵养人文精神的基本教育理念，因此要围绕文本教学，在文本鉴赏中落实文化教育。⑥王丽波认为传统文化融入语文教学既需借鉴"涵泳吟诵""属对训练"的传统方法，也应遵循"随文渗透"的现代理念。⑦《义务教育语文课程标准（2022年版)》则要求语文教师引导学生在语言文字运用中"体认和传承中华优秀传统文化、革命文化、社会主义先进文化""积淀深厚的文化底蕴，增

---

① 郑新丽.统编本初中语文教材传统文化要素选编分析——以七、八年级为例[J].语文建设，2018(17):4-9.
② 中华人民共和国教育部. 义务教育语文课程标准（2022年版)[EB/OL].(2022-04-21)[2022-04-23].http://www.moe.gov.cn/srcsite/A26/s8001/202204/W020220420582344386456.pdf.
③ 王丽华,庞粟.语文教学如何渗透中华优秀传统文化教育——以《孔融让梨》为例[J].语文建设,2016(34):22-25,39.
④ 杨敏.在古诗文教学中渗透中华优秀传统文化[J].语文建设,2018(27):78-80.
⑤ 程慧.古诗教学的三个要点——以李白诗作为例[J].语文建设,2018(32):20-22.
⑥ 仵兆琪.语文教学传承中华优秀传统文化的方法与"度"[J].语文建设,2018(30):72-74.
⑦ 王丽波.传统文化融入新课标语文教学的问题与对策[J].教学与管理,2020(3):96-99.

强文化自信"。①由此，中华优秀传统文化教育与语文课程的融合获得了实践的指引。

以上研究立足于中华优秀传统文化与语文课程在目标、内容、功能、价值等方面的统一，既有对中华优秀传统文化教育与语文课程深度融合的意义与路径探析，语文教材建设以及选文标准的思考；也有对语文教学包括具体方法在内的实践探索。数量虽不多，但开启并奠定了从各自独立到融合共通的发展之路。一方面，中华优秀传统文化教育不再孤军奋战，找到了得以落实的途径；另一方面，语文教育回归了其本源，在更深广的视域中实现其育人价值。而聚焦中华优秀传统文化的内核——儒家人文思想，关注学生在语文教学过程中对其理解与阐释，也是对中华优秀传统文化教育与语文课程融合的具体探究。

（四）小结

20世纪90年代以来，随着全球化的扩展，文化多元背景下的民族文化弘扬与传承成为时代要求，中华优秀传统文化以其蕴含的民族核心思想和人文精神，展现出以文化人、人文化成的价值。中华优秀传统文化教育的育人价值也据此而凸显，相关研究日益成为焦点。通过对中华优秀传统文化教育相关文献分阶段梳理，可以看出，中华优秀传统文化教育的研究经历了一个由少到多、由浅入深、由零散到整合的累积与扩展的变化过程，呈现出内容遴选与意义确立、政策指引与实践生成、应然思考与实然探索的多维共在图景。为"立德树人"根本任务的实现、青少年文化自信及文化自觉的树立、国家文化软实力的增强奠定了基础。而这一目标的实现是以儒家人文思想为核心内容的。

值得一提的是，"深化融合"阶段的中华优秀传统文化教育研究，不仅对中华优秀传统文化本体展开深入理解与阐释，也将其置于文化自信与自觉视域下探讨与社会主义核心价值观教育、思想政治教育、课程改革和教材建

---

① 中华人民共和国教育部.义务教育语文课程标准(2022年版)[EB/OL].(2022-04-21)[2022-04-23].http://www.moe.gov.cn/srcsite/A26/s8001/202204/W020220420582344386456.pdf.

设等的渗透与融合的必要性、紧迫性和可能性问题。无论是理论层面的问题
提出和意义阐释，还是实践层面的方法革新与路径策略形成，较之前两个阶
段的研究都更为全面和深入，且操作性更强。更重要的是，"以文化人"的
文化教育理念，"以文育人"的文化教育目标，以儒家人文思想为核心的文
化教育内容，已然成为中华优秀传统文化教育的追求。而使之得以落实仍需
关注学校教育，通过学校的课程与教学，探索中华优秀传统文化教育的实现
方式与路径。就目前已有文献看，学校课程与教学实现文化育人的方式与路
径研究主要集中于中华优秀传统文化教育课程化和与相关学科融合上。其中，
尤以李群等的中华优秀传统文化课程开发与实施研究和以张宏对中华优秀传
统文化与语文课程深度融合的研究具有代表性。相关探索为后续研究拓宽了
视野，提供了支撑。

但已有研究也存在不足，这具体表现在：首先，相关概念的意义澄清和
内涵阐释不够，造成中华优秀传统文化教育的研究受限。最明显的就是对传
统文化、优秀传统文化、中华优秀传统文化、国学等概念皆有使用，可其具
体的含义、指向、适用范围等并不明晰，使得理解和阐释的起点出现偏移，
实践操作陷入误区。基于时代及教育立场，理解并把握中华优秀传统文化的
相关概念，是深入研究中华优秀传统文化教育的基础。如吕洪刚等强调中华
优秀传统文化教育的对象"不仅仅是汉族文化"，也"不是一般的传统文
化"。[1]李煜晖指出对中华优秀传统文化教育中的"传统"和"优秀"的认知
偏颇会影响语文课程实施质量的提升，需首先加以澄清。[2]胡定荣更是提出要
警惕国学经典教育的五种误区。[3]这些"释疑"和"澄清"皆有助于中华优秀
传统文化教育相关研究的进一步开展。同时，对中华优秀传统文化教育的目
标、内容、方法、路径及评价的研究不足，使相关教育实践的开展受到影响。
在现有文献中，更多的是针对不同阶段的学生，在传统文化中提炼进行教育

---

① 吕洪刚,李小鲁.中华优秀传统文化教育的现代释疑与实践路径[J].学术探索,2016(11):
   120–124.
② 李煜晖,白如.中华优秀传统文化进语文课程的认知误区及其澄清[J].课程·教材·教法,
   2022,42(1):78–84.
③ 胡定荣.警惕国学经典教育的五种误区[J].中国教育学刊,2011(11):16–19.

的具体内容，并提出相应的路径及策略；但教育内容遴选的原则和标准，路径和策略的科学性和有效性等，都需加以确证。其次，价值研究有待进一步深入。谭红樱等认为各界对中华优秀传统文化教育的价值认识仍存争议①，中华优秀传统文化教育的育人价值尚未获得充分理解和阐释，因而在学校教育中开展中华优秀传统文化教育，就出现了孤立化、形式化倾向。但随着一系列政策文本的关注和强调，中华优秀传统文化教育的意义与价值逐步凸显，在此基础上，通过与相关教育及学科的融合、课程标准和教材的修订等，中华优秀传统文化教育的育人价值得到确认，并在学校课程与教学实践中展开。由此，中华优秀传统文化教育育人价值的进一步阐释和在课程实施中使之得以实现的探究应成为研究的关注点。最后，基础能力培养研究及实证研究不足。在"立德树人"根本任务指引下，使中华优秀传统文化教育发挥育人价值，包括文化理解能力在内的相关基础能力的培养和提升是关键。但这方面的相关研究较少，而对其在教学实践中的培养和提升的实证研究更少。有研究指出，在落实中华优秀传统文化教育的相关政策意见中，部分学校进行了中华优秀传统文化教育实践，但"很多实践往往是在缺乏缜密论证的情况下，依靠某种文化信念或文化直觉展开"。②这就要求展开实证研究，据此获得更多证据支撑。对此，刘峻杉提出在各种传统文化教育模式下，应对儿童体验进行观察与评估，关注学生关键能力的动态变化研究，开展教师教育理念、知识结构和专业素养的检测等实证研究。③这是开展中华优秀传统文化教育研究不可或缺的方面。

　　总之，中华优秀传统文化教育需在已有研究成果基础上，紧扣文化的育人目标，通过对学生相关基础能力的深入阐释和探究，依据实证研究发现的现实问题，在学校课程与教学中进行实践探索，以发挥其育人的价值。

---

① 谭红樱,田穗.中小学开展中华优秀传统文化教育的研究综述[J].重庆第二师范学院学报,2016(1):152-156.
② 刘峻杉.对传统文化展开教育学研究的意义、难点与方法论省思[J].中国教育科学(中英文),2019(5):123-134.
③ 刘峻杉.对传统文化展开教育学研究的意义、难点与方法论省思[J].中国教育科学(中英文),2019(5):123-134.

三、初中语文教学中学生儒家人文思想理解能力的相关研究综述

从现有文献看，直接对初中语文教学中学生儒家人文思想理解能力展开研究的极少，但扩展至对语文课程实施中学生文化素养培育的研究，就相对较多。集中梳理语文课程实施中学生文化素养培育研究的相关文献，重点关注语文课堂教学过程中学生传统文化素养培育的研究，从中透视出语文教学中学生儒家人文思想理解能力的研究状况，能够为进一步探究初中语文教学中学生儒家人文思想理解能力的研究确立基点。同时，围绕儒家人文思想与教育，相关研究在教育视域下对儒家人文思想蕴含的个体建构意涵进行了阐释，并探索在学校课程与教学中促进学生理解儒家人文思想的实践路径，这为探究初中语文教学中学生儒家人文思想理解能力，奠定了分析和阐释的基础。

（一）语文教学中学生语文核心素养培育的相关研究

郭元祥指出，教学具有"文化品格"，以知识为主的课堂教学实为"对知识内核的深度理解和领悟"，因而教学过程应以文化实践的方式促进学生的精神成长，而"文化理解是根本基础"。[①]其中，语文教学更需引导学生对知识背后的文化意蕴进行深度理解和阐释，以使其"文化品格"得以彰显。这既是对教学本质的深刻认识，也是语文课程育人价值的体现。立足于语文课程，建构语文课程核心素养框架，探索通过语文教学培育语文课程核心素养的路径，成为相关研究的焦点。

聚焦语文核心素养，以此为导向在语文教学过程中培育学生文化理解能力的研究，起初数量不多且较为零散；"随文渗透，相机而行"成为在语文教学中进行中华优秀传统文化教育的主要策略。而随着《普通高中语文课程标准（2017 年版)》的颁布，语文学科核心素养的构成及内涵得以明确，指

---

① 郭元祥,刘艳.论课堂教学中的文化育人[J].课程·教材·教法,2020,40(4):31-37.

向包括"文化传承与理解"在内的语文学科核心素养的培育，语文教学如何"做"的问题，就成为相关研究开展的出发点。但集中研究学生在学习语言文字运用过程中"文化传承与理解"素养表现，以促进语文学科核心素养整体发展的文献仍较少，故不限于初中语文教学，而是扩展至基础教育阶段语文核心素养培育的相关研究，搜索有关文化理解素养培育的文献。通过 CNKI 中文文献系统检索，以"语文教学中语文核心素养"或"语文教学中语文核心素养培养"或"语文教学中语文核心素养培育"为主题词，检索到中文核心期刊及 CSSCI 期刊有效文献 18 篇，未见相关博士论文。

　　从语文教学的目标、内容、设计及理念方面，郭银龙提出从课堂教学设计、结构、情境、主体进行整体优化以发展学生语文核心素养。[1]李作芳指出小学语文核心素养具有阅读理解力、语言表达力、思维发展力、文化感受力四种能力表现，若使之得以整体发展需有"一课一得"的教学目标，"因文而异"的教学内容，丰富多样的教学形态，并贯穿整个阅读教学过程。[2]何更生强调语文教学中培育语文核心素养的关键是"教学什么"，认为教学内容可按从课程层面到课堂层面、再到学习结果类型依次确定。具体而言，首先从课程层面的语文学科核心素养中析出课堂层面的语文核心素养，确立文化传承与理解素养下的文化知识和文化情感素养；再依据课堂层面的语文核心素养确立语文学习结果类型，文化传承与理解素养隐含着语文内容知识和语文内容态度的结果；最后由学习结果类型确定学习内容，通过语文信息及反馈信息的学习获得语文知识和态度。[3]由学习结果分析确定学习内容后，还需思考如何对学习内容进行操作。李琴提出面向学生的"教学解读"。语文核心素养视野下的"教学解读"，要以语言建构与运用为基础，整体关注思维、审美、文化三个方面，最终指向高阶思维的生成。[4]于莉莉关注了基于核心素养发展的语文教学设计，认为逆向教学设计能够培养学生的中华优秀传统文化

---

① 郭银龙.优化课堂教学结构 发展语文核心素养[J].教育理论与实践,2016(26):54-55.
② 李作芳.浅谈阅读教学中小学语文核心素养的培养[J].教育理论与实践,2017(14):60-61.
③ 何更生.基于目标导向教学论培育语文核心素养[J].语文建设,2018(22):30-33.
④ 李琴.基于语文核心素养的"教学解读":问题与对策[J].教育理论与实践,2018(8):53-54.

感受与理解能力。①杨帆则以曹植的《白马篇》为例，提出从教学目标制订和教学过程设计两方面着力，以培养学生的语文核心素养。具体来说，在教学目标上，由语言习得出发，经由语言建构、思维提升、审美鉴赏，最终落脚于文化传承与理解素养，逐层展开与深入地制订目标；在教学过程上，针对目标进行整体感知、拓展与比较阅读、问题探究的设计。②与此同时，从全新的课程理念出发进行语文核心素养培育的创新性实践，也成为研究的关注点。王志宏在"博融语文"的理念下，对国家课程进行了校本化探索，通过整合课程群、凝练教学范型、重构教学环节等实践活动促进学生语文核心素养的培育。③赵长河基于"语用"理念，提出"活"的语用情境和"动"的言语实践相互促进的构想。在多样化生成的语用情境中，"动"往思维方向，即由问题驱动；往审美方向，即跨越时空、主客的多态阅读；往文化方向，即借助群文阅读引导学生体悟向善文化。④由此，在语文教学中培育语文核心素养获得了更多探究的方向。

从实践路径方面，于洋提出语文课程遵循工具性和人文性"共振"理念，可进行探究式教学的路径。⑤张亚等强调透过文本和传统节日引导学生深入思考和理解中华优秀传统文化的当代价值。⑥郑昀等立足口语交际教学，运用修辞策略探究文本的文化内涵，并整合资源进行学习任务群的教学以培养学生语文核心素养。⑦倪文锦阐释了群文阅读对语文核心素养培育的独特价值。他指出群文阅读以类文本示人，更能发挥对学生文化熏陶的作用，有利于学生对民族文化的理解与传承。⑧孟洋则以《哈姆莱特》和《赵氏孤儿》为例，提

---

① 于莉莉.基于核心素养发展的小学语文教学设计和策略研究［J］.中国教育学刊,2018(8)：77-80.
② 杨帆.古诗文教学应以培养语文核心素养为重——以曹植《白马篇》教学为例[J].语文建设,2019(7)：40-43.
③ 王志宏.博融语文：培养小学生核心素养的教学创新[J].中国教育学刊,2019(11)：101-103.
④ 赵长河.指向核心素养培育的语用性语文教学[J].教学与管理,2020(1)：46-48.
⑤ 于洋.中小学生语文核心素养培育的困境与路径探析[J].教育探索,2016(12)：31-33.
⑥ 张亚,杨道宇.基于核心素养导向的小学语文教学[J].教育探索,2016(10)：21-24.
⑦ 郑昀,徐林祥.修辞策略与问题驱动——基于语文核心素养的口语交际教学[J].语文建设,2017(4)：11-14.
⑧ 倪文锦.语文核心素养视野中的群文阅读[J].课程·教材·教法,2017(6)：44-48.

出中外文学文本可通过比较阅读,在基本精神、价值取向、审美心理等方面入手,加强对中国传统文化的理解。①不同路径的探寻拓宽了语文教学中落实语文核心素养培育的视野,为培育提供了更多可能。

具体到文言文教学与语文核心素养培育方面,薛文竹等以学生的语言积累与表达能力、问题探究与分析能力、文化理解与认同意识为语文核心素养的目标维度,探索了文言文这一中华传统文化载体的阅读教学策略,指出利用网络资源积累文化知识,通过比较阅读提升思维能力,借助课外作品增强学生对传统文化的理解与认同,从而培养学生的语文核心素养。②杨永彬认为寓言教学中文白对照指向文化传承与理解素养。③这里的寓言主要是指以文言为表达载体的体裁形式,即集中体现儒家人文思想的寓言故事,"文白对照"则是通过文白的互译达至对儒家人文思想的理解。乐晓华等则更为全面地提出文言文对译教学的创新教学法,通过"导—读—译—练—用—结"的实践路径提升文言文理解和运用能力,传承中华优秀传统文化。④以上研究依托文言文教学,从不同视角探究文化传承与理解素养的培育,给予本研究以启示。

总之,通过语文教学培育学生语文核心素养,是落实语文课程育人目标的重要途径。以素养立意的《义务教育语文课程标准(2022年版)》也再次明确,通过引导学生学习语言文字运用而逐步"体认和传承"中华优秀传统文化,积淀文化底蕴,"增强文化自信"的教学目标⑤,由此,语文教学立足核心素养,追求"以文化人"的育人价值,成为基础教育阶段语文课程实施的核心内容,相关研究将进一步展开。

---

① 孟洋.在比较阅读中加强对中国传统文化的理解——以《哈姆莱特》与《赵氏孤儿》为例[J].语文建设,2018(30):62-64.
② 薛文竹,张丽娟.语文核心素养培育的路径探析——以文言文教学为例[J].语文建设,2018(26):34-36.
③ 杨永彬.指向语文核心素养的寓言教学策略[J].教学与管理,2017(17):40-42.
④ 乐晓华,曾毅.基于语文学科核心素养培育的文言文对译教学研究[J].中国教育学刊,2019(11):82-83.
⑤ 中华人民共和国教育部.义务教育语文课程标准(2022年版)[EB/OL].(2022-04-21)[2022-04-23].http://www.moe.gov.cn/srcsite/A26/s8001/202204/W020220420582344386456.pdf.

（二）初中语文教学中学生儒家人文思想理解能力的相关研究

中华优秀传统文化的基底由儒家人文思想奠定，儒家人文思想以其"人文化成"的理念追求个体的德性生成与人格建构，以实现对人性价值的复归。从这个意义上，儒家人文思想与教育在"化育"的目标上具有同一性。聚焦儒家人文思想对学生的教育价值，探究初中语文教学中学生儒家人文思想理解能力，成为本研究的主要内容。通过 CNKI 中文文献系统检索，以"儒家人文思想"和"教育"为主题词，共检索到中文核心期刊和 CSSCI 期刊有效文献 9 篇。尚未见到初中语文教学中学生儒家人文思想理解能力研究的相关学术期刊文献和博士论文。对这 9 篇文献进行分析能够发现，有 3 篇文献关注了儒家人文思想与现代教育价值的问题，有 3 篇文献探讨了儒家人文思想与大学生思想道德修养的问题，有 2 篇文献指出了儒家人文思想与学生人文素质教育的关系问题，有 1 篇文献提出了传统儒学课程对实现人文教化的功能和价值问题。虽然并未对初中教学中学生儒家人文思想理解能力展开直接研究，但从不同角度思考了儒家人文思想对个体建构的意义，为本研究阐释儒家人文思想的内涵、厘清初中生面对的儒家人文思想基本内容、探究初中语文教学中学生儒家人文思想理解能力的提升路径，奠定了基础。

在儒家人文思想内涵的阐释上，儒家人文思想体现出的对个体"精神、情感的培养""人格的塑造"①，也就是其所具有的"人文教化"功能②，是儒家人文思想的核心。对此，刘炳范进行了理性审视，一方面，他充分肯定了孔子及儒家教育思想中包含着"符合人类社会发展一般规律的科学精神"，对现代社会处理人际关系、建设文明社会具有启迪意义，它与现代终身教育理念相融通，又体现出孔子教育思想的"超时代性"；另一方面，他认为孔子及儒家人文思想缺乏现代社会的民主、自由、平等的理念，"缺乏对普通民

---

① 孔慧云.儒家思想与人文素质教育[J].山东教育科研,2000(Z1):30,59.
② 杨明全.以人文促教化:我国传统儒学课程考辨[J].课程·教材·教法,2017,37(6):106-111.

众的真挚的人文关怀情感",因而面临着挑战。①而从"人文化成"的视角思考儒家人文思想的育人价值,其对个体的德性生成和人格建构的意义是肯定的。张晚林等就指出,儒家的教育思想就是一种人文教育思想,它不仅要传授知识,更要求"养成来自生命深处的力量、精神与信念",亦即"促进人的行动且使人形成道德的乃至宗教的情怀"。②因而在初中语文教学中,唤醒学生内心深处的精神和情感的力量,引导学生以道德、审美、宗教的人文向度丰富和拓展自我的精神和情感世界,实现以文化人、人文化成,展现出语文课程的价值追求。新修订的《义务教育语文课程标准(2022年版)》对此进行了确认。

在学生面对的儒家人文思想基本内容上,儒家思想蕴含着对个体进行人文建构的质素。孔慧云认为,这突出表现在:"天下为公""舍生取义"的精神,有助于培养学生"以爱国主义与集体主义为核心的价值观和勇于为正义事业献身的精神";"弘毅""自强不息"等人格要求,有助于培养学生"坚忍不拔、奋发进取的精神";"正身""推爱"等处世原则,有助于学生"树立严以律己、推己及人的道德情操";儒家学者的"博学多识"能够鼓舞学生"塑造完美的自我"。③可见,从人文精神、人格追求、道德情操、自我塑造四个方面能够建构儒家人文思想的基本内容。何晓清指出,从中国的伦理教育现代化角度,儒家人文思想所倡导的"仁者爱人""义以生利""孝悌""内圣外王""过犹不及",能够从不同侧面涵养个体的精神。④李蕉则再次确认了儒家的修身体系是一个层次扩展的同心圆,其圆心是道德教育。它以"修己"为重,将"怀仁""行义""知礼"作为其标准。而由"学"

① 刘炳范.终身教育理念的拥有与人文关怀的亟需——孔子及儒家教育思想的现代价值论[J].孔子研究,2000(6):27-34.
② 张晚林,翁后发.从儒家教育思想看人文教育的基本内涵——以《礼记·学记》为诠释中心[J].现代大学教育,2011(1):6-13,111.
③ 孔慧云.儒家思想与人文素质教育[J].山东教育科研,2000(Z1):30,59.
④ 何晓清.儒家人文教育思想与中国伦理教育现代化[J].中共福建省委党校学报,2001(6):65-68.

到"行"，再到"君子"的发展路线是其鲜明特征。①梁淮平强调儒家人文思想在爱国、立志、仁爱、诚信、育人等方面对当代学生思想道德教育的指引。②而吴腊梅关注儒家在道德教育、理想人格、"仁爱"思想、自我修身等方面为学生道德教育提供养分。③李清华则强调了"仁爱共济、立己达人""正心笃志、崇德弘毅""天下兴亡、匹夫有责"的儒家核心价值观。④

总之，儒家人文思想的基本内容能够从人文精神、理想人格、人际关系（道德情操）、人生价值等方面加以认识。而新近颁布的《中华优秀传统文化进中小学课程教材指南》则以主题的形式，明确围绕中华优秀传统文化蕴含的核心思想理念、中华人文精神、中华传统美德三个方面遴选课程教材内容，其内涵的阐释皆体现出儒家人文思想这一中华优秀传统文化内核的核心理念。在此基础上，《义务教育语文课程标准（2022年版）》也遵循了这一主题框架，基于三大主题进一步凝练核心思想，以确定相应的语文课程内容。适应义务教育阶段学生的特点，主题内容更为聚焦，却也凸显出儒家人文思想的核心价值。

为了使儒家人文思想的核心内容真正转化为语文课程育人的资源，关注语文教学中学生儒家人文思想理解能力，探究其提升路径，成为实践开展的基础。对此，相关研究较少，而李清华提出的儒家人文思想的教育实现路径值得关注。他认为，在家庭教育方面，要以儒家人文思想蕴含的品德内容培育学生的人文情怀，通过营造儒家优秀文化的教育氛围及家风，促进学生"爱国爱人"的情感；在学校教育方面，尤其是中学阶段，需通过引导学生阅读儒家优秀文化经典作品，获得内在品质的修养，增强对中华优秀传统文化的理解力和认同度，在客观理性认识和分析内外部世界基础上，"深入理解中华民族最深沉的精神追求"。在社会教育方面，充分利用各种社会资源，基于儒家倡导的和谐、诚信、友善的价值观，引导学生深刻理解人与自我、他

---

① 李蕉.儒家修身思想与现代大学教育[J].清华大学教育研究,2006(S1):10-15.
② 梁淮平.儒家人文思想与大学生思想品德修养[J].学海,2007(6):194-197.
③ 吴腊梅. 刍议先秦儒家人文思想在加强大学生道德教育中的运用 [J]. 理论月刊,2008(7):180-182.
④ 李清华.儒家人文教育思想的现实意义探究[J].教育评论,2015(6):148-149.

人和社会的关系，树立文化自信。[1]这一家校社协同机制的建构，有助于儒家人文思想的教育实现，从而为学生儒家人文思想理解能力的生成和发展创造条件。而依托初中语文教学，引导并促进学生儒家人文思想理解能力的生成与发展，进行以学校教育为主、家校社共育的实践探索，能够成为中华优秀传统文化教育的基本途径。

（三）小结

文化与语文血缘相依，在文化视域中展开语文的教与学，是语文的本质要求。通过语文教学，在语言文字的学习与运用中感受、理解和传承中华优秀传统文化，积淀深厚的文化底蕴，增强文化自信，是语文课程的重要目标，也是中华优秀传统文化教育展开的过程。已有的研究对语文教学中学生"文化传承与理解"素养进行了初步探索，从不同角度思考并提炼出儒家人文思想蕴含的指向个体建构的质素，并对此展开实现路径的阐述，具有一定的现实指导意义。但无论是从理论上讨论语文教学中学生语文核心素养培育的路径和策略，还是从实践上论述儒家人文思想的教育实现的方式，都未能涉及引导学生进入对中华优秀传统文化理解，使之获得文化理解能力的领域，而聚焦儒家人文思想理解能力的生成与发展，则是中华优秀传统文化理解的基础与关键。为此，在现有研究零散且不深入的问题面前，有必要展开深入探索。

综上所述，文化素养已成为 21 世纪个体生存与发展的关键质素，"文化理解与传承"素养作为 21 世纪核心素养的中心内容，是个体"适应未来社会、促进终身学习、实现全面发展的基本保障"[2]。对于中国学生而言，博大精深的民族优秀传统文化是个体进行精神建构、并最终实现全面发展的宝贵资源。其中，儒家人文思想的个体建构价值更为根本。通过语文课堂教学，促进学生儒家人文思想理解能力的生成与发展，能够为中华优秀传统文化教

---

① 李清华.儒家人文教育思想的现实意义探究[J].教育评论,2015(6):147-149.
② 林崇德.21 世纪学生发展核心素养研究[M].北京:北京师范大学出版社,2016:29.

育的开展提供支撑。但相关研究尚待充分展开,特别是基于实证研究基础上的探索性研究,需要系统而深入地开展。

　　基于此,本研究聚焦初中生儒家人文思想理解能力这一基础性能力,关注初中语文教学过程中学生儒家人文思想理解能力的现状、影响因素及生成过程,由此进行儒家人文思想理解能力发展的路径和策略的探究,据以丰富和扩展相关研究,进而为语文教学实践探索开辟道路。

第二章　理论基础与分析框架

理论是一切研究的基础，没有理论的支撑，研究是盲目而无所依凭的。本研究以伽达默尔的哲学诠释学为基础，在对"理解"的深层阐释中揭示初中生面对的儒家人文思想的内容与构成，并建构初中生儒家人文思想理解能力的维度指标。由此出发，依据建构主义学习理论，探究在初中语文教学过程中，学生儒家人文思想理解能力的现状及影响因素，形成对学生儒家人文思想理解能力状况的整体认识和现实理解。基于此，依据建构主义学习理论和比格斯教学理论，具体深入到学生理解能力生成的微观过程，进行初中语文教学中学生儒家人文思想理解能力生成过程的实践探索，从而提出初中语文教学中学生儒家人文思想理解能力生成及发展的路径与策略。

一、理论基础

（一）哲学诠释学

哲学诠释学作为一种哲学而存在，是伽达默尔在继承的基础上确立的。诠释学本身只是解释古代经典、后为解释宗教教义的技术，经过施莱尔马赫的努力，"理解"成为诠释学的核心概念。但在他那里，诠释学只是研究通过"理解"如何实现"再现"的学问。在此基础上，狄尔泰将诠释学发展为对人类自我理解的过程进行研究的人文科学基础。而在海德格尔及伽达默尔的探究下，哲学诠释学最终得以确立。

哲学诠释学以"理解"为核心范畴，呈现的是对"人与世界最基本的状态和关系"①的思索，而通过"理解"所获得的经验和知识正能成为人认识自己和理解他人的基础，由此使人更好地生活。因而哲学诠释学给予我们的不仅是一种"知识"，更是指导我们如何理解和思考的方法。在哲学诠释学的哲学视域中，我们既能获得理解自我、他者和世界的思维方式，也能开启对问题探究的历程。由此获得哲学的价值导引。

本研究所依据的是伽达默尔的哲学诠释学，伽达默尔的哲学诠释学是继承与发展的结果。他继承了传统诠释学对语言的重视和海德格尔对"前理解"的强调，发展了"理解"的本体价值。伽达默尔哲学诠释学的核心就是"理解"，洪汉鼎在《真理与方法》的译者序言中指出，哲学诠释学是要通过理解的现象"找出人的世界经验，在人类的有限的历史性的存在方式中发现人类与世界的根本关系"②，揭示出其对人"在世"的思索。这既包括个体在特定时空对自我"知情意行"的认识和反思，也蕴含着人在参与历史的过程中道德感的生发与拓展。因而使人类的生活及实践得以理解。由此获得的经验正成为个体为人处世，即个体道德行动、幸福生活的引导。"理解"带来的不仅有"真"，也包含着"善"与"美"，这种引导性正是伽达默尔的哲学诠释学所追寻的。

为此，他强调"前理解""问题视域"和"应用"，聚焦"视域融合"与"效果历史"，呈现出"理解"的本体意涵。这对理解和阐释儒家人文思想理解能力具有奠基性作用，能够成为本研究的哲学基础。

（二）建构主义学习理论

建构主义学习理论，是直面长久以来支配学习领域的行为主义的学习心

---

① 金生鈜.理解与教育:走向哲学解释学的教育哲学导论[M].北京:教育科学出版社,1997:37.
② [德]汉斯－格奥尔格·伽达默尔.真理与方法——哲学诠释学的基本特征[M].修订译本.洪汉鼎,译.北京:商务印书馆,2019:3.

理学而提出的具有革命性的学习理论。人的学习不是机械的"刺激—反应"的动物行为，而是在人的思维的指引下，现实经验的不断累积和生成，是人的现实经验建构的过程和结果。

所谓建构主义学习理论，"不是习得现成的知识和技能，而是意味着学习者以事物与人物为媒介，通过活动建构意义与关系的学习"①。建构主义认为，知识的意义是由学习者的"工具性思维"和与他者的沟通建构起来的，并非教科书中现成给定的。因此，建构主义的学习理论强调，学习是学习者通过语言的媒介建构意义的活动，是课堂中真实的学习。其代表性理论有皮亚杰的个人建构理论、杜威的学习理论和维果茨基的社会建构理论。

1. 皮亚杰的个人建构主义

皮亚杰的个人建构主义，是从个人的心理过程角度加以认识的。在他看来，学习是以个人为单位的心理过程，学习结果的获得是学习者经过同化和顺应的机制达至平衡、并在头脑中形成的认知图式。不同的认知发展水平影响着学习者的认知结果。作为建构主义理论的开创者，皮亚杰的个人建构主义关注了个人认知活动的心理过程，但有研究者认为，"对于构成这种过程的社会关系、社会语脉及其知识乃是社会地建构和组织的性质，并没有纳入探讨的范围"②。

2. 杜威的学习理论

杜威的学习理论和维果茨基的社会建构主义都是"以文化历史心理学为基础"的社会建构主义学习理论。前者是基于"反省性思维"的"问题解决"，后者是以"最近发展区"理论为标志成果的学习过程的社会建构。杜威的学习理论重视人同环境的交往，认为青少年在一个连续的社会生活中所获得的信念、情感和知识不是直接传授的，而是"通过环境的中介发生"的③。学习是学习者借助教材共同建构意义的社会过程。有研究者认为，杜威关注到了学习中的人际沟通，但以生物学为基础，其理论未能触及"自我内关系"

---

① ［日］佐藤学.学习的快乐——走向对话［M］.钟启泉，译.北京：教育科学出版社，2004：52.
② ［日］佐藤学.学习的快乐——走向对话［M］.钟启泉，译.北京：教育科学出版社，2004：53-54.
③ ［美］约翰·杜威.民主主义与教育［M］.王承绪，译.北京：人民教育出版社，1990：28.

(intrapersonal relations)①，亦即"经验"在内部是如何建构的，因而仍不是完善的。

3. 维果茨基的社会建构主义

如果说皮亚杰的个人建构主义强调个体的发展先于学习，即在进行某种学习之前，个体已经建立起某种特定的认知图式；维果茨基的学习理论则强调个体的学习先于发展，学习获得了符号，将这些符号加以内化才成其发展。这就是维果茨基的"外部语言"和"内部语言"的转换。外部语言是人进行沟通的语言，内部语言是个体进行思维的语言，个体首先获得的是沟通的外部语言，而后再内化为思维的内部语言。使其发生需要经过一个"最近发展区"（the zone of proximal development），即儿童在已有经验基础上能够独立达成的水平与经过教师和同伴帮助能够达成的水平之间的区域，正是在这个"最近发展区"内解决问题时，学习才真正地发生了。因此，在维果茨基看来，学习不仅是认知的过程，也是"建构人际关系的社会过程和建构自我的伦理过程"②。因而学习突破了单纯的认知，成为课堂环境中意义建构的过程。

以上三种建构主义学习理论的代表，共同呈现了从知识的习得到意义的建构的转变所带来的对学习本质的全新认识，尤其是维果茨基的社会建构主义理论，明确了在课堂情境中，教学内容的意义，不在于作为现成的知识等待接受，而是在教师和学生之间、学生和学生之间的社会沟通中生成，是一种交互主体间的实践活动。

当学习被界定为"意义与关联的建构"，佐藤学便由此提出，课堂的学习实践是一种"对话性实践"，即在同情境、他者和自我对话的过程中建构世界、结交伙伴、探求自我。③从这个意义上，学习者需要在真实的情境中展开对自我、他者和世界的深层理解。理解的过程既需自身的反思性和探索性实践，也需在与他人的沟通、合作和对话中建构丰富的意义内容。

本研究也正是基于此，探究学生在初中语文教学中儒家人文思想理解能

①　[日]佐藤学.学习的快乐——走向对话[M].钟启泉,译.北京:教育科学出版社,2004:56.
②　[日]佐藤学.学习的快乐——走向对话[M].钟启泉,译.北京:教育科学出版社,2004:57.
③　[日]佐藤学.学习的快乐——走向对话[M].钟启泉,译.北京:教育科学出版社,2004:65-66.

力的展开过程。

(三) 比格斯教学理论

伴随着 21 世纪的到来，教育已然进入素养时代。素养超越单纯对知识和技能的追求，核心素养更是指向人的全面发展，聚焦个体在适应未来社会需求中的必备品格、关键能力和价值观念。而与之相匹配的学习方式则是"深度学习"。深度学习，超越传统以简单记忆和机械操作为主的浅表学习，要求在与真实情境的持续互动中解决问题和创生意义。因而，它是一种"理解性学习"，不仅需要深层次思考，而且需要学生能够将"已经理解的知识应用于生活"，即以"学生灵活地运用所知进行思考和行动的能力"为表征。[1]在这一背景之下，关注学生的学习过程远胜于学习结果。

为此，澳大利亚学者约翰·比格斯 (John Biggs) 的相关研究能够为我们提供理论视野和支撑。比格斯的教学理论秉持"以学生为中心"的核心理念，以追求学生的高质量学习 (quality learning) 为目标，聚焦学生的学习过程 (study processes)，通过与教和学相关的各变量之间的关系互动，实现高附加值的学习结果 (learning outcome)。尽管其研究是针对大学的课程与教学的，但其理论建构所呈现的要素关系及形成的过程图景却具有普适性，同样能够用来解释基础教育阶段学科领域的教与学过程。

1. 高质量学习

质量和效益是各领域人们追求的目标。当下的中国教育也正处于实现高质量的发展阶段，高质量教育需要高质量学习。在比格斯看来，"高质量学习"的实现，是以"学习方式"和"学习结果"两个变量为关注点的。从学习方式上看，学习者超越浅层学习，通过深层学习达至优质的学习结果；从学习结果上看，学习者能够获得更好的理解。

(1) 深度学习

学习方式的变革是教育质量提升的重要表现，这在我国第八次基础教育

---

① 刘月霞,郭华.深度学习:走向核心素养[M].理论普及读本.北京:教育科学出版社,2018:8.

课程改革实施以来，已逐步为人所认识。深层学习是相对于浅层学习或表层学习（surface learning）而来的，现在更多地称之为深度学习（deep learning）。浅层学习是以记忆孤立的事实、接受未经质疑的信息、发展不能长久保持的表面理解为表征的，与之相对应，深度学习则强调与已有知识建立和保持联系、批判性地分析和解决问题、实现在新情境中的迁移和应用。围绕这三个核心特征，各家尝试从不同角度对深度学习做出界定。而需要明确的是，深度学习包含心理学意义上的"抽象个体参与和个体建构"，但更加强调学生作为社会个体的"主动建构与参与"。因而是教师引导下的，包括学生的情感、态度、价值观在内的人的各要素整体参与的，指向学生全面发展的活动。

比格斯正是以"深度学习"的学习方式为焦点引领优质学习结果实现的重要代表人物。他不仅视学生的学习方式为学习过程的关键影响因素，关联起学生、教师、教学情境等背景和学习成果，而且明确学习动机、学习策略与学习方式密切相关。学习动机和学习策略表现为学习方式，简单说就是"你想从学习中得到什么将决定你如何去学习"[1]，学习过程由此显现出来。同时，学习动机和学习策略也与学习结果互为因果：具有表层动机的学习者趋向于采取被动机械的学习策略，学习结果自然是单一的；而由内在动机驱动的学习者，则趋向于采取深层次的"精加工"学习策略，从而理解学习内容的意义，呈现出较为多元的学习成果。

（2）学习成果

传统的学习结果常表现为知识的增长和技能的应用，而以"深度学习"为方式的学习结果，则呈现出多层次的成果表现。比格斯认为，可以从"量的方面""质的方面"和"情感"三个角度加以评测。"量的方面"是以数量为评价指标，认识了多少事实、增长了多少知识、增添了多少技能。在此基础上，还需要从"质的方面"去看，即人的认知、情感、道德、价值等的内在结构生成和适应不同情境而做出的迁移，以及"情感"，主动、专注和全情参与、身心的整体融入、意义的完整生成。因而它是综合性的成果，不滞留于某

---

[1]　纪春.为学而教：3P教学模型对大学本科教育改革的启示[J].江苏高教,2019(12):112.

个生长侧面，而是实现整全地成长与发展。这与核心素养的要求是一致的。

为了使学习成果的评价更具操作性、更为清晰，比格斯还与柯利斯（Steve Collis）一起在实证研究基础上提出了 SOLO 模型（Structure of Observed Learning Outcome），即"可观察的学习成果结构"模型。这是一种"可应用于任何学科内容的学习反应研究"[①]的层级模型，由五个结构水平构成，呈现出"前结构—单一结构—多元结构—关联结构—抽象拓展结构"的结构序列，"反应了学习者由量变到质变的发展过程"，[②]在深度理解和高阶思维的评价中具有优势。这一研究成果被证明具有规范性，且解释性和适用性较强。

在比格斯看来，学习成果与学习方式能够有效互动，共同指向"高质量学习"。

2. 学习的过程

为实现"高质量学习"，关注和研究学生的"学习过程"（study process-es）是必需的。比格斯将"学习过程"设想为一组介于决定性因素（determining factors）和最终学业表现（final academic performance）之间的调节性变量，是一系列由相关价值观和态度决定的战术、策略和方法的复合体（complex）。[③]比格斯认为，这一复合体是在三个时间节点上展开的，即"预设"（Presage）[④]、"过程"（Process）、"结果"（Product）。每个节点上都有若干与学习相关的因素嵌入其中，"各种因素之间既相对独立，但又彼此交互"[⑤]。

具体来说，学习过程的"预设"阶段，有两类因素会对学生的学习过程产生影响，第一类是"个人的"因素，包括个人的认知风格、个性特征、智商和家庭背景；第二类是"机构的"因素，包括学科领域、教学方法、评价

---

① 吕林海,等.追求高质量的大学学习——高等教育大众化背景下大学学习、教学与课程的一些核心观念[J].远程教育研究,2011(2):21.

② 胡航,等.深度学习品质刻画:评测工具的开发与应用——基于四城市小学生数学学习的实证研究[J].华东师范大学学报(教育科学版),2021(11):76-77.

③ J.B.Biggs. *Individual and Group Differences in Study Processes*[J].British Journal of Edu-cational Psychology,1978(48):266.

④ 有的文献中也将"Presage"翻译为"前提"。本研究按照"presage"在英文词典中的翻译,也称作"预设"。

⑤ 吕林海,等.追求高质量的大学学习——高等教育大众化背景下大学学习、教学与课程的一些核心观念[J].远程教育研究,2011(2):21.

模式和程序、课程结构。"个人的—机构的"各要素在学习之前就预先存在，在过程层面相互作用，影响着过程和结果。学习过程的"过程"阶段，主要表现为"价值观""动机"和"策略"的依次关联，"价值观"是"过程"展开的基础，直接影响着"动机"的生成，"动机"的生成又决定了"策略"的选择。它们各自又都受到"预设"阶段各要素的影响。学习过程的"学业表现"不仅受到"预设"阶段的各要素的影响，也是在价值观—动机—策略的作用下产生的。这一"一般学习过程模式"（General Model of Study Processes）如图 2-1 所示：

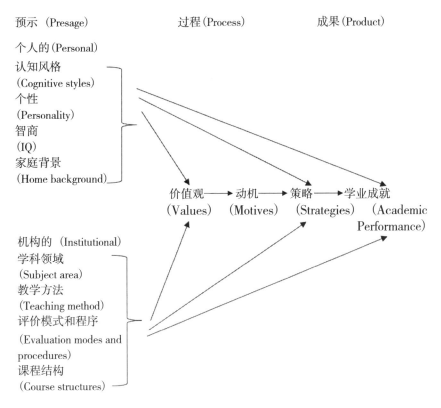

图 2-1　Biggs's General Model of Study Processes〔1978〕 [①]

———————

[①]　J.B.Biggs. *Individual and Group Differences in Study Processes*〔J〕.British Journal of Educational Psychology, 1978（48）: 267.

实际上，"预设—过程—结果"的学习过程模型并非比格斯率先提出，邓金（M. J. Dunkin）和比德尔（B. J. Biddle）早在 1974 年已初步提出①。但比格斯在此基础上，经过数十年的深入研究，形成了较为成熟的教学模型。这种"成熟"表现在：在"预设"阶段，他逐渐认识到学生因素和教学情境之间的互动关系，以及它们"共同决定了学生对某一任务所采用的方法，而这又决定了结果"②。"教学情境"内既包括与课程相关的"目标""评价"等，也包括教师的教学目标、内容、方法以及课堂氛围等。在"过程"阶段，他突出强调了学生的学习方式的关键地位，在学习动机和学习策略的影响下，不同的学习方式必然会产生不同的学习结果。在"结果"阶段，评价的内容也是多维的，从不同的维度观照，会收获不同类型的学习成果。由此，比格斯的"3P 教学模型"成型，并随着研究的持续深入，而展现出更为完善的形态。

3. 3P 教学模型

3P 教学模型是基于建构主义学习观而对教与学的过程进行理性建构的成果。同样是在"预设—过程—结果"的学习展开序列中，却清晰地呈现了复杂的教与学活动中，各种相关因素是如何在关联互动中共同促成"高质量学习"的实现。其现实价值突出地表现在如下方面：

（1）理念

从 3P 教学模型呈现的教学全过程来看，教学的关注点是学生，而不是教师。教学过程实际是学生的学习过程，学生是学习的主体，因而具有自主性、能动性和创造性。教师是学生学习的促进者、引导者，在教师"教什么""如何教""教如何"的情境知识下，基于自身的先验知识、能力、倾向等背景，学生以其适当的学习方式促成预期的学习结果出现。"为学而教""学生中心"的理念落实在学习过程的三个阶段中，就表现为："预设"阶段关注学生的学习准备和环境；"过程"阶段强调学生的学习方式，尤其是深度

---

① 王朋.学生·教师·学习:美国大学教学评价的路径演变——基于约翰·比格斯的 3P 教学模型 [J].高教探索,2017(10):52–57.
② 纪春.为学而教:3P 教学模型对大学本科教育改革的启示[J].江苏高教,2019(12):111.

学习，在优质学习结果达成中的作用；"结果"阶段是以多样化的学习成果为评价指标促进"高质量学习"的实现。由此理念出发，对学生的学习全过程展开研究，就成为 3P 教学模型的核心内容。

（2）系统

3P 教学模型内嵌入了多个与教学相关的变量，它们被归入相应的部分中，也就是教学的主要因素中。这些因素各自独立，却又彼此作用，构成了一个"双向互动""连续交互"的系统。在这个系统内部，学生因素和教师、情境因素相互动，它们各自又分别与学习方式相互作用，学习方式同时和学习结果相互影响，最终形成了一个所谓的"反馈环"（feedback loops），而不是单一的线性关系。这一建构被视作是一次"教学范式的转向"①，即"学习中心"的教学模式得以生成，能够较好地解释学生的学习过程，并为教师的课程实施、评价以及教学设计等提供指导和遵循。教学模式的转型是"学生中心"理念的直接结果，也是"高质量学习"的必然要求，只有对教与学的过程和本质进行持续而深入的研究和探讨，才会形成科学的教学研究成果。

（3）模型

比格斯的 3P 教学模型也是在持续地研究中不断修正和完善的。在已有模型结构基础上，经过大量的实证研究，发现"学生对学习环境的感知"也是影响学生获得优质学习成果的"中介变量"。②这一发现同样反映出一种认识上的转变，即学生对周围世界的认识奠基于其生活的经验，而不是客观的知识；真正的教学不是教师"怎样设计"他的课程，而是学生"如何理解"他所学的课程。对教学本质认识的又一次深化，使教学模型更好地展现学生学习的机制及过程，从而为理论解释与实践应用提供支撑，如图 2-2 所示：

通过以上对 3P 教学模型的解析，可以确认它在以学生为中心的课堂教学

---

① 王朋.学生·教师·学习:美国大学教学评价的路径演变——基于约翰·比格斯的 3P 教学模型[J].高教探索,2017(10):52-57.

② 吕林海,等.追求高质量的大学学习——高等教育大众化背景下大学学习、教学与课程的一些核心观念[J].远程教育研究,2011(2):19-24.

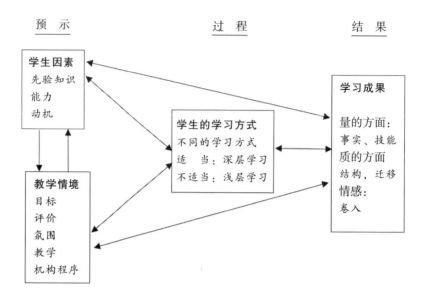

图 2-2 比格斯 3P 教学模型①

展开过程方面，尤其是教师引导下的学生学习过程方面，具有解释力。又因为该模型的焦点在学生的学习方式上，指出"深度学习"是适当的学习方式，这就能够为课堂教学过程中探究深层内容的"理解"提供解释框架。

二、分析框架

本研究是对初中阶段学生在语文教学过程中的儒家人文思想理解能力展开研究，重点关注语文教学过程中学生的儒家人文思想理解能力的生成与提升，因而需要聚焦教学全过程的相关要素及其互动关系，以及通过要素之间的互动获得预期的学习成果。为此，本研究在 3P 教学模型的框架基础上，进行了相关内容的揭示与明晰，以提供进一步分析和解释的依据，如图 2-3 所示：

① 王朋.学生·教师·学习:美国大学教学评价的路径演变——基于约翰·比格斯的 3P 教学模型 [J].高教探索,2017(10):53.本文引用时有修改。

　　具体来说，在初中语文教学过程中，同样需要关注"预示""过程"
"结果"三个重要的时间节点。每一个时间节点上，都嵌入了与教学相关的因
素，它们之间的相互关联构成了学生的学习过程系统。分别来看，在"预示"
阶段，学生因素和教师因素构成了背景性内容。3P 教学模型中，教师因素是
被置于教学情境当中的，而分析框架中将其提取出来，是为了强调教师因素
在学生学习过程中的重要作用。同时，明确了教师的课程理解、知识积淀及
个人风格对教师教学行为产生的影响。在"过程"阶段，核心内容依然是学
生的学习方式，促进学生理解的适当的学习方式是深度学习。与 3P 教学模型
不同的是，凸显出了影响深度学习的关键要素，即课程、教学方法和课堂文
化。比格斯认为，影响教学的关键要素是：课程、教学方法、评价程序、与
学生互动的氛围，必须遵守的机构环境、程序与原则。①分析框架中，"课
程"部分，关注目标与评价的一致性，即"理解"的维度指标也是确立目标

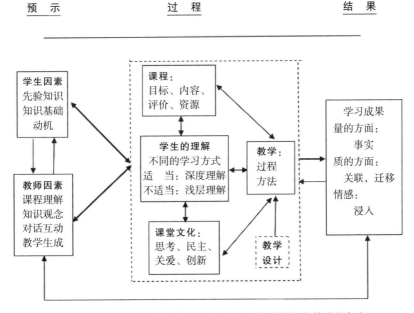

图 2-3　初中语文教学中学生儒家人文思想理解能力的分析框架

---

① 吕林海,等.追求高质量的大学学习——高等教育大众化背景下大学学习、教学与课程的一些
核心观念[J].远程教育研究,2011(2):19-24.

的依据；"教学"即课程实施，从"课程"部分提取出来，以突出强调其对学生的深度理解的直接影响。"教学"部分着重于教学的过程及方法，以促进学生儒家人文思想理解能力的生成与提升。而教学设计则为"教学"提供了支持。与此同时，"课堂文化"也是促成学生在课堂教学中生成和提升理解能力的关键要素。3P 教学模型中，它是蕴含在教学情境因素之中的，使其独立出来则表明以"理解"为目标的课堂需要教师智慧指引下的激励机制发挥作用。"课程""教学""课堂文化"共同作用，促使深度学习的达成，以获得多元的学习成果。在"结果"阶段，沿用了 3P 教学模型的"结果"框架，但进一步明确了每一个部分的具体内容，即"量的方面"强调对"事实"内容的理解，"质的方面"关注"关联"与"迁移"，"情感"方面则重视"浸入"，这也是"理解"生成的重要表征。

总之，在此分析框架内，探究初中语文课堂教学过程的相关要素是如何交互的，能够为初中生儒家人文思想理解能力的发展路径和策略的确立奠定基础。

第三章　研究设计

在明确了研究的理论基础和分析框架后，为了确保研究的可靠性，需要对研究问题的解决过程进行整体设计，形成一套整合的设计方案，以利于研究的展开。

一、研究取向、思路和方法

（一）研究取向

教育研究主要有量化研究、质性研究和混合研究三种研究范式。本研究采用混合研究设计。混合研究（mixed research）是一种"同时收集定量（封闭的）数据和定性（开放的）数据，对两种数据进行整合，然后在整合两种数据强项的基础上进行诠释，更好地理解研究问题"的研究取向。比起量化研究和质性研究，混合研究更具有优势，因为它弥补了量化研究和质性研究的不足，实现了优势互补，在克雷斯威尔看来，"这种强强联合要比单一采纳任一数据形式能更好地理解研究问题"①，从而"有助于改善研究质量"。②

---

① ［美］约翰·W.克雷斯威尔.混合方法研究导论［M］.李敏谊,译.上海：上海人民出版社,2015:2.
② ［美］伯克·约翰逊,［美］拉里·克里斯滕森.教育研究:定量、定性和混合方法［M］.4版.马健生,等译.重庆：重庆大学出版社,2015:50.

（二）研究思路

本研究采用混合研究设计，以量化研究和质性研究并重的方式展开研究。研究过程中，通过量化研究获得初中语文教学中学生儒家人文思想理解能力的现状和影响因素的相关数据，针对出现的问题和现象，展开质性的案例探索分析，以形成对问题和现象的原因及表现的深入理解和阐释，在相互印证中形成对初中语文教学中学生儒家人文思想理解能力的认识，由此探索初中语文教学中学生儒家人文思想理解能力的生成过程及发展路径和策略，便具有了依据。具体而言，本研究由四个部分构成，如图 3-1 所示：

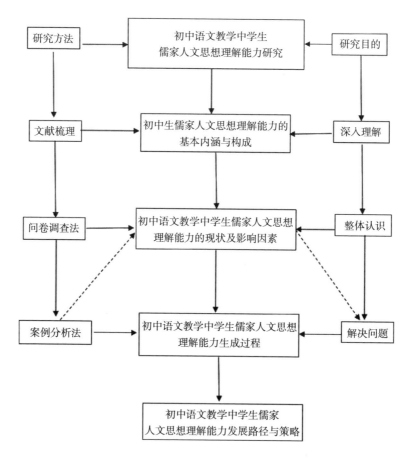

图 3-1　研究思路图

第一部分是理论研究。采用文献梳理的方法，逐步揭示初中生儒家人文思想理解能力的内涵及其构成：首先对"理解"在词源学、心理学、社会学、教育学和哲学各领域的意涵进行综述，综合各领域的研究成果凝练"理解"的核心内容，确立本研究的认识基础。而后阐释"理解"的对象"儒家人文思想"在适应初中阶段学生认识和理解程度内的基本内容，在"知情意行"的范畴内，依据儒家的"性情"范式，依照情感—价值—意志—行动的框架明确初中生面对的儒家人文思想的基本内容。在此基础上，通过对"理解"的指标维度进行建构，在"内容"与"行为"相匹配中，确定初中生儒家人文思想理解能力的具体构成，并对各能力的内涵进行阐释。通过以上逐层的揭示和建构，为量化研究和案例探索分析奠定基础。

第二部分是量化研究。采用问卷调查法，首先使用项目分析法对问卷中的各题项进行鉴别以保证问卷的可靠性，在此基础上，对问卷进行结构效度检验和探索性因子分析，形成学生儒家人文思想理解能力的因子构成，验证理论研究的结果；接着使用方差分析和描述性统计的方法，获取初中语文教学中学生儒家人文思想理解能力的现状；在此基础上，探查初中语文教学中学生儒家人文思想理解能力的内外部因素，为探究学生儒家人文思想理解能力发展路径与策略提供依据。

第三部分是质性的案例探索分析。主要由两个环节构成：一是对初中语文教学中学生儒家人文思想理解能力的现状和影响因素作质的分析，通过对两个对比性较强的个案主体进行观察和访谈，形成对初中语文教学中学生儒家人文思想理解能力的现状及影响因素的深层次认识和理解，以完善量化研究的结果。二是对初中语文教学中学生儒家人文思想理解能力的生成过程进行案例的探索分析。

采用访谈法、观察法和实物收集法，选取样本学校中城乡两所差异性较强的初中学校中的八年级语文教师和学生作为案例分析对象，观察并呈现语文教学中学生与语文教师的互动过程。在访谈抽样学生的基础上，整体观察和探索案例中的学生的已有经验、知识基础以及动机，倾听并理解学生在生活和学习过程中对自我发展、自我建构和生成的思考与解释；同时，深度访谈个案中的语文教师，对其生活、教育教学及与学生的互动等进行全面而深入的理解，集中关注其在语文课程理解、知识观及教学生成等微观层面的内容，从深度的文化意义上理解和把握教师和学生的学习生活状态、互动方式及意义生成路向，以深入理解师生共在的初中语文课堂中，教师引导下的学生理解的真实图景，从而为学生儒家人文思想理解能力的生成过程和发展路径的探究奠定基石。

第四部分是路径和策略。针对初中语文教学中学生儒家人文思想理解能力的现状及存在的问题，基于对其生成过程的探索分析研究，提出初中语文教学中学生儒家人文思想理解能力发展路径和策略，形成研究结论。

（三）研究方法

1. 文献梳理

文献是一切研究的基础。对概念的认识和把握、维度指标的提取和建构、内涵的阐释和理解等都是在对文献的充分梳理和分析基础上生成的。因此，为了深入理解初中生儒家人文思想理解能力这一基本概念，本研究对相关文献进行了全面细致的梳理，不仅在文献梳理基础上获得了对核心概念的深入认识和理解，确定了基本的维度指标；而且在解析和集合的思路下逐步形成了初中生儒家人文思想理解能力的内涵，确定了其构成要素，并进行了相关阐释。这都依赖于对文献的充分占有和研究。在此基础上，对初中语文教学中学生儒家人文思想理解能力的现状进行调查研究和分析，对生成过程及提升路径和策略进行阐释，才具有了依据和可能。

2. 调查法

文献梳理获得的是对初中语文教学中学生儒家人文思想理解能力的"应然"表达和阐释，还需进入"实然"的调查研究，才能真实而准确地把握现实存在并据此提出提升的路径和策略。借助问卷调查，获取初中语文课堂教学中学生儒家人文思想理解能力的现状，对学生的儒家人文思想理解能力产生影响的内外部因素，进而为探索其条件和生成过程、有针对性地提出提升路径和策略夯实基础。

3. 案例分析法

本研究在量化研究基础上，为深入透视问题和现象背后的深层基质，聚焦了样本学校中两所具有代表性的初中学校的八年级某班语文课堂。位于省会城市的 N 学校是一所高校附属中学，在学生、语文教师、课程实施和课堂文化各因素的表现上都相对突出，能够成为城市初中学校的代表；位于某县所辖乡村中的 H 学校是一所历史悠久的乡村初级中学，在乡村初级中学的课堂教学各因素的表现上同样具有典型性。对城乡两所具有代表性的初级中学的语文课堂进行深入观察和探究分析，能够由此探索出初中语文教学中学生儒家人文思想理解能力的生成过程，并凝练出促进学生儒家人文思想理解能力提升的路径，进而形成初中语文教学中学生儒家人文思想理解能力的完整图景。

本研究在研究目标上是探索性研究，即在完善中华优秀传统文化教育背景基础上，以儒家人文思想为切入点，研究初中生儒家人文思想理解能力的基本内涵及在语文教学中的生成过程和发展路径，也就是"是什么"和"怎么做"的问题，因而在量化研究基础上，聚焦了两个典型案例，进行探索性分析，以期由此达成整体认识和理解，并实现解决问题的目的。

二、量化研究设计与实施

在问卷编制上，根据初中生儒家人文思想理解能力的四个维度，在学生、教师、课程实施和课堂文化的课堂观察视点下，编制了《初中生儒家人文思想理解能力调查问卷》，通过对甘肃省城乡 6 所初中学校的学生抽样调查，了解初中语文教学中学生儒家人文思想理解能力的现状和水平，探索在初中语文教学中学生儒家人文思想理解能力的影响因素。在样本的选择上，选取甘肃省城乡的 2847 名学生进行问卷调查。为了保证调查问卷的效度和信度，采用项目分析法检验调查问卷各题项的鉴别度，并以探索性因子分析作为检验问卷结构效度的方法；采用克隆巴赫系数检验调查问卷的信度。

（一）问卷的编制与试测

崔允漷等研究者在实证研究的基础上形成的 LICC 范式提出，课堂观察展开的四个维度是：学生学习（Learning）、教师教学（Instruction）、课程性质（Curriculum）、课堂文化（Culture）。[①]比格斯的"3P"教学模型也呈现了"学生""教师""学习过程""学习结果"的教学研究框架。对此进行整合，形成本研究对语文课堂教学研究的四个维度，即"学生""教师""课程""课堂文化"。由此编制了《初中生儒家人文思想理解能力调查问卷(初稿)》，第一部分是基本信息。第二部分是基于四个维度的内部表现的调查。第三部分是初中语文课堂教学中影响学生儒家人文思想理解能力的因素调查。

第一部分是基本信息。通过对学生的人口学信息、学校的基本情况、语文教师的人口学特征和学生的阅读情况进行问卷调查，收集学生的背景资料。

第二部分是初中语文教学中学生儒家人文思想理解能力量表。依据比格斯"3P"教学模型所提出的"学生""教师"的内部特征和 LICC 范式所呈现的"课程性质"和"课堂文化"的视角，从学生的已有经验、知识能力、学习方式，教师的课程理解、教学内容、教学方式、个人风格，课程的目标、内容、评价、资源以及课堂文化四个方面进行题目设置。其中，"同情之爱的感悟力"下包括 21 道题目，"'仁'的价值的阐释力"下包括 15 道题目，在"生命意志的反思力"下包括 18 道题目，"负责任行动的应用力"下包括 6 道题目，共 60 道题目。问卷题目计分方式采用"李克特五点计分量表"方式，正向赋值题目选项"非常符合"记 5 分，"符合"记 4 分，"一般"记 3 分，"不符合"记 2 分，"非常不符合"记 1 分。

第三部分是初中语文教学中学生儒家人文思想理解能力的影响因素。仍然在"学生""教师""课程""课堂文化"四个维度内，以封闭式选择题

---

① 沈毅,崔允漷.课堂观察:走向专业的听评课[M].上海:华东师范大学出版社,2008:104-106.

的形式要求学生对符合个人理解或实际情况进行选择。

为确保调查问卷的适切性，笔者首先邀请 5 名初级中学一线语文教师对问卷进行了试测，删除了内容不够完善、表述不够严谨的 5 道题目；之后选取了七至九年级，也包括刚升入高中的 13–16 岁的 30 名学生进行了试测，再次删除了对学生来说在理解上有困难的题目，最后保留了 40 道题目。至此，《初中生儒家人文思想理解能力调查问卷》正式形成。问卷共分为三个部分，第一部分为基本信息，共 10 道题目；第二部分为"初中语文教学中学生儒家人文思想理解能力现状调查"，共 40 道题目；第三部分为"初中语文教学中学生儒家人文思想理解能力影响因素"，共 8 道题目。

（二）样本的选择与问卷发放

本研究选取了甘肃省城乡共 2847 名学生为调查研究对象，既关注了城市学生在初中语文教学中儒家人文思想理解能力的状况，也包括了县乡学生的现实表现，力求整体呈现样本学生在初中语文教学中儒家人文思想理解能力的真实现状。

问卷的发放由两部分构成，一部分使用问卷星对位于城市的学校进行问卷调查，另一部分则为纸质问卷对位于乡村的学校进行问卷发放。问卷从 2021 年 11 月 9 日发放，2021 年 11 月 19 日收回，历时 10 天。共收到 2883 份问卷，有效问卷 2847 份，有效率为 98.75%。

（三）项目分析

在进行问卷的信度和效度检验之前，还需对自制量表各题项的适切程度进行分析，以保证因子分析和信效度检验的有效。对量表各题项是否具有鉴别度的检验采用项目分析法。项目分析法正是对量表或测验项目的区分度进行分析的方法，以检验量表或测验的各题项设置的适切与否。题项与总分相关分析法是其中的一种方法，对个别题项进行筛选时采用同质性检验，"如果个别题项与总分的相关愈高，表示题项与整体量表的同质性愈高，所要测量的心理特质或潜在行为更为接近"[①]。一般情况下，相关系数的显著性概率值（p 值）小于 0.01，相关系数大于 0.4，说明题项与总体相关显著。在对量表的 40 道题目进行相关分析后，发现各题目的相关系数大于 0.4，显著性（p 值）小于 0.01，各题项与总体之间大都呈现显著相关。如表 3-1 所示：

表 3-1　初中语文教学中学生儒家人文思想理解能力调查问卷项目分析结果表

题号	相关性	显著性	题号	相关性	显著性
Q1	0.691**	0.000	Q21	0.839**	0.000
Q2	0.698**	0.000	Q22	0.833**	0.000
Q3	0.713**	0.000	Q23	0.855**	0.000
Q4	0.727**	0.000	Q24	0.832**	0.000
Q5	0.810**	0.000	Q25	0.828**	0.000
Q6	0.814**	0.000	Q26	0.834**	0.000
Q7	0.812**	0.000	Q27	0.828**	0.000
Q8	0.800**	0.000	Q28	0.846**	0.000
Q9	0.779**	0.000	Q29	0.829**	0.000
Q10	0.816**	0.000	Q30	0.852**	0.000
Q11	0.835**	0.000	Q31	0.842**	0.000
Q12	0.822**	0.000	Q32	0.828**	0.000
Q13	0.847**	0.000	Q33	0.809**	0.000
Q14	0.829**	0.000	Q34	0.817**	0.000
Q15	0.831**	0.000	Q35	0.812**	0.000
Q16	0.841**	0.000	Q36	0.842**	0.000
Q17	0.804**	0.000	Q37	0.834**	0.000
Q18	0.826**	0.000	Q38	0.855**	0.000
Q19	0.836**	0.000	Q39	0.826**	0.000
Q20	0.839**	0.000	Q40	0.838**	0.000

注：★★P＜0.01。

---

① 吴明隆.问卷统计分析实务——SPSS 操作与应用[M].重庆:重庆大学出版社,2010:181.

（四）结构检验与探索性因子分析

效度（validity）是指"理论和证据对测验所提供的结果解释的支持程度"[①]。效度可分为内容效度、效标关联效度和结构效度。结构效度是测验结果对理论上的概念特征所能正确反映的程度，因其既基于理论的逻辑分析，又能依据实验结果证明理论和特质的正确性，而成为有效的效度检验方法。因素分析是检验结构效度的常用方法，通常在对题项进行项目分析后，使用因子分析的方法提取出多变量中的共同因子，如果所提取出的共同因子与理论建构的特质之间非常接近，则能够说明问卷量表具有结构效度。

在对原始数据中的多个变量进行因子分析之前，还需进行 KMO 检验和巴特利特球形检验。KMO（Kaiser-Meyer-Olkin）检验是用来检验原始变量之间的简单系数关系和偏相关系数的相对大小的。其取值范围在 0—1 之间，这意味着 KMO 值越接近 1，变量间的相关性越强，原始变量就适合做因子分析；反之，KMO 值越接近 0，则意味着变量间的相关性越弱，原始变量不适合做因子分析。具体参照标准如表 3-2 所示：

表 3-2　KMO 取值参照标准

检测类型	值的范围	是否适合做因子分析
KMO	大于 0.9	非常适合
	0.8–0.9	很适合
	0.7–0.8	适合
	0.6–0.7	勉强适合
	0.5–0.6	不太适合
	小于 0.5	不适合

---

① [美]伯克·约翰逊,[美]拉里·克里斯滕森.教育研究:定量、定性和混合方法[M].马健生,等译.重庆:重庆大学出版社,2015:133.

巴特利特球形检验，是用于检验各变量之间相关性的。它基于原始变量相关系数矩阵，假设相关系数矩阵对角线的元素均为 1，所有非对角线上的元素为 0。巴特利特球形检验根据相关系数矩阵的行列式获得统计量，如果计算值较大，并且相伴的概率值 p（通常 $p<0.05$）小于显著性水平，则拒绝零假设，说明原始变量之间存有相关性，适合进行因子分析。反之，则不具有相关性，不适合进行因子分析。

本研究的调查数据经 KMO 检验和巴特利特球形检验后的结果如下表：

表 3–3   调查问卷结构效度检验结果一览表

KMO 取样适切性量数		0.991
巴特利特球形度检验	近似卡方	125522.311
	自由度	780
	显著性	0.000

如表 3–3 所示，本调查的 KMO 值为 0.991，大于 0.9，表示变量间有共同因素存在，题项非常适合进行因子分析；巴特利特球形检验的显著性检验概率 p 值为 0.000，小于 0.01，说明变量之间存在显著相关，适合采用因子分析。

对量表中的 40 道题目进行探索性因子分析，采用的是主成分分析法和最大方差旋转法。提取特征值大于 1 的因子，能够得到 4 个因子，累积方差贡献率达到 74.551%，信息量损失较少，对总体方差的解释性较好，较适宜进行因子分析。为了使因子载荷矩阵中系数更加显著，对初始载荷因子进行旋转，旋转后的因子解只是使得相对的载荷平方和达到最大，以方便对因子进行解释。如表 3–4，3–5 所示：

表 3-4　提取因子的总方差解释率一览表

成分	初始特征值			提取载荷平方和			旋转载荷平方和		
	总计	方差%	累积%	总计	方差%	累积%	总计	方差%	累积%
1	26.712	66.781	66.781	26.712	66.781	66.781	11.446	28.614	28.614
2	1.363	3.408	70.189	1.363	3.408	70.189	7.541	18.853	47.468
3	1.030	2.575	72.764	1.030	2.575	72.764	7.065	17.663	65.131
4	0.715	1.787	74.551	0.715	1.787	74.551	3.768	9.420	74.551
5	0.632	1.580	76.130						
6	0.582	1.454	77.585						
7	0.426	1.066	78.651						
8	0.408	1.019	79.670						
9	0.384	0.959	80.629						
10	0.379	0.948	81.577						
11	0.360	0.899	82.476						
12	0.348	0.871	83.347						
13	0.343	0.858	84.204						
14	0.327	0.819	85.023						
15	0.321	0.802	85.825						
16	0.315	0.787	86.612						
17	0.304	0.759	87.371						
18	0.290	0.725	88.096						
19	0.285	0.713	88.809						
20	0.267	0.668	89.477						
21	0.262	0.654	90.131						
22	0.256	0.640	90.771						
23	0.249	0.624	91.395						
24	0.240	0.600	91.995						

续表

成分	初始特征值			提取载荷平方和			旋转载荷平方和		
	总计	方差%	累积%	总计	方差%	累积%	总计	方差%	累积%
25	0.239	0.598	92.592						
26	0.232	0.581	93.173						
27	0.227	0.568	93.741						
28	0.226	0.565	94.305						
29	0.217	0.543	94.849						
30	0.211	0.528	95.376						
31	0.207	0.518	95.895						
32	0.201	0.504	96.398						
33	0.199	0.497	96.895						
34	0.193	0.482	97.378						
35	0.189	0.471	97.849						
36	0.186	0.465	98.314						
37	0.178	0.446	98.760						
38	0.175	0.436	99.196						
39	0.165	0.412	99.608						
40	0.157	0.392	100.000						

提取方法：主成分分析法。

表 3-5　探索性因子负荷一览表

序号	项目	成分			
		F1	F2	F3	F4
Q23	思考、辩论、对话、交流的语文课堂，有助于你认识人的价值选择问题	0.547			
Q24	你能根据已有经验，明确怎样对待他人、怎样立于社会才是有价值的	0.581			

续表

序号	项目	成分			
		F1	F2	F3	F4
Q25	你能从自己对待他人的行为表现出发，思考和分析自己哪些方面不足	0.654			
Q26	你能在思考和分析自己的态度和表现中，形成自我认识，并尝试改进	0.651			
Q27	学习古诗文，与人物、作者、内容、自己对话，能让你认识自己	0.643			
Q28	讨论和分析每个人可能遇到的现实问题，能引起你关注自己，思考不足	0.670			
Q29	教师会联系你的生活，分析《论语》中的观点，引导你提出自己的认识	0.592			
Q30	对话古诗文中的人和事，你会思考自己在生活中对待他人的态度和做法	0.694			
Q31	课外广泛阅读、与他人对话、自我反思使你获得思考和认识自己的机会	0.700			
Q32	你能站在他人立场想问题，根据自我认识来控制和调节情绪，与人相处	0.689			
Q33	反思自己与他人交往中的态度、做法和表现，是你常有的做法	0.719			
Q34	教师对古诗文的分析讲解，最后会落在人怎样认识自己、他人和世界上	0.656			
Q35	语文教师对他人的关爱、尊重和负责任，常影响着你的做法和选择	0.654			
Q36	你通过学习《论语》，知道了关爱和尊重他人、反思和评估自己的重要	0.722			
Q37	民主、合作、关爱、互助的课堂，是你获得理解他人、反思自己的机会	0.713			
Q38	学习古诗文，引发你思考和探问人与人间的情感、价值和意义	0.718			

续表

序号	项目	成分			
		F1	F2	F3	F4
Q39	你与语文教师在古诗文的赏读中，逐渐获得了对情感和价值的理解	0.682			
Q40	你从经典诗文阅读中获得自我认识，关注自身的理解，调节自己的行为	0.714			
Q3	语文教师能创设丰富情境、讲述生动故事，使你把握作品的主旨情感		0.776		
Q4	教师广博的文化知识、充满感情的语言表达，帮助你理解古诗文的情感		0.779		
Q5	赏读经典作品，体悟它的情感、认识它对你的意义，是你语文课的收获		0.549		
Q7	自由、对话、合作的环境，让你感受到情感可以在师生和作品间互通		0.578		
Q9	赏读《悯农》让你产生情绪感受，并通过联想，体悟到它带给你的意义		0.474		
Q10	教师通过动情讲述、多媒体使用，引发你的想象，使你获得情感的浸润		0.679		
Q11	教师引导你对古诗文情感的体悟，使你在回忆和联想中获得情感体验		0.663		
Q14	师生共读、平等对话，有助于你感受和体会人与人之间的真实情感		0.600		
Q15	通过语文教师对古诗文的赏析，你能概括出"爱"是人的共同情感主题		0.557		
Q6	通过把握内容、体会情感，你能从古诗文学习中认识到情感是相通的			0.457	
Q8	作品表达的情感会引发你对自身经历的回忆，并获得作品带给你的意义			0.479	
Q12	在古诗文学习基础上，能讲述你的情感经历、说出你的情绪感受和体会			0.544	

续表

序号	项目	成分			
		F1	F2	F3	F4
Q13	讲读语文教材中的古诗文，让你确认自己的情感，在联想中体会其意义			0.518	
Q16	你能在阅读认识和经验上，总结并说出人的基本价值，如关爱、责任			0.582	
Q17	你能举出古诗文中的事例，概括和说明它所体现的人的基本价值选择			0.650	
Q18	你能对生活和古诗文中体现的基本价值做出解释说明，如关爱的意义			0.634	
Q19	教师由教材出发，通过古诗文主旨内容的分析比较，使你思考人的选择			0.538	
Q20	教师将古诗文主题与生活相关联，通过比较分析使你确立人的价值选择			0.524	
Q21	你能在相同主题、不同类型的古诗文比较阅读中，提炼出人的基本价值			0.567	
Q22	以人的选择为课堂讨论的话题，你能在古诗文对比阅读中认识价值			0.580	
Q1	通过阅读作品，你能整体把握作品的思想和主题，并与自己的生活相联系				0.741
Q2	学习经典作品是启迪人生感悟与思考，引导问题解决的起点				0.723

旋转方法：凯撒正态化最大方差法。

a. 旋转在 8 次迭代后已收敛。

由此，可以确定提取出的四个因子的相应内容：因子 F1 对应的题目为 18 个，就将其命名为"生命意志的反思力"；因子 F2 对应的题目为 9 个，就将其命名为"同情之爱的感悟力"；因子 F3 对应的题目为 11 个，就将其命名为"'仁'的价值的阐释力"；因子 F4 对应的题目为 2 个，就将其命名为"负责任行动的应用力"。可见，这与对初中生儒家人文思想理解能力进行的理论建构的结果是相一致的。总之，初中语文教学中学生儒家人文思想理解能力的问卷设计具有一定的合理性，能够解释初中语文教学中学生儒家人文思想理解能力的状况。

（五）信度检验

信度（reliability）是"一个测验或其他测量工具摆脱测量误差的程度"[①]。对于李克特量表的信度分析，常采用克隆巴赫系数（Cronbach's alpha）对其内部的一致性进行检验。α 系数的取值范围在 0—1 之间，一般来说，α 系数大于或等于 0.70 为最低限度，即信度值是可接受的；大于或等于 0.90 就具有高信度。本研究的问卷量表系数如表 3–6 所示：

表 3–6　问卷总体与各因子信度系数统计表

	总体	F1	F2	F3	F4
克隆巴赫 Alpha	0.988	0.978	0.951	0.962	0.792
项数	40	18	9	11	2

如表所示，本研究问卷量表部分的总体信度 α 系数为 0.988，这说明该问卷量表的信度非常好，调查测验的结果可靠程度较高。四个因子的 α 系数都在 0.75 以上，三个因子的 α 系数超过 0.95，说明各个因子的信度较为可靠。

三、质性研究设计与实施

（一）案例的选择

案例选取了在样本学校中具有代表性、能够为研究问题的解决提供更多信息的两所初级中学。N 学校为省会城市某高校的附属中学，H 学校为某县

---

① ［美］梅瑞迪斯·高尔，等.教育研究方法［M］.6 版.徐文彬，等译.北京:北京大学出版社,2020: 136.

所辖的乡村的初级中学，两所学校差异性较为显著，通过对两所学校的八年级某班语文课堂教学进行研究，以期获取相对完整的意义内容。N 学校和 H 学校及班级的基本情况如下：

N 学校：某高校附属中学。位于甘肃省省会城市，创办于 1965 年，目前是一所九年一贯制学校。该校八年级某班共有 54 名学生，语文教师是一位中年男教师，在八年级第一学期接任该班的语文课。

H 学校：某乡初级中学。位于甘肃省某县所辖的乡村，创办于 1970 年，是一所农村独立初级中学。该校八年级某班共有 34 名学生，语文教师是一位中年男教师，从七年级第一学期开始担任该班的语文教师。

（二）资料收集方法

由于本研究聚焦于初中语文课堂教学中的学生儒家人文思想理解能力状况，资料收集的主要途径就来自初中的语文课堂，进入课堂，参与教学活动，是主要方式。同时，教师和学生是课堂教与学的主体，对学生和语文教师的深入理解，包括学生的先有经验、知识基础、动机、对话互动方式等，语文教师的课程理解、知识观、教学方式和个体风格等，都在资料获取的范围内。为此，笔者深入课堂，在一个相对完整的时段内收集资料。在 N 学校，从 2021 年 3 月 23 日开始，到 2021 年 6 月 16 日结束，共参与聆听了该校八年级某班 S 老师的 23 节常规课，1 节公开课，1 节专题课；其他老师的 3 节公开课；参与了一次班级内的演讲比赛，并作为评委参与打分。每次听课结束后及时与 S 老师沟通交流，既有对课内问题的对话，也有对其他问题的讨论。在 H 学校，共参与聆听了该校八年级某班 C 老师的 5 节常规课，其他老师的 2 节常规课和 1 节公开课，后因疫情原因，无法继续深入课堂听课，但通过网络的方式，继续参与课堂教学的过程，通过微信视频的方式直接参与 C 老师的写作课，并为学生讲解了特定题目的写作。因为居住在学校内，与老师们的沟通和交流是充分和广泛的，深入了解了乡村学校的教师和学生的各方面情况。因而能够形成课堂内外完整的生活图景。主要采用了访谈法、观察法和实物收集法收集资料。由此，获得了被研究者的"所思所想""所作所为"及对"自己所看到的物品的意义"的解释①。

1. 访谈法

"访谈"是"一种研究性交谈，是研究者通过口头谈话的方式从被研究者那里收集（或者说'建构'）第一手资料"②。与案例中两位语文教师的交谈主要是分布式展开的，即分布于每一次课堂教学之后，围绕课堂教学过程中的相关问题进行充分交谈。对语文教师的正式访谈，是以自编的《初中语文教学中学生儒家人文思想理解能力研究教师访谈提纲》为基础，进行的半开放型访谈。具体来说，对 S 老师的正式访谈进行过三次，第一次是在其公开课后，围绕公开课的教学内容、教学方式、教学效果以及学生的课堂生成等问题展开；第二次是在其专题课后，围绕专题课的设计、内容和价值等问题展开；第三次是在调查研究结束前，围绕语文课程理念、语文课程理解、学生发展等问题，要求受访者进行进一步的阐释和反思，以对形成的认识和理解获得受访者的确认。对 C 老师的正式访谈进行过两次，第一次访谈以开放性问题为主；第二次访谈是借助微信视频，依据《初中语文教学中学生儒家人文思想理解能力研究教师访谈提纲》，在线对受访者在语文课程理解、古诗文教学、乡村学生的情感状态等方面进行了深入交谈。对学生的正式访谈，首次是以开放性问题为主，第二次是以自编的《初中语文教学中学生儒家人文思想理解能力研究学生访谈提纲》为基础，进行了半开放型访谈。

在访谈对象的选择上，访谈的教师就是案例中的两位语文教师；访谈的学生，在两个案例中各选取了男生 2 名，女生 2 名，皆为案例中相应班级的学生，在班级中属于优等生和差等生。

2. 观察法

观察法是质性研究收集资料的主要方法之一，观察者有意识、有目的地进行观察，并以系统的方法记录。质性研究认为，"观察不只是对事物的感

---

① 陈向明.质的研究方法与社会科学研究[M].北京:教育科学出版社,2000:163.
② 陈向明.质的研究方法与社会科学研究[M].北京:教育科学出版社,2000:165.

知，而且取决于观察者的视角和透镜"①。本研究采用参与型观察，深入语文课堂直接展开观察，由于研究者本人有十年的初中语文教学经历，非常熟悉初中语文课堂，在参与观察中，基于自身已有的经验，能够透视出语文课堂中的一些问题，并以自身的认识和理解为基础，形成对语文课堂独有的认知图式。观察中发现的问题和产生的疑问，课后及时与相关教师交流沟通，说出自己的认识和理解，获得相关教师的解释后，会对相关问题进行再思考，以重组和更新对问题的理解。观察时除了用纸和笔记录外，还使用照相机、录音笔等物，通过文字记录及拍照、录音等方式，尽量做到客观。本研究采用观察法听课，两个案例分别为34节和6节，参加评课2次。

3. 实物收集法

实物收集法是访谈法和观察法之外，质性研究另一主要的收集资料的方法。此时的"实物"并非毫无意义的存在，而是特定文化中特定人群的观念体现。包括"所有与研究问题有关的文字、图片、音像、物品等"②。笔者在进行案例调查研究过程中，经当事人同意，收集了教师的教案、教学笔记，学生的作文，课堂教学和活动的照片，校园内有关传统文化的布置等，并对其进行了分析，探求学生获得儒家人文思想理解的方式和途径，为访谈和观察中获得的认识作补充。

（三）资料编码

本研究主要使用了访谈资料、听课记录、教师教案和学生作文四类资料。为使资料的特性得以清楚展现，对四类资料进行了编码。对于访谈录音和访谈记录，笔者进行了转录，仅剔除了一些如受访者表达中所使用的"啊、嗯、啦"等语气词，以确保访谈资料的客观、准确和完整。对于访谈资料和听课记录的编码，按照如下顺序进行：资料获得的途径—资料获得的时间—资料

---

① 陈向明.质的研究方法与社会科学研究[M].北京:教育科学出版社,2000:227.
② 陈向明.质的研究方法与社会科学研究[M].北京:教育科学出版社,2000:257.

获得的地点—访谈／听课对象的姓名—访谈／听课对象的身份。未受访的其他学生以 S1、S2、S3 等表示。各部分代码的含义如下：

（1）资料获得的途径：访谈资料为 I，听课记录为 R；

（2）资料获得的时间：如 2021-03-05；

（3）资料获得的地点：两所学校分别为 N 和 H；年级为 G；班级为 C；

（4）访谈／听课对象姓名：访谈／听课对象的姓名首字母；

（5）访谈／听课对象身份：教师为 T，学生为 S；

各编号及含义示例如下：

I-N-ST-［2021-03-05］，表示 2021 年 3 月 5 日在 N 校对 S 姓老师的访谈记录；

R-H-CT-［2021-10-15］，表示 2021 年 10 月 15 日在 H 校，对 C 老师的听课记录；

I-N-ZS-［2021-07-05］，表示 2021 年 7 月 5 日在 N 校对 Z 姓同学的访谈记录；

教师教案和学生作文由教师／学生姓名的首字母和上课时间／写作时间组成。

（四）资料归类和分析

登录完原始资料并建立了编码本和档案袋后，就需要对所有资料按照一定标准进行归类和进一步分析。在质性研究中，归类的标准不是唯一和绝对的，但"在很大程度上受到研究者本人所持理论假设的影响，其本身就是对研究现象的一种归类分析"[1]。笔者持现实是由一个个具体的、连续的事件和过程的信念，故本研究是采取叙事的方式对资料进行归类的。在资料的分析上，以类属分析为主，将类属分析与情境分析相结合，以呈现资料的完整意义。

---

[1] 陈向明.质的研究方法与社会科学研究[M].北京:教育科学出版社,2000:289.

类属分析，是"在资料中寻找反复出现的现象以及可以解释这些现象的重要概念的一个过程"①，它的基础是比较。本研究在初中生儒家人文思想理解能力的内涵和构成基础上进行资料分析，寻找反复出现在访谈资料中的"概念"，由此提炼出核心类属，形成一个相互关联的意义系统。

情境分析，指"将资料放置于研究现象所处的自然情境之中，按照故事发生的时序对有关事件和人物进行描述性的分析"②。本研究紧扣初中语文教学中学生儒家人文思想理解能力生成的问题，在访谈和观察的基础上，以"人物"和"事件"为主题内容进行情境叙事，由完整的故事形态形成对案例的深入认识与理解。

（五）研究的效度

同量化研究一样，质性研究也需考虑研究的效度问题。不同的是，质性研究中的"效度"是"用来评价研究结果与实际研究的相符程度"③的，也就是要看研究结果是否再现了研究过程中的内容。而对于混合研究，应同时兼顾量化研究和质性研究的有关效度。本研究在保证量化研究效度的基础上，尽可能客观地呈现个案研究过程中的所见、所闻、所感，并及时且如实地记录特定情境之下的真实状况和理解，保持材料的原样，展示状况的原貌。例如，问卷调查显示，在初中语文教学中，学生的儒家人文思想理解能力处于较高水平。在此基础上，进行深入探察发现，学生的儒家人文思想理解能力还有很大的提升空间，需要在现有水平上，通过语文课堂教学进一步提升和完善。由此，深入观察和分析教师的课堂教学及学生的学习，尽可能呈现出现实状况，进而为探求学生儒家人文思想理解能力发展路径和策略给予支撑。

---

① 陈向明.质的研究方法与社会科学研究[M].北京:教育科学出版社,2000:290.
② 陈向明.质的研究方法与社会科学研究[M].北京:教育科学出版社,2000:292.
③ 陈向明.质的研究方法与社会科学研究[M].北京:教育科学出版社,2000:391.

（六）研究的伦理

伦理道德问题是做质性研究不可回避的问题。陈向明老师提出，在质性研究中，研究者需遵循以下原则：（1）自愿和不隐蔽；（2）尊重个人隐私与保密；（3）公正合理；（4）公平回报。[①]笔者在进入研究现场后，严格遵守研究伦理，在征求研究对象同意的前提下才开展相关研究活动。由于研究者本人有十年的初中教师经历，深知教师工作与学生学习的真实状况，在做研究的过程中能与教师及学生共情，与教师及学生建立起了开放、真实、相互信任、相互支持的关系。对涉及研究对象的个人隐私等方面的内容严格保密，在达到资料饱和时，提前与研究对象进行了说明，逐渐减少了研究的密度，在保证不影响研究对象的复习和考试前提下完成了最后一次的访谈。在离开现场以后，依然与研究对象保持着联系，通过微信等方式与之保持着沟通。对于回报的问题，笔者认为，给予城市学校的教师和学生以更多的理解和支持，为其开辟一个能够获得交流的出口就是对他们的回报；而乡村学校的教师和学生则需要更为持久的关爱与帮助，给予更多更新的信息、理念、方法等教育教学上的帮助是对他们最好的回报。

---

① 陈向明.质的研究方法与社会科学研究[M].北京:教育科学出版社,2000:427–444.

第四章　儒家人文思想的意蕴与教育价值

　　中华优秀传统文化是传统文化的"精华所在、精神所在、气魄所在"①，它集中彰显了"传统"的价值。对于"传统"，希尔斯强调其作为"过去的智慧"②的意义。对于这一"过去的智慧"对现代中国人的作用，则依赖于对它的适应时代的理解和诠释，亦即在全新的时空背景中创造性地解释和理解古人智慧的当下价值与意义，以守望和对话过去的方式更好地把握现在与未来。

　　在中华优秀传统文化的绵延发展中，以孔孟为代表的原典儒家思想"占据主导地位，具有主导作用"③。这种主导性不仅体现在统治者的为政方面，更深刻地聚焦于个体为学、为人之上。以"人"为本，关注理想人格、人的价值、自我实现等问题，在顺应天道的宇宙观基础上，以个体修身成德为基本价值追求；以人际关系准则的创建促进社会发展；以"仁""礼"的互动交融构筑社会的和谐统一，呈现了由"亲亲"到"爱物"的人文构建理路。如今，它仍然"以文化心理积淀的方式，深刻地影响着当代中国人的价值取向与生活方式"④。在教育的视域内，关注和思考儒家人文思想的当下价值，则为素养时代的个体成人提供了素朴的价值图式和深邃的思想基础，虽历久

---

① 李宗桂.试论中国优秀传统文化的内涵[J].学术研究,2013(11):38.
② 陈来.守望传统的价值[J].社会主义核心价值观研究,2016,2(4):5.
③ 胡德海.关于什么是儒家传统修养问题的学理解读[J].中国教育科学(中英文),2019(2):3.
④ 林崇德.21世纪学生发展核心素养研究[M].北京:北京师范大学出版社,2016:113.

却弥新，并应成为中华优秀传统文化教育的焦点所在。

一、儒家人文思想的意蕴

恩斯特·卡西尔（Ernst Cassirer）说："空间和时间是一切实在与之相关联的构架。我们只有在空间和时间的条件下才能设想任何真实的事物。"①"思想"同样需要在时间与空间中"设想"，对"思想"的理解与诠释也需要在历史的时空构架中展开，并总在历史的背景和脉络之中才能显现其本质。在英国哲学家柯林伍德（Robin George Collingwood）看来，历史本非连续事件的说明和堆砌，而是思想的一种活动，"这种活动只有在认识者的心灵重演它并且在这样做之中认识它的时候，才能被人认识。"②而为心灵所重演的乃经验与思想，思想在过去与现在的融通中言说全部的历史。我国历史学家葛兆光指出，历史得以绵延并影响至今的是两样东西：一是几千年来不断增长的知识和技术；一是几千年来反复思索的问题及由此形成的观念。它们从不同层面推动着历史的延续，如果说知识和技术指向物质世界的变革，从而推动了文明的进步；那么，思想则以其自己的方式回应了精神世界欲求的同时，更直面了现实的困顿与疑虑，因而展现了对世界独特而切己的观照。这种思考与解读体现在儒家人文思想上，就是基于对现世人生的关怀与体认，不仅关注人的生存、生活状态，而且以文化之，给予个体生命以文化—心理的建构，刻画出整全生命的应有样态，能够为今日个体成人的教育实践指引方向。

（一）"思想"的含义

对儒家人文思想的意蕴阐释，首先需要对"思想"的含义进行解析，以此确立儒家人文思想理解的基础。

---

① ［德］恩斯特·卡西尔.人论：人类文化哲学导引［M］.上海：上海译文出版社，2013：71.
② ［英］罗宾·乔治·柯林伍德.历史的观念［M］.何兆武，张文杰，译.北京：商务印书馆，2017：308.

1. "思想"的词源分析

从词源上看，"思想"由"思"与"想"二字合而得之，既含有"思"和"想"的核心要义，也超越于此，呈现出独立而完整的意义内容。思，在金文中是由上部的"囟"和下部的"心"构成①。"囟"，象囟门之形，即婴儿的头顶骨未合缝之处。与"心"合之，成"思"字之形。小篆作"恖"，与金文稍有不同②。东汉许慎《说文解字》解为"容也。"段玉裁注"思心曰容"，并将"思"解为"睿也""凡深通皆曰睿""思与睿双声""谓之思者，以其能深通也"③。不难看出，《说文》及其注皆强调"思"具有宽广、深邃、通达之意，体现了其横向的联系与纵向的贯通而造成的经纬构形。《康熙字典》的"自囟至心，如丝相贯不绝"的解释对此加以印证。④

想，金文即写作上"相"下"心"之形。"相"，会意，眼看树木，引申为细看、认真看之意。《说文》释为"省视"。可见，在"想"字中，它不仅标音，而且指示了"想"的起点，即"想"先从"省视"开始。《说文》将"想"解为"冀思也"，段玉裁注"觊思也""觊思者，觊望之思也"，"冀"与"觊"皆为"希望、希图"之意。"冀思""觊思"即心有所欲之思，"物未至而意之也"⑤。由此可知，"想"始自对事物的经验，基于"思"，结合"意"，在外在事物与内在意向之间建立关联，形成"想之象"，并以反思性结构呈现人内心对现实的反映与期待。

"思想"的形成是人与外部世界关联的结果，这种关联基于人的观察、探问、思索等一系列活动，是人在与周围世界对话中获得的超越事物浅表的一种"洞见"，其意义"远多于对这一情况或那一情况的认识"⑥，展示出对关

---

① 金文中"囟"写作❀。
② 不同之处在于小篆在书写时多了一个符号，即。
③ 段玉裁.说文解字注[M].上海：上海古籍出版社,1981:2003.
④ 凌绍雯.康熙字典[M].北京：中华书局,1958:325.
⑤ 凌绍雯.康熙字典[M].北京：中华书局,1958:337.
⑥ [美]汉斯－格奥尔格·伽达默尔.真理与方法——哲学诠释学的基本特征[M].修订译本.洪汉鼎,译.北京：商务印书馆,2019:503.

联的世界的存在状态与意义的深度理解和把握。也是人在朝向外部世界时其内部主动建构与生成的产物，它始于人超越现实的内在需要，是通过现实的引导与自主的建构而逐步形成的现实"给予物"，具有变革的思维与整体"谋划"的特质。因而，思想是在群体的知识背景中，个体化地回应现实存在的问题，以自身对宇宙、社会、人生的思索、理解与希冀构筑起的理想与现实的"真理"。

2. "思想"的语意理解

汉字具有独特的表意功能，表意的汉字总能体现古人对世界的感知方式和意义理解。"思"和"想"都从"心"，在古人看来，"思想"与"心"相关。孟子的"心之官则思"便回应了二者的关系。在孟子的认识中，"思是心的功能"[①]，"思"显明了心的自主性。他认为，耳目等感官的职责不在思，因而为外物所蒙蔽；而"心则能思，而以思为职""心得其职，则得其理"[②]，故不能被外物遮蔽。由于"思"的作用，心的自主性显现出来。而"离开了思的作用的发挥，人就沦入感官世界当中，在物的牵引中失去其主动性。""思"成为"心的主动性的充分实现"。[③]"思则得之，不思则不得"，对此进行了确认，也揭示出其中蕴含的一种必然性。就孟子的核心主张而言，这种"必然"是人的善性的必然获致，"只有以心灵本身为对象的思的努力，才能知得自己的本性。"[④]因为努力的对象在自身，故"反身向内"的"思"造就了这种"必然"。也就是说，善的本质倾向的实现是在"思"中展开出来的，是"思"使心的主动倾向得以彰显。

不难看出，孟子的"心之官则思"试图突破感官经验的局限[⑤]，依靠"思"的作用达至善的本质，即所谓"尽其心者，知其性也。"[⑥]"思"成为个

---

① 杨立华.中国哲学十五讲[M].北京：北京大学出版社,2019:41.
② 朱熹.四书章句集注[M].北京：中华书局,1983:335.
③ 杨立华.中国哲学十五讲[M].北京：北京大学出版社,2019:41.
④ 杨立华.中国哲学十五讲[M].北京：北京大学出版社,2019:42.
⑤ 杨立华指出,感官经验具有不确定性,"而通过对感官经验的概括而得出的规律,其普遍性是无法得到证明的。"见于其《中国哲学十五讲》第 39 页。
⑥ 杨伯峻.孟子译注[M].北京：中华书局,2008:334.

体主动性充分发挥的主要标识。这种以"思"彰显个体存在的方式在近代哲学始祖笛卡尔（Descartes）那里也同样存在。在笛卡尔著名的"我思故我在"的哲学命题中，"我思"处于优先地位，"在'我思'（甚至是只有在'我思'）时我才存在。如果停止了'我思'，我便没有存在的根据。"①因为我在思想，我在怀疑，存在本身得以证明。这里的"我"非形体的我，乃心灵的我，"我思"同样展现"思"在个体能动性发挥中的重要作用。无论是"尽心"，还是"我思"，共同指向了反身向内的"思"对存在的显明作用。由此，"思想"之于存在，之于个体的能动，是一种本质性的通达的力量。

比起笛卡尔的"所谓思想，就是在我们身上发生而为我们所直接意识到的一切"②，马克思主义哲学则进一步明确，"思想"是一种"理性认识"③，它始于人们在社会实践中获得的感性认识，"这种感性认识的材料积累多了，就会产生一个飞跃，变成了理性认识，这就是思想。"④同时，马克思主义哲学认为是社会存在决定思想，"任何思想都由社会物质生活条件决定并随着它的改变而改变。"⑤它并非黑格尔的"绝对精神"的产物，也不是形而上学的存在的直观的反映，而是在实践的基础上对客观存在的体现。"思想"是"客观存在反映在人的意识中经过思维活动而产生的结果。"⑥它客观地反映了时代的风貌与社会状况，充满了理性的反思与回应；展现了思想者对客观世界的积极关注与思索，既是人的能动性与创造性的展现，又蕴含着切己的责任感与现实的关怀。这在"向内寻索"的中国古代思想中尤为鲜明。钱穆先生就曾指出，与西方以宗教、科学、哲学三系为代表的自然真理皆"向外寻索，向外研讨"不同，中国思想重人文内在真理，"乃即就人生全体而如实

---

① ［英］伯特兰·罗素.西方哲学简史［M］.西安:陕西师范大学出版社,2010:295.
② ［法］笛卡尔.R.哲学原理［M］.关文运,译.北京:商务印书馆,1958:3.
③ 冯契.哲学大辞典［M］.上海:上海辞书出版社,2001:1178.
④ 毛泽东.毛泽东著作选读:下［M］.北京:人民出版社,1986:839.
⑤ 冯契.哲学大辞典［M］.上海:上海辞书出版社,2001:1178.
⑥ 中国社会科学院语言研究所词典编辑室.现代汉语词典［M］.7版.北京:商务印书馆,2016:1237.

以求"①，因而重视人，重视人情，重视对以人生为中心的宇宙、社会问题的思考与探寻。在此过程中，思考逐渐清晰而有条理、有组织而成系统，成为"专注一对象，一问题，连续想下"②的结果。由此可知，思想就是思想者从自身出发，对以人生为中心的宇宙和社会问题进行的系统思考与现实回应。

(二) 儒家人文思想的内涵

儒家人文思想所呈现的则是特定时空中的特定群体对人生共有问题的特定理解与解释，具有自身独特的关注视角、意义范畴、生成方式、理想范式等，展现出与众不同的价值选择与追求。

所谓特定时空，是指上承夏、商、周三代的春秋末年至战国中期的中国，即孔孟生活的时空，正是"轴心时代"的东方中国。卡尔·雅斯贝尔斯（Karl Jaspers）提出，以公元前 500 年为中心，约在公元前 800 至 200 年间，人类精神的基础得以奠定，整个精神的历程构成了一个"轴心"，"正是在那个时代，才形成今天我们与之共同生活的这个'人'"。与印度、西方同在一个参考框架内的中国，此时出现了孔子、老子以及诸子百家。在雅斯贝尔斯看来，这个时代的新动因在于人的意识的觉醒，"人类在各处都开始意识到作为整体的存在，意识到他自身和他的限度。"③孔子正是在此时空背景下形成了他对人本身的思考，以及人超越自身局限、实现个体完善的途径。

所谓特定群体，即春秋末年的孔子所创立的儒家学派。据葛兆光研究，"儒"本为殷周时期参与仪礼操持的"文化人"④，而后的儒士群体继承了"儒"重仪礼和象征的传统，致力于社会秩序的建立与整饬。至孔子及弟子所处的时代，仪礼和象征背后的"人间性"意义更为凸显，主要表现在：更注重"礼"的规约，"名"的思想，"仁"的心理与情感基础。"礼"关注的

---

① 钱穆.中国思想史[M].北京:九州出版社,2012:4.
② 钱穆.中国思想史[M].北京:九州出版社,2012:1.
③ [德]卡尔·雅斯贝尔斯.智慧之路:哲学导论[M].柯锦华,等译.北京:中国国际广播出版社, 1988:69–70.
④ 葛兆光.中国思想史:第 1 卷[M].2 版.上海:复旦大学出版社,2019:83.

不仅是外在的礼仪规则，还有其所表现的思想和观念以及它们对社会秩序的意义；"名"强调象征和符号背后蕴含的心理意义，通过"正名"来"正实"；而孔子提出的"仁"则成为其最深层的价值依据和心理本原。①这是由外而内逐渐转向的过程，从对人的外在规范转向对人的内在情感的唤醒与激发，进而实现人的道德的自觉与价值的确立。之后的孟子等又继续趋向于人的内在"人性"和宇宙方面终极意义的寻求，从而在思想世界的开启与更新中建立了"一个依赖于情感和人性的自觉凸显来实现人间秩序的学说"②。

　　所谓特定理解与解释，就是同在夏商周三代思想文化基础上，理性思考与积极探求人与宇宙、社会之间的关系，人如何在此关系之中实现更好地生存于世，但追寻的方向不同而呈现出各自的思路。当时与儒学同为"显学"的墨家之学追求现世的实用主义，凡是理想中的形式要求皆可忽略，一切都需围绕社会的现实问题展开思索，这种实用主义却存在着丧失自我的可能。以老庄为代表的道家之学与孔孟儒家有共同的思想起点，即都追寻"天道"，依据宇宙秩序来建立人间秩序；不同的是，道家的"天道"是"无"，人遵循此"天道"，也需摒弃对现世的欲望，这有可能带来反向的效果。而儒家则依循"天道"建立"人道"，但"人道"的实现方式是外在的礼仪规范与内在的德性修养相结合，以个体的道德完善为目标，寻求理想的秩序。可见，儒家选择用"人文"的方式促进理想社会的实现，其核心思想内容集中表现在"仁"上。

　　"仁"在《论语》中的出现频率极高，每一次的含义都不相同，是随着具体对象、情境的不同而发生变化，但却有着共同的质的内容。"仁"字的初始形态是上"身"下"心"，讹变为"忎"，省变为"仁"。其本义为"心中想着人的身体"，③它与"爱"字的造字本义同源，"爱"字从心从旡（人），意为"心中思人"。④所以"仁"就是心中要爱人，爱惜人的生命。"这种'爱

　　①　葛兆光.中国思想史:第 1 卷[M].2 版.上海:复旦大学出版社,2019:86-89.
　　②　葛兆光.中国思想史:第 1 卷[M].2 版.上海:复旦大学出版社,2019:91.
　　③　刘翔.中国传统价值观诠释学[M].北京:生活·读书·新知三联书店, 1992:159-160.
　　④　刘翔.中国传统价值观诠释学[M].北京:生活·读书·新知三联书店, 1992:150.

人'出自内心深处的平和、谦恭和亲热之情",它来源于血缘亲情,过渡到
"将心比心的体验",最终推扩至人的普遍感情,从而引导出人应当尊重人的
观念。①冯友兰先生用"真性情"解释"仁",真性情将引出真感情,真感情
又能够在人与人的关系视域下共建美善人生,从而促成和谐社会的构建,这
就是有子的"其为人也孝弟,而好犯上者,鲜矣;不好犯上,而好作乱者,
未之有也。"②(《论语·学而》)因此,"仁"即"人",探究"仁"也就是在理
解"人",理解儒家对个体建构的思考。西方为此提出了"知情意"的框架,
以把握人的意义要素;而在中国文化中,儒家"仁"的思想则呈现出不同的
内涵理解与序列表达。为了阐释以"仁"为核心的儒家人文思想的内涵,以
下提炼并聚焦人的不同意义侧面,在与西方"知情意"的相应比较中逐一展
开探究。

1. 以人的情感为基础,在人心与人性的洞察中凸显人道的追求

"仁"的本义为"心中思人",它源于人内心的真实情感,是人的本质体
现。无论是从其源头考察,还是对其内涵阐释,都是由人的情感奠基的。

据中国上古思想史的相关研究,殷商西周时代的祭祀通神是"当时思想
世界的中心,它包容了那个时代人们思考、观察和信仰的几乎全部内容"③,
而这种仪式活动需要心理情感的支撑,它经历了一个从"非理性或无意识的
强烈情感",即所谓的"迷狂"状态,"发展为一种包容有想象、理解、认知
诸因素在内的情感状态",④为后来"巫史传统"的完全理性化奠定了基础。
孔子承继了这种传统,为外在的形式化的"礼"找到了内在的依据,即
"仁",从而确立了其思想的核心内容。

对"仁"的内涵阐释最根本、最明确的表达就是"樊迟问仁。子曰:

① 葛兆光.中国思想史:第1卷[M].2版.上海:复旦大学出版社,2019:89-90.
② 杨伯峻.论语译注[M].2版.北京:中华书局,2004:2.
③ 葛兆光.中国思想史:第1卷[M].2版.上海:复旦大学出版社,2019:47.
④ 李泽厚.由巫到礼　释礼归仁[M].北京:生活·读书·新知三联书店,2015:12.

'爱人.'"①（《论语·颜渊》）这里的"爱"之"人"并非类的概念，即所有人、一切人，而是指与"己"相对的"他人"。因而"'仁'是沟通并融洽自我与他人关系的一条情感的纽带，仁者就是对于他者有一种强烈的爱的感情并愿意付诸行动以关怀和增进他者福祉的人。"②可以看出，"仁"的本质就是"爱"的情感，是"爱"的情感贯通了自我与他者的关系，并最终落实在"关怀和增进他者福祉"的行动之中。对此，孔子又分别从积极的方面"夫仁者，己欲立而立人，己欲达而达人。"③（《论语·雍也》）和消极的方面"出门如见大宾，使民如承大祭。己所不欲，勿施于人。"④（《论语·颜渊》）两方面加以申说，进一步体现出人与人之间关系视域之上的"爱"的情感。孟子说："仁也者，人也。"⑤（《孟子·尽心章句下》）以人释仁，说明"仁"中含有人特有的要素。李零释《论语》"爱人"一句道："仁是人其人，拿人当人。爱人，是推己及人，像爱自己一样爱他人。"⑥揭示出"仁"具有"爱他人"的含义。其中当然也包含着"爱自己"，因为"在他者的视野中，'己'或'我'也是一个'他者'"。⑦李泽厚也强调"仁"是"以爱为核心的人际心理的概括总称"⑧。总之，"爱"的情感是"仁"的本质要素，具体表现为尊重、体谅、关怀、成就等富含人与人之间真挚情感的实践，具有深厚的人性基础。

与西方的"情"强调具体而理性的经验情绪、情感不同，儒家"仁"的思想中的情感是在具体的情绪、情感基础上，"更多指向人心经过修养后能够达到的'道德情感'"，这种情感以家庭血缘为起点，以"亲子之爱"为圆心，扩展至系于他者福祉的意义层面上，展现出了真实的道德意蕴。因而它

① 杨伯峻.论语译注[M].2 版.北京:中华书局,2004:131.
② 石中英.孔子"仁"的思想及其当代教育意义[J].教育研究,2018(4):127–134.
③ 杨伯峻.论语译注[M].2 版.北京:中华书局,2004:65.
④ 杨伯峻.论语译注[M].2 版.北京:中华书局,2004:123.
⑤ 杨伯峻.孟子译注[M].2 版.北京:中华书局,2019:370.
⑥ 李零.丧家狗:我读《论语》[M].附录.太原:山西人民出版社,2007:47.
⑦ 石中英.孔子"仁"的思想及其当代教育意义[J].教育研究,2018(4):127–134.
⑧ 李泽厚.由巫到礼　释礼归仁[M].北京:生活·读书·新知三联书店,2015:117–118.

是超越一己之私的，成就的是公共的利益。钱穆先生将之称为"人心"与"道心"的转变。在他看来，儒家所重之"情"正是由"道心"生发出来的，它是人心之上共通的"爱"的情感，凸显出与天地、自然、事物的关联性，使"人心之同然"，即"仁"的追求得以显明。①与此同时，儒家所重视的情感也区别于人的欲望，虽然它们同出于人的天性，但欲望或因人的无法自主而被无限放大，以至于丧失了人的本性。而儒家的"情"则具有理智节制的前提，是理智引导下的"真性情"。

2. 以理智支持和引导人的情感，在情理结构中促进生命智慧的生成

这一"真性情"在《论语》对"仁"的另一阐释中得到了表达。"颜渊问仁。子曰：'克己复礼为仁。一日克己复礼，天下归仁焉。'"②（《论语·颜渊》）朱熹注曰："克，胜也。己，谓身之私欲也。""为仁者必有以胜私欲而复于礼"。③杨伯峻先生译为"抑制自己，使言语行动都合于礼，就是仁"④。李泽厚的译文是"约束自己以符合礼制就是仁。"⑤可见，"克己"强调对自身虚妄的、过度的欲望的抑制、克制和约束，使之在"礼"的要求范围内，不逾越"礼"所标示的秩序规范。这说明孔子并不反对人的基本欲望的满足，而是明确人的情感欲望不可无限放大，需要理智地节制和约束。因而它不同于佛、道对欲望的绝对要求，也不是西方的禁欲主义，更并非后来宋明理学所强调的"存天理，灭人欲"，是理智指引下的、对自身欲望的合理且适度的节制。

在柏拉图的《理想国》中，苏格拉底对"节制"做过明确的分析。他提出"节制"能够促使人的灵魂趋向"和谐"，"就像贯穿整个音阶，把各种强弱的音符结合起来，产生一支和谐的交响乐一样"⑥。有节制的人，能够实现

① 谭惟.儒家哲学核心范畴的现代阐释——以钱穆在"知情意"框架下论"情"为例[J].中国文化研究,2021(1):53-58.
② 杨伯峻.论语译注[M].2 版.北京:中华书局,2004:123.
③ 朱熹.四书章句集注[M].北京:中华书局,1983:131.
④ 杨伯峻.论语译注[M].2 版.北京:中华书局,2004:123.
⑤ 李泽厚.论语今读[M].北京:生活·读书·新知三联书店,2004:316.
⑥ [古希腊]柏拉图.理想国[M].郭斌和,张竹明,译.北京:商务印书馆,1986:154.

理智、激情和欲望的和谐，而"理智起领导作用，激情和欲望一致赞成由它领导而不反叛"①。柏拉图告诉我们，激情和欲望要在理智的引导下释放才是适宜的，不能放大自己的肉体快乐。这与儒家的"中庸"思想是一致的。"喜怒哀乐之未发，谓之中；发而皆中节，谓之和。"②个体适度而审慎的节制，能够促使人身心的协调一致，进而有利于社会良好秩序的建立。所以孔子指出，当人能够节制自身的激情和欲望，实现自我的调节与适应，使一切视听言动都返回到"礼"的框架内，"仁"也便产生了。而这正是在理智的引导与推动之下展开的，是理智促动人对过分欲望的约束和节制，促进人进入和谐的境遇中，以每一个灵魂的节制引领社会秩序的规范，从而实现"天下归仁"的理想。

由此可知，"仁"是既合情又合理的。同样，这里的"理智"也不同于西方"知情意"框架内的认知，是运用理智思维认识客体的，而是理智智慧在实现人与他者交往（"人道"）中的具体体现。儒家所强调的对情感进行引导的"理智"背后"有更重要的'人道'的立场"，它指向对情感在人生中的价值和意义的理解，因而区别于对客观世界绝对真理的把握。钱穆先生认为，这是"德性之知"与"闻见之知"的根本不同。"闻见之知"以知识为终极目的，而"德性之知"则要达至一种"共识"，一种"普遍意义上共通的学问"③，使得人在不同的关系视野中依然能够符合人性、遵循天道，亦即人所追求的基本价值。

3. 以意志保持和激发人的情感，在自我修养中实现生命意志

个体获得了对基本价值的认识，还需使之保持下去，这就需要意志发挥作用。有学者认为，对于个体生命来说，意志更为原初，因为它与"需要"与"想要"内在一致，是"人们从事一切行为的直接动机"，并"在人类心理

---

① [古希腊]柏拉图.理想国[M].郭斌和，张竹明，译.北京:商务印书馆,1986:173.
② 朱熹.四书章句集注[M].北京:中华书局,1983:18.
③ 谭惟.儒家哲学核心范畴的现代阐释——以钱穆在"知情意"框架下论"情"为例[J].中国文化研究,2021(1):54-56.

结构中占据着原点的位置"。①而当"情"由人心发展而出，群体生命及精神生命获得体认，意志就成为保持和促进情感和理智发展的重要力量。

西方语境中的意志，强调理性的坚持、自制和自控。例如，英国分析教育哲学家彼得斯（Richard Stanley Peters）就将具有理性意志的人描述为能抵制诱惑而坚守准则的人。而儒家所强调的意志是情感基础上形成的道德意志，已经从满足个体生存需要的原始意志转变为促进群体共生的生命意志，钱穆先生称之为从"求生"到"乐生"的转变。这种乐趣正来自情感，是这种道德情感使群体意志得以产生。

儒家话语体系中的"志"即为意志。《说文解字》释"志"为"意"，即"心之所之"，心中所期待、所向往的凝结为致力于达到的目标。在《论语》中，孔子说："志于道，据于德，依于仁，游于艺。"②（《论语·述而》）目标在"道"，立志达到符合人道和天道的要求；而根据在"德"，也就是要落实在具体的行为之上，儒家提出要在"修己"上下功夫。孔子回应子路怎样才能算是君子时，提出"修己以敬""修己以安人""修己以安百姓"③（《论语·宪问》）的三重境界，起点皆为"修己"。"修己"即修养自己，成中英先生指出，中国人的"自己"概念指明了自我的两个面向，"自"指代"能够对自身采取行动的自我面向"，"己"则展现出"作为自我反思行为结果的自我面向"。④也就是说，"自"能够促动自我采取积极行动并展开反思，"己"则促使自我对行为结果进行反思以完善自我，"自己"呈现出"超越"与"反思"并存的自我。由此，孔子的"修己"能够实现通达人心、洞悉人性，在人心与人性的洞察中达至道德的完善。

由人性情感出发，通过修养自我，人能够超越个体意志，实现群体意志，亦即遵循天道和人道的规律，展开个体生命的视域，实现"群体生命百折不

---

① 刘清平.认知能够凌驾于意志和情感之上吗？——"知情意"排序的解构与重构[J].社会科学家,2017(1):15.

② 杨伯峻.论语译注[M].2版.北京:中华书局,2004:67.

③ 杨伯峻.论语译注[M].2版.北京:中华书局,2004:159.

④ 成中英.儒家的自我理念:论儒家哲学中的修己与自由意志[J].孔子研究,2019(2):7-8.

回的生命意志"①。为此，孔子重视"立志"的作用，强调"立志"在个体成人和"向着天地之道敞开"②中的基础作用。这源于"志"不仅是预期达到的目标，更是"基于对目标的认定而促使决策和选择达成的自觉的主动力量"③。此力量能够激发个体展开对"仁"的积极践行。

4. 在行动中丰富和拓展人的情感、理智和意志，以"仁"的积极践行彰显生命的价值

由道而德，最终是要落实在行动之中的。个体对"仁"的践行，是儒家一贯的要求。孔子十分重视"行仁"，《论语·学而》中的"巧言令色，鲜矣仁！"④"行有余力，则以学文。"⑤"君子食无求饱，居无求安，敏于事而慎于言"⑥等都突出了"行"的重要地位，强调了行动在"仁"的实现中的价值。儒家所重视的道德行动，也并不是远离生活的虚妄追求，而是生活之中的意义建构，是在生活实践中探求个体的成人之道。因而，要在生活视域中展开道德行动，以道德情感、认知和意志引导个体的"自我实现"。

道德行动的主体自然是人，人是促使"仁"得以施行的能动的力量。孔子说："有能一日用其力于仁矣乎？我未见力不足者。"⑦（《论语·里仁》）可见，孔子认为人是有能力践行"仁"的。这种主动性本身就是"仁"的表现，"仁就是人的主动性的体现"，真正的主动性"就是让自我决定的主动性主导或克制不能自主的被动境遇"⑧。正是这种"主动性"既确立起人在天地间的主体地位，又为人体认自身的价值和意义创造了条件。

由此可知，儒家所重视的行动，也不是西方强调的理性指引下的行动，

――――――――――

① 谭惟.儒家哲学核心范畴的现代阐释——以钱穆在"知情意"框架下论"情"为例[J].中国文化研究,2021(1):60.
② 铁芳.土志于学:从《论语》看少年立志与个体成人[J].教育研究,2021(9):33.
③ 成中英.儒家的自我理念:论儒家哲学中的修己与自由意志[J].孔子研究,2019(2):11.
④ 杨伯峻.论语译注[M].2版.北京:中华书局,2004:3.
⑤ 杨伯峻.论语译注[M].2版.北京:中华书局,2004:5.
⑥ 杨伯峻.论语译注[M].2版.北京:中华书局,2004:9.
⑦ 杨伯峻.论语译注[M].2版.北京:中华书局,2004:36.
⑧ 杨立华.中国哲学十五讲[M].北京:北京大学出版社,2019:15.

而是以道德情感为基础，在生命智慧与自我意志的引导和支持下，指向"仁"的实现的道德行动。它不仅包括个体在面对人生问题时所做出的价值抉择与负责任的决策，而且要在生活实践中持续关注个体在关系视域中的自我反思和意义建构。因而是由人心与人性出发，在共建人类生命共通的价值中，促成个体成人与社会和谐。

总之，儒家人文思想是孔子及至孟子对人所应具有的质素的思考与表达。正如"文"字的象形所示，它不仅具有可见的外在文饰对人的美化，更寄寓以人的德行的完善为目标，实现人性之美善的内在追求。因而，以"顺自然"（天）、"疾敬德"（人）为中心，将德行的提升与完善置于首要地位，努力追求自身的道德美善，从而成就理想人生与和谐社会。这种对人的文饰，始终是内在而根本的，指向了人的建构。为此，从"仁"的情感意蕴出发，关联起以情感为基础的人的认知、意志和行为，能够获得对儒家人文思想内涵的整体认识：（1）情感是人的本体表征。"情本体"的儒家哲学确立了中国文化传统以"情"奠基的特质；（2）由情感出发，需要通达人心与人性的共通智慧、价值和意志，支持与促进"仁"的实现；（3）在实践中积极践行，以道德行动彰显人之为人的特性。这就为个体建构指明了方向。

二、儒家人文思想的教育价值

雅斯贝尔斯说："教育是人的灵魂的教育，而非理智知识和认识的堆集。"[①]

理智知识只是"为整个心灵的利益而谋划的"[②]，它指向人的智慧心灵的创建；而通过教育，获得自我心灵秩序的建立与保持，实现人我关系的圆融与和谐，展现待人处世的适度与合宜，亦即学会"做人"与"做事"，才是真

---

① [德]卡尔·雅斯贝尔斯.什么是教育[M].邹进，译.北京:生活·读书·新知三联书店，1991:4.
② [古希腊]柏拉图.理想国[M].郭斌和，张竹明，译.北京:商务印书馆，1986:172.

正灵魂①的塑建。如果说西方因古希腊"爱智慧"的传统而过于追求理智知识，向外寻求与己无涉的经验世界；东方中国的文化传统则注意到了人与天地万物的共在与关联，彼此适应、相互协调，最终归向物我的合一。尤其是儒家呈现并主导了以"人"为中心的人文传统的思索与构建，重视对"他者的积极态度、情感和价值关怀"②的实践。更为重要的是，这种实践是"在真实的情感和情感的真实之中""所展望的只是普通、平凡的人的身心健康、充分发展和由自己决定命运的可能性和必要性。"③在这个意义上，儒家人文思想凝聚了当下教育转向的焦点，在个体的全面发展上具有素朴的建构与生成价值，这包括：对自我的认识及由此展开的自我塑建；对群体的理解与认同；对自我的反思与体认。具体可从如下四个方面加以阐释：

（一）引导认识自我

教育是培养人的社会活动，教育面向的是人，对人本身的认识与理解是教育活动开展的前提。教育者通过文化的传递引导受教育者发现自身的存在、认识自身存在的意义，在存在意义的确认中体现人的存在价值。"人的存在不仅是一个自然存在（物理存在、化学存在和生物存在），而且是一个创造性的存在，是个精神性的和文化性的存在"④。自然存在强调自我保存，而精神性和文化性存在则追求自我实现，这是人之为人的集中表现。赵汀阳强调，人与动物不同的是其价值在于在做事中成就自身，"做人"的含义是在"做事"的行动中显示出来的。这种"'做'的存在论"恰是儒家哲学的要义。孔子重视"礼"对行为的规范，但更强调规范背后的"价值实质"。"子曰：'人而不仁，如礼何？人而不仁，如乐何？'"⑤（《论语·八佾》）"仁"蕴含的

---

① 柏拉图在《理想国》中指出，人的灵魂由三个部分组成，分别是：理智、激情和欲望。它们以智慧、勇敢、节制和正义的美德显示和调节自身。
② 石中英.孔子"仁"的思想及其当代教育意义[J].教育研究,2018(4):127–134.
③ 李泽厚.论语今读[M].北京:生活·读书·新知三联书店,2004:8.
④ 赵汀阳.论可能生活[M].2版.北京:中国人民大学出版社,2009:43.
⑤ 杨伯峻.论语译注[M].2版.北京:中华书局,2004:24.

是"人"的特质,表达的是"做人"的道理。这一切都奠基于孔子对"人性"的思考和把握。

"人性"是"人"的意义标识,"人性"问题是哲学的基本问题。西方对"人性"的认识建基于"认识你自己"(Know Yourself)的古希腊德尔斐神庙的箴言对人自身理性反观的要求;而中国对"人性"的理解则指向"人文化育"机制作用下的、人的道德建构。孔子的"人性"主张集中体现在"性相近也,习相远也。"①(《论语·阳货》)一句中。"人性情本相近,因为习染不同,便相距悬远。"②孔子虽并未对"人性"做出明确的界定,给出的只是一个经验的总结,但能够引发对"人性"问题的进一步思考。

孔子的"性相近",表达的是对个体差异性的觉知。人具有类的属性,展现出人类共有的特性。同时,每一个人在此基础上又都表现出其独有的特质,显现出各具特色的差异性。因而"性相近"深切地揭示了共性与个性的关系问题,在坚守人的类本质基础上凸显出人的个性。这在孔子的教育思想和表现中得以印证。而造成这种差异性的原因,孔子强调是环境的作用。正是因为个体生存和生活环境(自然的、社会的、文化的)的习染,促使个体生成各异的处事态度、行为方式、行动策略等,造就个体差异的形成。而更为重要的是,促使差异由"远"及"近"的方法,在于通过教育和自我教育的积极实践使人归于"仁"的理想。"仁"的理想呈现的正是"人不得不如此的本质倾向"③,亦即人性。《中庸》开篇说:"天命之谓性,率性之谓道,脩道之谓教。"④在儒家看来,"性"就是要在世间万物生生不息的变化中建构现实的"生存律",那么,人性即成为人在这一现实境遇中显示其自身的"道德律",是"人"这一存在的现实的必然选择。杨立华提出人的这种本质倾向就是"追求幸福"⑤。

---

① 杨伯峻.论语译注[M].2 版.北京:中华书局,2004:181.
② 杨伯峻.论语译注[M].2 版.北京:中华书局,2004:181.
③ 杨立华.中国哲学十五讲[M].北京:北京大学出版社,2019:5.
④ 朱熹.四书章句集注[M].北京:中华书局,1983:17.
⑤ 杨立华.中国哲学十五讲[M].北京:北京大学出版社,2019:7.

　　追求幸福是人的本质体现，它既不等同于快乐，也不仅是欲望的满足，它是奠基于自我内在精神世界的建构与反思，更来源于对他者关怀和责任为核心的人生价值的确立与实践，因而它在行动中，在道德的行动中才能得以实现。由此可知，"幸福"是一个指向美和善的概念，追求幸福就是有意义生活的创造过程，行动中展现出来的智慧、勇敢、节制、正义、尊重、关怀、爱的美德（virtue）使人卓越，也使生活的意义最大化。

　　怀特海说："教育只有一个主题，那就是丰富多彩的生活本身。"①通过教育，引导学生对生活世界的体验、理解、反思，明确生活的目的，提升生活的能力，建构有意义的生活，是教育的使命。美国当代关怀伦理学家内尔·诺丁斯（Nel Noddings）在其《幸福与教育》中提出了将学生引向幸福的基本路径，包括理解、关怀、育德、学习、伴随学习（incidental learning）、呈现式（exposure）教学。②教育通过这些方面的实践活动，赋予学生"选择"和"探索"的权力与能力，指导和引领学生发现自我、思考人生、理解社会，在积极的自我塑建和人际互动中收获幸福的生活。以"仁"为核心的儒家人文思想同样强调"学"与"习"的实践活动在提升个体修养、塑造人的情感和心理、构建个体完善的精神世界中的重要作用，即教育与自我教育的价值实质就是促进人的幸福生活的实现。李泽厚将这一过程称为"自然的人化""人之区别于动物的'人性'所在"③。立足当下，回归个体幸福生活的教育目标成为个体克服现实困境的导引。

　　现代社会的高速发展，使人们享受到了物质生活的丰裕与多样，却也带来了一系列不得不面对的现实问题，造成个体幸福的匮乏，意义感的遗落，价值的迷失。现代主义对个体存在的影响是显见的。美国当代社会学家丹尼尔·贝尔（Daniel Bell）曾批判地揭示："在现代意识中，没有一个共同的存在，只有一个自我，而对这自我的关注是关心它的个人真实性，它那独特的、

---

　　①　[英]阿尔弗雷德·诺斯·怀特海.教育的目的[M].汉英双语版.靳玉乐,刘富利,译.北京:中国轻工业出版社,2017:8.

　　②　[美]内尔·诺丁斯.幸福与教育[M].2版.龙宝新,译.北京:教育科学出版社,2014:13-17.

　　③　李泽厚.论语今读[M].北京:生活·读书·新知三联书店,2004:26.

不可削减的、不受设计和传统约束的性格，以及社会给自我戴上的伪善面具和对自我的扭曲。"① 这一论断无疑是深刻的，丧失了"传统约束"的这个"自我"在精神世界无依的，因而常会陷入一种局促与焦虑的状态之中，不知所措，无所适从。学校场域中的学生也身处此种现实之中，甚至于存在陷入自我中心的危险，而通过教育，回望"传统"的精神，转向"存在"的观照，从最基本的人性开始塑建学生的灵魂，将会为成长中的学生个体开启更为广阔的存在境域。

海德格尔的存在论指出，存在总是意味着存在者的存在，存在问题的解答需要使存在者"透彻可见"。"这种存在者，就是我们自己向其所是的存在者，就是除了其他可能的存在方式以外还能够对存在发问的存在者。"② 这就是所谓的"此在"（Dasein）。"此在"之"此"，"意指着这种本质性的展开状态""通过这一展开状态，这种存在者（此在）就会同世界的在此一道，为它自己而在'此'。"③ 可知，"此在"的"在此之中"，就是在存在者本质的展开状态之中，并且是以时间确证的。基于存在论看学生个体的存在，作为具有反身性结构的"此在""在世界之中"，在自身意识和自身反思之中，显示着他的"在"。这一本质性展开的过程，需要学生在与他者的交往与互动中实现，是他者构成了学生本体性展现的视域。正是在此视域中，学生能够洞察自我与世界的深刻，把握自我存在的价值实质，向其所是，成其所是。据此，学生需要以对自身的凝视与反思直面现实，以对自身的审视与探问寻求"在世"，从而为"做"奠定人性基础，在"做"中成其所是。这本身就是教育的价值所向，也是儒家人文思想的现实思索。"仁"的结构本身就是"此在"对如何"在世"的思想成果，其创建虽有特定的历史背景，但所呈现的人的文化塑建意义上的特性则是一种超越时空的永恒力量。由此，

---

① ［美］丹尼尔·贝尔.资本主义文化矛盾［M］.严蓓雯,译.北京:人民出版社,2010:18.
② ［德］马丁·海德格尔.存在与时间［M］.修订译本.陈嘉映,王庆节,译.北京:生活·读书·新知三联书店,2014:9.
③ ［德］马丁·海德格尔.存在与时间［M］.修订译本.陈嘉映,王庆节,译.北京:生活·读书·新知三联书店,2014:154.

引导个体在现实生活中展开自我思考与理解，是儒家人文思想的教育价值所在。

（二）提升道德水平

如上所述，《论语》开篇的"说（悦）"与"乐"相统一能够提点出"幸福"的概念，人的本质倾向（人性）的内涵就归结于"追求幸福"。这符合中国文明的基本品格，是"基于对此世幸福的敏觉，而生出对人的普遍的本质倾向的洞察。"①"敏觉"通过"真情投入"获得生活的意义，"洞察"经由理性行动展示生活的创造。由此，"追求幸福"就是运用生活能力、建构生活意义、展开生活创造的过程。其中充满了理智与情感的积极互动，内容与意义的美感共生，展现出既"美"且"善"的生活图景，亦即使"灵魂合于完满德性"②得以实现。赵汀阳将之置于"可能生活"（possible life）的视域中加以阐释，揭示出"幸福"的生活论意涵和道德性意味。"可能生活"是"每个人所意味着去实现的生活"③，它会是"好"的生活，因为它始于人性、合乎人性，由人的内在本质属性出发去创造现实世界，蕴含着求真、崇美、向善的人生向度，体现了一种"人文"的建构。儒家"仁"的创建就是指向这一"好"生活，仁人的养成也便是引导其做"好"人。

做"好"人意指要做"有道德的人"。以儒家为主体的传统文化中的"道德""指涉的是一种人的本体性的存在方式，它关系到做人的根本目的和方向"④。"道"是人的根本依循，"德"是人的内在品性与外在表现，由"道"而"德"则为个体成人的展开过程。如果说老子一系的道者强调人要依循天道所处的"无为状态"与"自在境界"，"回归朴素与安宁"才能维护人

---

① 杨立华.中国哲学十五讲[M].北京:北京大学出版社,2019:7.
② 这一表达来自亚里士多德在《尼各马可伦理学》,原句为"幸福是灵魂的一种合于完满德性的实现活动"。
③ 赵汀阳.论可能生活[M].2版.北京:中国人民大学出版社,2009:140.
④ 鲁洁.道德教育的根本作为:引导生活的建构[J].教育研究,2010(6):3.

类生存的永恒；①那么以孔子为代表的儒者则更为重视在天道的"规则"与"法度"的运行中，个体情感及精神力量的发挥，且以落实在人伦日常之中的积极行动，重建人间秩序，以保障人的生存的恒常。所谓"天行健，君子以自强不息。"而对"德"的建构是全面的，既有个体在实践中应遵循的具体德目，包括"恭、敬、忠、宽、信、敏、惠、勇"②；也有相应的德行要求，例如："父母在，不远游，游必有方。"③（《论语·里仁》）既有对"德"的本质揭示④，"乡愿，德之贼也。"⑤（《论语·阳货》）又有"德"的最高标准的确立，"中庸之为德也，其至矣乎！民鲜久矣。"⑥（《论语·雍也》）总之，依"道"而"德"展现了个体"人文"的塑建，在使人成为人的基础上，更使人成为好人。这正是教育与自我教育的价值追求。

鲁洁先生指出，道德和道德教育的核心问题是"怎样去做成一个人"的根本存在方式问题。以"人"的方式存在，使人成为人，固然需要外在规范的约束，但更为根本的是人内在的修养。通过教育和自我教育，将"道德对于人性的自觉设定植根于个体内在的良心和人生信仰之中，把一条成人之路构筑于人的内在的心灵"⑦，使得"个体成人"的命题真正内化为一种强大的精神动力，以促进个体的发展。

孔子在《论语·述而》中提出："德之不修，学之不讲，闻义不能徙，不善不能改，是吾忧也。"⑧（《论语·述而》）朱熹对此注为："尹氏曰：德必修而后成，学必讲而后明，见善能徙，改过不吝，此四者日新之要也。"⑨可见，"日新"的关键在于道德修养。它是"为人们生活、社会环境的安宁、和谐，

① 葛兆光.中国思想史:第1卷[M].2版.上海:复旦大学出版社,2019:116-117.
② 刘庆昌."仁""智"范畴与中国教育精神[J].教育发展研究,2020(10):3.
③ 杨伯峻.论语译注[M].2版.北京:中华书局,2004:40.
④ 李零在解释"乡愿，德之贼也"一句时指出,"真是非"不以"民主"定,而以"良知"定,是最可宝贵的。"良知"一词直指"德"之本质。
⑤ 杨伯峻.论语译注[M].2版.北京:中华书局,2004:186.
⑥ 杨伯峻.论语译注[M].2版.北京:中华书局,2004:64.
⑦ 鲁洁.道德教育的根本作为:引导生活的建构[J].教育研究,2010(6):3-4.
⑧ 杨伯峻.论语译注[M].2版.北京:中华书局,2004:67.
⑨ 朱熹.四书章句集注[M].北京:中华书局,1983:93.

而着眼于社会个体道德完善的社会伦理安排和文化教育设计"，是"为己之学"，强调自觉向学、虚心求教、反身自省，最终满足于"做人和做事的需要"。①在生活论德育中，道德教育旨在引导个体生活的建构。鲁洁先生对此提出的道德学习的指向能够给予我们启示：（1）在生活经验的重现中，"关注"自身整个精神世界的敞开，学习"关心和操心"生活，提升生活能力及生活品质，理解生活的意义。（2）在经验和知识构建的生活视域中，做出"主体间性"的"反思"和"探问"，并通过主体间的对话和交往，丰富和转换生活视域。（3）在感性活动领域，聚焦外在生活方式和内在德性、人格的"改变"与"改善"，追求生活重构的践行。②总之，道德是为了使人更好，使生活更好而建构起来的，道德的学习和实践则以此为目的促进"好"的实现。儒家人文思想在这一方面的价值是极为重要的。

（三）促进人的社会性发展

中国战国时期思想家荀子的"人之生不能无群"（《荀子·富国》），指出，人是不能脱离社会群体而单独存在的，必须在社会中才能生存。社会为人提供了生存及实践活动的背景，而人则以社会性彰显其存在。对此，马克思主义关于人的本质的学说给予了充分的论述。马克思反对抽象地理解人，主张对人的本质的把握需要在现实的、具体的历史条件与社会关系中加以考察。马克思主义认为，是劳动创造了人，而人类在劳动过程中不是彼此孤立的，而是结成了一定的社会关系，正是在这些社会关系中凸显出人的本质，同时，人的需要又成为社会关系得以形成的内在动因。诚如马克思在《关于费尔巴哈的提纲》中所说："人的本质并不是单个人所固有的抽象物，实际上，它是一切社会关系的总和。"③正是人与人之间构成的社会关系决定了人的本质，

① 胡德海.关于什么是儒家传统修养问题的学理解读[J].中国教育科学（中英文）,2019(2)：3-19.
② 鲁洁.道德教育的根本作为：引导生活的建构[J].教育研究,2010(6):7-8.
③ ［德］马克思,恩格斯.马克思恩格斯全集[M].3卷.中共中央马克思恩格斯列宁斯大林著作编译局,译.北京:人民出版社,1956:5.

人在复杂而多元的社会关系中确立其现实地位，社会性是人的本质属性。因而，人是一种社会性存在，只有在社会生活和社会实践中，在与他人的交往和互动中，人才能确认自身的存在，领会和把握自身的价值。

所谓人的社会性，是"社会成员参与、适应个人之间或群体之间的关系的必然倾向和本质属性。"[①]它生发于各种社会关系之上，受社会因素的影响和制约，是"个体能动地进行社会认知、社会判断的内化品质"[②]。对于一个存在于社会中的个体，其社会性发展是至关重要的。这从社会性发展的功能表现上可以获知：一方面，它表现为对个体的社会"整合"，即能够"保证将个体作为一个适当的参与者整合到社会中"，既与他人建立和维持相应的关系，又促使个体根据社会规范调整自身行为；另一方面，它表现为对个体的社会"分化"，亦即"社会意义下的个性发展"，促使个体能够获得与自身个性相适应、相匹配的社会定位和角色树立。[③]

但社会性是"潜在于生物个体中的"，要使社会性显在地发挥作用，"必须进行连续不断的社会化，通过社会化去改变人的生物性，使生物的人具有社会性的内容，使生物个体的人成为社会的人。"[④]个体的"社会化"是指"个人接受其所属社会的文化和规范，变成该社会的有效成员，并形成独特自我的过程"，促成这一过程的机制在社会学上主要强调"习惯形成"与"模仿和认同"，而更为深层的个体社会化机制则为"情绪外化与情感内化"，尤其是情感内化机制，通过引起人的情感反应，促使个体从意识、感知到理解、赋予价值，建立起自身独有的价值体系，更有利于个体自身对社会化的认同。[⑤]而使其最终得以实现的根本途径就是教育。教育作为以人的全面发展为价值追求的实践活动，在引导学生认识社会、理解社会，建构社会主体意识和情感能力，自觉地以社会规范约束自身行为等方面，即个体社会性发展，

① 邓伟志.社会学辞典[M].上海：上海辞书出版社,2009:9.
② 孙杰远.论学生社会性发展[J].教育研究,2003(7):68.
③ 孙杰远.论学生社会性发展[J].教育研究,2003(7):68.
④ 胡德海.教育学原理[M].3 版.北京：人民教育出版社,2013:159.
⑤ 朱小蔓.情感教育论纲[M].3 版.南京：南京师范大学出版社,2019:15-17.

以及促使个体社会化方面，都具有基础性地位。换句话说，社会性发展是人的全面发展的重要组成部分，促成个体社会性发展是教育的目标起点。对于通过教育促使个体社会性发展，孙杰远认为应关注如下三个层面：第一，对社会规范的理解和社会技能的习用；第二，价值观念的形成；第三，社会认知、判断、有效参与能力的提升。[①]而社会规范、价值观念、社会参与正是儒家人文思想在人的社会性建构上的焦点。

　　我国的文化传统是"关系论"视角的。"关系论""强调人的社会行为的关系取向和关系支配性，其方法论是从关系出发的思想方法，以场论为基础，探讨人与人的互动关系。"[②]儒家人文思想基于这一传统，以人与人之间的社会关系为思想建构的基本出发点，聚焦人际关系的探讨与处理方式，重视对个体社会行为的范导与规约，呈现出"关系论"视域下的独特性。以下从中西比较中加以阐释：

　　首先，在关系的形成基础上，西方强调契约关系，而中国儒家则关注血缘关系的基础。契约关系是以理性思维引导和保障个体权力与义务的平衡，关系的建立以客观公正为原则，在关系双方共同认可下导向正义的实现。而血缘关系是以"家"作为关系的生发点，人与人之间关系的形成天然而深沉，既符合天道自然，又处于人道伦理之中；既由情感维系，又不失理智的调节，体现出合乎人性本质的价值性和秩序感。因而比起契约关系的临时与变易，它更为坚实稳固，是直面人本身的现实把握。以此出发，由家到国，由国至天下，不断扩展，最终呈现出"家—国—天下"的序列。在孔子看来，若使构建的社会秩序和个体心理秩序得以保持，需要"礼"的维护和巩固。就社会而言，"礼"能够保障其秩序理想的实现；就个体而言，"礼"对自身社会行为的规约能够内化为心理的建构，再外化为"关系"处理的方式，从而引导个体的自我塑建。个体通过"学"和"习"礼仪，促进了其社会化，在丰富社会认知和提升社会判断力的过程中，其社会性得以发展。

---

　　①　孙杰远.论学生社会性发展[J].教育研究,2003(7):69.
　　②　郑淮.论学生社会性发展的研究范式转变[J].华南师范大学学报(社会科学版),2011(10):106.

其次，从关系的价值主导上，西方重视个人权益，个人的权利和自由具有优先性。中国则强调群体的价值。对此，陈来在与西方近现代价值观比较基础上，提出中华价值观的四大特色，即责任先于自由；义务先于权利；群体高于个人；和谐高于冲突。①强调了"责任"的核心地位。儒家正是将积极承担自身对他者的责任视为一种美德。以此为中心，义务优先、群体利益至上、和谐世界观都体现出中国对"责任担当"的价值追求。孔子"仁"的思想正是此价值观的集中表达。这在工具理性和功利主义占支配地位的当今世界显得尤为重要，有助于克服西方价值观中的冲突意识、自我中心，实现人类社会的团结与和谐发展，为人类命运共同体的建立奠定价值基础。石中英对现代教育价值取向进行了反思，他认为因教育与社会现代化的相伴而行，现代教育价值取向与现代社会的价值取向相一致，表现为"个人权利优先、功利满足优先、智力成就优先和绩效评价优先"。而孔子"仁"的思想所孕育的价值取向则与之相对，强调"他者的权利和福祉""道德的正当""社会的和谐""人性的成长"的优先性，②对个体和社会完整而健康发展的意义是深远的。在此价值主张的引导下，个体的社会性发展也会朝着有利于个体人性完满及社会和谐实现的方向上拓展。

最后，从关系的生成机制和价值取向上，西方受古希腊"爱智慧"哲学传统影响，强调"理性智慧"（sophia）而忽视了"实践智慧"（phronesis）③的作用，故理智指引下的行动成为西方主要的行事准则；而恰与之构成互补，以儒家思想为代表的中国传统思想重视"实践智慧"的作用，突出"生活之道"。素朴的生活之道始于人的情感，重视人的实践，强调人与人之间积极关系的建立和维系，以实践智慧寻求人在社会中更好地生存和发展。这种在"人生—世界中'以实事程实功'的自我建立"正是超越"思辨的认识论或本

---

①　陈来.充分认识中华独特价值观——从中西比较看[N].人民日报,2015-03-04(007).

②　石中英.孔子"仁"的思想及其当代教育意义[J].教育研究,2018(4):127-134.

③　希腊语中用"sophia"指"理性智慧",用另外一个词"phronesis"指"实践智慧"。古希腊的"爱智慧"哲学传统中的"智慧"是"理性智慧"。

体论"、"语言治疗的技艺"而展现出的积极人生哲学。[①]它导向对个体切己的现实社会问题的关注和思索、与个体生存和发展相关的社会关系的建立和维护、符合社会价值的个体社会行为的调节和修正，以及个体德性养成和由此而来的道德的行动。在此哲学视域中，个体社会性的建构及发展有了现实依据和理想模式，儒家强调的"以天下为己任"的责任担当、对他者的爱与关怀、个人生存的"自强不息"，既为个体的"成人"提供了基本的价值遵循，最终有利于个体生存、生活意义的确立及实现；也能够促进和谐社会的建立与发展，实现社会的共同愿景和福祉。可见，这是在与他者"共在"的视域中，以关系和整体思维理解个体成人的意涵。个体成人需要他者视域，因为"个体依存于社会网络之中"[②]，唯有在与他者的积极互动中才能真实地把握个体的存在，并由此在与他人的联合中促进社会的发展。而西方对关系交互的理解是以个人主义为中心的，关注自我则囿于自我，其限制性必然难以克服。与"个体性自我"相比，"关系性自我"确证了人的社会性本质，有利于人对自身及世界的理解。为此，教育要引导个体确立包含他者的广阔视野，建立对他者的爱与责任，以自身的实践思考和探寻个体和社会建构的道路。孔子的教育理想正体现于此。不仅是文化知识的习得，更是个体在社会化的过程中学会与他者互动、共建自我与世界的态度和方法，以此增进个体的社会认识、判断和理解，提升社会参与的能力与责任感。这契合教育的本质，也符合孔子原初的理想设计和追求[③]。

（四）促成自我实现

儒家人文思想对"人"的审视与观照可谓是全面而深刻的。这种审视与

---

① 李泽厚.论语今读[M].北京:生活·读书·新知三联书店,2004:19.
② 何友晖,彭泗清.方法论的关系论及其在中西文化中的应用[J].社会学研究,1998(5):35.
③ 何友晖等提出,关系支配性是儒家文化中的社会行为模式,儒家对人际关系的规定具有强制性,且这种强制性是相当高的,自发的、无拘无束的情感表达几乎不可能。笔者对于这一观点并不完全认同,孔子的确强调人际关系的层级性,这是社会秩序得以实现的保证。但就此认为情感表达的不自由,还需有明确证据证明。

观照不仅有对人的本质倾向的理解和揭示，也有对如何通达至此的思考和阐发。如果说幸福是人生的目的，追求幸福是生活的动力，自我保存和自我实现就是实现这一目的、促发这一动力的根本途径。"人总是在自我保存和自我实现的过程中达成幸福的。"①

自我保存是人得以在世生存的基本条件，唯有在物质上保障人的生存，人的精神富足才有谈及的可能。孔子并不否定基本的物质是人所必需，只是反对不义之财，因过度地放大物质欲求而造成仁德的丧失。孔子说："饭疏食饮水，曲肱而枕之，乐亦在其中矣。不义而富且贵，于我如浮云。"②（《论语·述而》）"君子固穷"③（《论语·卫灵公》）即幸福的基础在于人之生存的基本物质条件的获得，且不违背仁义的要求；哪怕身处物质的困境，也会不改心志，坚守不渝。可见，孔子对自我保存的问题是有原则地认同。

而"人之为人，在自我保存之外，总要追求自我实现。"④"自我实现"（self-actualization），并不以外在的物质占有量为标准，而主要在于对自身的成就（accomplish），既表现为个体的社会化，也展现出独特的个性。对此，美国著名人本主义心理学家亚伯拉罕·马斯洛（Abraham H. Maslow）从心理学角度展开的研究引人注目。他将"自我实现"置于"需要层次"的顶端，在"生理需要""安全需要"的基础上，与"爱的需要""自尊需要"一起作为人的高级需要以期满足。马斯洛指出，"自我实现"是"一种使人的潜力得以实现的倾向"，这种倾向是"一个人越来越成为独特的那个人，成为他所能够成为的一切"。⑤通过临床和实验研究，马斯洛发现自我实现者具有包括"以问题为中心""自发自主""爱与同情""高峰体验""谦逊与尊重""人际关系深厚""道德力量强""创造性""接受性价值"等在内的19项

① 杨立华.中国哲学十五讲[M].北京：北京大学出版社，2019：11.
② 杨伯峻.论语译注[M].2版.北京：中华书局，2004：70-71.
③ 杨伯峻.论语译注[M].2版.北京：中华书局，2004：161.
④ 杨立华.中国哲学十五讲[M].北京：北京大学出版社，2019：10.
⑤ ［美］亚伯拉罕·马斯洛.动机与人格[M].3版.许金声，等译.北京：中国人民大学出版社，2012：29.

特质，①表现出"对人类的更深刻的认同"②。现代心理学的研究为千年前孔子的素朴人文理想提供了科学的支撑。

孔子对个体自我实现的思考立足于他者视角，在立人与立己，达人与达己之间建立起目标与方法的关联，即"通过立人来立己、通过达人来达己"③。可见，孔子的"自我实现"不是将自我与他人相分割而形成的自我中心主义，而是在他人中发现、确立、比照、成就自我的。他人总在自我之内，这意味着：（1）从概念上，"自我"因"他人"而存在；（2）"自我"在与"他人"的对比中展现其特性；（3）自我的实现是朝向他人的努力。刘铁芳说："我们总是在感受他人的过程中建构和丰富自我成人的内涵""他人乃是个体理解、建构自我的基本依据""正是个体对他人之为人的亲近、感受和理解建构着一个人的属人性。"④通过交往这种与他人关联的基本方式，自我逐步走出原本封闭的个人世界，敞开自我，面向他人与世界，以开放的心态建立内在秩序的同时，构筑起生动而丰富的意义世界。而由此生发的爱的情感，不仅促动个体在面向他人中发现、认识和反思自我，而且为个体达至美善的境界奠定基础。因此可以说，成就他人就是成就自我，成就自我需要通过"立人""达人"而使自身的潜力得以显现。

而这个实现的"自我"在孔子看来即"己欲立而立人，己欲达而达人"的"仁者"⑤。所谓"仁者"，简言之，就是合乎情与理、有德性、有德行（的人）。对此，孔子又说："知者乐水，仁者乐山。知者动，仁者静。知者乐，仁者寿。"⑥（《论语·雍也》）智者做事富于智慧，像水一样"周流无滞"；仁者循"道"之"理"为人行事，如山一般"厚重不迁"，坚实稳固，内心自会安然平静，生命亦能长远持久。智者的关键品质是"好思"，"好思"使人

---

① ［美］亚伯拉罕·马斯洛.动机与人格[M].3版.许金声,等译.北京:中国人民大学出版社,2012:161–187.

② ［美］亚伯拉罕·马斯洛.动机与人格[M].3版.许金声,等译.北京:中国人民大学出版社,2012:186.

③ 杨立华.中国哲学十五讲[M].北京:北京大学出版社,2019:12.

④ 刘铁芳.追寻生命的整全:个体成人的教育哲学阐释[M].北京:高等教育出版社,2017:31.

⑤ 杨伯峻.论语译注[M].2版.北京:中华书局,2004:65.

⑥ 杨伯峻.论语译注[M].2版.北京:中华书局,2004:62.

不偏执、不固守，思维灵活敏捷，因而能在解决问题中体验认知愉悦。①仁者的核心表现是"善行"，"善行"要求人心中有他者，能够爱他人，行动上由"道"而"德"、坚毅持重、适度恰当，因而能在为人处世中展现道德力量。仁智并行，既使人的身心与自然合一，又是"美善合一"②。因而"仁智统一"成为对中国人文精神的集中表达，是中国教育价值所在。"'爱智统一'是教育的最高精神，与之同构的'仁智统一'实为中国教育精神的基本内涵。"③它体现了人的全面发展的教育观，为个体的自我实现提供了明确的价值目标。

马斯洛说："自我实现者的品味、价值观、态度和选择不是建立在相对的、外在的基础上，而在很大程度上是建立在内在的、现实的基础上。"④"仁智统一"的素养结构，虽因时代和社会的变迁，在概念内涵上发生了变化，但其蕴含的对人性情感的思索、对实践智慧的把握、对美善的追求，都是人类真实而永恒的价值。当下的中国正是在此结构下确立其人才培养目标，引领学生个体理想人格的塑建及自我实现的价值定位。这在中国学生发展核心素养框架、21世纪核心素养5C模型、中国青少年社会与情感能力研究中都有体现。强调智能发展的同时，重视个体内在的情感、德性、价值等人的深层特质才是促使其自我保存与自我实现的根本。儒家人文思想正是在此意义上引导个体的理性思考和价值探寻，从更为基础而切实的人文立场出发，为个体的价值体认和意义建构奠定坚实的基础。

总之，儒家人文思想对个体生存与发展的思考与探察是全面的。从历时性上看，儒家人文思想呈现了个体存在的意义生发序列，人在生物性表现基础上，关注自身从自然走向社会，从感性存在扩展出理智兴趣、形成思维品质，再上升至理解自我与世界的关系、建立与他者及世界的关联、担负起对他人与世界的责任，开启个体的道德生命。这一序列的展开内蕴了个体的人

---

① 刘庆昌."仁""智"范畴与中国教育精神[J].教育发展研究,2020(10):5.
② 李泽厚.论语今读[J].读书·生活·新知三联书店,2004:179.
③ 刘庆昌."仁""智"范畴与中国教育精神[J].教育发展研究,2020(10):12.
④ [美]亚伯拉罕·马斯洛.动机与人格[M].3版.许金声,等译.北京:中国人民大学出版社,2012:226.

性情感完善、理想人格塑建、社会性发展及人生价值体认，是个体生命趋向整全的过程。孔子的"吾十有五而志于学，三十而立，四十而不惑，五十而知天命，六十而耳顺，七十而从心所欲，不踰矩。"①（《论语·为政》）完整地揭示出个体生命的意义由生发到扩展以至完成的过程。从共时性上看，儒家人文思想展开了个体存在的意义扩展向度，人不仅是生物体，还具有文化、社会、哲学等不同观照视域，每一个观照视域聚焦人的不同意义侧面，"性相近也"（《论语·阳货》）②的人性理解、"君子不器"③（《论语·为政》）的人格阐释、"士不可以不弘毅，任重而道远。"④（《论语·泰伯》）的社会责任、"修己以敬"和"修己以安人"⑤（《论语·宪问》）的价值确认，共同构筑起人的完整意义结构。儒家人文思想在个体生存与发展的目标引导和内容建构上具有超越时空的价值，通过教育的实践，"仁智统一"的人的理想建构便具有了"传统"与"现实"对话基础上的宽广视野和意义基础。

① 杨伯峻.论语译注[M].2 版.北京：中华书局,2004:12.
② 杨伯峻.论语译注[M].2 版.北京：中华书局,2004:181.
③ 杨伯峻.论语译注[M].2 版.北京：中华书局,2004:17.
④ 杨伯峻.论语译注[M].2 版.北京：中华书局,2004:80.
⑤ 杨伯峻.论语译注[M].2 版.北京：中华书局,2004:159.

第五章　初中生儒家人文思想理解能力的内涵与构成

伽达默尔说："理解就是此在的存在方式，因为理解就是能存在和'可能性'。"①对文化的理解就意味着人对自身存在的现实问题与可能境况的思索与探问、洞察与反思，是在"问—答"的结构中给予个体生存与发展以积极引导与建构，从而确立起"向来所是"的意义世界。立足于关联世界中的"给予"和"确立"，需要个体对本己之所是的思考与领会，也需要由人的基本情感出发，去理智的行事和道德的行动，在他者的视域中成就自我，在世界的共建中个体成人。儒家人文思想对此给予了回应。从教育的角度探讨学生的儒家人文思想理解能力，就是要通过教育的方式引导学生个体对自我认知、理想人格、人生价值有深入的理解，继而为创造幸福人生与和谐社会奠定基础。

一、"理解"的多角度阐释

理解，不单是日常话语中的"懂得"和"了解"，它具有远超越于此的意义生成视角，从不同视角观察和分析就会呈现相关却又相异的解释，体现出"理解"本身的丰富与开放。它不能仅是一个完成了的结果，更是一个不断展

---

① ［德］汉斯－格奥尔格·伽达默尔.真理与方法［M］.修订译本.洪汉鼎,译.北京:商务印书馆,2019:369.

开的过程①；不能仅关注确定的意义内容，更需在广阔的意义空间中丰富自我理解的视域②。由此，从不同角度理解"理解"，能够对"理解"有更为全面的把握。

（一）"理解"的词源学含义

"理解"一词，在中西不同语言系统中各有其语意指向和文化追求。处于相异的历史文化背景中，受不同认知和思维方式的影响，西方语境中的"理解"强调经验一致和关系联结基础上的改变与更新，最终是以对客观结果的获致和规律现实的把握为追求的；而汉语语境中的"理解"，则关注其展开过程中的运动方式和运行机理，是遵循"道"、运用"术"的表现，因而更具实践智慧。这体现了中西方认识世界和解释世界的不同角度和方式。

具体来说，西方语言系统中的"理解"一词，源于拉丁语"inter-"（意指"在……之间，在……之中"）和梵语"prath"（意指"广泛传播"），因而"理解"被视为"出现在两个完全不同的时刻或事情之间"，③柏拉图即指出"理解是意见和理性的居间者"④。"居间"的特性使之努力寻求不同经验"一致性"的达成和观念之间的契合，进而转变为共同认可和接受的普遍原则和统一规律以指导客观实践。因而"科学"的"理解"指向人的认知领域。而"在人类的认知情境中，理解是不断地把新经验融入产生于先前经验的、由关系构成的生态系统的过程。"⑤这意味着旨在实现认知的"理解"需要在新旧经验的交替和更迭中生成与发展。

汉语语言系统中作为合成词的"理解"，最早见于宋代苏轼《众庙堂记》

---

① 这一理解来自布鲁纳，他认为，教学要使学生像历史学家一样学会自己有条理的思考，亲身参与到获得知识的过程中去。而"理解"是这一过程得以实现的基本途径。
② 这一表述受古德曼等对艺术与理解关系的阐释的影响而来。
③ ［美］戴维斯等.心智交汇:复杂时代的教学变革［M］.2 版.毛齐明,译.上海:华东师范大学出版社,2011:166.
④ 苗力田.古希腊哲学［M］,中国人民大学出版社,1989:318.
⑤ ［美］戴维斯等.心智交汇:复杂时代的教学变革［M］.2 版.毛齐明,译.上海:华东师范大学出版社,2011:166.

中"庖丁之理解"一句，意为"顺着脉理或条理进行剖析"①，仍与"理"和"解"初始的语义内容相一致，即依循行为对象自身天然的纹理、理路，对其施以相应的动作行为，使之形成人所期望的结果。这意味着"理解"的基础在于事物本身的"道理"，需要经过一系列思维过程，充分发挥人的能动性和创造性，在内部情感动机和外部环境共同作用下生成。相较之下，人的经验、人与环境的互动、人的情感态度和审美趣味等，都影响着"理解"。这超越了认知层面，显示出更丰富的意蕴。

（二）"理解"的哲学诠释学阐释

"理解"是哲学诠释学的基本范畴。诠释学（Hermeneutics）起初要求将《圣经》等宗教经典中神的原始意图（original intention）通过语言这种人理解世界的方式揭示和还原出来，"理解"是作为"原意"的破译之术而存在的。伴随着文艺复兴运动对人文精神复归的呼唤，理解人文经典成为新的时代诉求，诠释学因此"洞开了作为整个人文科学的一般方法论之门"②，"理解"成为解释人文经典的主要方法，但始终停留在对经典"原意"的释读之上。而诠释学开始强调"经验"的重要性，关注人生"意义"（meaning）的探寻，"理解"才成为通向"意义"的方式与途径。由此，诠释学真正走出了以重现经典"原意"为目标的传统，能够在一个广阔的历史时空中理解和把握人这一历史存在，开启了"自我理解"的阶段。

诠释学从传统到现代主要是在三位哲学家的开拓中展开的，梳理他们的哲学观点，能够明晰"理解"的发展脉络，也能够从哲学视角认识"理解"的内涵。

1. 施莱尔马赫与"语言""心理"

施莱尔马赫（Schleiermacher）是将诠释学引入哲学并使"理解"成为整个诠释学重要基石的思想家。在施莱尔马赫看来，对神意的破解已不再是

---

①　罗竹风.汉语大词典:第4卷[M].上海:汉语大词典出版社,2001:575.

②　殷鼎.理解的命运:解释学初论[M].北京:生活·读书·新知三联书店,1988:7.

"理解"的职能，人本身才是"理解"的关键。理解活动是在与作者保持同一的要求下"对某个创造所进行的重构""这种重构必然使许多原作者尚未能意识到的东西被意识到"。①在"我们必须比作者理解他自己更好地理解作者"②的箴言下，施莱尔马赫关注三个要素对"理解"形成的作用：第一是作为中介的语言；第二是作为背景的心理；第三是促成转换的再现。因而实现"理解"，需关注如下内容：首先，重视语言对"理解"的生成作用，语言"不仅贮藏了历史、文化和传统，而且语言也昭示着存在的意义"③，所以海德格尔才会说"语言是存在的家"。我们也正是在语言中与自身和世界遭遇，认识并理解我们的历史、文化和传统，及至我们的精神世界。其次，要在历史意识（时间、空间、境遇）和历史脉络中展开"理解"，因为包括解释者自身在内的理解对象具有其历史背景和语言环境。最后，要展开真实而多元的"对话"，因为"对话"能够将自我与他人、世界关联起来，触发"理解"与"自我理解"的实现。

2. 狄尔泰与"历史经验"

狄尔泰（Wilhelm Dilthey）认为，"理解"不只是一种"认知方式"和"心理功能"，而是人认识自己的方式。在狄尔泰看来，历史反映的是人类的生活，"理解"不是为了展现历史的原貌，而是把握人类在其历史生活中所具有的生活意义和生命内涵。只有通过"理解"，人类自身的生活意义和生命内涵才能鲜明地展现出来，人才能真正地认识自己。因此，他着重于从"经验"与人生、与历史的关系探讨来拓展"理解"的视野。

狄尔泰指出，"经验与人的内心生活有一种观念无法分离的直接体味的沟通"④，它先于人的一切理性活动而存在，保留在人类的历史文化遗存之

---

① ［德］汉斯－格奥尔格·伽达默尔.真理与方法——哲学诠释学的基本特征[M].修订译本.洪汉鼎,译.北京:商务印书馆,2019:276.
② ［德］汉斯－格奥尔格·伽达默尔.真理与方法——哲学诠释学的基本特征[M].修订译本.洪汉鼎,译.北京:商务印书馆,2019:276.
③ 金生鈜.理解与教育——走向哲学解释学的教育哲学导论[M].北京:教育科学出版社,1997:44.
④ 殷鼎.理解的命运:解释学初论[M].北京:生活·读书·新知三联书店,1988:9.

中。无论是对个体人生，还是对历史文化，"经验"都是不竭的动力与意义的源泉，具有生成的价值，因而需关注人的历史经验和生活体验，关注意义的生成与创造，这是实现人文"理解"的重要方面。

3. 伽达默尔与"视域融合"

伽达默尔（Hans-Georg Gadamer）在海德格尔对"理解"本体阐释基础上，完成了诠释学的哲学建构。不仅吸收了传统诠释学对语言和历史意识的确认，而且纳入了海德格尔的"前理解"，呈现出"理解"的完整图式。在其视域中，"理解"本身是对生活的理解，这种理解同时又对生活实践给予引导，引导人们获得真知的同时、掌握经验、展开反思，在生活实践中学会如何为人处世，也就是学习如何更好地生活。

为此，伽达默尔提出了两个核心概念：第一是"视域融合"；第二是"效果历史"。"视域融合"能够为理解者提供一种"视域"，正是这种"看视的区域"，使理解者真正理解对象的意义。基于此，"理解"作为一种"效果历史事件"，能够"显示历史的实在性"①。而任何事物都需要在理解和解释中，获得一个更好的视域，实现视域的融合，才能取得真实的效果，这就进入了"应用"。

由此，要实现真正的"理解"，需首先重视"前理解"，从"前理解"出发拓展自身的视域，实现视域的融合；其次关注"问题视域"，这指向"理解"的深度开展；最后进入"应用"，由对"经验"和"处境"的关注进入"理解"的"应用"，"理解"才具有真实效果。

（三）"理解"的心理学和社会学认识

关于"理解"的心理学解释，主要集中于心理作用是如何将事物联系和整合起来，组成具有内在关联的、符合逻辑的心理图式。通过分析要素之间的关系，在相关的要素之间建立起心理联系，并整合成有机的整体，形成特

---

① ［德］汉斯-格奥尔格·伽达默尔.真理与方法——哲学诠释学的基本特征［M］.修订译本.洪汉鼎，译.北京：商务印书馆，2019：9.

定的工作模式。因而，"理解这个概念通常意味着一系列心理过程，状态与结构"①。

在对"理解"进行研究的心理学各分支中，以澳大利亚心理学家格雷姆·海尔福德（Graeme. S. Halford）为代表的认知心理学研究最具影响力。海尔福德的研究表明，"理解"基于个体的认知发展，是通过心智模型的获得（acquisition of mental models）而取得心智表征（mental representation）的过程。而心智模型是由能够持续映射（map）到经验的各个方面的结构化的概念（structured concepts）构成②，由此建构起与概念、任务或现象相关的"心智表征"或"心智程序"，且"心智结构越复杂，理解就越有可能发生及深入"。③这为之后"理解"与"学习"之间的关系研究、"理解"与教育及教育实践的相关研究奠定了心理学基础。

社会学视野中的"理解"，是在共有知识和文化背景下，个体与群体互动交流而持续生成的意义交互。这要求：首先是共通的知识和文化背景，能够为意义协商创造条件；其次是个体与群体的互动，能够以所谓的"群体协约"形式促进社会性理解；最后是社会交往与参与，能够在广阔的时空中促成理解的生成。

总之，"理解"既需要个体内在心智结构发挥作用，也需要在真实的情境中实现个体、社会和文化的持续交互。心理学关注个体的"心智模型"（mental model）和"经验结构"（experience structure）在"理解"生成过程中的作用，重视"概念"（concepts）对经验结构化的意义；社会学则强调真实的情境（situation）以及真实情境中的交互对"理解"的影响，这都为"理解"在教育实践中的生成提供指引。

---

① 熊川武.理解教育论[M].北京:教育科学出版社,2005:14.
② Keith J. Holyoak, Merideth Gattis. *Reviewed Work(s):Children's Understanding: the Development of Mental Models by Graeme S. Halford*[J]. Merril-Palmer Quarterly, 1995(3):402.
③ 吕林海.促进学生理解的学习:价值、内涵及教学启示[J].教育理论与实践,2007(7):62.

(四) "理解"的教育学应用

教育学中的"理解"是一种"应用性理解 (applied understanding)"①，这意味着"理解"可以作为教育目标，指向相关教育活动的开展。从认知领域将"理解"纳入教育目标分类的首要人物就是布卢姆 (B.S.Bloom)。布卢姆分别从"转化" (translation)、"解释" (interpretation)、"推断" (extrap-olation) 阐释"理解"的内涵。安德森 (L. W. Anderson) 等在此基础上对认知目标进行了修订，在修订版的教育目标分类体系中，"理解"仍处于认知领域，位于"记忆"层级之上，以概念性知识为基础，"从口头、书面和图画传播的教学信息中建构意义。"②与布卢姆教育目标分类对"理解"的认识相比，修订版的"理解"以新旧知识的联系为基础，强调"情境"中的意义建构，实现知识的迁移，而促进迁移"所涉及的认知过程就是从'理解'到'创造'"③。因此，不能将"理解"仅视为一种行为的结果，而需重视过程中的建构与生成，关注有意义的创造。

马扎诺 (Robert J. Marzano) 则将"理解"置于智力过程的认知系统第二层级，负责知识在存储为永久记忆过程中的选择和转化。其中涉及"整合"与"象征"两个相互关联的过程。"整合"是"把知识作为一个整体或知识要点来加以确认"；"象征"则"涉及用一种不同于最初被感知的形式对知识进行编码"④。在马扎诺看来，"理解在本质上具有更大的生成性"⑤。这是以整合的视角透视"理解"的深层机制，并运用集约的方式加工信息的过程，从而能够获得过程中的更大生成。

---

① [加]马克斯·范梅南.教学机智——教育智慧的意蕴[M].北京:教育科学出版社,2001:81.
② [美]L·W·安德森.学习、教学和评估的分类学——布卢姆教育目标分类学修订版[M].皮连生,译.上海:华东师范大学出版社,2008:62.
③ 盛群力,褚献华.重在认知过程的理解与创造——布卢姆认知目标分类学修订的特色[J].全球教育展望,2004(11):75.
④ [美]马扎诺,肯德尔.教育目标的新分类学[M].2版.高凌飚,等译.北京:教育科学出版社,2012:38.
⑤ [美]马扎诺,肯德尔.教育目标的新分类学[M].2版.高凌飚,等译.北京:教育科学出版社,2012:62.

　　"理解"作为教育目标分类学的认知目标，随着研究的深入，逐步呈现出其本体特征和内涵。而从学习科学角度探究，则趋向于以融合性视角展开对"理解"的认识，这有利于进一步拓展"理解"的视域。

　　"从学习科学视角分析理解的内涵，实质上就是追寻学习与理解之间的深层联系"，从道格拉斯·牛顿（Douglas .P. Newton）将"理解"视为一种综合性的学习能力，能够推动人的认识能力、学习能力和行动能力的整体发展，到大卫·柏金斯（David Perkins）领导的"零点计划"（Zero Project）对"促进理解的学习"（Learning for Understanding）的研究，都表现出"理解"在课程、教学和学习中的"促进"作用。尤其值得关注的是，柏金斯的"理解""实作"观。他认为拥有了心智结构并不意味着"理解"，而以心智模型或表征为基础展开"弹性实作"（flexible performance），即"解释、证实、推断、联系以及以一种超越知识和常规技能的方式进行应用"，才是真正意义上的"理解"。①英语"flexible performance"直译是"灵活的表现"，强调了"理解"是在多样化的情境中展开，富于灵性和创造性，有思维和情感参与的反思性实践活动，它注重与他者合作交流中的互动生成。因而将"理解"视为"弹性实作"更能揭示其意涵。

　　"促进理解的学习"理念指引下的一个重要成果就是美国课程研究专家格兰特·威金斯（Grant Wiggins）和杰伊·麦克泰格（Jay McTighe）的"追求理解的教学设计"（Understanding by Design，简称 UbD）。这是一种旨在促进理解的逆向教学设计。他们提出，促进预期学习目标达成的"理解"是一个多侧面的结构体，横切面上由解释（explanation），阐明（interpretation），应用（application），洞察（perspective），移情（empathy），自知（self-knowledge）六个侧面构成；纵切面上，以"需要熟悉的知识""需要掌握和完成的重要内容""大概念和核心任务"为基础，以此为"促进理解的学习"构筑基石。这一建构具有重要的实践意义，不仅能够"让教师们在课程改革的过程中，

----

① 吕林海. 促进学生理解的学习——价值、内涵及教学启示［J］. 教育理论与实践,2007(7): 61-64.

有开阔的思路和清晰的路径",而且"使学科大概念、本质问题、深度学习、核心素养等诸多浮在云端的理念,有了可循的方向与阶梯"。①

脑科学研究也为教育学探索人的学习发生机制和运作方式提供助力。在脑科学视域中,"理解"即"发生在对知识信息及其情境脉络的浸润之中"②,这里的"知识信息"更主要是"有意义知识"。脑科学将知识分为"表层知识"和"有意义知识","表层知识"即怀特海所说的"惰性知识",是能够通过记忆获取的;而"有意义知识"则为"自然的知识"(natural knowledge)。所谓"自然",既强调知识的发生需要包括压力、威胁和挑战在内的真实的情境脉络,也明确了人在知识学习中的整体参与。脑科学中的"理解"就是在"整体、浸润、联系"中生成的。③

总之,教育学视域中的"理解",落脚点在于"应用"。在真实的情境脉络中,通过以"有意义知识"的学习为基础的"弹性实作",收获对知识的整体把握。

综上所述,"理解"由"经验"出发,通过真实情境的感知和文化背景的交互,在一系列心理机制的作用下,经由"弹性实作"的过程,获得意义的建构。

二、初中生面对的儒家人文思想基本内容

从个体生命发展角度来说,个体生命经历着不同主题的发展阶段,从成长之初的对爱和安全感的需要到个体发展前期身体感受力和想象力的扩展,再到个体的好奇心和探究欲望的旺盛,即理智的充分发展,及至上升到包括反思、批判、创造等要素在内的生命整体的建构,呈现出"幸福之人、审美

① [美]格兰特·威金斯,[美]杰伊·麦克泰格.追求理解的教学设计[M].2 版.闫寒冰,等译.上海:华东师范大学出版社,2017:4.
② 吕林海.数学理解性学习与教学研究[D].上海:华东师范大学,2005:23.
③ 吕林海.数学理解性学习与教学研究[D].上海:华东师范大学,2005.

之人、理智之人、道德之人"的个体成长序列。①其中，介于小学高年级和
高中之间的初中阶段正是个体理智生活活跃，理智知识不断丰富、理智能力
不断提升的阶段。如果说在此之前，个体还处于自然和情感萌发的初始状态，
理智阶段就是由理智兴趣激发的、个体视野与能力充分激活和跃升的重要阶
段，既将先前模糊的、情感性的感知目标引向清晰的、理智的境界，又为之
后个体理性能力的生发和理性精神的确立奠定基础。同时，心理学的研究表
明，这一阶段的儿童又是个体爱欲和亲社会行为发展的重要阶段，②亦即理智
生长之下的社会性的爱的扩展起始阶段。基于此，关注初中阶段学生情感发
展基础上的理智知识和理智能力的提升，在促进情感与理智的共同发展中逐
步拓展个体成人的道路，是此阶段的基本教育目标。据此，从儒家人文思想
中汲取个体成人的思想智慧，提炼适应初中阶段学生全面发展的思想内容，
明确初中阶段学生所面对的儒家人文思想的核心要义，是确定学生儒家人文
思想理解能力要素的前提。

　　儒家人文思想以"仁"为核心，体现着对人的建构。而对人的本质特性
的把握，康德有知识、情感、意志的人性结构划分③，它们分别对应着理智、
审美、伦理三个领域④，与真、美、善的价值追求相统一。它们最终都指向人
的实践，因而"知情意行"四个方面就成为观照人的基本视角。本研究也在
此框架内探讨儒家人文思想对人的建构。但由于儒家认可"性情"范式，以
"情"为主导，⑤在内涵上也不完全等同于西方的"知情意行"，故本研究又依
据钱穆先生对西方现代框架的对照式阐释，呈现初中生面对的儒家人文思想
的基本内容。

---

① 刘铁芳.追寻生命的整全:个体成人的教育哲学阐释[M].北京:高等教育出版社,2017:55.
② 刘铁芳.追寻生命的整全:个体成人的教育哲学阐释[M].北京:高等教育出版社,2017:51.
③ 李厚羿.实践论:一种理解马克思文化思想的路径[J].云南社会科学,2018(2):6-7.
④ 荆学民.关于马克思主义信仰学的若干思考[J].天津社会科学,2006(2):30-32.
⑤ 谭惟.儒家哲学核心范畴的现代阐释——以钱穆在"知情意"框架下论"情"为例[J].中国文化
　研究,2021(1):51.

（一）同情之爱

如前所述，汉字"仁"的造字本义与"爱"字一致，都强调心中有所思所想，所思所想的对象也都是人。"所谓爱，就是爱人。"①爱是人与生俱来的情感，孔子有"中心憯怛，爱人之仁"②（《礼记·表记》）的表达，指出"仁"来自天性，由心中的怜爱之情引发。"仁爱"也成为人与人之间关系所及的最高境界，体现了人本思想。

"爱的情感的孕育正是一个人成人的起点，个体成人始于爱。"③正是爱唤起了个体生命成长的意识，给予个体生命成长动力，赋予个体生命成长人性的内涵，才促使人的成长的完整图景展开。而爱的情感则发生在与他者的交往中，与他人相关联，既能够形成个体自我理解与建构的依据；也促成关怀和增进他人福祉的实现。在交往过程中，通过敞开自我，将自身的情感投射和融入他者的情感世界之中，感受和体验情感的共通，建立起与他者关联的结构，从而在他者视域中开启自我审视和反思的教育之路，这是一个自我成长的过程，爱的情感在其中发挥着基础作用。

以"仁"为核心的儒家人文思想，正是以爱的情感（血缘亲情之爱）为圆心，不断向外扩展，扩及对他人的关怀与体谅，进而实现他人福祉与社会和谐的理想，亦即"仁"的实现。由自我出发，将爱的情感导向他者，以对他者的尊重、关心、体谅和成就为目的，在立人、达人中立己、达己，这就是同情之爱。

1."同情"的含义

同情，就是同一种人心、同一种人情。英语用"sympathy"表示，它由两部分构成，"sym"（together）表示"一起"，"pathy"（feelings）表示"感情"，合起来就是"与……有同感"。④范梅南指出，其字面意思是"与感

---

① 刘翔.中国传统价值观诠释学[M].北京：生活·读书·新知三联书店，1992：150.
② 杨天宇.礼记译注：下[M].上海：上海古籍出版社，2016：876.
③ 刘铁芳.追寻生命的整全：个体成人的教育哲学阐释[M].北京：高等教育出版社，2017：33.
④ 石中英.全球化时代的教师同情心及其培育[J].教育研究，2010，31（9）：53.

情在一起 (with-feelings)"。①《现代汉语词典（第 7 版）》将"同情"解释为"对于别人的遭遇在感情上发生共鸣。"②石中英指出，从定义上，"同情"能够表现出"向他性""反应性""能动性"的特征。③"向他性"强调"同情"能够对他人遭遇产生共鸣；"反应性"明确"同情"是由他人遭遇或行为引发的；"能动性"指明"同情"同样能够产生一定的积极效应。正是因为"同情"的这种情感上的相通，"以自我的情感体验参与到他者的情感内在并保持与其感受的一致，继而主动去分享他人的幸福或体恤他人的痛苦"④，使得它直指人心与人性的美善。马克斯·舍勒（Max Scheler）视"同情"为最高道德价值，原因即在于此。

为了揭示"同情"的本质，首先需要与"怜悯""移情""共情"以及"同理心"做一区分。首先是"怜悯"（pity），将"同情"理解为"怜悯"或"可怜"，是日常常见的用法，因为它们在内涵和情绪表现上有相似之处，但"同情"表示"对他人任何一种感情状态的同感"⑤，且"同情"含有理性的因子。（2）"移情"（empathy），字面意思是"感情移入(in-feelings)"，⑥即将自身的情感移入他者之中，并产生相应的体验。它追求的是一种"深度理解"，而"同情"则强调"共鸣"。（3）"共情"和"同理心"（empathy），"empathy"在汉语中被译为"移情""共情""同理心"。据研究，"同理心"与"同情心"的区别在于包含的认知因素和情感因素比重不同，"同情心"的情感因素更甚，而"共情"则介于二者之间。⑦高德胜则指出，"共情在情感反应上比同情宽广"，同情具有"为他人的痛苦而痛

① ［加］马克斯·范梅南.教学机智——教育智慧的意蕴[M].李树英,译.北京:教育科学出版社,2014:93.
② 中国社会科学院语言研究所词典编辑室.现代汉语词典[M].7 版.北京:商务印书馆,2016:1313.
③ 石中英.全球化时代的教师同情心及其培育[J].教育研究,2010,31(9):53.
④ 黄庆丽.回归教育中的同情之爱[J].教育学报,2015(10):36.
⑤ 石中英.全球化时代的教师同情心及其培育[J].教育研究,2010,31(9):53.
⑥ ［加］马克斯·范梅南.教学机智——教育智慧的意蕴[M].李树英,译.北京:教育科学出版社,2014:93.
⑦ 康翠萍等.沟通素养:21 世纪核心素养 5C 模型之四[J].华东师范大学学报(教育科学版),2020(2):74.

苦"的本质。①

通过概念辨析可以进一步明确，本质上，"同情"是一种在"向他性的情感基底上"产生的"利他行为"，②不仅表明情感体验上的"感同身受"，而且能够给予他人以认同、理解和关心，使"对方已经生活在我们的内心世界中"③。这意味着在利他的同时，也使自身摆脱了自我中心，进入与他者共在、在他者视域中审视和反思自身的过程。由此，"同情"促进并实现了他者视域下自我的建构。

2."同情之爱"的内容

"同情"能够实现自我与他者的情感相通，将自我的幸福奠基于为他者谋幸福的意欲之上，人成了拥有爱并给予爱的主体，也获得了爱的能力。如果说，"爱"能够使自身和他者在爱的满足中收获更多的幸福；"同情"则会使自我与他者在情感的共享中形成更为亲密的关系，促使个体展开关怀和增进他者福祉的行动。"同情之爱"就是在自我与他者情感共通基础上建立起来的、以"利他"为追求的心理倾向和情意表现。

黄庆丽认为，"同情之爱"包含"同感、良心和理性"三个维度④。据此，能够对"同情之爱"的内容加以申说：第一，同感，即相同的感受。这是对他者遭遇或行为产生的共鸣。第二，良心，"本指人天生的善良的心地，后多指内心对是非、善恶的正确认识，特别是跟自己的行为有关的。"⑤这是从自身行为出发思考，是否站在他者立场，设身处地地为他人设想，给予他人以真诚的帮助与支持。第三，理性，即"情感理性"，是在自我能够达至他者感受时，"理性已经对他者处境、遭遇或情感状态做了分析、综合和判断"。⑥这保证了同情之爱始终是在促进自我和他人的发展中展开。

① 高德胜.同情的伦理价值及其教育境遇[J].西北师大学报(社会科学版),2022,59(1):58-68.
② 黄庆丽.回归教育中的同情之爱[J].教育学报,2015(10):34-41.
③ [加]马克斯·范梅南.教学机智——教育智慧的意蕴[M].李树英,译.北京:教育科学出版社,2014:93.
④ 黄庆丽.回归教育中的同情之爱[J].教育学报,2015(10):34-41.
⑤ 中国社会科学院语言研究所词典编辑室.现代汉语词典[M].7版.北京:商务印书馆,2016:814.
⑥ 黄庆丽.回归教育中的同情之爱[J].教育学报,2015(10):37.

儒家的"仁"的核心内容就是这种以"利他"为指向，在"利他"中成就他人与自我的"同情之爱"，它表征着一种共同人性（善），旨在实现自我、人际、天人的共通与和谐。对于儒家人文思想来说，"同情之爱"奠基起整个思想内容，成为思想的独特标识，展现出中国文化传统的特质。

3. 初中生的"同情之爱"

对于初中阶段学生而言，儒家人文思想所呈现的"同情之爱"，同样是以"利他"为取向，在人与人之间实现"向善"的追求。具体来说，初中阶段学生正处于"社会性的爱的扩展的开始"阶段，这是在对家庭的亲子之爱回馈基础上的转向，是个体社会性发展的开端。虽然理智兴趣和能力的培养是这一时期的重点，但"爱的情感的培育始终是个体发展的基础性内涵"，引导其"爱欲的合理表达"，为其创造"更宽广的社会关怀空间和理智、审美、运动的空间"，也是此阶段的主题。[①]为此，在学校教育中，通过课程育人，发挥课堂教学的"教育性"作用，使学生感受和体悟到"同情之爱"在促进个体成长和成就他者中的意义：积极敞开内心，唤醒学生内心"善"的因子，使自身的情感投射到他者身上，引发情感的共鸣；给予他人尊重、体谅、关心和理解，既使他人获得幸福感，也使自我在给予他人幸福的同时收获满足；同时，理性地分析与判断，在成就他人中亦不失自我。石中英在分析同情产生的机制时提出，"观察、理解、想象、经验、信仰"[②]能够促使同情的生成。据此，在学校场域中，特别是在语文课堂教学中，引导学生借助观察、理解、想象、经验等，调动自身的经验，展开对情感的感悟，具有重要的意义。

（二）"仁"的价值

"同情之爱"要求个体从人心和人性角度出发，认识和理解自我、他人及世界。因而基于自然世界的客观性知识尚不足以支撑"同情之爱"的展开。

---

①　刘铁芳.追寻生命的整全:个体成人的教育哲学阐释[M].北京:高等教育出版社,2017:51-52.
②　石中英.全球化时代的教师同情心及其培育[J].教育研究,2010,31(9):54.

钱穆先生提出的"摄知归仁"就基于他对儒家所追求的知识和学问的理解，即"探索人类生命共通的智慧"①，这需要实现由"闻见之知"向"德性之知"的转变，亦即理解和阐释"仁"这一基本价值对个体行动的引导。

1. 知与情的关系

古代汉语中，"知"是"智"的本字，"知者"就是富有智慧的人。人类所追求的智慧，起初是包含经验、知识、信仰、情感和意志等的整体。同样崇尚智慧，西方是"导向外在世界"的，而东方则"主要用于人生论，是启示性的，导向成就内在人格"。虽然持有不同的智慧观，但智慧中含有爱（情感）、理智和意志则是一致的。而近代西方科学的发展，使智慧等同于理智、理智又窄化为"逻辑—理智"，智慧内容的丰富性丧失。直到20世纪80年代加德纳的"多元智能理论"，再次揭示出人的智能并不仅是"逻辑—理智能力"，"由情感或主要由情感在其中表现突出价值的智能不仅客观存在，而且有着重要的社会文化价值"。②具有深厚古代智慧积淀的中国更需回归东方智慧对人生的引导与启迪，在探问与反思中促进个体内在人格的完善。

将"知"理解为"知识"，也不能仅视之为科学知识这一客观的实体，它也可划分出"评价性知识""操作性知识""主观心灵的知识""意会的知识"等③。它们是价值经验、行动策略、内心的体验与反省、直觉等，亦即主观、情感化的知识，实为奠基于情感的生活或人生的智慧累积与表达。儒家同样重视知识经验的积累，但知识经验最终是要回到人性的立场，促成个体德性的建构，引导知识在人道之中实现对现实人生问题的思考与解决。据此，重视个体经验的累积、创造性的生成、价值的引导和阐释，关注知识经验运用的方式、方法及策略，探寻知识经验背后的个体建构的价值和意义，展现

---

① 谭惟.儒家哲学核心范畴的现代阐释——以钱穆在"知情意"框架下论"情"为例[J].中国文化研究,2021(1):58.
② 朱小蔓.情感教育论纲[M].3版.南京:南京师范大学出版社,2019:30–33.
③ 朱小蔓.情感教育论纲[M].3版.南京:南京师范大学出版社,2019:34–36.

出"德性之知"在解决人生问题中的智慧引领。

把"知"理解为"认知",认知与情感的关系研究也是教育学研究的焦点。研究证明,情感不仅能够驱动、诱导和调节人的认知学习,而且情感或体验性思维有助于把握客观世界。①兴趣、热情、好奇、美感等情感性内容对个体认知学习动机的形成、想象力的激发、情绪状态的调节等具有积极作用。儒家强调"乐学"的重要性,孔子说:"知之者不如好之者,好之者不如乐之者。"②(《论语·雍也》)可见,在孔子看来,在认知学习中获得乐趣是理想境界,而这是情感参与的结果。情感与认知是不可分的。

总之,情与知之间密切相关。儒家强调情感的基础性地位,道德情感是"德性之知"获致的基础。

2. "'仁'的价值"的内容

基于道德情感的"德性之知",是符合天道与人性的"共识",是人所依循的基本价值,即"仁"的价值。它引导个体在情理的结构内行动。首先,儒家"仁"的思想呈示了以关怀和增进他者福祉的"利他"的价值追求,这是基于人性、情感的关系视域中的现实需求,由达人而达己,由立人而立己,他人成为审视和反思自身的关键视域。人的本质属性是社会性,也只有在"关系"之中,人才能真正发现他者的意义、确认自身的存在。"情本体"的儒家对此作出了深刻的思索。其次,理智的节制和引导使人性、情感始终在符合天道与人道的范围内,在从个体的经验知识发展到人生智慧的过程中,由此,个体的行动能够在情理的结构中展开。最后,正是因为"情"的合理性与"理"的合情性共在,个体"利他"的行动是真正合乎"仁"的要求的。

而要形成这种合乎"仁"的要求的"共识",就需在"关系"的视域内观照,亦即人从自身出发,以人性为基础,在特定的范畴内,确立符合自身需求和目的的自我与他者之间的意义关系,从而展示出人之为人的特质。从人

---

① 朱小蔓.情感教育论纲[M].3 版.南京:南京师范大学出版社,2019:37-38.
② 杨伯峻.论语译注[M].2 版.北京:中华书局,2004:61.

所涉及的关系范畴来看，主要有以下四组基本关系：第一是人与我的关系；第二是人与人的关系；第三是人与社会的关系；第四是人与自然的关系。儒家人文思想在这四组基本关系内展开对人这一存在的思索，从而确立起儒家视域的价值选择与追求。首先，从人与自我的关系上，儒家十分重视自我的修养，"君子"是通过修养而能及的道德形象。"君子"一词在《论语》中出现了107次①，可见孔子对"君子"的推崇。孔子从不同角度对"君子"品格进行了阐释，而"君子不忧不惧"②（《论语·颜渊》）一句则集中表达出"君子"的特征。在孔子看来，君子是不忧愁、不恐惧的，不会对现实境遇的不如人意而担忧愁苦，也不会对现世存在的无定无依而害怕畏惧，因为"内省不疚"，反躬自省，问心无愧。这源于自身能够在实践中不违天道与人道，在道德的范围内为人处世，"在情感上超然自立，深感自己的生命富有"③。因此，人在与自我的关系中表现出的是一种发自内心、合于人性的道德感，能够以坚定和勇毅直面现实中的问题。其次，从人与人的关系上，上文已述，儒家的"仁"已对此作出了回答，那就是"同情之爱"，具体可表达为：孝、悌、忠、信、恕、敬等。再次，从人与社会的关系上，"士不可以不弘毅，任重而道远。仁以为己任，不亦重乎？"④（《论语·泰伯》）人是社会中的一员，人对社会负有责任，需要在责任担当中推进社会的发展。最后，从人与自然的关系上，孔子言及较少，但有"天何言哉？四时行焉，百物生焉，天何言哉？"⑤（《论语·阳货》）的表达。顺应自然生生的变化规律，促进自然的和谐发展，是人类生存的基本选择。

3. 初中生的"'仁'的价值"

初中阶段是个体的爱欲和理智发展的关键时期，在增长科学知识的同时，

---

① 这是杨伯峻先生的统计，他在《论语译注》附录部分呈现了"论语词典"，"君子"一词列入其中，据他统计，"君子"一共出现了107次。
② 杨伯峻.论语译注[M].2版.北京：中华书局，2004：124.
③ 李泽厚.论语今读[M].北京：生活·读书·新知三联书店，2004：323.
④ 杨伯峻.论语译注[M].2版.北京：中华书局，2004：80.
⑤ 杨伯峻.论语译注[M].2版.北京：中华书局，2004：188.

引导初中阶段学生理解和阐释人生基本的价值，在价值的分析和阐释中学习"做人"和"做事"，不断生成人生的智慧，是初中阶段学生"德性之知"展开的主要方向。而这与学生发展核心素养的相关研究有契合之处。

林崇德指出，核心素养的传统理论就是"德性"的观点。在教育哲学中，素养即"正义、智慧、勇敢的化身"。①西方有古希腊苏格拉底提出的"美德即知识"，强调了美德对人的行为的引导性。中国有孔子的"内圣外王"思想，都将道德品性作为人才衡量的首要标准。21世纪以来，各国际组织、主要国家及地区核心素养的要素遴选中，能够见到与价值观念相关的要素出现在其核心素养框架中。例如，在联合国教科文组织（UNESCO）的核心素养框架中，中学阶段在"社会情绪"学习领域的学习指标中就有"道德伦理价值""毅力和抗压性""积极的自我和他人观念"等。②经合组织（OECD）核心素养指标体系中的"能在异质社会团体中互动"指标就包括"从他人角度思考问题，有效控制自己的情绪"的内容。③新加坡重视学生的品格教育，在"价值导向"的理念下，提出21世纪能力的六大核心价值，即尊重、责任感、和谐、正直、坚毅不屈、关爱。④我国的核心素养框架中，"文化基础"方面的"人文底蕴"素养，"自主发展"方面的"健康生活"素养，"社会参与"方面的"责任担当"素养，都指明了促进学生全面发展的内容。

据此，在儒家人文思想框架内，初中阶段学生的"德性之知"，即引领学生行动的"仁"的基本价值，可以确立为：正直，关爱，责任，和谐。这也是个体生存和发展的基本人文主题，它们统领着人文学习的相关内容，特别是在语文课程学习中，可以成为整合相关学习内容的主题。

---

① 林崇德.21世纪学生发展核心素养研究[M].北京:北京师范大学出版社,2016:2.
② 林崇德.21世纪学生发展核心素养研究[M].北京:北京师范大学出版社,2016:44.
③ 林崇德.21世纪学生发展核心素养研究[M].北京:北京师范大学出版社,2016:60.
④ 沈伟,王娟.社会情感学习为国家人才培养带来了什么——基于政策流动的视角[J].教育发展研究,2019(20):8-17.

（三）生命意志

"同情之爱"的保持与激发，"德性之知"的促动与支持，都是在"意志"的作用下实现的。这种促动情感和智慧兴发的生命意志，是个体成人的不竭动力。孔子重视"立志"，关注人生价值的实现，认为其成就方式就是"学"。

1. 志于学

如前所述，儒家话语体系中的"意志"就是"志"，它是"获得前方美好事物之心向"，"立志"就是确立个体生命成长的方向。刘铁芳指出，"志于学"包含着"志的重要性"和"学的重要性"，志与学统一于个体成人的进程中，"志于学"成为"个体成人的基础性生命结构"。[①]在志向的成就中，"学"至关重要，这从《论语》开篇第一句"学而时习之，不亦说乎？"[②]（《论语·学而》）即可证明。"学"与"习"是学习活动的两个环节，"学"是理智的活动，"习"是身体的实践[③]，学习是通过理智的认识和理解而展开的亲身实践的活动。"真正的'学'总是内含着某种自我生命实践的意向，'习'则是在这种意向中展开的个体生命实践。"[④]因为这种生命实践活动使个体生命充实而完善，内心的喜悦则由此而生。与此同时，学习也需要互助，通过共学，切磋琢磨，在"主体间"的关系情感中获得"我与你"的共在，愉悦感也因此产生。总之，个体是在"学"与"习"中促进自我内在精神的生长，收获内心持久的愉悦与满足，而这一过程的落脚点在于幸福的获得。

人的本质倾向就是"追求幸福"[⑤]，是在与他人的生动联结中成就自我与他人，从而获得幸福的过程。这一过程在自我的生命实践中起始，在与他者

---

① 刘铁芳.士志于学:从《论语》看少年立志与个体成人[J].教育研究,2021(9):24-38.
② 杨伯峻.论语译注[M].2版.北京:中华书局,2004:1.
③ 习,《说文》:"数飞也。"意指幼鸟反复练习,学习飞行。是一种亲身实践的活动。
④ 刘铁芳.学习之道与个体成人:从《论语》开篇看教与学的中国话语[J].高等教育研究,2018(8):15.
⑤ 杨立华.中国哲学十五讲[J].北京大学出版社,2019:7.

的关联中展开，并由他人触发自我的审视与反思，建构个体的丰富与完善，进而促成群体共通的生命意志的实现。

2. 生命意志的内容

"每个人都离不开他人，我们总是在感受他人的过程中建构和丰富自我成人的内涵。"①他人提供了自我实现的视域，由此，自我能够审视和反思自身，在学习和感受他人中建构自我。据马斯洛的观察和研究，自我实现者"对人类怀有一种很深的认同、同情和爱的感情"，不仅具有"帮助人类的真诚愿望"，重视亲情，尊重他者；而且"道德力量很强，有明确的道德标准"②，能够"以哲人的态度接受他的自我、接受人性、接受大部分社会生活、接受自然和客观现实"③。这也证明自我实现始于道德情感，是接受自我、成就他人，通达人性的过程。因而可以明确，自我实现蕴含着三个方面的内容，即同情性理解，理智性反思，精神性超越。

展开来说，首先是同情性理解，源于"爱"的情感，这是人原初的情感特质，它指向人的内心世界，而要使"我们的大脑和心灵向对方的内心生活打开，我们必须满怀爱护和关心，使自己面向他人"④。自我实现就是由此开始，向他人敞开自我的内心世界，给予他人以尊重、关怀、体谅，使他人进入自我的内心世界，在对话中获得情感的相通。其次是理智性反思，在同情性理解的基础上，需要对个体的思想和行为进行反思，发展其道德理性的同时，确认其道德选择和决策的合情与合理。反思也是人的一种经历，通过这种经历获得隐含的意义体验，自我能够获得理智的自觉。最后是精神性超越，是从同情性理解和理智性反思出发，实现自我、他人和世界的融会，由自我意志发展为群体意志的追求，从而趋于人性的通达、德性的完善。它们呈现出个体成人的完整序列。

---

① 刘铁芳.追寻生命的整全:个体成人的教育哲学阐释[M].北京:高等教育出版社,2017:31.
② [美]亚伯拉罕·马斯洛.动机与人格[M].许金声,等译.北京:中国人民大学出版社,2012:173-176.
③ [美]亚伯拉罕·马斯洛.动机与人格[M].许金声,等译.北京:中国人民大学出版社,2012:184.
④ [加]马克斯·范梅南.教学机智:教育智慧的意蕴[M].2版.北京:教育科学出版社,2014:94.

3. 初中生的"生命意志"

初中生的"生命意志"也是有志于自我实现，而这一自我实现是他者视域的，即以"关怀和增进他者福祉"[①]为旨归，这是源于"爱"的情感的"仁"的价值的体现，是对生命本身的关注，因而能够促动生命的发展，成为初中生努力实现之"志"。

刘铁芳指出，"志"具有三个层次，也是个体成德的三个阶段，分别是"自然天性阶段""理智自觉阶段""精神超越阶段"。[②]也就是个体自我实现的过程。初中阶段学生正处于情感扩展和理智兴趣及能力发展的关键阶段，需要关注其社会性交往中的情感与理智的培育，从而在他者视域中实现自我。首先，促进初中阶段学生保有天然情感的同时，向社会性情感扩展。"爱"的情感始终是人的质素，伴随着个体年龄的增长和生活环境的扩大，"爱"的情感会从家庭亲子之爱扩展至学校师生及周围人的爱，这种源自自然天性的"爱"的情感就在此过程中呈现出更为丰富的意涵。对此，唤起和激发其内在的"爱"的情感，引导其感受和体验"同情之爱"，敞开内心世界，在与他人的联结中感悟成长的意义。其次，提升初中阶段学生的理智能力。理智能力的发展是初中阶段学生的主要特征。通过"对感性材料进行理智加工，也即通过分析、归纳、推理，而获得个体抽象思维能力的发展"[③]，展现出对世界的独特理解。因而拓宽学生理智思维的视野，展开促进理智思维发展的活动，提升其理智思维的能力，在理智能力提升中加深个体情感，为个体生命成长提供理性的力量。最后，引发初中阶段学生的自我反思意识。初中阶段学生尚未达至理性的创造阶段，但指导其开始反思，具有反思自我的意识，能够为个体理性综合能力的发展奠定基础。这表现在能够反思自我在学习和生活中面对和解决现实问题的思路和方法、与他人交往中的态度和方式、看待世界的角度和问题等。由此展开个体自我成长的实践之路。

---

① 石中英.孔子"仁"的思想及其当代教育意义[J].教育研究,2018,39(4):127–134.
② 刘铁芳.士志于学:从《论语》看少年立志与个体成人[J].教育研究,2021(9):24–38.
③ 刘铁芳.追寻生命的整全:个体成人的教育哲学阐释[M].北京:高等教育出版社,2017:70.

（四）负责任行动

个体的自我成长始终是在真实的生活中展开，生活为个体建构提供了丰富的背景。"爱"的情感的生发、人生智慧的生成、自我实现的展开，都基于生活；由此而进入的"行仁"的实践，也是生活的一部分。因而，对个体成人的探究需要有生活的视域。

1. 生活视域

鲁洁先生指出，人的至善追求不能建立在静态而孤立的人性改造上，而需奠基于现实的生活建构活动。[①]这意味着，个体需要积极地改变自己的生活方式，创建有意义的生活。生活本身就是一种"意义"指向性活动，生活中的人也是在意义的创生中存在。可以说，生活世界即意义世界，生活世界中的人的这种"意义"创造本身就是一种道德实践，因为"道德是意义世界中的一员，它内在于生活"，由此，生活具有道德品性，"在本质上是趋善的""趋向于人自身的自由和全面的发展、人与世界的和谐共在"。[②]从这个意义上，以生活视域观照人的德性生成能够展现个体建构的本质。

生活视域中的人是为生活的，为了更好的生活。更好的生活就是道德的生活，即"较之现存生活更具人性的生活，是使人得以更好生成和发展的生活"[③]。在这种生活里，人的情感能够得到融通、生命智慧得到丰富、人性得到发展，亦即个体与自我、他人及世界的关联获得了充分展开，人在其中臻于完善，实现了对善与美的追求。为此，关注个体在生活世界中的"爱"的情感的感受与体验、"利他"的共识的分析与阐释、自我实现过程中的洞察与反思，使之引导现实的行动，建构个体有意义的生活。

2. 初中生的"负责任行动"

"更好生活必定是立足于现实生活的"[④]，对于初中阶段学生而言，现实

---

① 鲁洁.道德教育的根本作为:引导生活的建构[J].教育研究,2010(6):3-8,29.
② 鲁洁.生活·道德·道德教育[J].教育研究,2006(10):3-7.
③ 鲁洁.道德教育的根本作为:引导生活的建构[J].教育研究,2010(6):6.
④ 鲁洁.道德教育的根本作为:引导生活的建构[J].教育研究,2010(6):7.

生活就是在负责任的行动中展开的，基于"同情之爱"，在"仁"的价值指引下，以"利他"为追求，展开道德行动，由此获得更好的生活，成为个体自我建构的意义内容。

对此，国外的相关研究，尤其是新加坡的"公民与品格教育"能够给予我们启示。新加坡在 CASEL①提出的由五项核心能力构成的社会情感学习概念框架基础上，强调了个人和道德的责任。②之后的"品格与公民教育"(CCE) 又提出了三大核心概念，即"身份"(Identity)、"人际关系"(Relationships) 和"抉择"(Choices)。它们与学生的价值观念密切相关，"身份"就是自我认识，"人际关系"即自我与他人之间的关系，"抉择"就是"学生在面对一套价值观可以做出选择时所做出的判断和取舍，是一个人的品格和价值观的反映"。③可见，儒家文化圈的新加坡更加注重对个体价值的引导，这有助于个体对在群体中的责任与价值的认同。

儒家人文思想正是在自我、他人、社会的视角中关注自我的实现，游韵指出，这是一种"内在关联型"自我，是在社会关系中建构自身的④。据此，对于初中阶段学生来说，道德行动可从如下三方面加以认识：首先是自我价值，即关注自我对他人、社会、国家的责任和贡献；其次是"寻求与提供帮助"，即在自我和他人需要的时候给予关怀和照顾；最后是道德责任，即"以社会道德规范规约自己的行为"⑤。

总之，初中生面对的儒家人文思想在人性情感、德性之知、生命意志、道德行动的框架内呈现出具体的内容，据此，初中生儒家人文思想理解能力的内涵也就逐渐明晰。在此基础上，构建其指标体系，能够展现出初中生儒

---

① CASEL 即美国的"促进学术、社会与情感学习联合会"。

② 沈伟,王娟.社会情感学习为国家人才培养带来了什么——基于政策流动的视角[J].教育发展研究,2019(20):8–17.

③ 夏惠贤,陈鹏.以核心价值观塑造好公民品格——新加坡品格与公民教育 2014 课程标准述评[J].外国中小学教育,2017(5):14–22.

④ 游韵.中国文化观照下的社会情感学习[J].西北师大学报(社会科学版),2022,59(2):38–47.

⑤ 沈伟,王娟.社会情感学习为国家人才培养带来了什么——基于政策流动的视角[J].教育发展研究,2019(20):13.

家人文思想理解能力的面貌。

三、初中生儒家人文思想理解能力的内涵、表现形式及指标体系构建

伽达默尔的哲学诠释学确立了"理解"的核心地位，将其主旨定位在"人与世界最基本的状态和关系"①之上。这种状态和关系的展开呈现出如下序列：（1）"前理解"，它先于人的理性，包容了人的理性、直觉、情感、意向等，构成了人在历史中的存在。作为"理解"展开的前提，它开启了"理解"的进程。（2）"阐释"，是"揭示性和阐发性"的解释，它"通过解释主体的努力和发掘，把解释对象未能明显表示出来的东西揭示出来"②，使阐释对象的意义指向事情本身。（3）"理解"，是对物的认识，却又超越物的浅表、对物的内在意义展开追寻，甚至能够表现出"一种新的精神自由的状态"③，它通过语言的媒介，联系着过去、现在和未来，自我、他人及世界，从与他者的视域融合中进行着自我的反思与建构，从而展现出完整的意义世界。（4）"应用"，哲学诠释学是一门实践哲学，"理解"指向人类的生活，作为"应用事件"，其本身并不追求普遍的东西，而是在与新经验不断关联的进程中探寻"那种普遍东西对自己处境的应用"④，"应用"使"理解"具有了"效果"。这为初中生儒家人文思想理解能力的内涵阐释和指标构建奠定了基础。

基于此，初中生儒家人文思想理解能力不仅包含对文化知识的积淀和阐释，而且在此基础上强调能够解释、分析和反思他者视域中的人的存在价值问题，探究并建构个体存在的意义；同时，具有由经验出发的、旨在沟通过去与现在及至未来的"问题视域"，以实现对全部理解的应用。

---

① 金生鈜.理解与教育——走向哲学诠释学的教育哲学导论[M].北京:教育科学出版社,1997:37.
② 洪汉鼎.论哲学诠释学的阐释概念[J].中国社会科学,2021(7):116.
③ 汉斯－格奥尔格·伽达默尔.真理与方法——哲学诠释学的基本特征[M].修订译本.洪汉鼎,译.北京:商务印书馆,2019:371.
④ 洪汉鼎.论哲学诠释学的阐释概念[J].中国社会科学,2021(7):136.

(一) 初中生儒家人文思想理解能力的内涵

初中生的儒家人文思想理解能力是在真实的文化情境中，通过"基于理解、基于反思、基于创造"[①]的文化实践活动，由人性情感出发，能够体悟和领会儒家尊重、关爱、体谅他者的人文情怀及自强、坚毅、奋进的人文精神；积累和阐释儒家基本的价值观念、道德规范和审美形式等人文内容；热爱和向往幸福生活，思索和探问生活的美与真谛；反思并积极践行个体向上向善的价值追求。

这一阐释既源于儒家人文思想所蕴含的人文化成的内容，也基于学生发展核心素养的要求。如前文所述，儒家人文思想以"仁"为核心，从基本的人性情感出发，确立起以"道德情感"为本源的包括德性之知、群体意志和道德行动的个体建构范型与向度。而中国学生发展核心素养在体系构建中也关注到了这一思想，并将其作为指标体系建构的重要视角之一。林崇德指出，中国学生发展核心素养需要从我国传统文化中关于"个人修身成德和自我完善"的思想中汲取营养，"仁民爱物""孝亲爱国""重义轻利""诚信自律""礼敬谦和"五个方面的内容为核心素养框架提供启示[②]。由此，《中国学生发展核心素养》构建了"人文积淀""人文情怀""审美情趣"三个基本要点，展现出"人文底蕴"素养的意义内涵。以此为依据，初中生儒家人文思想理解能力的内涵具体表达为：

1. 儒家人文情怀的体悟与领会

刘庆昌指出，人文情怀主要关涉"学生对人类自身的态度"，这是一种基于人类互动基础上对人的存在本身的现实观照和价值确认；是从基本人性出发，在他者视域中立人立己、达人达己的价值观念和人生选择。《中国学生发展核心素养》也强调"人文情怀"需"具有以人为本的意识，尊重、维护人的尊严和价值；能关切人的生存、发展和幸福"，概言之，即"尊重个人和

---

① 郭元祥,刘艳.论课堂教学中的文化育人[J].课程·教材·教法,2020,40(4):36.
② 林崇德.21世纪学生发展核心素养研究[M].北京:北京师范大学出版社,2016:113-122.

关切人类的态度"。它要求不仅尊重个人作为"唯一性"生命的存在，而且维护个人作为社会性存在的权利。①这需要建立在"同情"的基础上。此乃儒家人文思想的核心表达，即"仁"的本质要求和表现。初中生儒家人文思想理解能力的内涵之一，就是体悟和领会儒家人文思想中所蕴含的他者视域下尊重、关怀、体谅他人的人文情怀以及自强、坚忍、勇毅的人文精神。

在学校教育中，通过课程与教学，促进和引导学生经验和体验源于人性的情感的真实存在，深刻体会基于"同情"的尊重与关切对于自我、他人和世界的意义，为理智地思考和认识相应的儒家人文主题奠定基础。语文课程表现出独特的优势，能够为此提供经验和活动展开的条件。在初中语文课堂教学中，引导学生在真实的文化情境中，围绕特定的儒家人文主题，进行儒家所倡导的人文情怀和人文精神的体悟与领会，是其中重要的实践活动内容。

2. 儒家人文知识的积累与阐释

郭元祥强调，知识具有"文化的属性及其价值""文化价值观、文化思维方式和文化精神才是知识的内核"，因而课堂教学的关键在于"引导学生理解知识的文化内核"。②文化育人视域下的人文知识，便是个体"关于为事、为学、为人的根本看法和观点"③以及由此而生成的处世态度和实践方式的智慧结果。《中国学生发展核心素养》中"人文积淀"的解释同样呈现出对人类"认识"与文化"实践"的要求。据此，儒家人文知识就是儒家关于个体做事、为学、做人的根本看法和观点以及相应的处世态度和实践方式的智慧建构，其核心是"仁"这一基本价值。由"仁"的价值出发进行的智慧建构，指向人在不同关系领域中的价值意识的生成与精神的唤起和勃发，从而内化为人自身的价值观念，指引个体的现实实践。积累与阐释是初中阶段学生获得儒家人文知识理解的基本行为表现和途径。

对此，通过学校课程与教学，引导学生积累儒家人文知识，基于已有经

---

① 刘庆昌.人文底蕴与科学精神——基于《中国学生发展核心素养》的思考[J].教育发展研究，2017,37(4):35-41.
② 郭元祥.论课堂教学中的文化育人[J].课程·教材·教法,2020,40(4):31-37.
③ 郭元祥,彭雪梅.在中小学教学中渗透文化自信教育[J].教育研究与实验,2020(5):5.

验阐释儒家人文知识对个体在做事、为学、做人方面的根本看法和观点与自身现实生活的关联，分析并整合对个体建构产生的意义，逐步形成由儒家人文知识奠基的个体价值观念和人文精神。在初中语文课堂教学中，展开包括儒家人文知识在内的文化主题内容的积累，阐释其人文建构的意涵与向度，为语文课程育人功能的发挥奠定基石。

3. 儒家审美性意向的思索与探问

刘庆昌认为，中国学生发展核心素养中，"人文底蕴"素养要点之一的"审美情趣"的主题意涵，可凝练为"钟爱美好"和"追逐诗意"。这里的"美好"具有"价值的和德性的意义"，"诗意"则是指一种生活状态。①其实，就是对幸福生活的热爱与追求，幸福生活是包含美与善的道德生活，是指向自我实现的有意义的生活。对于幸福生活的追求，体现出审美性意向，亦即以过一种道德的生活为目标，通过自我的持续性反思行动，不断改善和发展自身（"修己"），以自我的修养与完善实现"超越个体意志"②，进入群体意志生成的本然性个体价值回归中。这一过程本身就是对生命的尊重与体认，蕴含着审美的意味。对于初中阶段学生而言，使之得以理解，需经过理智的思索与探问，在不断地审视中确立"意志"的方向。

在学校课程与教学中，围绕相关主题，引导学生开展反思性实践活动，关注"命题记忆"与"个人记忆"的关联和平衡③，在积极主动的自我认识和反思中，扩展审美经验，树立群体意识，逐步形成对幸福生活的认知，有志于过道德的生活。初中语文课堂教学需对此予以回应，引导学生以对话的方式展开相关的语文实践活动。在具体的实践活动中，基于学习文本，提炼特定的人文主题，通过对相关问题的思索与探问、交流与对话，促使学生在自我反思中获得包括儒家"乐生"理想在内的"生命意志"的探寻，从而促进

---

① 刘庆昌.人文底蕴与科学精神——基于《中国学生发展核心素养》的思考[J].教育发展研究，2017,37(4):38.

② 谭惟.儒家哲学核心范畴的现代阐释——以钱穆在"知情意"框架下论"情"为例[J].中国文化研究,2021(1):61.

③ 高德胜.论学校教育对记忆的处置及其后果[J].教育学报,2022,18(2):62-74.

自我审美性意向的确立。

4. 儒家道德行动的反思与应用

儒家人文思想强调始于人性情感的道德行动，即"行仁"的实践，因为只有通过这种实践，个体的情感、意欲、意志等才能获得真正的引导与建构，"仁"的价值也能够得到充分的展现。《中国学生发展核心素养》同时包含"责任担当"素养，其中"社会责任"和"国家认同"要点的内涵描述体现出对儒家"修身成德"思想的继承和发展，揭示出道德行动的意义指向，成为中国学生价值观念体系中重要的内容。对于初中阶段学生来说，引导其以关系视野进入对个体与自我、他人、社会、自然等的认识和把握中，在历史意识与社会责任感的生成中理解自我、他人和世界，由此展开积极的道德行动。这一过程的关键在于反思，通过反思，儒家的道德情感、价值和意志才能转化为道德行动。但以往的学校教育较少提供学生展开道德行动的机会，而通过真实情境下的教育实践活动，引导学生在解决切身问题的过程中，形成道德行动的意识，获取道德行动的知识，提升道德行动的能力，促使道德行动成为个体精神成长的有力推动力。

落实在学校课程与教学中，需关注学生问题解决的过程，指引学生在问题情境中展开思考与探究，通过激发学生的问题意识，唤起其"个人记忆"，关联其新旧经验与情感，使之在对话互动中进入负责任行动的进程中。初中语文课堂教学应从学生的生活出发，聚焦问题情境的创设、学习任务的设计、学习资源的整合、学习活动的开展，引导学生围绕相关问题展开探究，在与语文教师、同学、文本等的多元对话中持续反思，逐步树立起向上向善的价值追求，由此引发道德行动的开启。

（二）初中生儒家人文思想理解能力的表现形式

在初中生儒家人文思想理解能力内涵的阐释基础上，提炼初中生儒家人文思想理解能力的表现形式，能够更加深入地认识和把握能力的核心要义，进而为探究在初中语文教学中促进学生儒家人文思想理解能力生成和提升的路径，提供支撑。

如前所述，教育学中的"理解"强调真实情境脉络中的"弹性实作"，这一过程是以一系列的行为作为表征的。由此，威金斯和麦克泰格提出了包括解释、阐明、应用、洞察、移情和自知在内的"理解六侧面"，揭示出"理解"的行为表现；进一步探究其行为内容可以发现，"理解"包含指向情感的"感知体悟"、认知的"分析阐释"、意志的"洞察反思"、行为的"迁移应用"四个维度①。同时，初中生面对的儒家人文思想又包括"同情之爱""'仁'的价值""生命意志"和"负责任行动"，分别对应着"情感—价值—意志—行动"四个意义范畴。依据伽达默尔哲学诠释学的"理解"脉络，将"内容"与"行为"相匹配，能够聚合成初中生儒家人文思想理解能力的具体表现形式："同情之爱的感悟力""'仁'的价值的阐释力""生命意志的反思力""负责任行动的应用力"。如表 5-1 所示：

表 5-1　初中生儒家人文思想理解能力"内容"与"行为"匹配表

行为 内容	感悟	阐释	反思	应用
同情之爱	●			
"仁"的价值		●		
生命意志			●	
负责任行动				●

注："●"表示"内容"与"行为"相匹配的结果。

这四种能力表现具有相应的意义内涵，阐释其意义内涵能够展现出每一种能力的意义指向。同时，四种能力是要在初中语文课程中进行考察，聚焦初中语文课堂教学过程加以探究，因而表现出其特定的内容。

---

① 威金斯和麦克泰格在《追求理解的教学设计》一书中指出"移情是洞察的一种形式"；何晔和盛群力在《理解的维度之探讨》一文中提出，"理解六侧面"中的"洞察"包含"移情"和"自知"；"解释主要为了说明、分析""阐明主要为了解释义理、阐明意义"，这两个维度在内涵上存在重叠混淆之处，很难划分界限，故应将二者合并。由此形成"领会意义""灵活应用""洞察自省"三个维度。"感悟"维度基于哲学诠释学强调的"前理解"，强调直觉、感知、情感、意向等对"理解"的影响。

1. 同情之爱的感悟力

哲学诠释学首先强调"前理解"的优先性，认为"理解"是从这种被先行给定了的状态开始，并引导着"理解"的方向。因而关注个体的"先入之见"是必要的。对于初中阶段学生来说，这种"先入之见"来自其生活世界。胡塞尔的"生活世界"是一个"直观"的世界，"直观"意味着"日常的、伸手可及的、非抽象的"①。学生的生活世界正是这样一个充满着生活的琐细、人际交往的纯真、情感生成的丰富、实践活动的多样的意义世界。由此获得的经验成为学生自我建构的基础。这一"经验"并非认知意义上的"经验"概念，而是"人直接体验到的生活，它先于理解，先于与他人的语言交流，也先于反思"，是"生活赋予的人与世界的联系，它对人生有一种持久的意义"。②

其中最为基本的就是"爱"的情感。学生带着家庭的亲子之爱进入学校场域，随着视野的开阔和知识的增长，情意感受也不断丰富和扩展，而引导学生持续感知情感的存在，通过联想和想象的方式关联起已有经验，唤起与周围人的情感共鸣，使之领会到尊重、体谅、关心他人对自我和他人的意义，同时，展开理性分析，体悟"爱"的情感对自我成长的价值，并由此进入对情感的理智阐释阶段。

在初中语文课程中，学生获得情感经验、感悟情感意义的重要方式是文本阅读。每一个文本呈现的都是一个意义世界，阅读文本就是在这个意义世界中进行对话，并通过对话获得自身的意义建构。具体来说，"通过感受、领悟、欣赏等'在场'活动对语言文字进行演绎，促进情感内化"③，使学生获得真实的情感体验，不仅能够关联起已有的经验，而且拓展和加深对自我的理解，获得对文本意义、生活意义、自我意义的领会，体悟到"爱"的情感的浸润，从而建构起丰富的意义世界。这是个体自我成长的需要，也是语

① 倪梁康.现象学及其效应——胡塞尔与当代德国哲学[M].北京:商务印书馆,2014:126.
② 朱小蔓.情感教育论纲[M].3版.南京:南京师范大学出版社,2019:135.
③ 蔡正栋.育人为本:语文阅读教学须有情感体验[J].语文建设,2010(11):9.

文课程的目标，并指向个体语文素养的提升。

脑科学的相关研究表明，"理解"的生成需要"整体、浸润、联系"，整体感知、内容关联、意义领会，由此获得情感的浸润，正是初中语文教学引导学生文本阅读的展开过程和情感生发序列。通过阅读文本，与文本、语文教师、同学、自我展开对话，促进学生对"爱"的情感的感知和体悟，是"同情之爱的感悟力"在初中语文课堂得以生成的条件，而在语文教学中指引学生对文本进行整体感知、内容关联、意义领会，则是同情的感悟力得以生成的表现。

2."仁"的价值的阐释力

伽达默尔说："在所有经验里都预先设定了问题的结构。"[①]从"前理解"出发的对文本的阐释，意味着文本在向阐释者提出问题，而要使问题得到"阐释"或"理解"就需要在问题视域中展开。问题视域规定了文本的意义方向。同时，"阐释"也不是对文本的客观说明，而是在与当下"处境"的联系中展开"筹划得何所向"的探寻。正是在"当下视域下的阐释和对话"[②]联通了有限与无限，实现了继承与创新。因此，在情感感悟的基础上，对由"同情之爱"奠基的基本价值的理解，需要关注通过问题形式的辩证和通过对话形式的澄清，从而形成引领人生问题解决和为人处世行动的智慧。

在问题视域中展开，以"问—答"结构呈现的辩证过程，首先需要真实的问题情境（the problem situation），在真实的问题情境中，对自身当下的现实问题进行解释说明，引起对问题的思考和探究。其次，关注问题可能得到解决的背景（the context）和条件（the nature），对问题展开分析推理，寻求问题解决的思路和可能路径；最后，探究问题解决的方法（the method），通过分析问题的不同内容和表现，整合问题解决的策略。[③]整个过程贯穿着对话，

---

① ［德］汉斯－格奥尔格·伽达默尔.真理与方法——哲学诠释学的基本特征[M].修订译本.洪汉鼎，译.北京：商务印书馆，2019：511.
② 洪汉鼎.论哲学诠释学的阐释概念[J].中国社会科学，2021（7）：132.
③ 经合组织的 INES 工作组曾提出过"解决问题的能力"（problem-solving）的内涵，包括五个阶段，即"问题本身的情境""问题解决的背景""问题解决的条件""问题求解""问题解决的程序"。

在对话中"问—答"的结构得以呈现。

初中语文教学中的文本阅读，需要与学生的生活相关联，文本阅读的过程就是意义阐释的过程。通过与文本的对话，展开对人存在本身的意义思考，形成对问题的辩证。在语文教师的引导下，不仅能够阐释"仁"的价值主题的内涵和意义，而且能够通过对具体事例的分析和推理，明确价值内容对自我行为的引导作用，进而获得与文本、语文教师、同学、自我对话的教育意义，并指导自身的现实行动。

3. 生命意志的反思力

伽达默尔指出，"理解"是一种"效果历史事件"。对事物的理解，必须有"效果历史意识"。作为一种意识，效果历史意识同样具有"反思性结构"。它要求回到自身，"在他在中认识自身"①，以回到自身的方式实现自我理解。而自我理解始终需要他者视域，在他者视域中反观自身，才能为自我理解的实现开辟道路。

"生命意志"聚焦个体与他者关系基础上的自我建构，既包括给予他人以"爱"的情感，表现出"同情性理解"；也包括情感基础上的理智的思考，以及由此趋向精神性的超越。而对其反思，就是审视和反观自身在实践中是否能够设身处地为他人考虑，给予他人以尊重、关怀和体谅；是否理智地思考自我的情感状态，在做出选择与决策时合情合理；是否能够与他人实现情感的融通，实现个体意志向群体意志的发展。这意味着自我实现的反思需要对自身的情感表现进行移情性理解，运用批判性思维对行为进行审辨，借助反思对自我的认知和思维方式、行为过程及行为的有效性进行评估。

初中语文课程中的文本阅读，需要在反思中建立与文本的深层对话，进入对文本的深度理解，由此拓展其意义内涵。具体来说，首先能够通过阅读文本，把握他人的情意和态度、观点和立场、思想和追求，进行基于特定情境和背景下的思考和探究；其次，由自身立场出发，从不同角度理智地思考

---

① ［德］汉斯 - 格奥尔格·伽达默尔.真理与方法——哲学诠释学的基本特征［M］.修订译本.洪汉鼎,译.北京:商务印书馆,2019:489.

文本的意义内容，并对其展开分析，加深对相关问题的认识和理解；最后，在与文本、学生、教师的对话中发现和认识自身的情意状态、思维方式、方法策略等，形成对自我认识的评价，并进行相应的调节。由此建构起自我认识和理解的意义图式。

4. 负责任行动的应用力

伽达默尔确认了"应用"作为"理解"必要因素的地位，它并不是"理解"的偶然成分，而是"从一开始就整个地规定了理解活动"①。对于理解者或阐释者来说，"应用"是其将文本应用于自身。通过理解和阐释获得文本的意义，是在与自身的当下处境相关联中进行的自我建构，继而呈现出的隶属于自我的独特意义。它包含着客观与主观、理想与现实、过去与现在的沟通，"理解"就是这种沟通的具体应用。

这种沟通凝结于当下，表现在学生的现实生活中。不仅需要基于"爱"的情感、以"仁"的价值为引导，面对和处理人际关系；而且需要展开自我认识和反思，在现实情境中做出价值抉择。这既关系学生的当下生活质量，也影响其未来生活幸福。在此基础上，身处问题情境和现实环境，理智地分析和辨别问题，寻求问题解决的方案，并尝试解决问题；这一过程时刻伴随着责任，个人、道德及伦理的责任，使问题的解决过程成为个体"向善"的价值追求过程。同时，个体的负责任行动，也显示出自我生命的成长。展开符合道德要求的行动，需要个体的学习。学习的过程是发展情意、提升能力的过程，也是身心体道、悟道的过程。个体的负责任的行动，始终蕴含着真实的情感和意志，由情感促动，以意志引领，情意也在此过程中得到发展；负责任行动的能力能够为个体建构提供支持，促进个体精神的成长。由此出发，反思自我的行动，是否符合人性与情感，是否依循天道与人道的规律，是否在人性的立场上展开"利他"的行动，并促进自我的建构，从而使行动的过程成为个体"向上"的积极实践过程。

---

① [德]汉斯-格奥尔格·伽达默尔.真理与方法——哲学诠释学的基本特征[M].修订译本.洪汉鼎,译.北京:商务印书馆,2019:459.

初中语文课程中的文本阅读，正是学生展开负责任行动的起点。每一个文本都是学生负责任行动的意义来源，学生通过文本的阅读，与文本、学生、教师等的对话，能够使学生思考和认识自我和理解自我。文本中的情感表达、价值呈现、意志确立、行动开展，都能够引导学生进入相关问题的思考和探究中，实现经验及意义的建构。通过阅读教学，在学生已有经验基础上，首先促进学生情意的生发和展开，诵读、积累、拓展、表达，引导学生通过言语实践活动感知和体悟情感，使其情意不断得以激发，呈现出积极向上的情意状态，为学生的负责任行动提供情意基础。其次，提升学生的理智思维能力，在语言运用的过程中，指导学生展开问题辨别与分析、价值反思和判断，为学生负责任行动的应用能力提升奠定理智基础。最后，引领学生通过语言文字、在语言文字中进行文化学习，汉语汉字本身内含着丰富的文化意蕴，伴随着汉语汉字的学习，理解人文思想、探求人道规律、体悟人生意义，学生的选择与决策就具有了文化基础。由此，阅读文本就成为个体成人的重要途径。

（三）初中生儒家人文思想理解能力的指标构建

如果将"能力"理解为"保证个体'能'顺利地完成一定活动、直接影响活动效率的主观条件"①，那么，初中生儒家人文思想理解能力就是初中生"能"对儒家人文思想蕴含的内容进行理解所应具备的主观条件，它由承载特定内容的"理解"行为和这一行为运用的内容领域，即儒家人文思想，两个部分构成。而在初中语文教学中探究学生的儒家人文思想理解能力，能够建构起相应的能力指标。

1. 初中生理解能力维度指标

如前所述，"理解"是一个内涵丰富的生成过程，不同视角的"理解"有不同的关注点，整体观照能够对"理解"的过程进行把握。而在强调"弹性实作"的教育学视角下，"理解"是应用性的，旨在促进认知的发展和能

---

① 崔允漷.有效教学[M].上海：华东师范大学出版社，2009：86.

力的生成。以美国课程研究专家威金斯和麦克泰格的"理解六侧面"对"理解"的阐释为基本依据，整合教育学研究的相关成果，能够获得初中生理解能力的维度指标。

威金斯和麦克泰格指出，"理解"是多维且复杂的，它有不同类型和不同方法，同时也与其他知识目标有概念的重叠，但依然能够形成一个由六个侧面构成的结构体：一是解释，通过归纳和推理，系统合理地说明事件、行为和观点，明确事物之间的关系并提供例证。二是阐明，解说有深度的故事，提供合适的转化，揭示观点和事件背后的意义。三是应用，在新的、不同的、真实的情境中有效地使用知识。四是洞察，批判性地、富有洞见地看待和权衡看似合理的解释和阐述。五是移情，在先前已有经验基础上敏锐地感知，能从他人认为奇特的、古怪的或难以置信的事物中发现价值。六是自知，展现元认知意识，明确自身的思维模式和行为方式，反思学习和经验的意义。①这一建构不仅揭示出了"理解"的认知层面，也展现出它所蕴含的情感、行为等层面。但也有学者指出，这六个侧面"在内涵以及相互之间的关系上存在不少模糊之处"，且每个侧面的"阐述过于抽象"，实践应用性不强。②因此，本研究在此框架基础上，又参照了布卢姆的教育目标分类学、安德森的目标分类学修订版、马扎诺的教育目标新分类学和学习维度论，进行理解能力的维度指标建构。

布卢姆的认知目标序列中的"理解"即"领会"，它有三种行为表现：转化、解释、推断。它们围绕交流内容指向不同侧面，"转化"以"忠实性"和"准确性"为依据，通过形式化符号的转换忠实传递交流内容。"解释"则对材料进行重组或提出新观点。"推断"是根据已有材料对各种趋向或趋势加以探讨或预测。③不同的侧面表征着"领会"所应达到的目标。

① ［美］格兰特·威金斯，［美］杰伊·麦克泰格.追求理解的教学设计［M］.2版.闫寒冰,等译.上海：华东师范大学出版社,2016： 94–114.
② 何晔,盛群力.理解的维度之探讨［J］.开放教育研究,2006(6):28–34.
③ ［美］B·S·布卢姆.教育目标分类学——认知领域［M］.罗黎辉,译.上海:华东师范大学出版社,1986:196–197.

安德森在此基础上，提出了"理解"的七种认知行为，并以行为描述或特征显现的方式揭示其内涵。具体来说，一是解释（interpreting），当学生能够将信息从一种表征形式转化为另一种表征形式时，解释就产生了。二是例证①（exemplifying），出现在学生提供一般概念或原理的例子的时候。三是分类（classifying），出现在学生认识某事物（某个特殊例子或事例）属于某个类目（如概念或原理）之时。四是概要（summarizing），出现在学生用一句话表达呈现的信息或抽象出一般主题时。五是推论（inferring），出现在学生能够抽象说明一组例子或事件的概念或原理的时候。六是比较（comparing），涉及查明两个以上的客体、事件、观念、问题或情境之间的相似性。七是说明（explaining），当学生能够建构和运用一个系统的因果模型时。②它们呈现出复杂性的递增。

马扎诺的教育目标新分类学强调"理解"作为认知系统内关注信息在存储为永久记忆过程中的选择机制，即关键信息"按照一定的结构和格式"③进行转换保存、冗余剔除等，实现知识的永久储存。他提出"理解"涉及"整合"与"象征"两个过程。而其"学习维度论"（Dimensions of Learning，DOL）"扩展与精炼知识"维度提出了八项加深知识理解的推理过程，即比较（comparing）；分类（classifying）；抽象（abstracting）；归纳推理（inductive reasoning）；演绎推理（deductive reasoning）；提供支持（constructing support）；分析错误（analying errors）；分析观点（analying pespectives）。④

"教育目标分类学"一系建构的"理解"指标具体如表 5-2 所示：

---

① 在所参阅的《学习、教学和评估的分类学——布卢姆教育目标分类学修订版》(2008)中，将这一认知行为译为"举例"，但就安德森所使用的"exemplify"，笔者认为使用其"替代说法"中的"例证"较为恰当。

② ［美］L·W·安德森.学习、教学和评估的分类学——布卢姆教育目标分类学修订版［M］.皮连生,译.上海:华东师范大学出版社,2008:62-67.

③ ［美］马扎诺,肯德尔.教育目标的新分类学［M］.2 版.高凌飚,等译.北京:教育科学出版社,2012:35.

④ 马兰,盛群力."学习维度论"要览［J］.上海教育科研,2004(9):36-37.

表5-2 "教育目标分类学"一系确立的"理解"指标一览表

教育目标分类学	①转化；②解释；③推论
教育目标分类学修订版	①解释；②举例；③分类；④概要；⑤推论；⑥比较；⑦说明
教育目标新分类学	①整合（"解释"）；②象征（"转化"）
学习维度论"扩展与精炼知识"	①比较；②分类；③抽象；④归纳推理；⑤演绎推理；⑥提供支持；⑦分析错误；⑧分析观点

据此，在"理解六侧面"框架内，能够形成理解能力的维度指标。鉴于"理解六侧面"六个维度之间有包含关系和重叠现象，故在六个维度基础上，关注相近维度之间的焦点内容，提炼整合为具体维度指标。具体来说，将"解释"和"阐明"两个维度整合，因其重点关注分析过程和阐释过程，而凝练为"分析阐释"维度。将"洞察"和"移情"两个维度整合，形成"洞察"维度；"自知"维度"要求我们自觉地质疑自己看待世界的方式"[①]，进行自我反思，这与"洞察"实现的方式有共通之处，因而形成"洞察反思"维度。"应用"是"迁移的重要表征之一"[②]，"迁移与应用"是显示学生是否理解的重要指标，因而形成"迁移应用"维度。在此基础上，根据以往的相关研究，包括参考21世纪核心素养5C模型的"审辨思维"框架建构；同时，由于初中阶段是个体"理智生活的活跃阶段"，初中生"理智兴趣"和"理智思维能力"的发展是教育的着眼点[③]，关注其理智能力的培养，就成为本研究细化每一个维度之下的能力指标，进行理解能力维度指标构建的起点。如表5-3所示：

① ［美］格兰特·威金斯，［美］杰伊·麦克泰格.追求理解的教学设计［M］.2版.闫寒冰，等译.上海：华东师范大学出版社，2016:117.

② 刘月霞，郭华.深度学习:走向核心素养:理论普及读本［M］.北京:教育科学出版社，2018:60.

③ 刘铁芳.追寻生命的整全:个体成人的教育哲学阐释［M］.北京:高等教育出版社，2017:50.

表 5–3　初中生理解能力维度指标表

能力维度	能力要素	具体能力指标及内涵描述	
A.分析阐释	A1.解释说明	A1–1　转换	能将信息从一种表征方式转换成另一种表征方式
		A1–2　概括	能把零散的信息或事物的共同特点归结在一起
		A1–3　例证	能提供一般概念或原理的事例
		A1–4　说明	能提供某一主张的支持依据或证据
	A2.分析推理	A2–1　比较	能区别并说出不同事件、观念、问题或情境之间的异同点
		A2–2　归纳	能从具体的信息或事实中概括出一般概念或原理
		A2–3　演绎	能由一般概念或原理推出关于具体信息或情境的结论
	A3.抽象整合	A3–1　抽象	能确定并说明信息潜在的主题意义或一般范型
		A3–2　整合	能呈现和表达一个包含知识的关键要素与核心思想的完整结构
B.洞察反思	B1.质疑批判	B1–1　多角度审视	能从多个不同的角度,理智地思考问题
		B1–2　分析观点	确定某个问题的多种观点,并检查每个观点的理由和逻辑合理性
		B1–3　形成见解	提出自己具有创造性的见解
	B2.移情性理解	B2–1　换位思考	把握他人观点,站在他人立场考虑问题
		B2–2　情绪调整	体会他人的情感,调整自己的情绪
		B2–3　尊重包容	尊重他人及其观点,持开放包容的心态
	B3.反思评估	B3–1　元认知	具有坚强的意志、积极的态度、持久的注意力以及自我监控
			通过了解知识和行为的类型、重要性、效能等以进行有效的过程控制
		B3–2　自我调节	对自我的思维策略、思维习惯、情绪态度等进行调节

续表

能力维度	能力要素	具体能力指标及内涵描述	
		B3-3 自我评估	基于标准对自己的情感、态度及行为等的有效性进行自我评价
C.迁移应用	C1.问题表征	明确新问题、任务、多样化情境等的要求、目标和已知条件，利用发散性思维生成各种假设和方案	
	C2.形成计划	通过对各种可能方案的考量，以聚合性思维形成行动计划	
	C3.问题解决	执行计划，使对问题的疑惑、迷思、疑难等得以缓解和消除	

2. 初中生儒家人文思想理解能力维度指标

以上构建的初中生理解能力指标维度，侧重于认知层面的"理解"，即理解能力指标是指向初中生认知能力发展和提升的。而初中生"理智能力"的发展仍是以"爱的情感的培育"①为基础的，儒家人文思想本身也是一个以"爱"的情感为基础，包含价值生成、意志升华和行动展开的整体，且"理解"具有指向情感的"感知体悟"维度，因此，初中生儒家人文思想理解能力维度指标框架还需包括情感层面。脑科学指出，情感"浸润"的实现需要在"整体"和"联系"的基础上，据此，整体感知、内容关联、意义领会，就成为情感层面重要的能力要素。

与此同时，本研究将初中生儒家人文思想理解能力的研究置于初中语文课堂教学中，聚焦初中语文古诗文阅读教学，因而也参照了"初中语文学科能力框架指标体系（优秀诗文部分）"的建构。"初中语文学科能力框架指标体系（优秀诗文部分）"建构了三种能力维度："学习理解""实践应用""迁移创新"。每个能力维度之下各包含三种能力要素，每种能力要素之下又由三项学习表现指标构成。②基于以上一系列的探究，最终形成了初中生儒家人文思想理解能力维度指标体系。

初中生儒家人文思想理解能力维度指标体系由四个基本能力维度构成，

---

① 刘铁芳.追寻生命的整全:个体成人的教育哲学阐释[M].北京:高等教育出版社,2017:52.
② 王彤彦,任洪婉,郑国民.语文核心素养关键能力诊断及学习资源框架研究——以"优秀诗文"测试框架为例[J].教育科学研究,2017(6):68-72.

分别是：（1）感知体悟；（2）分析阐释；（3）洞察反思；（4）迁移应用。每一个维度之下各包含三种能力要素，即"感知体悟"维度之下的整体感知，内容关联，意义体悟；"分析阐释"维度之下的解释说明，分析推理，抽象整合；"洞察反思"维度之下的移情性理解，质疑批判，反思评估；"迁移应用"维度之下的问题表征、形成计划、问题解决。如表 5-4 所示：

表 5-4　初中生儒家人文思想理解能力维度指标

能力维度	能力要素	具体能力指标及内涵描述	
A.感知体悟	A1.整体感知	A1-1 感性认识	能依靠经验和直觉，直接对事物、对象、主题的内容做出反应
		A1-2 理性把握	能从经验和直觉出发，对事物、对象、主题的内容和情感做出整体性认识和把握
	A2.内容关联	A2-1 回忆	面对特定的事物、事件、对象，能想起已有的情感经验或体验
		A2-2 联想	能由已有的情感经验或体验，想到其他与之相关的情感经验或体验
	A3.意义体悟	A3-1 体悟	能在形成的情感体验基础上，感受和体验事件或思想蕴含的意义和表达的情感、态度
		A3-2 领会	能把握事件或思想中蕴含的意义和情感，对人与人之间的情感关系有深入认识和体会
B.分析阐释	B1.解释说明	B1-1 转换	能将基本价值主题或概念从一种表征方式转换成另一种表征方式
		B1-2 概括	能把分散的价值信息或内容归结在一起
		B1-3 例证	能提供价值信息、概念、原理的事例
		B1-4 说明	能提供价值观点、主张的支持依据或证据
	B2.分析推理	B2-1 比较	能区别并说出不同事件、价值、问题或情境之间的异同点
		B2-2 归纳	能从具体的价值信息或事件中概括出基本的价值主题、概念或原理
		B2-3 演绎	能由基本的价值主题、概念或原理推出关于具体价值概念或原理的结论
	B3.抽象整合	B3-1 抽象	能确定并说明价值内容潜在的主题意义或内涵
		B3-2 整合	能呈现和表达基本价值内容的关键要素、核心思想、意义主旨的完整结构

续表

能力维度	能力要素	具体能力指标及内涵描述	
C.洞察反思	C1.移情性理解	C1-1 换位思考	能理解他人观点，站在他人立场考虑问题
		C1-2 情绪调整	能体会他人的情感和态度，调整自己的情绪
		C1-3 尊重包容	能尊重他人的观点、主张和思想，持开放包容的心态
	C2.质疑批判	C2-1 多角度审视	能从多个不同的角度，理智地思考问题
		C2-2 分析观点	能对不同的观点进行分析判断，考察自己的观点、主张和态度的合情、合理性
		C2-3 形成见解	能形成并提出自己合情合理的见解
	C3.反思评估	C3-1 元认知	能对自己的情感态度、思维模式、行为方式等有明确的认识
			能对自己与他人交往的情感状态、认识水平、意志心向、行为表现有清晰的判断和把握
		C3-2 自我调节	能对自我的情感态度、思维习惯、情意状态、行为方式等进行调节
		C3-3 自我评估	能基于人性情感，对自己的情感态度、智慧能力、情意表现和道德行动的有效性进行评估
D.迁移应用	D1.问题表征		能针对当下自己所面对的人生问题或疑惑，提出自己的假设
	D2.形成计划		在人性情感的框架内，扩展"爱"的情感、确立"仁"的价值、发展生命意志、展开"利他"行动
	D3.问题解决		在所形成的计划的引领下，积极开展道德行动，解决现实问题

　　初中生儒家人文思想理解能力维度指标体系的构建，既展现出初中语文教学引导和促进学生进行以儒家人文思想为主要内容的中华优秀传统文化理解能力提升，可关注的要素及其内涵；也为初中语文教学中学生儒家人文思想理解能力的现状调查与分析提供支持。

第六章　初中语文教学中学生儒家人文思想理解能力的现状及影响因素

　　本章在甘肃省的初级中学范围内展开调查，将其中城乡各一所学校作为重点研究对象。通过对甘肃省城乡的 6 所初中学校的学生进行问卷调查，并聚焦其中 2 所学校的语文教师和学生，对其进行访谈与观察，形成了对初中语文教学中学生儒家人文思想理解能力现状及影响因素的整体把握和深入理解。在此基础上，通过对现状及影响因素的分析，明确了初中语文教学中学生儒家人文思想理解能力的整体水平和存在的问题，探明了影响初中语文教学中学生儒家人文思想理解能力的相关因素，为有针对性地探究初中语文教学中提升学生儒家人文思想理解能力的有效路径和策略奠定基础。

一、问卷调查对象的基本情况

（一）学校情况

1. 学校类别

　　初中阶段是义务教育的第四学段，初级中学作为实施义务教育的学校类型，在整个基础教育阶段发挥着承上启下的重要作用。目前，甘肃省的初级中学从类别来看，主要包括地方性初中，高校（企业）附属初中，合作共建的分校等。问卷调查中，有 1497 名学生来自地方初中，占总量的 52.6%；852 名学生来自高校（企业）附属初中，占总量的 29.9%；114 名学生来自合作共建的分校，占总量的 4%；还有 384 名学生在此三种类别之外，占总数的 13.5%。来自地方初中的学生数量最多，占调查对象总数的一半以上。如表 6-1 所示：

表 6-1　样本学校的类别统计表

学校类别	频率	百分比
地方初中	1497	52.6
高校（企业）附属初中	852	29.9
合作共建的分校	114	4.0
其他	384	13.5
总计	2847	100.0

2. 区域分布

问卷调查结果显示，在样本学生范围内，有 1810 名学生所在的学校位于市（州）级城市，占总量的 63.58%；713 名学生所在的学校位于县城，占总量的 25.04%；324 名学生所在的学校位于乡镇，占总量的 11.38%。也就是说，问卷调查中的一半以上的学生来自城市初级中学，仅有 36.42% 的学生来自县乡初级中学。如表 6-2 所示：

表 6-2　样本学校所在区域

学校区域	频率	百分比
市（州）级城市	1810	63.58
县城	713	25.04
乡镇	324	11.38
总计	2847	100.0

3. 生师比

依据《中国教育监测与评价统计指标体系（2020 年版）》（以下简称《指标体系》），生师比是指某学年内某级教育中每位专任教师平均所教的学生数。指标值越高，说明每位教师平均所教的学生越多，反之，则每位教师平均所教的学生越少，老师有更多的精力关注每一个学生，教育效果会较好。

初中生师比 = 初中在校生总数 / 初中专任教师总数。①通过调查可以发现，两所样本学校的学生数分别为 327 人和 324 人，专任教师分别为 48 人和 31 人。生师比分别为 6.813 和 10.452。这说明两所样本学校相较，第一所学校，也就是位于城市的学校，其教师平均所教的学生较少，老师能够有更多的精力关注学生；而第二所学校，也就是位于乡镇的学校，其教师平均所教的学生较多，老师对学生的关注可能无法到达每一个学生身上。

（二）样本情况

1. 人口学特征

人口学是研究和说明人类社会各个发展阶段的人口过程及其发展规律的科学，从质和量两个方面对人口问题进行研究。人口学特征主要包括性别、年龄、婚姻状况、职业、文化程度、收入等指标。②本研究是对初中语文教学中学生的儒家人文思想理解能力展开研究，对学生理解能力产生影响的人口学可能性因素有性别、年龄、年级，同时，其语文教师的性别和年龄特征也会产生一定影响，因而需要对此进行考察。

（1）学生的人口学特征

在教育目标分类学中，"理解"属于认知领域。皮亚杰（Jean Piaget）对于个体认知发展的认识体现出随着年龄的增长，个体认知水平不断提升的特点。对于初中阶段学生来说，正处于皮亚杰的"形式运算阶段"，其理解能力已远胜于前一阶段；同时，脑科学研究也证明，青春期的脑成熟使其认知功能处于敏感时期③。据此，关注如下抽样学校学生的人口学特征，如表 6-3 所示：

---

① 中华人民共和国教育部.中国教育监测与评价统计指标体系:2020 年版[EB/OL].(2020-12-30) [2021-11-08].http://www.moe.gov.cn/srcsite/A03/s182/202101/t20210113_509619.html.

② 向洪等.人口科学大辞典[M].成都:成都科技大学出版社,1994:49.

③ [英]乔恩·提布克.教师应该知道的脑科学[M].王乃弋,等译.北京:教育科学出版社, 2021:120.

表 6-3 样本学校学生的人口学特征统计表

项目	频率	百分比
男	1360	47.8
女	1487	52.2
12 岁以下（包括 12 岁）	209	7.3
13-14 岁	1327	46.6
15-16 岁	828	29.1
16 岁以上（不包括 16 岁）	483	17.0
七年级	515	18.1
八年级	988	34.7
九年级	1344	47.2

表 6-3 数据显示，问卷调查对象中男生 1360 人，占总样本量的 47.8%，女生 1487 人，占总样本量的 52.2%；调查对象中 12 岁以下（包括 12 岁）的学生有 209 人，占总样本量的 7.3%；13-14 岁的学生有 1327 人，占总样本量的 46.6%；15-16 岁的学生有 828 人，占总样本量的 29.1%；16 岁以上（不包括 16 岁）的学生有 483 人，占总样本量的 17.0%。调查对象主要集中在 13-14 岁和 15-16 岁学生之间，二者之和为 2155 人，占总样本量的 75.7%。从年级分布上来看，七年级学生有 515 人，占总样本量的 18.1%；八年级学生有 988 人，占总样本量的 34.7%；九年级学生有 1344 人，占总样本量的 47.2%。八年级和九年级学生有 2322 人，占总样本量的 81.9%。样本中的学生在理解能力上是能够达到要求的。

2. 语文教师的人口学特征

语文教师是语文课堂教学的主体之一，在语文课堂教学中，语文教师的性别、年龄、文化程度等特征也带来一定程度的影响，对抽样学生的语文教师的性别和年龄进行考察，以呈现其基本情况。如表 6-4 所示：

表 6-4　样本学校学生的语文教师人口学特征统计表

项目	频率	百分比
男	736	25.9
女	2111	74.1
35 岁以下	949	33.3
36-45 岁	1285	45.1
46-55 岁	537	18.9
56 岁以上	76	2.7
总计	2847	100.0

表 6-4 数据显示，参加调查研究的学生中，有 736 名同学的语文教师为男性，占比为 25.9%；有 2111 名同学的语文教师为女性，占比为 74.1%，问卷调查学生的语文教师中，女性教师居多。从年龄上看，问卷调查学生的语文教师主要集中在 45 岁以下，占比为 78.4%，即以中青年教师为主；45 岁以上的语文教师仅为 21.6%，这与我国目前中小学教师年龄结构的整体水平状况相一致。

3. 学生的阅读情况

"阅读是运用语言文字获取信息、认识世界、发展思维、获得审美体验的重要途径。阅读教学是学生、教师、教科书编者、文本之间对话的过程。"[1]通过这一"对话"，学生能够加深对自我、他人和世界的理解，获得多方面的情绪感受和情感体验，在思想碰撞与情感交流中收获"对自然、社会、人生的有益启示"[2]。在初中语文教学中提升学生儒家人文思想理解能力，依托文本阅读，特别是包括古诗文在内的经典阅读，由此展开多元对话，获得反思与行动的能力，是真实而有效[3]的方式。而阅读本身也是一个不断累积和深入

---

① 中华人民共和国教育部.义务教育语文课程标准(2011 年版)[M].北京:北京师范大学出版社,2012:22.

② 中华人民共和国教育部. 义务教育语文课程标准（2022 年版）[EB/OL].（2022-04-21）[2022-04-23].http://www.moe.gov.cn/srcsite/A26/s8001/202204/W020220420582344386456.pdf.

③ 所谓"真实"，是指目前的初中语文课堂教学仍是以阅读教学为主;所谓"有效"，是说阅读本身对个体的理解与体验所能起到的作用。

的过程，通过对学生自主阅读时长、种类及遇到的问题的考察，明确在初中语文教学中提升学生儒家人文思想理解能力的现实出发点。

（1）阅读时长

学生自主阅读时长能够从一个侧面表现学生自主阅读的现实状况。以学生每周自主阅读时长平均最低5小时计（每日阅读时长1小时以内），并据此逐步增加，对样本学生的每周自主阅读时长进行考察，能够呈现出基本的现实状况。如表6-5所示：

表6-5　学生每周阅读时长统计表

阅读时长	频率	百分比
5 小时以内	1390	48.8
5-10 小时	962	33.8
11-15 小时	288	10.1
15 小时以上	207	7.3
总计	2847	100.0

统计显示，在2847名学生的总样本量中，有1390名学生每周阅读时长在5小时以内，占比高达48.8%，也就是说，接近一半的学生每日阅读量不超过1小时；每周10小时以内（包括10小时）的学生有962名，占总样本量的33.8%；两者相加，学生每日阅读量在2小时以内的占比高达82.6%，而超过2小时的仅有17.4%，这说明样本学生每周阅读时长整体较短，在自主阅读方面用时较少。

（2）阅读种类

学生阅读的种类也能够从一个侧面反映学生的阅读状况。聚焦古代经典文学文本，根据古代经典文学文本的体裁类型进行划分，可以将其分作古代诗词、古体小说、古代抒情散文、古代戏剧、古代哲理小品、古代寓言或传说及其他类型，在此范围内，考查样本学生自主阅读的种类，能够获得相应的数据。如表6-6所示：

表 6-6　学生阅读种类统计表

项目	响应		
	个案	百分比	个案百分比
问卷调查 a　古诗词	1341	18.9%	47.1%
古体小说	1329	18.7%	46.7%
古代散文（抒情）	1108	15.6%	38.9%
古代戏剧	276	3.9%	9.7%
古代哲理小品	575	8.1%	20.2%
古代寓言或传说	1378	19.4%	48.4%
其他	1087	15.3%	38.2%
总计	7094	100.0%	249.2%

a. 使用了值 1 对二分组进行制表。

　　调查结果显示，在样本学生中，自主阅读主要集中在古诗词、古体小说、古代寓言或传说三种类型上，分别占总量的 47.1%、46.7%、48.4%；其次是古代散文和其他类，各占 38.9% 和 38.3%。这说明从整体上看，在古代经典文学作品范围内，学生更倾向于选择诗词类、故事类（小说、寓言、传说）和抒情散文类作品，阅读作品种类相对集中；而在戏剧和哲理性文本上，选择相对较少，说明样本学生获得深入理解与阐释的机会不足，需要拓展其可能促进审视与反思深入展开的阅读范围。

　　而进一步聚焦其中的两所学校，即 N 学校和 H 学校的学生目前在阅读中正遭遇的问题，通过访谈获知，学生认为古代经典作品在理解上有难度，如果没有教师的讲解，依靠自己，较难独立地克服理解上的困难。加之阅读习惯未能养成，阅读的范围又仅限于教材内的作品（包括语文教材推荐的课外名著作品），应试的目的性强，面对升学考试的压力和课业负担重的现实，古代经典阅读的文化意蕴理解得有限。虽然语文教师在进行古诗文教学时，会讲到创作背景、作者经历、文化常识等，有助于自己理解作品，但由于自身阅读积累不够，对作品所表达的情感、态度、价值等理解得不深。这与笔者在做中学语文教师时的认识是一致的。在对 H 学校的语文教师进行交流时还能发现，与 N 学校这所位于城市且学生多数来自高校教师家庭的学校相较，乡村学校 H 学校的学生的古代经典阅读要更为薄弱，既没有培养起阅读的习惯和兴趣，又缺乏自主阅读并相互交流的氛围，"基础"的不足使得在语文教学有限的时空内提升儒家人文思想理解能力，面临着现实的挑战。

二、初中语文教学中学生儒家人文思想理解能力的现状分析

如前所述，通过对问卷调查量表中的题项进行探索性因子分析，获得了四个因子，这四个因子分别为 F1："生命意志的反思力"、F2："同情之爱的感悟力"、F3："'仁'的价值的阐释力"、F4："负责任行动的应用力"，这与通过文献梳理、阐释和建构的初中生儒家人文思想理解能力的四个维度相一致。由此，本研究依据量化数据和观察访谈所获，对初中语文教学中学生儒家人文思想理解能力的整体水平和各因素关系进行描述与分析，以形成对其总体状况的认识。

（一）整体水平

将探索性因子分析获得的四个因子作为解释初中生儒家人文思想理解能力的关键变量，儒家人文思想理解能力为新变量 F5，探究初中语文教学中学生儒家人文思想理解能力的水平，使用 SPSS23.0 计算各变量的平均值和标准差，可以获得其水平状况。如表 6-7 所示：

表 6-7　初中语文教学中学生儒家人文思想理解能力表现水平表

维度	N	M	SD
F1：生命意志的反思力	2847	1.75	0.74
F2：同情之爱的感悟力	2847	1.68	0.75
F3："仁"的价值的阐释力	2847	1.79	0.77
F4：负责任行动的应用力	2847	2.00	0.85
F5：儒家人文思想理解能力	2847	1.81	0.78

　　本研究使用李克特五点计分量表进行反向赋值，通过调查对象的各题项平均值和标准差可显示出初中语文教学中学生儒家人文思想理解能力的表现水平。依据赋值规则，"1.00"为"非常好"，"2.00"为"比较好"，"3.00"为"一般"，"4.00"为"比较差"，"5.00"为"非常差"。表6-7显示，在初中语文教学中学生儒家人文思想理解能力的整体得分为1.81，略高于"较好"的水平。具体来说，F2"同情之爱的感悟力"（M=1.68，SD=0.75）在四个因子中得分最高，说明学生的"同情之爱的感悟力"较其他能力水平较高，F1"生命意志的反思力"（M=1.75，SD=0.74）和F3"'仁'的价值的阐释力"（M=1.79，SD=0.77）处于中间水平，而F4"负责任行动的应用力"在四个因子中则水平较低。虽然整体水平显示较好，但各因素的得分之间依然存在差异，结合笔者的教学经历、反思和调研期间的观察访谈，能够形成如下分析：

　　首先，样本学生在"同情之爱的感悟力"方面表现水平之所以较其他三项高，在初中语文课堂教学中，与学习材料本身的特征和语文教师教学过程的指引有关。课程标准明确了工具性和人文性的统一是语文课程的基本特点，以此为指引，语文教材的编写、语文教师阅读教学的目标、学生学习经验的积累等方面，就表现出了鲜明的人文取向。就现行的统编版初中语文教材而言，课文被组合进相应的人文主题之下，构成相对独立的单元。"各单元的人文主题涵盖'人与自然''人与社会''人与自我'三大板块"，七年级至九年级教材的36个单元人文主题"大致有一个循环上升的逻辑线索"。以统编版八年级语文教材为例，在七年级与自然、生活相关的主题内容基础之上，延伸出了社会、自我等更广阔的人文主题，引导学生对社会人生展开更深入的思考。同时，统编初中语文教材重视中华优秀传统文化的理解与传承，特别强调古诗文的学习，无论从数量上，还是经典性上，都作出了精心设置。①而中华民族"以人为本"的文化传统又集中蕴藏在这些经典

---

　　①　王本华.统编语文教材与立德树人教育——以统编初中语文教材为例［J］.语文教学通讯,2020（10）:6—7.

文本中，人文情感的主题和线索贯穿始终。在统编教材的指引下，语文教师的课堂阅读教学也更加侧重对学生情感生成的关注，通过对文本的细致解读，引领学生感知文本蕴含的人文情感，试图与作者和文本达成情感的共鸣，就成为语文教师阅读教学的落脚点。同时，学生生活经验的积累和在语文课堂获得的引导，使之在文本阅读中确立起了基本的思路。由此，从情感的角度理解文本就成为文本阅读的归宿。因此，相较其他能力，学生"同情的感悟力"表现相对较好，但在初中语文教学中，引导学生由情感出发，进一步关联价值、生成意志，进而转化为行动，亦即促进个体的自我建构，是需要深入探究的。

其次，样本学生在"生命意志的反思力"和"'仁'的价值的阐释力"上的表现水平低于"同情之爱的感悟力"，笔者调研发现，这与语文教师对语文课程的理解及由此而展开的教学实践相关。语文课程的育人价值，不仅在于语言文字知识的学习，更在于在语言文字的运用过程中"吸收古今中外优秀文化，提高思想文化修养，促进自身精神成长"[①]。这一过程需要知识的奠基，也需要引导学生学会理解和阐释价值对个体存在的意义，并据此反思自我在个体价值确立基础上的行为表现。其本身就是个体成长的内在需求。伴随着语言文字运用的学习，个体在阐释"仁"的核心价值中明确人性的内涵，完善理性的人格，思索人生的意义；在反思是否拥有他者视域中，认知和调控自我，探察为人处世的表现、承担社会责任。语文课程由此展现出对促进个体成长的价值。而在笔者所观察的初中语文课堂中，并没有完全表现出将该理念转化为现实的语文教学实践。通过多元对话展开价值的阐释、自我实现的反思活动有限，且仅出现在少数语文教师的课堂中，语文课程育人的价值需要在语文教学实践中充分展开。

最后，"负责任行动的应用力"相对水平最低，说明在语文课堂学习中，学生将情感、价值、意志等转化为现实的行动，以解决人生问题，还有待能

---

① 中华人民共和国教育部.义务教育语文课程标准(2011 年版)[M].北京:北京师范大学出版社,2012:2.

力的提升。在语文教学实践中，真实情境的创设、具身化的体验、基本问题的思考与探究、多元的对话等，能够为促进该能力的提升提供指导和启示。由此，面对生活中的问题，以基于人性情感、德性之知和群体意志的道德行动，展开积极的探索和实践，才能真正实现个体的成长与发展。

总之，学生的儒家人文思想理解能力需要在现有水平上进一步提升，而初中语文课堂教学则需在持续关注学生情感的感悟基础上，深入引导学生进行价值阐释和自我反思的活动，并由此将课堂内外、学校内外关联起来，在生活实践中展开道德行动，不断提升行动能力，促进个体的自我建构。

（二）各维度之间的关系

为了进一步考察初中生儒家人文思想理解能力各因素之间的关系，需要对其进行多元线性回归分析。在之前探索性因子分析中，已获知"生命意志的反思力"的解释率为28.61%，约占四个因子总量的1/3，故将"生命意志的反思力"作为效标变量，而"同情之爱的感悟力""'仁'的价值的阐释力""负责任行动的应用力"为预测变量，探求它们之间的相互关系。如表6-8所示：

表6-8　初中生儒家人文思想理解能力各维度多元回归分析表

	B	标准误差	Beta	t	显著性
（常量）	0.114	0.014		8.114	0.000
F2：同情之爱的感悟力	0.219	0.016	0.219	13.307	0.000
F3："仁"的价值的阐释力	0.686	0.018	0.703	38.987	0.000
F4：负责任行动的应用力	0.019	0.009	0.023	2.143	0.032
$R=0.923$，$R^2=0.851$，调整后 $R^2=0.851$，$F=5430.462$					

注：因变量：F1= 自我实现的反思力；$p<0.05$

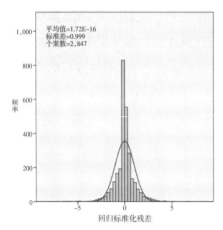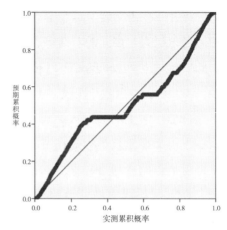

图6-1　初中生儒家人文思想理解能力构成要素多元线性回归正态曲线直方图和P-P图

从回归分析的摘要表和P-P图可以看出，预测变量"同情之爱的感悟力""'仁'的价值的阐释力""负责任行动的应用力"与效标变量"生命意志的反思力"的多元相关系数（R）为0.923，决定系数（R^2）为0.851，表示这三个预测变量共可解释效标变量"生命意志的反思力"85%的变异量。其标准化回归系数都是正数，表示三个预测变量对效标变量"生命意志的反思力"的影响皆为正向。同时，"同情之爱的感悟力""'仁'的价值的阐释力""负责任行动的应用力"三个预测变量的标准化回归系数都达到了显著性水平（$p < 0.05$），表明它们对效标变量"生命意志的反思力"具有较大的解释力。其中，预测变量"'仁'的价值的阐释力"的 β 系数绝对值相对较大，说明它对效标变量"生命意志的反思力"的影响力较大；而由于初中语文教学实践在引导学生进行人生问题思考和探究方面还有待展开，故"负责任行动的应用力"的回归系数较小，指明这一能力应成为初中语文教学中学生儒家人文思想理解能力提升的关注点。

总之，初中语文教学中学生儒家人文思想理解能力呈现出总体表现较为理想，但各能力维度之间差异明显的特征，结合初中语文教学的现实，对其展开进一步分析和阐释，能够获得对整体现状的认识和把握，进而为初中语文教学中学生儒家人文思想理解能力的影响因素及条件的分析奠定基础。

三、初中语文教学中学生儒家人文思想理解能力的影响因素分析

在初中语文教学中，学生儒家人文思想理解能力的生成和提升受到一定因素的制约和影响。根据"LICC"范式提供的思路，对课堂进行研究，可以关注"学生学习""教师教学""课程性质"和"课堂文化"四个维度。在此框架内进行问卷调查，获得的调查结果显示，初中语文教学中学生儒家人文思想理解能力的影响因素正集中在学生、语文教师、语文课程和课堂文化四个方面，进一步分析可知，其聚焦于"学生理解""教师教学""课程内容"和"师生互动"四个维度，这能够成为初中语文教学中学生儒家人文思想理解能力影响因素分析的视角。如图 6-2 所示：

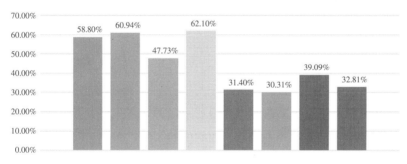

图 6-2 影响学生儒家人文思想理解能力因素的柱状图

由图 6-2 可知，在调查的相关因素中，样本学生认为语文教师和学生是影响初中语文教学中学生儒家人文思想理解能力的主要因素，课程内容和课堂文化方面对其也产生了直接影响。从语文教师方面看，语文教师自身在教学过程中表现出来的思想文化积淀的影响力较大，语文教师通过教学呈现出的对语文课程的认识和理解、语文教师创设的课堂教学情境及教学设计，都影响着初中生的儒家人文思想理解能力。这说明语文教师的教学是影响理解能力的关键要素。从学生方面看，学生已有的经验与真实情境下的感知和体

验成为影响初中语文教学中学生儒家人文思想理解能力的重要因素，需要对此予以重点关注。

建构主义学习理论指出，学习是在真实情境下、基于学生已有经验、通过与外界环境交互而展开的主动意义建构过程。关注学生已有经验基础上的新旧经验互动、真实情境中的感知和体验、自身主体的意义理解和建构，能够为学生的发展创造条件。据此，关注学生的经验生发与交互、意义的生成与建构，就成为初中语文教学中学生儒家人文思想理解能力影响因素分析的焦点。

唯物辩证法指出，事物的运动、发展和变化是由内外部因素共同作用的结果。影响学生建构自己的文化理解、发展自身的儒家人文思想理解能力的内部因素，可以通过对学生的性别、年龄、知识基础、动机等的调查分析加以探求，而包括语文教师、语文课程和课堂文化在内的外部因素则能够成为探究的另一个视角。

（一）内部因素

问卷调查显示，在个人的内部因素中，学生的性别因素对其儒家人文思想理解能力产生的影响并不显著，而学生的年龄、知识基础、动机是影响学生儒家人文思想理解能力的重要因素。为了证实这些因素对学生儒家人文思想理解能力的影响状况，借助对 N 学校和 H 学校两所个案学校相关语文教师和学生的访谈，进一步加以印证。

1. 性别

以初中生儒家人文思想理解能力的四个维度，即"同情之爱的感悟力""'仁'的价值的阐释力""生命意志的反思力""负责任行动的应用力"为检验因素，以调查对象的性别为因子进行独立样本 T 检验，能够发现初中生儒家人文思想理解能力在性别因素上不存在显著性差异，p 值均大于 0.05，说明调查对象的性别并不对学生儒家人文思想理解能力产生影响。

2. 年龄

为了探察学生的年龄因素对儒家人文思想理解能力的影响情况，采用单因素方差分析法（one-way ANOVA），以学生儒家人文思想理解能力的四个维度为因变量，以调查对象的年龄为因子进行均值比较。首先，进行方差齐性检验，发现除了 F2"同情之爱的感悟力"不适合做单因素方差分析（p=0.019，sig.>0.05）外，其他三个因子均大于 0.05，可以做单因素方差分析。单因素方差分析显示，F1"生命意志的反思力"、F3"'仁'的价值的阐释力"、F4"负责任行动的应用力"三个因子呈现显著性差异，说明年龄因素对这三个维度产生了影响。进一步对各维度进行事后检验（LSD）能够发现，在 F1"生命意志的反思力"上，15–16 岁年龄段比 13–14 岁年龄段的学生水平表现更好（均值差为 0.67，p=0.016<0.05）；在 F3"'仁'的价值的阐释力"上，也是 15–16 岁年龄段比 13–14 岁年龄段的学生水平表现更好（均值差为 0.77，p=0.008<0.05）；在 F4"负责任行动的应用力"上，15–16 岁年龄段比 13–14 岁年龄段的学生水平更好（均值差为 0.20，p=0.00<0.05），同时，16 岁以上（不包括 16 岁）也比 13–14 岁年龄段的学生水平更好（均值差为 0.21，p=0.00<0.05），都在 95% 的置信区间可接受研究结论。如表 6–9、6–10、6–11 所示：

表 6–9　学生年龄因素的多重比较表

因变量	(I)年龄	(J)年龄	平均值差(I–J)	标准误差	显著性	95% 置信区间	
						下限	上限
F1：自我实现的反思力	12 岁以下（包括 12 岁）	13–14 岁	−0.05683	0.04746	0.231	−0.1499	0.0362
		15–16 岁	0.01116	0.04937	0.821	−0.0856	0.1080
		16 岁以上（不包括 16 岁）	0.01518	0.05281	0.774	−0.0884	0.1187
	13–14 岁	15–16 岁	0.06799*	0.02825	0.016	0.0126	0.1234
		16 岁以上（不包括 16 岁）	0.07201*	0.03389	0.034	0.0056	0.1385
	15–16 岁	16 岁以上（不包括 16 岁）	0.00402	0.03652	0.912	−0.0676	0.0756

续表

因变量	(I)年龄	(J)年龄	平均值差(I-J)	标准误差	显著性	95% 置信区间	
						下限	上限
F2：情感的感悟力	12 岁以下（包括 12 岁）	13–14 岁	−0.08975	0.04747	0.059	−0.1828	0.0033
		15–16 岁	−0.06809	0.04938	0.168	−0.1649	0.0287
		16 岁以上（不包括 16 岁）	−0.09692	0.05281	0.067	−0.2005	0.0066
	13–14 岁	15–16 岁	0.02166	0.02825	0.443	−0.0337	0.0771
		16 岁以上（不包括 16 岁）	−0.00717	0.03390	0.833	−0.0736	0.0593
	15–16 岁	16 岁以上（不包括 16 岁）	−0.02883	0.03652	0.430	−0.1004	0.0428
F3：价值的阐释力	12 岁以下（包括 12 岁）	13–14 岁	−0.09075	0.04864	0.062	−0.1861	0.0046
		15–16 岁	−0.01361	0.05060	0.788	−0.1128	0.0856
		16 岁以上（不包括 16 岁）	−0.01761	0.05412	0.745	−0.1237	0.0885
	13–14 岁	15–16 岁	0.07714*	0.02895	0.008	0.0204	0.1339
		16 岁以上（不包括 16 岁）	0.07314*	0.03473	0.035	0.0050	0.1412
	15–16 岁	16 岁以上（不包括 16 岁）	−0.00400	0.03742	0.915	−0.0774	0.0694
F4：选择与决策的应用力	12 岁以下（包括 12 岁）	13–14 岁	−0.08600	0.05684	0.130	−0.1974	0.0254
		15–16 岁	0.11039	0.05912	0.062	−0.0055	0.2263
		16 岁以上（不包括 16 岁）	0.12480*	0.06323	0.049	0.0008	0.2488
	13–14 岁	15–16 岁	0.19640*	0.03382	0.000	0.1301	0.2627
		16 岁以上（不包括 16 岁）	0.21080*	0.04059	0.000	0.1312	0.2904
	15–16 岁	16 岁以上（不包括 16 岁）	0.01441	0.04373	0.742	−0.0713	0.1001

* 平均值差值的显著性水平为 0.05。

表 6-10　初中生儒家人文思想理解能力各维度方差齐性检验统计表

	莱文统计	自由度 1	自由度 2	显著性
F1：生命意志的反思力	0.696	3	2843	0.555
F2：同情之爱的感悟力	3.332	3	2843	0.019
F3："仁"的价值的阐释力	1.339	3	2843	0.260
F4：负责任行动的应用力	2.101	3	2843	0.098

表 6-11　年龄因素影响初中生儒家人文思想理解能力单因素方差分析统计表

项目		平方和	自由度	均方	F	显著性
F1：生命意志的反思力	组间	3.284	3	1.095	2.691	0.045
	组内	1156.488	2843	0.407		
	总计	1159.772	2846			
F2：同情之爱的感悟力	组间	1.709	3	0.570	1.400	0.241
	组内	1156.846	2843	0.407		
	总计	1158.555	2846			
F3："仁"的价值的阐释力	组间	4.328	3	1.443	3.377	0.018
	组内	1214.532	2843	0.427		
	总计	1218.860	2846			
F4：负责任行动的应用力	组间	26.933	3	8.978	15.391	0.000
	组内	1658.313	2843	0.583		
	总计	1685.246	2846			

据此可以明确，初中生儒家人文思想理解能力会随着年龄的增长而逐步发展，呈现出相对较好的表现。本研究所聚焦的两所学校的学生都是八年级学生，基本上处于 13-14 岁年龄段，理解能力处于相对较好的阶段，并会随着年龄增长而进一步提升。这一阶段也正值"青春期"，据埃里克森的研究，此阶段学生必须面对和解决"同一性对角色混乱"（Identity vs.Role confusion）的问题。所谓"自我感"或"自我同一性"是"自我将所有身份同性欲的变

迁、后天能力以及社会角色所提供的机遇整合为一体的经验的积累"①，这种"积累"源于个体身体的巨大变化所带来的关注，"我是谁""我想成为什么样的人"等问题便被提出。而"自我同一性"的形成意味着个体能够在自我的过去、现在和未来整合为一个有机体的基础上，反思自我的情意状态、确立起自己的理想和价值，并对未来的发展做出思考和行动。可见，在这一关键时期，通过语文教学促进学生儒家人文思想理解能力的发展与提升具有重要的意义。

3. 知识基础

阅读是自我建构的基本方式，阅读古代经典诗文更是积淀文化知识、拓宽文化视野、涵养个体情感和精神世界的重要途径。在调查研究中，学生普遍反映古诗文阅读在理解上难度较大，字词理解首先就有困难，"看不懂"直接影响着自己与文本的进一步对话，阐释文本蕴含的情感、价值、意志等内容就更有难度了。这说明知识基础成为影响学生儒家人文思想理解能力的基础因素。究其原因，既与学生的阅读兴趣和认知能力有关，也与语文教师的课程理解和教学方式相关。虽然知识基础的构建是一个长期累积的过程，但在语文教学过程中，如何突破文化知识接受的浅层，通过真实情境的创设、学习任务的设计、学习活动的组织等，更高效地促进学生文化理解与传承，实现"以文化人"，是语文教师需要不断思考和探究的。同时，学生古代经典阅读兴趣的培养也是不可或缺的因素。以上涉及的只是古代经典诗文阅读中最为基础的语言文字理解和运用方面的知识，依托古代经典诗文，引导学生展开更为深入的文化理解和反思、探寻文化实践的路径，则需要语文教师进行长期的实践探索。而从学生的儒家人文思想理解能力入手，基于文化知识的积累，指导学生与古代经典诗文在情感、价值、意志等方面展开对话，寻求知识与情感、价值、意志等的关联和融通，反思始于人性情感的价值和意志的建构意义，是目前初中语文课堂教学值得关注的方面。

---

① ［美］埃里克·埃里克森.童年与社会［M］.高丹妮,等译.北京:世界图书出版有限公司北京分公司,2017:241.

4. 动机

动机也是影响学生儒家人文思想理解能力的内部因素，它能够促动和激发学生主动观察、感受、分析、阐释、反思等行为的发生，并使之保持和定向。依据心理学的研究，这个年龄阶段的学生有认识和理解自我、他人及世界的需要，但在现实生活中，这一需要被遮蔽了。在调查研究中，学生反映自身在生活中的观察、感受和思考都较少，既没有培养起对优秀传统文化的学习兴趣，也未能与经典文本展开深层对话，对其感悟、阐释和反思都不够。而升学考试压力大和课业负担重，也是其中的一个原因。各原因具体占比如图 6-3 所示：

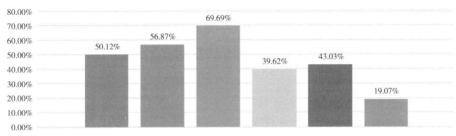

■生活中的观察太少、感受太少、思考太少
■相关经典作品阅读少，没有培养起对传统思想文化的兴趣
■经典作品阅读和理解起来难度大、也只作为考试内容学习，并没有充分感知到它能影响自己的情感、态度、价值等
■课业负担重，没有那么多时间阅读经典作品并充分思考对自己的意义
■升学考试压力大，时间都用于做题复习，对经典作品所表达的情感、态度、价值等内容的感悟、解释、反思能力不强
■家庭没有阅读经典作品的氛围，也很少与家人交流和讨论经典作品对自己的影响和意义

图 6-3　影响学生儒家人文思想理解能力提升的原因柱状图

由图 6-3 可知，影响学生儒家人文思想理解能力提升的原因中，学生的阅读兴趣和经验、生活感知和体验尚未获得充分展开的机会，是十分突出的问题。学生缺乏对自身生活的观察、体验、感受和思考，缺少从切身的问题出发、旨在解决现实问题的意识和能力，造成新旧经验交互的条件不足，真实情境下意义建构的范围有限，学生建构自己的理解的能力发展受到影响。个体经验的累积与内化不充分，意义的生成与扩展不显明，使个体主动建构的动力不足，学生儒家人文思想理解能力的发展自然受到限制。

在访谈中，被访谈学生也反映，语文教师会讲一些文化常识，但没有组织过相关活动；在进行古诗词教学时，会引导学生感悟文本蕴含的情感，但指引学生结合自身问题进行深入的阐释和反思还比较少，将课堂所获转化为内在动机，促动进一步观察、感受、阐释和反思的机会不多。可见，正是因为学生进行文化理解的动机不足，通过经典文本阅读，感受和认识优秀传统思想文化浸润和启迪的条件不充分，影响着其深度理解儒家人文思想能力的发展和提升。

ST：我们没有专门开展与中华优秀传统文化有关的学习活动，就只有晨读的时候，小学阶段学生有经典诵读，低年级读《三字经》，中年级读《百家姓》和《千字文》，高年级读《声律启蒙》，只是读和背。初中阶段还没有确定读什么。（I-N-ST-［2021-05-19］）

ST：其实我很想把学生带出教室，比如在操场上，看看自然，聊聊生活，但是不允许。学生没有太多感受的机会，不知道说什么，也不知道写什么。（I-N-ST［2021-05-23］）

CT：我们的学生回去都不读书，写作文也不会写。好像也没啥感受。（R-H-CT［2021-11-05］）

这再次印证了语文教学为学生提供文化理解的机会不多、学生在此过程中对文化理解得也较浅的现实。而缺乏引发动机生成的机制或许是原因之一。促使学生关注儒家人文思想理解能力的发展，从学生的生活出发，从学生生活中的现实问题入手，围绕人文主题，开展教学实践活动，引导学生对自身情感状态、价值意识和意志状况等进行思索和探求，促进自我理解的建构，具有奠基的意义。

（二）外部因素

在初中语文教学中，对学生的儒家人文思想理解能力产生影响的外部因素包括语文教师、语文课程和课堂文化。具体来说，语文教师自身的文化积淀、文化视域和文化表达，语文课程内容和实施及语文教材，课堂文化的特征等，能够成为观照初中语文教学中学生儒家人文思想理解能力外部影响因素的分析视角。

1. 语文教师

教师是课堂教学的主体之一，教师的教学直接影响着学生对相应内容的理解。而初中语文教学中学生儒家人文思想理解能力的发展和提升也是在语文教师的引导下展开的。在问及"语文教师具有哪些方面的特质会对学生儒家人文思想理解能力产生较大影响"时，有 66.81%的学生选择语文教师自身的文化建构，认为语文教师具有丰富的思想文化知识，并对此有深入思考和理解，会对学生的儒家人文思想理解能力产生较大影响；66.77%的学生关注语文教师的文化视域，认为语文教师拥有宽广的文化视野，能够重视语文的情感熏陶、浸润和价值指引的功能，是影响其儒家人文思想理解能力的重要方面；54.55%的学生选择语文教师的文化兴趣和积淀，认为语文教师对思想文化本身就感兴趣并有丰富的文化积淀，对学生儒家人文思想理解能力的影响最直接；34.5%和31.3%的学生选择语文教师的教学专业素养，认为语文教师在教学中对思想文化的阐释能力和语言表达能力，也会对学生儒家人文思想理解能力产生一定影响；还有 30.63%的学生关注教学目标明确的教学设计。如图 6-4 所示：

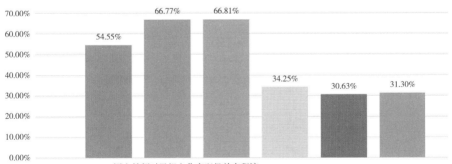

图 6-4　教师因素影响学生儒家人文思想理解能力的柱状图

　　进一步探究在初中语文教学中，语文教师对学生儒家人文思想理解能力提升的影响时，有 65.79% 的学生关注语文教师的课程观，认为语文教师在教学过程中将太多时间用于与知识相关的活动上，较少围绕现实问题开展讨论、辩论、争鸣等活动；64.77% 的学生选择语文教师的教学观，认为语文教师缺少更广阔的文化视野，教学的重点仅放在对教材内的文本讲解和分析上；47.98% 的学生关注语文教师的课程理解，认为语文教师侧重语文课程的工具性，将语文仅视为学习语言文字的学科，语文课程的人文性特点表现不足。42.47% 和 34.74% 的学生关注语文教师的教学创新，认为语文教师在教学方式、方法和教学设计方面创新不足，对承载传统文化内容的古诗文等的教学，需要进行更多创造性活动。如图 6–5 所示：

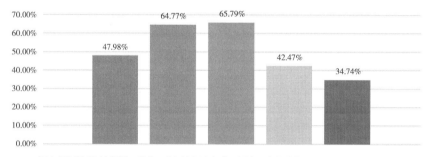

　　■语文教师侧重语文课的工具性，将语文视为仅学习语言文字的学科
　　■语文教师的教学重点在分析和讲解课本中作品的结构、内容和主旨上，缺少更广阔的文化视野
　　■语文教师只关注字词书写、背诵、抄写等与知识相关的活动，较少开展思想的讨论、争鸣、辩论等活动
　　■语文教师基本按照传统的教学方式，较少进行小组合作或探究性的学习和体验活动
　　■语文教师在古诗词、文言文、名著等为载体的传统文化方面不常进行教学设计或教学方法的创新

图 6–5　教师因素影响学生儒家人文思想理解能力提升的柱状图

　　这与对 N 学校和 H 学校八年级某班的语文教师观察访谈的结果相一致。在升学压力面前，语文课程的工具性被放大，人文性凸显不足，优秀传统文化内容在语文学习中也仅被视为"知识点"，成为记忆的对象，出现在考试当中。而使其贯穿在语文学习生活全过程、以"人文"的思索和探究引导学生展开自我理解，促进学生个体建构，在语文教学实践中并未受到重视。语文教师面对学生升学考试的现实，也不得不将更多的时间和精力放在提高学生的考试成绩上，语文课堂主要是增长"知识"的课堂，而不是"人文化成"

的课堂，语文教师自身在加强文化积淀、扩展文化视域、进行文化实践、展开文化育人方面需要更多探索。

ST：我讲课就重"思想"，现在的高考题就反映出学生要对时代有理解、要提升思辨能力，这是未来的趋势。但家长和学生不觉得，他们会比较成绩，觉得我在成绩上教得不行，不如那个班。我的课代表来找我，说让我多讲点练习题，我们班的语文成绩不如另一个班。可我觉得这对学生的长远发展更重要。现实就是这样，在理想与现实中痛苦着吧！（I–N–ST–[2021–06–08]）

CT：现在就是以成绩论，教育局要求我们把教案都写在课本上，检查的时候就看课本上你的教案写得怎么样。学校也要我们"抓成绩"，就只能把知识"灌"进去。传统文化是碰到什么讲什么。我是喜欢读苏轼的词，他能激励我，在上课的时候，我也喜欢给学生多讲讲，但大部分时间都花在教写字和背诵上了。（R–H–CT–[2021–11–05]）

理想和现实的张力由此显现。而事实上，对"成绩"的需求与"人文"理想的追求本身并不矛盾，只是在工具理性支配下，功利化的目标被放大，直接影响了语文教师的教育教学实践。对此，语文教师仍要以"以文化人""以文育人"的价值追求引导自身的实践，将优秀传统文化作为促进学生个体建构的重要内容，以自身的文化积淀和文化视野引领学生进入"人文"的世界，以自身的文化实践引领学生在"人文"的世界中得到熏陶和浸润，获得精神的成长，发展和提升学生的儒家人文思想理解能力具有基础作用。

2. 语文课程

课程具有育人功能，语文课程的育人功能表现在通过学习国家通用语言文字运用，为促进学生的全面发展和终身发展奠定基础。而在初中语文教学中发展和提升学生儒家人文思想理解能力，就是在语文课程与中华优秀传统文化教育的融合中促进学生的全面发展，因而具有奠基意义。在问卷调查中，当问到学生"什么样的语文课程能够提升儒家人文思想理解能力"时，有61.43%的学生选择以中华优秀传统文化为主要内容的语文课程，对他们而言，以优秀传统经典作品为载体的中华优秀传统文化学习应成为语文课程学习的焦点；58.27%的学生选择具有丰富思想文化内涵的语文课程，认为语文课程应重视思想文化内容，使学生获得现实行动的智慧和力量；52.55%的学生关注汉语汉字的文化意蕴，认为语文教学中，丰富广泛的文化内容、生动多样的活动形式，特别是围绕汉语汉字的文化内涵阐释展开的实践活动，能够成为促进学生儒家人文思想理解能力提升的关注点；37.86%的学生重视语文教材相关内容的引导作用；37.62%的学生希望语文教师采取多样化的形式引发自我独特的情感体验、价值取向和意义理解的生成；而课程资源和校园文化也是不可或缺的要素。如图6-6所示：

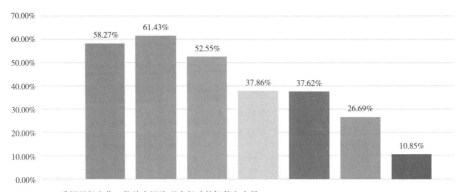

■ 重视思想文化，能从中汲取现实行动的智慧和力量
■ 以优秀传统经典作品为载体的丰富的内容，例如古诗词、经典散文
■ 能够在语文课堂教学中以丰富的形式展现出来，例如音韵、汉字的学习
■ 语文课本内有不同形式呈现的儒家思想文化内容，从相关知识介绍到具体作品
■ 以多样化的形式关注学生独特的阅读感受、情感体验、意义理解、价值取向
■ 语文课程资源充分，有积淀丰厚的语文教师、充足的文化学习资源、图书馆（室）的图书音像资源等
■ 校园、教学楼、教室内的标语、张贴画、宣传海报、黑板报等有儒家思想文化的介绍、讲解

图6-6　课程因素影响学生儒家人文思想理解能力提升的柱状图

其中，语文教材对提升学生儒家人文思想理解能力的作用值得关注。在问及"语文教材对学生儒家人文思想理解能力的作用表现在哪些方面"时，有66.98%的学生选择语文教材内容的主题聚焦，认为可由儒家人文思想蕴含的内容，例如以"爱"为主题，安排和组织单元内容、综合性学习、课外古诗词等，形成统整的语文教材内容结构，刚修订的《义务教育语文课程标准（2022年版）》在此实现了突破；63.15%的学生关注语文教材内容的选择，认为阅读材料的经典性和思想性，特别是优秀的传统经典作品，应成为语文教材文本选择的重要依据。新近使用的统编版初中语文教材正是在此方面作出

了努力。58.45%的学生关注语文教材中的助读系统，认为教材每一课课前的预习、注释及课后练习等构成的助读系统在教材编写中应进一步细化，使之有助于理解和阐释经典文本的主题内容；同时，方法指导、活动设计、内容呈现等提示性和引导性内容也应有所体现，使学生开展包括儒家人文思想理解能力提升在内的中华优秀传统文化学习活动获得指引和支持。如图6-7所示：

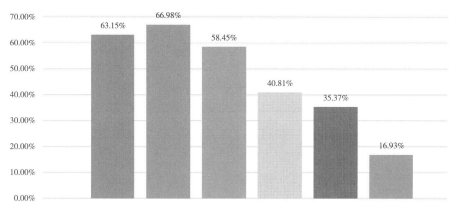

图6-7　教材因素影响学生儒家人文思想理解能力提升的柱状图

依托语文教材的支持作用，进入对古代经典诗文的理解，获得对以古代经典诗文为载体的中华优秀传统文化的深入理解和阐释，是初中语文教学中学生儒家人文思想理解能力发展和提升的基本途径。而目前的问题是语文教材对促进学生包括儒家人文思想在内的中华优秀传统文化理解能力提升的引导和支持作用尚未充分展现出来，尽管语文教师仍在深入探索中，部分学生的关注点仍首先在文本词句的浅层理解上。这在与学生的访谈中也有所体现：

CS：在阅读古诗文时，最难的还是看不懂，字音、字义、翻译都得先理解，才能再去理解作者的心境、作品的思想。（I-N-ZS-[2021-07-05]）

ZS：我学习古诗文，主要的问题就是字词的意思和句子的翻译，看不懂就理解不了。（I-H-ZS-［2021-11-05］）

可见，对部分学生来说，突破古代经典诗文的语言理解是古诗文学习的首要问题，语文教材在此方面需要为师生提供进一步支持，即有助于学生深入理解和阐释古诗文文化意蕴的支架性内容，例如包括儒家人文主题在内的主题整合式古诗文阅读活动的设计指引等。随着《义务教育语文课程标准（2022 年版）》提出"教材编写要高度重视继承和弘扬中华优秀传统文化、革命文化、社会主义先进文化"①的要求，语文教材的修订会对此做出积极回应。

语文教学也同样如此，在育人立意的教学目标指引下，语文教师不仅要凸显出教学的文化视域，还需引导学生展开积极的文化实践活动，重视对学生学习方式和路径的指导。在问及"语文课堂上，促进学生儒家人文思想理解能力提升的方式和路径"时，有 71.87% 的学生选择变革学习方式，认为与老师和同学进行合作与对话，能够获得使自己成长的经验和知识；70.11% 的学生关注与阅读文本的对话，认为深入阅读人文经典作品，在与作品对话中感悟情感、阐释价值、反思自我，获得行动的力量，是促进儒家人文思想理解能力提升的重要路径；56.55% 和 53.6% 的学生相信加强与作品的互动，重视自身平时的观察和积累、理解和反思，是能够提升自己对周围人、事、物以及自我感知和思考能力的；而真实情境的创设、丰富的学习材料、合作学习的学习方式，有利于学生获得情感体验、展开思考和探究，得到了 26.24% 和 25.18% 的学生的认同。这说明合作与探究的学习方式应成为语文教学中重点关注的部分，而丰富的学习材料、情境的创设、多种形式的教学实践活动等也应成为促进学生儒家人文思想理解能力提升的关注点，予以强调。如图 6-8 所示：

---

① 中华人民共和国教育部. 义务教育语文课程标准（2022 年版）［EB/OL］.（2022-04-21）
［2022-04-23］.http://www.moe.gov.cn/srcsite/A26/s8001/202204/W020220420582344386456.pdf.

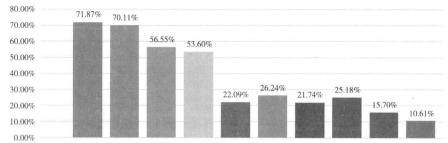

■与老师和同学进行合作与对话，获得使自己成长的经验知识
■深入阅读人文经典作品，在与作品对话中思考待人处世的态度和方法
■在与作品的互动中感知、理解、反思自己的情感、态度、价值及行动
■注重平时的观察、感受、积累和学习，提升自己对周围人、事、物的感受和认识
■多进行口头表达与交流，充分展现自己对作品的认识、思考和理解
■积极参与课堂问答、小组讨论或小组合作学习，关注自己的思考和创造性成果
■重视自主阅读过程中问题的提出，语文教师对此问题的回应，并对此进行进一步思考
■语文教师创设丰富的情境，使学生获得情感体验，以感知和思索人文思想的力量
■语文教师组织多种形式的课堂活动，提供丰富的内容和学习材料
■营造民主、平等、关爱的课堂氛围，有助于学生展开感悟和思索

图6-8　学习方式因素影响学生儒家人文思想理解能力提升的柱状图

与此同时，语文课程在目标和评价的一致性、课程评价突出过程性和整体性、课程资源建设等方面，包括隐性课程建设，皆需进行深入探究，以促进学生包括儒家人文思想理解能力的中华优秀传统文化理解能力的发展和提升。

3. 课堂文化

课堂教学本质上是引导个体智慧生成、提升个体生命价值、促进个体完满生活的动态创生过程。据此，尊重生命、关注生命全面发展的理念，自主、合作、探究的学习方式，民主、和谐、关爱的学习氛围，就成为课堂教学不可或缺的要素，由此才能形成生态课堂，创造崭新的课堂文化。良好的课堂文化有助于课堂教学目标的实现。在语文教学中促进学生儒家人文思想理解能力发展，同样需要良好的课堂文化予以保障。在问卷调查中，当问到学生"语文教学中影响学生儒家人文思想理解能力包括哪些课堂文化因素"时，有59.92%的学生提出语文课堂上展开的思考不足，提问和回答都太固定，较少和现实问题相结合，促动学生开展探究活动的机会有限。思考型课堂文化未能完全建立，是影响学生理解儒家人文思想的主要因素。44.89%的学生则提出语文课堂上的关爱和鼓励声音不够，教师和学生之间、学生和学生之间的交流互动较少，表达自己真实想法和情感的机会不多。37.48%的学生关注语文课堂教学过程中教学方式、学习方式和评价等方面的创新；36.81%的学生指出语文课堂的民主性不够。如图6-9所示：

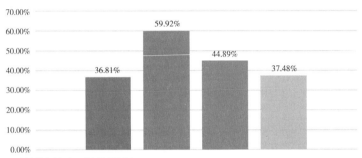

■语文课堂太沉寂，只有教师的声音
■语文课堂的思考不足，提问和回答都太固定，较少和现实的问题结合，很少能激发师生的探究活动
■语文课堂上，关爱和鼓励的声音不够，教师和学生之间、学生和学生之间交流互动的机会较少，没有表达出自己真实的想法和情感
■语文课堂的创新较少，学生和教师都习惯于已经形成的教学环节、问答过程、结果生成方式

图6-9 课堂文化因素影响学生儒家人文思想理解能力提升的柱状图

对 N 学校和 H 学校八年级某班的语文课堂观察也证实了以上内容。N 学校八年级某班 S 老师的语文课堂，民主和平等的课堂文化已确立起来，在 S 老师的课程理念指引下，"重思想""强人文"的"个性"课堂正在构建，这同样有利于语文教学中学生儒家人文思想理解能力的发展，但"思考"与"创新"的课堂文化有待创建，而这直接影响着学生儒家人文思想理解能力的有效提升。H 学校八年级某班 C 老师的语文课堂，同样具有民主和平等的氛围，C 老师也给予了学生关爱，但"思想""思考""创新"的课堂文化尚未建立起来，学生在语文课堂的合作学习活动开展较少，引导学生对问题展开思考和探究不够，需进一步拓展。

综上所述，初中语文教学中学生儒家人文思想理解能力表现整体较好，但也呈现出各能力维度之间的差异性。"同情之爱的感悟力"较其他能力表现最为突出，"'仁'的价值的阐释力"和"生命意志的反思力"表现居中，"负责任行动的应用力"则较为薄弱。这一差异受到内外部因素的共同影响，充分发挥语文教师、语文课程和课堂文化的外部因素的支持作用，重点关注学生的内部因素的发展变化，尤其是随着学生年龄的增长，身心发展趋于成熟，个体经验不断累积，初中语文课堂教学需更加关注促动学生深度理解得

以生成的过程，语文教师对教学目标的设定、教学情境的创设、教学内容的
组织和呈现、实践探究活动的设计、教学方法以及师生互动等，都需指向学
生深度理解能力的发展和提升。而对于儒家人文思想理解能力，聚焦初中语
文课堂教学，透视教学过程中体现儒家人文思想内容、蕴含儒家人文思想理
解能力的部分，通过过程的呈示与分析，从中凝练出各能力表现的生成图式，
为初中语文教学中学生儒家人文思想理解能力的发展和提升奠定基础。

第七章　初中语文教学中学生儒家人文思想理解能力生成过程的实践探索

以儒家人文思想为内核的中华优秀传统文化，具有深厚的思想积淀和人文意蕴，作为中国人的精神根脉，赋予中国人以精神力量。中华优秀传统文化教育就是要以中华优秀传统文化为内容，实现促进学生精神成长的育人价值。由此出发，将研究的目光聚焦于初中生的儒家人文思想理解能力，在对初中语文教学中学生儒家人文思想理解能力的现状及影响因素分析阐述的基础上，进入真实的语文课堂教学情境，进一步探究学生儒家人文思想理解能力的生成过程，具有现实意义。

为此，本研究再次聚焦调查研究的 N 学校八年级某班和 H 学校八年级某班的语文课堂，关注 S 老师和 C 老师的教学过程和教学设计，对在此过程中蕴含的儒家人文思想理解能力生成图景进行重点分析和提炼，并形成具体的生成图示。同时，因笔者具有丰富的初中语文教学实践经验，对在初中语文教学中促进学生儒家人文思想理解能力的生成有自己的思考和认识，在呈示相关能力表现生成的过程中，对其进行了反思，以丰富和完善各能力表现的意义图景。

之所以依然选择这两所学校八年级某班的语文课堂进行探究，是因为它们具有典型性。无论是在学校所属的地域和类别方面，还是在相关语文教师和学生的特征及其互动方面，都表现出了一定的代表性。具体来说：

N 学校是位于省会城市某高校的附属学校（现为九年一贯制学校），该校重视优秀传统文化教育，不仅各年级的每日晨读有各具特色的"经典诵读"

环节，并注意"经典诵读"从小学一年级到初中三年级的贯通和衔接，而且定期举办"传统文化节"活动（新冠疫情之前每年五月至六月期间举办，疫情之后改为各班级组织的不同主题、不同形式、与传统文化相关的活动），学生会以各种形式参与其中。该校八年级某班的语文教师既富有经验又极具思想，重视凸显语文课程的"人文性"特征，能够在教材内的文本教学基础上拓展思想性内容的研讨；学生的视野开阔、个性鲜明，对未知的事物充满兴趣；语文课堂中的师生互动积极有效，尤其是在语文教师组织的形式多样的教学活动中，学生能够表现出积极的参与性和高效的互动性，这有利于"理解"的实现和理解能力的生成。笔者通过深入课堂、观察访谈、参与活动，对该班的语文课堂教学进行了充分探究，如图 7-1 所示：

图 7-1　N 学校八年级某班语文课堂和走廊文化布置

H 学校是位于甘肃省某县的乡级初中，学校规模不大，学生也不多。该校重视校园文化建设，例如，在新建不久的教学楼内，随处可见有关传统文化方面的主题布置和设计，包括"中华文明生生不息"的主题墙报，"儒文化"的主题展示等，学生身处其中能够受到中华优秀传统文化的浸润。该校八年级某班的语文教师是一位有着二十年教龄的男教师，出身乡村又回到乡村，始终以"传统"的思想和方式教育学生，其语文课堂教学看似平实，但能够从"传统"中探寻出"现代"的价值；学生淳朴内敛，羞于表达；语文课堂中的师生互动常是单向的，教学活动形式也较为单一，基本上是师传生受的模式，但存有促进儒家人文思想理解能力生成的可能性和现实性。笔者深入乡村初级中学的语文课堂，在进行相关研究的同时，感到还有为其提供更多教学支持与帮助的责任，学校老师也表达了这样的想法，但由于疫情原因，笔者在结束现场的调查研究后，只能转为线上，与 C 老师进行更多的交流，并为其学生的学习提供一定支持，如图 7-2 所示：

图 7-2　H 学校八年级某班语文课课堂和走廊文化布置

为了充分展现两个语文课堂蕴含的儒家人文思想理解能力的生成过程，本研究从儒家人文思想理解能力的四个表现维度入手，选取 S 老师和 C 老师能够体现相应能力维度且文体相符的课例，分别进行描述、分析和阐释，并从笔者视角展开反思，在实然与应然的对照中探究其发展的可能路径。

一、"同情之爱的感悟力"的生成——以《诗经·子衿》与《卜算子·黄州定惠院寓居作》为例

如前所述，以"字词句篇"标示的语文并非其原初内容，只是语言的外在形式。从现象学视角看，还原至生活中的语文具有"具身"的位相。而"具身"的语文包括听、说、读、写等言语行为①，其中最为原初的知识内容就是"语感"。"当人意识到自我的存在，他必然需要发声，语感的原始能力引向了诗歌。"②再加之汉字本身的意象性，中国古诗词便具有了"声"与

① 杨澄宇.基于现象学视角的语文课程探索[D].上海:华东师范大学,2014:66.
② 杨澄宇.基于现象学视角的语文课程探索[D].上海:华东师范大学,2014:98.

"象"、"音"与"意"结合下的独有的唤起和激发能力。这就使人意欲表达的内在情感获得了抒发的可能，情感的交流与共鸣得以实现。借助古诗词的学习，唤起和激发人的"同情之爱"这一本质情感，在"同情之爱"的感悟中把握人的属人性，是一种本质回归。为探究"同情之爱的感悟力"的生成过程，选取了S老师的《诗经·子衿》与《卜算子·黄州定惠院寓居作》两个课例进行分析和阐释。由于调研期间未能听到C老师的古诗词教学课，所以对"同情之爱的感悟力"的生成过程探究集中在了S老师的相关课例中。

（一）　"同情之爱的感悟力"的生成过程呈示

对"同情之爱的感悟力"的生成过程探究基于相关文本的教学过程分析，故选择古诗词《诗经·子衿》和《卜算子·黄州定惠院寓居作》两个情感性文本，呈现其教学过程，为之后的"同情之爱的感悟力"的生成过程探究奠定分析基础。

1. 教学目标

《义务教育语文课程标准（2022年版）》明确，第四学段（7~9年级）古诗文"阅读与鉴赏"的具体目标是："诵读古代诗词，阅读浅易文言文，能借助注释和工具书理解基本内容。注重积累、感悟和运用，提高自己的欣赏品位。"①强调了古诗文基本内容的"理解"需要在"积累"与"感悟"中展开"运用"。据此，探究蕴含着"同情之爱的感悟力"生成的古诗词教学，目标应在"积累—感悟—运用"的框架内确立。具体来说，积累——指向语意内容理解的语词，掌握相关文化知识与形式特征；感悟——整体感知和体悟诗歌的情感，获得情感体验；运用——理解诗歌的语言美和形式美。

2. 教学内容及过程

在教学目标的指引下，《诗经·子衿》和《卜算子·黄州定惠院寓居作》的教学内容及教学过程分别凝练如下：

---

① 中华人民共和国教育部. 义务教育语文课程标准（2022年版）[EB/OL].（2022-04-21）[2022-04-23].http://www.moe.gov.cn/srcsite/A26/s8001/202204/W020220420582344386456.pdf.

（1）《诗经·子衿》的教学内容及过程

内容呈示：

> **子衿**　《诗经·郑风》
>
> 青青子衿，悠悠我心。纵我不往，子宁不嗣音？
> 青青子佩，悠悠我思。纵我不往，子宁不来？
> 挑兮达兮，在城阙兮。一日不见，如三月兮。

内容与目标定位：《诗经·子衿》位于统编版教科书八年级下册第三单元的"课外古诗词诵读"部分，紧随"阅读"部分的《〈诗经〉二首》和"综合性学习"部分的"古诗苑漫步"，作为连接二者的诵读材料存在。从其所在的单元来看，所选的作品是不同主题内容的古诗文，旨在使学生"了解古人的思想、情趣，感受他们的智慧，受到美的熏陶和感染"①。在教科书的编排设置中，《诗经·子衿》并未被列入教师讲读的范围，但在 S 老师的教学内容序列中，则作为引入《诗经》学习的起点诗歌而置于首位。也就是说，S 老师首先通过这首简短的《诗经》篇目的讲授，引导学生感知《诗经》整体的艺术特色，使学生在对《诗经》的整体把握基础上，进入对《诗经·关雎》和《诗经·蒹葭》的学习中。S 老师强调，他"淡化了对爱情主题内容的讨论，结合学生年龄心理发展水平和经验，贴近、联系学生生活实际。"

《诗经·子衿》的教学，S 老师仍按照古诗词教学的一般教学思路展开，而教学的重点则明确地置于诗歌语言的赏析上。

教学环节：整个教学过程由四个环节构成，第一个环节，导入；第二个环节，依据"预习导案"进行文学常识介绍；第三个环节，诵读《子衿》，包括正字音、教师配乐范读、学生配乐齐读；第四个环节，借助多媒体，讲解诗歌大意；第五个环节，赏析诗歌的语言艺术。

教学聚焦点：因为《子衿》的教学先于《〈诗经〉二首》，作为"阅读"《〈诗经〉二首》的"引子"，S 老师聚焦了对《子衿》的"诗意的理解"和

①　中华人民共和国教育部.义务教育教科书 语文 八年级 下册[M].北京:人民教育出版社,2017:53.

"语言的赏析"上，也就是着重关注了教学的第四和第五环节。"诗意的理解"是对诗歌整体内容的把握，这是进行诗歌鉴赏的基础；"语言的赏析"是对诗歌语言特色的赏读与评析，表现出了《诗经》在语言上的鲜明特征，与《诗经·关雎》和《诗经·蒹葭》有共通之处。

聚焦诗歌的语言赏析，即 S 老师引导学生对诗歌语言文字运用功夫的鉴赏与分析，从《诗经·子衿》的教学过程中能够透视出学生如何在语言文字运用的学习中获得"同情之爱的感悟力"的生成。

教学过程：

《诗经·子衿》的"语言的赏析"以对"诗意的理解"为基础，在"诗意的理解"上，呈现出从"语词"到"语句"，再到"语意"的三重视点，在此基础上，赏析诗歌的语言艺术，展现出《诗经·子衿》独特的艺术特色。具体教学的核心内容可凝练如下：

A.语词："青青""悠悠"：衣领/绶带青黑、我心/情忧思。

　　　　"纵""宁"：纵然、难道；（反问）

　　　　"挑""达"：独立徘徊。

B.语句："一日不见，如三月兮！"

C.语意："衣袂飘飘的身影，独自徘徊在城门旁的楼台上。为何伤感？为何叹息？原来与爱人许久未见啊！想到了他青黑色的衣裳，内心的忧思绵长！就算我没有去见你，可你为什么不来见我？!"（S 老师的译文）

D.阐发：这体现出中国女性的一种独特美：矜持。

基于此，《诗经·子衿》的语言艺术可以从四个相关的侧面加以呈现：

A."音乐美"：诗的每一章都使用了"双声叠韵"词，注重"押韵"，节奏鲜明；整首诗由三章构成，运用"重章叠咏"手法，展现出音乐的"和谐"美感。

B."结构美"：诗歌的每一章结构基本一致，四言为主，句式相同，结构整齐。体现出中国人的性格特征：方正。

C."意境美"：散文中的环境描写可以渲染气氛，交代背景；而诗歌中的环境描写则营造了一种意境。散文中的人物描写运用各种描写方法，而诗歌中使用人物描写方法，展现出女子的"矜持、率真、勇敢"。

D. "情感美"："诗以言情"，对爱人的深情思念却不直接表达，而是体现在神情、动作、心理上，这是中国人情感表达的特点：含蓄。这种"含蓄"的情感用"重章叠咏"的抒情、意境的深化来强化。

这四种"美"的揭示，实际上是围绕诗歌的艺术特色展开的四个侧面的分析，既展现出由《诗经》起始的中国古典诗歌独特的艺术魅力，具有审美的价值；又阐释出中国传统文化对人性情感的理解和表达，蕴含着对文化的深层理解。

最后，S 老师以方法总结和情感强化结束古诗文本的教学，方法上，明确了"诵读"在诗歌学习中的重要性，由"读"而"通诗句""懂诗意""悟诗情""品手法"，以"读"贯通；情感上，以课堂写作练习的方式，"假如你就是诗歌中的那位女子，请你写一封短信给自己的心上人，写出你想对他说的话。"进一步强化，并给予示范：

子珮：

自从那日在巷口遇见你，我就被你深深地吸引，你那青青的衣领，衣袂飘飘的身影从此在我的脑海中萦绕，挥之不去。它像风筝一样牵引着我的心，我的思念。

回想我们在一起的时间，总是短暂而美好，我们一起在城阙上眺望风景，一起憧憬未来。

最近几天，我常常在我们约定的地方独自徘徊，向巷口眺望，希望能再次看到你身影，你的微笑。你知道吗？见不到你的日子多么煎熬，一天见不到你，就像隔了三个月一样的漫长。纵使我不去找你，你难道就不托人捎音信给我吗？纵使我不去找你，你难道就不会主动来找我吗？

《诗经·子衿》的教学过程以情感表达的方式结束。这是一种由语言赏析始到语言表达终的思路，在学生语言运用的学习中使其情感的感悟贯穿始终。

(2)《卜算子·黄州定惠院寓居作》的教学内容及过程

《卜算子·黄州定惠院寓居作》的教学，仍依照从语言赏析到情感体悟的思路展开。

内容呈示:

卜算子·黄州定慧院寓居作 苏轼

缺月挂疏桐,漏断人初静。谁见幽人独往来,缥缈孤鸿影。 惊起却回头,有恨无人省。拣尽寒枝不肯栖,寂寞沙洲冷。

内容与目标定位:《卜算子·黄州定惠院寓居作》位于统编版教科书八年级下册第六单元的"课外古诗词诵读"部分。第六单元是古代经典诗文单元,在学习了以社会生活为主题内容的经典作品之后,诵读该词,能够拓展和延伸特定的情境和感受,进一步感知古人的情感体验,从而与自身建立情感关联。鉴于统编版教科书内增添了对词作主旨内容的讲解和语词的注释,学生在主题内容的理解上没有障碍,S 老师将教学的重点置于"感悟"和"运用"两个目标的达成上。

教学环节:由四个部分构成,分别为:第一,题目解析中的背景介绍;第二,词作情感的整体感知;第三,词作内容的分析;第四,作品主旨的探讨。四个部分逐一展开,以师生对话的方式呈现。

教学聚焦点:因为词作的创作具有特定的背景,源于对这一特定背景的经历和体验,词人抒发其特定情感。S 老师聚焦于引导学生进行语言的赏析和情感的感悟及关联,由此引发学生对人生选择与价值问题的思考。

教学过程:

A.背景:"卜算子"是词牌名,"黄州"是地名,"定惠院"是一座寺庙的名字,"寓居"即居住在此,此时苏轼被贬至黄州。因为"乌台诗案",宋代的文字狱,苏轼受牵连被贬谪于此。

B.感悟情感:

师:朗读之后,能体会到什么情感?生:孤独、寂寥、凄凉、凄清、悲伤。

师:再读之后,还读出了什么感受?生:孤独、凄凉、冷清、孤寂。

师：我读出了一份"倔强"！

黄州是苏轼人生的重大转折，在这里他实现了人生的一次升华。

苏轼何罪？未参与党派斗争，却让皇帝降罪。——"独以名太高"。父子三人参加科举，苏轼才华最高。人有才华，势必遭妒忌，总有人为其罗织罪名，在他的作品中挑毛病。

古代的官场文化就是酱缸文化，身在其中的人不能独善其身，而其精神常常是孤独的。

C.内容分析：词作从环境描写开始，一轮残月挂在枝叶稀疏的梧桐树的树梢，夜深人静（"漏断"）之时，有谁曾见一个幽居之人独自来往徘徊。

师：所谓何事让一个人夜深人静之时还在独自徘徊？——必定是一种巨大的痛苦！

生：超脱凡俗；悠闲、凄凉；清闲；孤寂、惆怅、清冷。

师：文字狱被贬，初到黄州，一人独居，孤独惆怅；而经过一段时间，开始慢慢化解。这种痛苦，不仅来自孤单，更是精神上的孤独无依。一路上无朋友送行，而在汴梁时期友人甚多；到黄州后，书信抒怀，"阅后即焚"。可想而知，他内心的痛苦。于是在朦胧的夜晚，只看到了孤单的大雁。"惊起却回头""有恨无人省"，借孤雁表达自己的志向。运用象征手法，展现出自己心境的孤独、志向的高洁。

D. 主旨探讨：

人在孤独苦闷的时候，总会四处寻觅。谁能理解？孤独难耐，却不沉沦，不随波逐流，无助时、彷徨时，独立、自主地走出来，这就是苏轼。

回过头来再看痛苦，内心会有怎样的想法？坚定的信念是否坚守？

（3）小结

依据课标对古诗词教学的目标要求，两个课例都展现出准确的教学定位和适宜的教学内容，教学过程充分引导学生在"阅读与鉴赏"和"表达与交流"的实践活动中，展开语言运用的学习与情感态度的确立，并能够使之进入传统文化的视域体悟审美意蕴、思考人生问题。其中蕴含着学生"同情之爱的感悟力"的生成。

具体来说，S 老师《诗经·子衿》和《卜算子·黄州定惠院寓居作》的教学是在"积累""感悟"和"运用"的目标框架中，对诗歌进行内容把握和意义阐释的，学生在此过程中首先凭借其已有经验、运用直觉思维获得对文本中的"象"（人、景、物）的感性认识，由此进入对文本的"意"（词意、语意、旨意、情意）的理性把握，实现了对文本的整体感知。在此基础上，通过引导其进行联想和想象，在"运思"中将相关经验、体验、情感等内容关联起来，体悟和领会文本蕴含的意义内涵。无论是相关背景中的景，还是特定情境中的情，景与情在联通中促进学生对"爱"的情感的感知体悟。这一情感即源于基本人性的"同情之爱"，感知体悟诗歌中的"同情之爱"是个体经验的灵性传递与表达，学生正是在此过程中展开了意义的建构。而若使这一过程真正成为意义建构的重要视域，对文化意蕴的深入理解和阐释是关键，特别是儒家"仁"的思想对个体的建构。

（二）"同情之爱的感悟力"的生成过程分析

倪文锦指出，从心理学角度说，感悟是"一种心智活动"，本质上"属于理解的范畴"。其生成仍与个体"原有的知识水平和能力有关"。[①]而"同情之爱"这一人的本质情感的感悟力的生成，同样需要以学生已有的经验、体验及能力为基础。以上两个课例中，学生"同情之爱的感悟力"的生成是伴随着古诗词教学中语言的赏析和主旨情感的阐释而展开的，它们同样基于古诗词的基本知识和欣赏、分析、阐释等基本能力，而从古诗词的语言入手是基本路径。引导学生凭借语言并通过语言，在语言运用的学习中获得寄寓在语言之中的情感，进入"同情之爱"的感知和领会中，语文教师的课程理解及教学实践十分关键。

1. 语文教师的课程理解及教学实践

20 世纪末，于漪老师就说过："语文学科作为一门人文应用学科，应该

---

① 倪文锦. 语文教育要切实加强语文基础——从语文教材谈起［J］. 课程·教材·教法,2011,31（5）:33-36.

是语言的工具训练与人文教育的综合。"①《义务教育语文课程标准（2022 年版)》也再次确认"工具性和人文性的统一，是语文课程的基本特点。"②这意味着，一方面，语文"基本知识的传授和基本能力的训练仍是须臾不可缺少的"③；另一方面，"人文化育"的价值追求也不能放弃。而从语文教育实践上看，二者经常未能统一，这直接影响着语文教师的教学实践。考察语文教师的课程理解，就成为观照其教学实践的关键。对于"同情的感悟力"的生成，因其伴随着语文课堂教学过程而展开，同样需从语文教师的课程理解出发，探究其生成图示。

就以上课例而言，反映出 S 老师重视语文课程的"人文性"特征，并在其教学实践中展开了语文课程"以文化人"育人价值的积极践行。S 老师曾说："我讲课更注重人文、思想、价值这些内容，这些（对学生来说）是更长远的。""语文要给学生的是：知识的深度、思维的广度、视野的开阔度、辩证的方法。要让学生有对人生、世界的观念态度，健康心理、丰富情感。"④可见，他重视语文课程"人文化育"的功能。

由此理解出发，他的古诗词教学就着重于引导学生感悟作品的情感、并与自身建立情感的关联上。这紧扣住了诗歌"主情"的特征，而从诗歌语言入手指导学生进行赏析，则把握住了诗与言的关系。诚如《毛诗序》所言"情动于中而形于言"，诗歌始于个体内在情感的涌动，语言则将这种情感外化为特定的形式。将二者有机地融合于教学，才能够真正使学生获得古诗词学习的要义。这意味着诗歌教学最终指向的是学生的感悟力的生成，它基于学生语言知识和能力的掌握、情感和意义的关联与阐释。在古诗词教学中聚焦"同情之爱的感悟力"的生成，也同样需要关注语言和情感融通的实现，改变以往对古诗词的语言进行孤立的说明和对情感进行客观的给予而带来的疏离问题。

---

① 于漪.弘扬人文 改革弊端——关于语文教育性质观的反思[J].语文学习,1995(6):5.

② 中华人民共和国教育部.义务教育语文课程标准(2022 年版)[EB/OL].(2022-04-21)[2022-04-23].http://www.moe.gov.cn/srcsite/A26/s8001/202204/W020220420582344386456.pdf.

③ 倪文锦.语文教育要切实加强语文基础——从语文教材谈起[J].课程·教材·教法,2011,31(5):35.

④ 这两句引用的编码分别为:I-N-ST-[2021-04-16],I-N-ST-[2021-06-07]。

　　对此，依据建构主义学习理论，个体生成自己的理解，需要在与外部环境的交互、社会性的互动中进行意义的建构。在古诗词教学中，促进学生以"同情之爱"为基础的情感感悟力的生成，凸显语文课程文化育人价值，可关注"情境—方法—意义"三个层面，S老师则从诗歌对个体的建构层面提出，诗歌创作要思考"神性、情感、美"。"'神性'就是让人返璞归真的生命意义；'情感'是诗歌的生命；'美'不仅是外在的结构形式，还有内在的意境，以及朗读的语感。"①由此，创设情境—生成方法—探究意义就成为古诗词教学中促使学生"同情之爱的感悟力"生成的关注点。

　　（1）创设真实而富有意义的情境

　　情境是理解得以形成的环境条件，在真实而富有意义的情境中，个体的情感感悟获得了现实基础，这种交互是"同情之爱的感悟力"生成的重要条件。新修订的《义务教育语文课程标准（2022年版)》在"教学建议"部分鲜明提出，情境源于生活、服务于生活，创设情境"应建立语文学习、社会生活和学生经验之间的关联，符合学生认知水平；应整合关键的语文知识和语文能力，体现运用语文解决典型问题的过程和方法。"②在学生的经验和知识之间建立关联，整合知识与能力，关注过程与方法，促进情感、态度、价值观的生成，是情境创设的意义指向。

　　情境创设的角度不一，在古诗词教学中，重视语言文字本身的文化内涵，引导学生从关注古诗词文本中的语言文字入手，通过对汉语在语音、词汇、语句等运用中的特征分析，指引学生进入语言文字蕴含的文化意境中，具身地感知和体悟文本表达的情感，唤起对"同情之爱"这一本初的人性情感的感悟，同时获得"同情之爱的感悟力"的生成。

　　围绕以上课例具体分析，在《诗经·子衿》的教学中，S老师为了使学生能够在特定情境中感悟诗歌的情感，达到与诗歌抒情主人公的情感共鸣，关注了语音上的整体感知、词汇和语句的使用和表达、语段的体悟在情感感悟

---

① 该引用的编码为：I–N–ST–［2021–03–24］。
② 中华人民共和国教育部.义务教育语文课程标准（2022年版)［EB/OL］.（2022–04–21）［2022–04–23］.http://www.moe.gov.cn/srcsite/A26/s8001/202204/W020220420582344386456.pdf.

中的作用。在语音上，从发准基本字音到把握语言节奏，再到在音乐的伴随下呈现诗歌的内容，充分调动人的多种感官，唤起和激发学生对特定情感的感知。在词汇和语句上，重点引导学生把握"双声"词、"叠韵"词，以及"叠词"在情感表达上的特殊作用；关注"四言"诗"二二拍"的节奏特征，"重章叠句"的艺术效果，以及"一日不见，如三月兮！"的直接情感抒发。在语段上，呈现富有文学特色的译文内容和示范指导学生写作情意表达的书信。总之是在语言文字的运用中引导学生浸入"爱"的情感之中。由此，学生能够通过语言进入情境，在情境中感悟作品表达的"爱"的情感，实现"爱"的情感感悟力的逐步提升。

在《卜算子·黄州定惠院寓居作》的教学中，S 老师重点关注从语词和语句的涵意上展开对情感的感悟。"缺月""疏桐""漏断""静""幽人""独往来""缥缈""孤鸿""寒枝""寂寞""冷"，特定的语词在这里蕴含着与人物经历相关的情感状态。正是因为苏轼此时被贬谪的经历，引发他内心真实情感的抒发和表达，借助特定的语词，情感得以蕴藉。透过这些语词，呈现的是特定的意象以及由此而生的意境。例如，对"孤雁"这一主体意象的分析，就是与词人的情感达到理解和融通的过程。"惊起却回头"，是回望经历与痛苦；"有恨无人省"，是无人关注与理解的孤单；"拣尽寒枝不肯栖，寂寞沙洲冷"是词人孤独的心境和高洁志趣的表达。由此，学生能够体悟到词人借"孤雁"抒怀，表达的是自身在人生遭遇挫折中的情感态度与价值选择。这种源于"同情之爱"的共鸣是在意象及意境的感知和体会中产生的，而中国古典诗词中的意象和由此凝结而成的意境，正是特定情境的情意化呈现，提供了能够触发"同情之爱"的浸润式体验。而借助听读的言语活动，以"具身"的方式进入作品，引发的则是与词人共通的情意感知。

（2）指导情意感知的方法

方法是指导学生获得理解的有力保证，遵循语言学习的规律，承继既有的经验，使学生在学习过程中获得导向意义建构的思路和途径。据杨澄宇研究，具身的语文是以语感的获致表征个体生命的原初存在，而朗读和写作等

言语活动是形成语感的方法。①《义务教育语文课程标准（2022 年版）》在学生"语言运用"核心素养的具体目标阐释中提出学生要"主动积累、梳理基本的语言材料和语言经验，逐步形成良好的语感，初步领悟语言文字运用规律。"②据此，语文教师需重视对学生言语经验累积的语文实践活动的指导。

在 S 老师的《诗经·子衿》教学中，诵读是引领学生整体把握文本、感知和体悟情感的重要途径。听读中聆听和模仿发音、语调、节奏，跟读中以自己的方式和感受呈现作品，配乐朗读中感受情境、感知他人、融入自我，形成了完整的诵读感悟过程。同时，同类比照和具身体验也是促进"爱"的情感感悟的重要方法。为使学生深入体会"双声"词和"叠韵"词，S 老师提前举出了《诗经·关雎》中的"参差""辗转""彷徨"等能够体现情意态度的特定词语，着重点明《诗经·子衿》中的"青青""悠悠""挑达"的含义及特殊表达作用。而使学生产生具身体验，以"四言"诗的"二二"拍节奏为基准，S 老师引导学生敲击课桌桌面，打出节拍，同时伴随诗歌的诵读，使学生浸入诗歌的韵律当中。再辅以学生熟悉的现代歌曲《童话》，令学生切身体会"重章叠句"对于"爱"的情感表达的独特效果。最后，指导学生运用联想和想象的方法，进行角色转换式的书面表达，感同身受地体会抒情主人公的"爱"的情感，又一次强化"爱"的情感体悟。由此，听、说、读、写的言语行为充分展开，学生在语感获得的同时，也实现了"爱"的情感的共鸣。

在《卜算子·黄州定惠院寓居作》的教学中，仍是以学生的诵读起始，S 老师则首先关注诵读后的情感内容的整体感知，而他对情感的独特体悟的揭示则引导学生与人物命运相关联，强化了学生已有的经验认识。在此基础上，进一步分析词作出现的一系列意象，逐步展现特定意境中的人物感受和体验，使学生获得对词作主旨情感的把握。最后对人物，即作者的共情式理解，将学生与作者、作品真实地关联起来，以情意共通的问题引发学生持久地思索，

---

① 杨澄宇.基于现象学视角的语文课程探索[D].上海：华东师范大学，2014：85-87.
② 中华人民共和国教育部.义务教育语文课程标准（2022 年版）[EB/OL].（2022-04-21）[2022-04-23].http://www.moe.gov.cn/srcsite/A26/s8001/202204/W020220420582344386456.pdf.

情感与价值的建构逐步展开。同时，S 老师引导学生将其学习或阅读过的、与苏轼相关的作品关联起来①，形成人物情感发展线索，经历的串联必然会伴随着人物情感的发展变化，再以故事的形式讲述出来，使学生进一步理解词人在其作品中表达的情感展现的就是人生的情感发展脉络，学生的"同情之爱"也能够在此过程中得以不断内化，进而促使学生在语言文字运用的学习中伴随着"同情之爱的感悟力"的生成。

(3) 阐释蕴含的文化内涵

文化内涵的阐释指向意义的建构。中国古典诗歌蕴含着丰富的文化意蕴，其对善良人性的呼唤、正直人格的塑建、立人立己的人生价值的追求，皆源于"同情之爱"的本质情感的表达。语文教师在古诗词教学中，不仅要关注语言艺术的独特作用，而且要引导学生透过语言的表达深刻地体悟其所具有的文化意蕴，使学生获得文化的视域，"同情之爱的感悟力"才具有了得以生成的背景和条件。

在《诗经·子衿》的教学中，S 老师引导学生体会诗歌之"美"，这种"美"不仅在于外在的语言形式，更在于内在的价值理想与真实情感。《诗经·子衿》语言的"音乐美"反映出中国人对"和谐"的追求，其形式的"结构美"体现出中国人"方正"的性格特征，其"意境美"营造出沉静悠远的氛围，而"情感美"表达出中国人深挚而"含蓄"的情感特质。这种情感深沉内敛、"率真""勇敢"，是中国人的文化标识，具有恒久的文化意味。学生具有这样的文化视域，就能更深刻地感悟"同情之爱"的意蕴，逐步获得"同情之爱的感悟力"。

在《卜算子·黄州定惠院寓居作》的教学中，S 老师引导学生感悟人生逆境中的真实情感，在与词人情感关联的基础上，思考人生的选择与价值，探求人生的态度与意义，从而获得情意的发展。而其背后蕴含的积极乐观、勇敢坚毅的儒家文化精神，深刻地影响着中国人的人生态度和选择。站在这一文化立场上去审视苏轼的情感状态和人生态度，并与自我相关联，引发学生

---

① 这是在课后与 S 老师探讨时，他提出来的做法，但这一课例中没有展现。

直面当下现实生活中的问题，进入对自我、他人和世界的观照与反思，在多元对话中促进学生的精神成长。由此，学生能够在始于人性的"同情之爱"的关联中获得深刻的感悟，"同情之爱的感悟力"也在此过程中获得生成的可能。

总之，在古诗词教学中，语文教师通过创设真实而富有意义的情境、指导情意感知的方法、阐释蕴含的文化内涵，引导学生在语言与情感的关联与融通中、通过具体的言语实践活动，获得情感感悟能力的发展，"同情之爱的感悟力"随之生成。而语文教师的这一实践受到其课程理解的指引，追求语文课程"工具性"与"人文性"的统一，才能真正凸显出语文课程的育人价值。就以上课例看，实施者 S 老师侧重于语文课程"思想性"和"人文性"的彰显，并未充分关注学生相关基础知识的强化和基本能力的训练，只是为了面对考试等现实压力而适时补充，从"感悟"的深层机理上讲，生成的基础有所欠缺，学生感悟力的生成呈现出不同水平状态。但由于 S 老师的引导和阐释全面，形式多样，方法适宜，加之学生已有经验累积过程展开较为充分，使得学生"同情之爱的感悟力"的生成达到了较高水平，这从学生的课堂表达、写作练习和访谈中都能够得到证明。

2. 学生的感悟力生成

在语文课堂教学中，语文教师以其课程理解和课程理解指引下的教学实践，在情境的创设、方法的指引和文化内涵的阐释思路框架下，为学生"同情之爱的感悟力"的生成提供了引导。学生在此引导下，能够获得真实的感知、具身的体验和意义的体悟，从而为内化和生成相应的情感、态度和价值等奠定基础。

（1）真实的感知

对文本传递的情感的真实感知，是在语文教师创设的真实而富有意义的情境中，基于自身的已有经验，借助汉语的独有特征，以身心参与的方式获得的。在《诗经·子衿》的学习中，学生通过听读、范读、诵读等多种形式的"读"，能够从音韵的角度直接感知到语言的特色，"青青""悠悠"叠词的反复使用，"纵""宁"副词的反复强调，"挑""达"双声叠韵词的深长意味，"一日不见，如三月兮！"的感叹抒发，在语文教师的强调下，结合自身的生活经验，学生能够感知到诗歌蕴含的真挚而悠长的情意特征；加之"重章叠句"的结构形式，反复吟咏中情感得到不断加深和强化，语言的形式与情感的内容实现了统整。学生在语言运用的学习中获得了内在情感的深化，"同情之爱"的感知也由此得以确认。在《卜算子·黄州定惠院寓居作》的学习中，结合文本创作的背景，依据词作中的一系列鲜明的意象，学生基于已有经验也能够直接感知到文本表达的情感；在此基础上，语文教师的情感阐发为学生提供了方向指引，学生的理解因此而得到强化；而始于人的共通情感的思考触发，则又一次引导学生情感体悟的深入，学生由此建构着对自我、他人和世界的理解。可见，基于语言而展开的情感的真实感知，能够为学生"同情之爱的感悟力"的生成创造条件。

（2）具身的体验

语文学习中的具身体验来自听、说、读、写的言语行为，阅读与鉴赏、表达与交流、梳理与探究的实践活动的身心参与及由此而来的切身感受和体会。在语文课堂教学中，它不仅依赖语文教师创设的真实而富有意义的情境，更依托适宜的语文实践活动。

在《诗经·子衿》的学习中，首先是"读"的活动带来的体验，不同形式的"读"，既有聆听和模仿，也有感受和发现，唤起的是学生的生命感，其身心融入使之获得沉浸式体验；其次是"听"和"说"的活动，具体表现为打击节拍和诗歌吟诵。按照诗歌的音乐节奏，拍打桌面，打击节拍，引发学生对诗歌音韵的具体感知；诗歌的反复吟诵，在听读中唤起和激发学生的情意感受，二者都是使学生在亲身参与中调动各种感官，获得具身体验的有益尝试；最后是"写"，凭借语文教师提供的"支架"，即自己创作的范文，学生在写作中找到了自身情感表达和抒发的方式，也获得了呈现真实思考和体悟的机会，"同情之爱"的情感因此而得以升华。这一过程充分展现出感悟力的获得需要创造具身感知与体验的条件，也就是语文教师引导下的学生具身的实践活动。而在《卜算子·黄州定惠院寓居作》的学习中，语文教师以"问—答"结构引导学生具身体验和思索的路向，是促使理解深入的有效途径。在诵读的整体感知基础上，鉴于词作具有相对丰富的情感表达空间，将词人的生活经历与作品的情感抒写同步串联，以语文教师的"问"和学生的"答"的形式，在"问—答"间逐步拓展学生理解的深度，进而引向对情感、态度、价值等的深入思考和体悟。这是强化学生具身体验的另一种形式，能够为学生获得"同情之爱的感悟力"，加深儒家"仁"的价值的理解开辟道路。

总之，学生的具身体验是在语文教师的方法指引下展开的。语文教师指向情意感知的方法指引，使学生在充分调动各种感官的基础上，通过自身的言语实践活动，实现了身心的参与和融入，情意的感知与表达能力也因此而得到发展。学生"同情之爱的感悟力"的生成条件随之成熟。

（3）意义的体悟

学生对相关意义的领会和体悟，基于汉语汉字及古诗词文本所内含的文化意蕴。而文化意蕴的揭示，则需要语文教师的深入阐释。在语文教师的阐释下，学生从已有经验出发，持续进行经验的建构，实现新旧经验的联结和转化，最终使经验结构不断得以扩充。就古诗词来说，意象是关联经验的焦点内容，意象分析能够为学生拓展知识、理解情感、深化思想奠定基础。而由意象组合构筑的意境，则成为学生浸入作品所创造的情意世界、体悟作者所表达的情感、获得文本内含的文化意蕴的重要视域。学生正是在这一文化性视域中理解"同情之爱"这一基本的人性情感的。

《诗经·子衿》展现的是思恋而未见的期待之境，其中蕴含的质朴而含蓄、真挚而绵长的"爱"他人的情意，是学生建构自身对他者认知的重要资源。在语文教学中，通过引导学生分析感知"青青子衿""青青子佩"的意象特征，整体把握思与待的悠远意境，学生收获的是对"同情之爱"的情感体悟和情意建基的文化认知。《卜算子·黄州定惠院寓居作》呈现的是命运多舛而孤独高洁的超越之境，其中蕴含的孤独而寂寥、乐观而坚忍的"爱"世界的情感，是学生确立对人生、世界态度的重要起点。语文教学通过引导学生分析把握"缺月""疏桐""漏断"等意象，使学生进入一个寂寞清冷的世界，但"孤鸿"的"不肯栖"却又表达出坚忍与不屈，学生既获得了人生态度和价值，又认识到中国传统文化仁爱而勇毅的人文精神，由此，个体的精神世界不断丰富。

　　总之，学生对人生意义的体悟是经验关联和整体浸润的过程，从自身的现实问题出发，在新旧经验的关联中持续建构自我的精神世界，实现"以文化人"的价值追求，也是促进儒家人文思想理解能力发展的意义所在。

　　综上所述，在古诗词教学中，依托特定文本，语文教师引导学生进行语言鉴赏基础上的情意体悟，正是"同情之爱的感悟力"生成的伴随过程。通过对两个课例的分析和阐释，能够从中提炼出"同情之爱的感悟力"的生成图式，如图 7-3 所示：

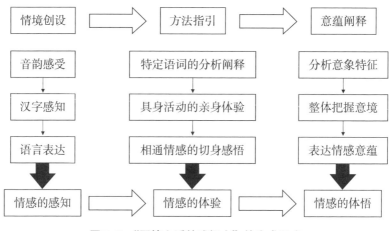

图 7-3　"同情之爱的感悟力"的生成图式

（三）反思

　　通过以上分析和阐释，对于初中古诗词教学中"同情之爱的感悟力"的生成，能够获得如下认识：以"诵读"活动为主线贯穿教学过程，促进学生"语感"形成的同时，强调学生具身的感知和体验，并关注"问—答"框架下的师生对话所引发的文化意蕴的内化，是促进学生"同情之爱的感悟力"生成的有益探索。具体来说，在真实而富有意义的情境创设中，从音韵，包括语音的发音、声调语调的变化、节奏的把握等方面的感受起始，到汉字蕴含的文化意义感知及与文本情感的关联，再到以完整的语言形态表达出来，呈现出特定情境中情感的整体感知过程。在此基础上，语文教师予以情意感知方法的指引，无论是诵读中发音、断句等具体方法的指导，还是通过文本获得情感体验的方式和途径的引导。这里可以聚焦特定语词，"特定"是强调语词本身在文本中的指向性意义，从形式上的构成，如形容词加名词的结构，到内容上的含义以及蕴含的情意，可以在相似的语词比照中把握其特征和意义。由此借助具身活动的设计使学生获得亲身的体验，强化感受的共通。当进行文化意蕴的阐释时，学生的"同情之爱"已具有了经验的基础。而进一步分析意象的特征，整体把握意象组合的意境氛围及情意内容，以完整的形式表达出其深层的文化意蕴，情意的体悟过程由此展现。

　　这一过程需要关注的是语文教学中对语言与情感关系的理解。在语文阅读教学中，语言与情感的关联是真实存在的。洪堡特（Humboldt）就曾指出，"语言绝不是产品，而是一种创造活动。"①也就是说，语言不是孤立而静态的结果，它需要在情感和意志的支持下进行生成与建构，获得的是对世界的理解。因而不能将语言和情感割裂开来，尤其是在情感的阐释中，对语言文字的深入理解是进入情感体悟的关键。但在实际教学中，二者的关联并没有凸显出来，对语言文字的形式和内容的解读都不够充分，情感的感悟因而受到限制，情感的感悟力的提升也会受到影响。对此，笔者深有体会并时常反思。笔者在阅读教学中，重视文本情感的理解和阐释，关注学生在文本阅读中"爱"的情感的感悟，会围绕特定主题情感，通过课堂"问—答"式对话、课后写作练习等形式，促进学生基本人性情感的感悟力的发展。但在教学实践中常感效果一般，S老师的教学实践给予了笔者很多启示，不仅需关注文本阐释的独特视角和呈现方式，而且要重视在包括儒家人文思想在内的优秀传统文化的视域中引导学生理解文本的情意内容。特别是设计和开展能够充分促动学生情意理解和表达的实践活动，如何整合听、说、读、写的言语行为，如何整合情境、人文主题内容、方法和资源等要素，如何在实践活动中关联语言与情感等，都需进一步思考和探究，例如从相关文本中的关键汉字入手，引导学生对汉字的文化内涵、审美意蕴、意象表达等展开探究，由此引发学

---

① ［德］洪堡特.论人类语言结构的差异及其对人类精神发展的影响［M］.姚小平，译.北京：商务印书馆，2011：56.

生对特定情感的理解和阐释，而"同情之爱的感悟力"也能够在此过程中得到生成的可能，比如"仁"字的文化意蕴阐释。

总之，感悟情感可以与语言文字的理解相关联，在语言文字运用的学习中获得基本情感感悟力的发展和提升，学生"同情之爱的感悟力"就是伴随着语言文字运用的学习而得以生成。

二、"'仁'的价值的阐释力"的生成——以《石壕吏》与《富贵不能淫》为例

基本价值以人性情感为基础，指引着个体的行动。对于初中阶段学生而言，在理智地分析与阐释中把握基本价值，获得基本价值的阐释力，是儒家人文思想理解能力生成需要关注的重要方面，也是符合这一阶段学生身心发展特征的。此阶段是个体理智思维能力发展的重要时期，面对多元价值的冲击和选择，理智地思考和探问价值问题，理解和阐释价值的意义，是个体发展历程中重要的内容。而回归人的基本价值，通过解释说明、分析推理和抽象整合等活动，探究基本价值对个体建构的生成意义，则成为现实的需求。在中华优秀传统文化中，"仁"的价值是基本价值的核心表达，对"'仁'的价值的阐释力"的关注，就是"同情之爱的感悟力"基础上的意义建构的探究。为此，在"同情之爱的感悟力"基础上，通过语文课堂教学，依托相关文本，引导学生对"仁"的价值进行阐释，提升学生"仁的价值的阐释力"，是儒家人文思想理解能力发展和提升的基本方面。

为探究"'仁'的价值的阐释力"的生成，选取了S老师的《石壕吏》和C老师的《富贵不能淫》两个课例进行分析，之所以选取这两个文本的教学探究"'仁'的价值的阐释力"的生成过程，是因为它们分别在叙事与议论中呈现出各自对基本价值的选择，并蕴含了儒家"仁"的价值追求。《石壕吏》虽然形式上为诗歌，但杜甫作品"史"的特征使其表现出与抒情为主的诗歌不同的价值。《富贵不能淫》作为论说文，具有现代议论文的特点，但又是以人物之间的对话架构内容、表达思想的，也能够成为探究的对象。

(一)"'仁'的价值的阐释力"的生成过程呈示

对《石壕吏》和《富贵不能淫》两个文本的教学过程的呈现，仍然是以教学目标的确立为起点，依据《义务教育语文课程标准（2022年版）》的目标要求，整合目标内容，以此引领教学设计和教学实施。

1. 教学目标

依据《义务教育语文课程标准（2022年版）》第四学段（7~9年级）"古诗文"部分的目标要求，在"积累—感悟—运用"的目标框架内确立教学目标。在相关文本的阅读教学中，探究"'仁'的价值的阐释力"的生成，可以如下教学目标的确立为起点：积累——掌握古诗文基本的语义内容；感悟——理解文本表达的思想感情；运用——表达人生感悟，明确人生选择。

2. 教学内容及过程

与古诗词的教学目标有所不同，《石壕吏》①和《富贵不能淫》的教学目标侧重于从文本的现实意义上去把握和理解主旨内容，由此获得对现实人生的思考和体悟。因而两个文本的教学都最终落实在基本价值确立和人生选择的主题探讨上。

(1)《石壕吏》的教学内容及过程

内容呈示：

> **石壕吏**
>
> 杜甫
>
> 暮投石壕村，有吏夜捉人。老翁逾墙走，老妇出门看。
>
> 吏呼一何怒！妇啼一何苦！
>
> 听妇前致词：三男邺城戍。一男附书至，二男新战死。存者且偷生，死者长已矣！室中更无人，惟有乳下孙。有孙母未去，出入无完裙。老妪力虽衰，请从吏夜归。急应河阳役，犹得备晨炊。
>
> 夜久语声绝，如闻泣幽咽。天明登前途，独与老翁别。

---

① 《石壕吏》虽形式上为诗歌，但与一般的抒情诗歌不同，它以叙事为主，因而教学目标的内容表达上与抒情诗歌有所不同。

内容定位：《石壕吏》位于统编版教科书八年级下册第六单元第二十四课《唐诗三首》中。从整体上看，第六单元是一个古诗文单元，单元主题为"情趣理趣""憧憬美好的社会生活，反思现实的生存状态"①。第二十四课的三首诗皆为唐代现实主义诗歌的代表作品。《石壕吏》是三首诗中的第一首，与第二首《茅屋为秋风所破歌》的时间相连、情感相续，同时又是杜甫"三吏"中的第一首，代表着杜甫现实主义诗歌的成就。S 老师由杜甫现实主义诗歌的"史"的特点出发，通过历史背景、人物、事件的讲述，引导学生把握特定时代人物的命运，思考人的价值选择问题，体会儒家"仁"的价值的意义。

教学设计：

A. 理念：从整体上把握诗歌，不做字词句的零散翻译；引入叙事视角，在历史叙事中把握诗歌内容；由诗歌主旨情感出发，体会诗人的高尚人格和爱国情怀。

B. 思路：从历史事件切入，展现特定历史背景，为理解诗作内容奠定基础；整体分析诗歌内容，展现战争背景中人物的苦难命运；人物的命运由人物自述，以自述内容为主体，把握诗作的结构；重点分析人物自述内容，通过补充人物之间的对话，加深对主旨的理解；再从叙事中归纳诗作的主旨内容和情感，自然转入对诗人情感态度和价值选择的阐释。

C. 内容：《石壕吏》的教学分作两个课时进行，第一课时，基于历史背景，整体分析诗歌内容，聚焦诗歌所反映的现实和人物情态"呼"与"怒"的阐释上。第二课时，从诗歌结构的分析开始；依据人物身份、特征及所处情境，补充吏与妇的对话；结合诗人经历，讨论诗歌主旨情感和人生的价值选择。两个课时内容前后衔接，逐步深入。

教学过程：

第一课时，按照"背景—内容—结构"的思路架构内容。

导入：唐朝曾是一个疆域辽阔、国力强盛、经济繁荣的时代，是每个中华儿女都日夜梦想、引以为傲的时代。那你们知道唐由盛到衰的转折点是什

① 中华人民共和国教育部.义务教育教科书语文 八年级 下册[M].北京:人民教育出版社,2017:115.

么吗？今天我们就通过诗圣的一首诗从侧面来了解战乱带给人民的灾难。

背景：安史之乱。以观看动画视频的形式让学生直观了解"战争泪史"。

内容：问题1：诗歌哪一句暗示灾难降临？反映了怎样的社会现实？

分析："有吏夜捉人"——突然袭击，阴险狠毒；无兵可征，无粮可收；农民失去土地，社会矛盾尖锐。

问题2：诗歌哪一句展现出这种尖锐的矛盾？

分析："吏呼一何怒！妇啼一何苦！"——"呼""怒"，官吏凶狠；"啼""苦"，老妇可怜、凄苦。独立成段，统领全诗。

问题3：老妇"苦"在哪里？

分析：丧子之苦（"三男戍""三男死"）——唐军兵源枯竭、兵役苛酷；困窘之苦（"媳无裙"）——战争破坏之严重；应征之苦（"翁逾墙""妇夜往"）——战祸连绵，人民不得安宁，无奈的选择。

结构："致辞"——"吏"（省略）与"妇"。

第二课时，在第一课时分析基础上，重点关注诗歌的事件记叙和主旨探讨。

事件：叙事诗，全诗以"致辞"为主体内容，分别叙述了缘由—内容—结局。

拓展：补充"吏"所说的话：（依据人物身份、特征、境遇，从老妇的"致辞"中推测官吏的话语。S教师给出官吏的话语，学生由诗歌原文给出老妇的回答。）

吏：汝家有男丁否？　妇：三男邺城戍。一男附书至，二男新战死。

吏：尚有他人否？　妇：室中更无人。

吏：安有哭声起？　妇：惟有乳下孙。

吏：必出一人！　妇：请从吏夜归。

归纳：藏问于答，明暗结合。吏——凶狠残暴，妇——凄苦悲惨。一暗一明，形成对比。

讨论："如"——含蓄，每一个人好像都听到了"幽咽"之声。

诗人——"忧国忧民"。

百姓——无尽悲伤，挥之不去。

阐发：主旨——战争灾难，官吏残暴，深切同情，时局忧虑。

诗人一生历尽沧桑，颠沛流离。在成都期间，得友人相助，居于草堂之中，这是他一生最为安逸的时光。可天有不测风云，战争频繁，民不聊生。一想到处于水深火热中的老百姓，就使他彻夜难眠。孟子说："老吾老以及人之老，幼吾幼以及人之幼。"杜甫做到了这一点，"诗圣"的"圣"更在于其人格的高尚，忧国忧民的情怀。这才是他异于别人之处。

拓展阅读：阅读杜甫"三吏"中的另外两首诗：《新安吏》《潼关吏》。

《石壕吏》的教学聚焦引导学生理解诗歌的主旨情感，因而对诗歌的主要内容进行了深入分析和阐释，使之体会叙事中蕴藉的情感。而通过内容的分析、意义的阐释、思想的阐发，学生获得的不仅是对诗作本身的把握和对诗人情怀的认识，而且能够由此展开对爱国爱家、关爱和同情他人等"仁"的价值的理解与认同，而后者是"文化自信"素养培育的基础。

（2）《富贵不能淫》的教学内容及过程

《富贵不能淫》作为一篇论说文，呈现了鲜明的观点和对观点的论证，其教学应侧重于论证过程的分析和对中心论点的阐发。

内容呈示：

> **富贵不能淫** 《孟子·滕文公下》
>
> 　　景春曰："公孙衍、张仪岂不诚大丈夫哉？一怒而诸侯惧，安居而天下熄。"
> 　　孟子曰："是焉得为大丈夫乎？子未学礼乎？丈夫之冠也，父命之；女子之嫁也，母命之，往送之门，戒之曰：'往之女家，必敬必戒，无违夫子！'以顺为正者，妾妇之道也。居天下之广居，立天下之正位，行天下之大道。得志，与民由之；不得志，独行其道。富贵不能淫，贫贱不能移，威武不能屈，此之谓大丈夫。"

内容定位：《富贵不能淫》位于统编版语文教科书八年级上册第六单元第二十二课《孟子三章》中的第二章。第六单元的主题是"情操志趣"，单元导语中明确指出本单元中的古诗文从不同角度回答了"人应该有怎样的品格与志趣？"的问题。《富贵不能淫》是《孟子》中的经典名篇，通过该作品的学习，在掌握论证思路的同时，引导学生明确人应该具有的君子品格。C 老师依据《义务教育语文课程标准（2022 年版）》古诗文教学"积累—感悟—运用"的目标框架，将该文本的教学目标确定为：积累——积累文言字词；感悟——了解作者及思想；运用——掌握论证方法。针对学生基础薄弱的状况，C 老师把教学时间更多地分配在了使学生积累文言字词上；同时，为了使学生把握论说文的特征，论证方法则为另一教学重点。

教学内容：教学的内容由六个部分构成。第一部分为基础知识，包括题目解释、作者介绍、文言字词；第二部分为课文解读，逐句解释重要字词和语意内容；第三部分为课后练习，对重点文言字词进行了总结归纳；第四部分为主题归纳；第五部分是论证方法；最后对"大丈夫"的特征进行了说明。这里着重提炼和呈现最后三个部分内容，即主题内容、论证方法和"大丈夫"的特征。

教学过程：

A.主题归纳：孟子通过批驳景春的观点，具体阐释了什么是真正的大丈夫，告诉我们无论身处什么境遇，做事都要合乎礼仪、保持节操。

B.论证方法：

中心论点：富贵不能淫，贫贱不能移，威武不能屈。

比喻论证：将公孙衍、张仪之流比喻成"妾妇"，他们是没有任何原则的人，只会顺从秦王的意思。（讽刺）

道理论证：居天下之广居，立天下之正位，行天下之大道。（排比）

C."大丈夫"：大丈夫要讲仁德、守礼法，做事合乎道义；无论得志与否，都不能放弃自己的原则；更不能为富贵、贫贱、威武这些外部因素所迷惑、动摇、屈服。

3. 小结

根据已确立的教学目标，S 老师《石壕吏》的教学已跨越了"积累"和"感悟"的目标层，开始进入表达认识感悟、明确人生选择的"运用"层面，充分展现出诗作蕴含的情感、态度和价值观念对个体的引导作用。但思考引发充分，意义关联不足，尤其是未能与学生的真实问题相关联，学生的经验和价值建构仍需拓展。事实上，这一文本体现出儒家在理想人格塑建上的基本价值追求，语文教师可借此引导学生展开"仁"的基本价值的主题分析和阐释，通过与自身现实问题相关联，在真实而富有意义的情境中展开人生价值的探讨，使之直面价值选择的问题，学习做出正确的价值判断，进而指引现实的行动。C老师《富贵不能淫》的教学仍停留在文言字词和论证方法"积累"阶段，这既是语文教师对学生真实学情的回应，也包含着其对教学内容的理解。

文本《富贵不能淫》本身具有深刻的文化意蕴，它所体现的儒家对个体理想人格的追求，能够为学生精神世界的丰富和完善提供指引，如果仅从形式和结构方面分析文本的论证手法，而忽视其内容和意义方面的阐释、并由此与学生建立意义的关联，文本的本然价值就被遮蔽了。因而，《富贵不能淫》的教学，需关注语意内容理解基础上的"'仁'的价值"的深入阐释，尤其是通过主题任务的设计，发展学生相应的分析和阐释能力，为实现学生情感、态度、价值观的确立奠定基础。

（二）"'仁'的价值的阐释力"的生成过程分析

"'仁'的价值的阐释力"同样是伴随着相关文本的教学过程生成的，以上两个课例的教学文本均体现出儒家的价值追求，《石壕吏》的"忧国忧民"、《富贵不能淫》的君子品格都是"仁"的价值的具体表达。探究"'仁'的价值的阐释力"的生成，从对特定文本的教学过程分析中能够提炼出其生成的可能路径。

洪汉鼎指出，阐释具有"成为一种意义开启事件"的本质，"文本的意义不存在于文本之后，而存在于文本之前。"①对"仁"的价值的阐释，本质上也是个体价值意识、观念、意义"开启"和建构的过程。先在经验基础上的文本阐释本身，蕴含着意义呈现的思路与方式。

1. 语文教师的阐释思路

语文教师的文本阐释思路直接影响着学生对文本的理解。厘清阐释思路，

---

① 洪汉鼎.论哲学诠释学的阐释概念[J].中国社会科学,2021(7):124.

由明确的内容框架架构教学内容，是语文教师针对具体文本的教学需要探究的。就《石壕吏》来说，作为一首叙事诗，如何将人、事件、环境等内容在特定框架中加以组织呈现，促进学生对"仁"的价值的理解和阐释，是需要着重思考的。

（1）以"故事"架构内容

李西顺曾提出构建故事德育课程，并指出"故事"作为德育课程所具有的四个基本特征：第一是文化性，人作为意义的存在，其内容都在故事中表现出来；第二是叙事型思维，以具体的人物和人际背景为基础理解和体验世界；第三是"知情意行"综合体，"故事是人类对其自身及生存环境的反思、体验、情绪、信念、态度、价值观、行为动力的综合体。"故事的产生正是源于人类"知情意行"的需要。第四是具体性，普遍价值中形成个体价值。因而"故事"能够成为德育课程而存在。[①]这启示我们，可以借助"故事"的框架架构相应的内容，由此引导学生展开"仁"的价值的阐释。

"故事"包含人、环境（空间）、过程（时间）、内容（事件），按照"讲故事"的进程，教师可以以"背景"（时空）、"人""事件""启示"的思路架构教学内容。就《石壕吏》而言，S老师就是先从背景讲起，"安史之乱"的社会背景，使得当时的人们生活在苦难当中，"故事"就是由此开始的。在此背景中，人物"吏"和"妇"出场，故事的内容嵌入在人物之间的对话中，将人物的对话内容用叙述的方式讲述出来，就展现出事件的内容。但对话往往是在特定情境中的事件聚焦，还需要根据人物的形象特征和对话内容，还原出整个事件的来龙去脉。人物在事件中的经历和遭遇，又是特定背景中的必然命运，由此，背景、人物、事件形成了一个完整的故事，学生就在讲故事、听故事中与故事中的人建立起了关联，故事中的人的情感、价值、意志等就成为学生能够感悟、分析、反思、探究的内容。而这种关联应是以"阐释"的方式建立。在伽达默尔的哲学诠释学中，阐释是"文本与阐释者之间发生的共时性而非同时性的效果历史事件"[②]，故事中的人与学生就在阐释

①　李西顺.故事：一种德育课程[J].教学与管理，2011（28）：3-6.
②　洪汉鼎.论哲学诠释学的阐释概念[J].中国社会科学，2021（7）：122.

中呈现出了共在的意义关联。在《石壕吏》的教学过程中，S老师引导学生概括故事内容、说明事件缘由、比较分析人物形象（"呼"——"啼"），要求学生在《新安吏》和《潼关吏》的比较阅读中进一步整合出背景中的人物命运，促进了学生的阐释能力的提升。S老师对《石壕吏》阐释的落脚点在"圣"上，联系导入部分对杜甫"为民代言"的评价，结合学生对杜甫已有的经验，爱国、关爱、责任等"仁"的价值就在此过程中逐步生成。

可见，学生"'仁'的价值的阐释力"通过"故事"架构内容的方式能够得以生成，关键是语文教师作为"讲故事的人"如何有效地引导"讲故事"的进程。而对于《富贵不能淫》的教学，指导论证观点和方法学习的同时，引导学生理解论证的思路更有助于"仁"的价值的阐释。

（2）以"论证"展开内容

议论文体是以论证贯穿内容的。在议论文教学中，关注学生"'仁'的价值的阐释力"的生成具有适切性。因为议论文体要求围绕中心论点进行论证，而要使中心论点令人信服并得以确立，就需要在论证过程展开充分的阐释，这也是学生"'仁'的价值的阐释力"得以生成的过程。就《富贵不能淫》的论证过程来说，文章一开头就摆出了批驳的"靶子"，C老师重点强调了"岂不"和"诚"两个语词，在向学生讲解这两个语词的意义中引导学生体会孟子的情感态度；为了使学生理解何为真正的大丈夫，C老师指导学生把握文本论证的思路，即先运用比喻论证的方法呈现非大丈夫的表现，也就是"妾妇"的形象。在此处，C老师做了拓展，结合乡村仍然存有的家族家风、节庆礼仪，向学生讲解男子成人礼仪、女子嫁入夫家的礼节，从继承传统礼节、礼仪的角度拓展传统文化知识的同时，明确了君子责任与义务的重要性。而后要求学生结合注释对"广居""正位""大道"的喻义加以明确，理解语言表达背后的深刻语意内容，最后再过渡到文章的中心论点的解说上。突出对"喻道"的方法的分析阐释，是C老师最为明确的目标，通过具体的艺术手法和论证方法的运用，关注"譬喻"和"引导"（逐步进入和展开的方式）在学生理解"仁"的价值中的方法意义，促进学生对"仁"这一基本价值的理解。

但是由于学生在文言文理解中的现实困难，C 老师只强调了论证方法在论证过程中的重要性，而引导学生关注论证过程中的论证思路，特别是能够实现意义关联的意义确认过程，是不够充分的。这是由于传统的讲授法，无法提供学生实践活动充分展开的时空，而特定的学习任务则需要学生通过解释说明、分析推理、抽象整合等分析阐释的活动，亦即在能力得以发展的进程中，促进价值结构的完善。因而"'仁'的价值的阐释力"的生成需要依托学习任务的设计与开展，通过一系列的实践活动，在对话中加以拓展。这对语文教师文本阐释的思路建构和意义关联能力提出了更高的要求。

2. 学生的认识思路

学生对"仁"的价值的认识和确认是伴随着语文教师在教学过程中对相关文本的阐释思路展开的。在叙事文本中，学生对"故事"的理解和阐释是在背景、人、事件的分析和综合中逐渐建构起来的；而在议论文本中，学生对"论证"思路的把握正是人在解决问题中思维展开的一般过程，按照提出问题—分析问题—解决问题的思路，学生能够形成对问题的深入认识，以加深对自我和世界的理解。"仁"这一基本价值也是在此过程中得到阐释的。

（1）由"故事"生发价值

故事本身是一个完整的叙事结构，故事的讲述和聆听能够引发对基本价值的思索与辩证，进而形成价值的确立。故事背景的讲述是展现特定时空的生成与变化、为时空中的人的活动提供现实环境和条件的过程，它为学生建构对世界的认识、建立情感的关联、确立基本的价值奠定了基础。故事中的人和事件正是在此背景中发生关联的。学生在语文教师的故事讲述中，认识到的是一个与自己产生情感关系的人，而通过学生的"看""听""识"，故事中的人真实可感，而特定背景和事件中的人的命运也成为学生审视人生和世界的角度。正是在故事中，学生获得了包括价值在内的意义建构。

在《石壕吏》的学习中，学生首先感知到的是残酷的生存状况，这种学生未曾感受过的现实冲击是把握人物命运的起点；深入其中，借助文本的描述，在事件中"看人""听人""识人"，使学生逐渐明晰特定背景中的人的苦难和挣扎，通过分析与比较，在情感体悟基础上确立起"仁"的价值的依循。依托"故事"的架构凸显出基于情感的"仁"的价值的内涵，能够为学生"'仁'的价值的阐释力"的生成创造条件。

(2) 由"论证"确认价值

论证的过程也是问题逐步获得澄清和确认的过程。学生由问题引发思考、形成辩证，进入对问题的认识阶段；通过语文教师的引导，问题在分析和阐释中逐渐得到澄清，在与自身的生活相关联的过程中，经选择、比较、判断及整合，最终获得对文本蕴含的基本价值的确认。在《富贵不能淫》的学习中，学生最先接触到的是来自对所谓"大丈夫"的设问，问题在学生的经验感知中生发。随着对问题的阐发，孟子的观点越发深入，学生的认识也越发清晰，当中心论点得到揭示时，学生也确立起"大丈夫"的基本价值追求，一个"正直"的君子形象呈现在学生面前，学生对此进行了确认，"仁"这一基本价值在学生的经验结构中得到确立。

在"仁"的价值阐释中，"叙述"与"议论"的结构都存在，将二者同时纳入、结合起来进行分析，"仁"的价值的阐释会更加完整，"'仁'的价值的阐释力"也随之得以生成。由此，"'仁'的价值的阐释力"的生成图式形成，如图 7-4 所示：

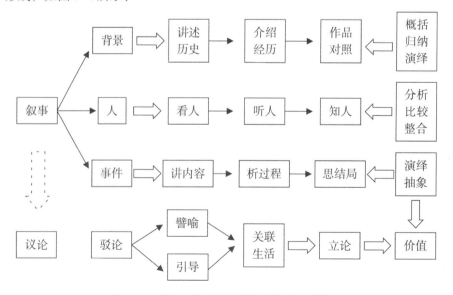

图7-4　"'仁'的价值的阐释力"的生成图式

（三）反思

由以上图示可知，初中语文教学中学生"'仁'的价值的阐释力"的生成可以在此过程中逐步展开：首先，形成"叙事"结构，在"背景""人""事件"构成的框架中生成"故事"。在"背景"中，从特定的历史讲述开始，关注历史中的个人及群体（作者、他人以及群体）状态，并通过相关作品的互相对照，加深对背景的理解。这个过程引导学生学习借助概括、归纳、演绎等具体要素提升学生的解释能力。"人"存在于特定背景中，关注特定背景中的人的生存状态，从"看"（例如借助动画、视频等）到"听"（通过各种形式展现人物之间的对话），再到"知"（获知人物的命运），特定背景中的人的生存状态逐步立体和完整，进而引导学生感受和思考人的存在，这个过程通过分析、比较、整合等要素实现分析推理能力的提升。在"事件"中，讲述事件的内容，使学生了解人物在事件中的处境、情绪及情感状态；分析事件的过程，明确事件的来龙去脉，呈现人物在事件中的全部经历与遭遇，感受人物的命运；在此基础上，思索真实的原因和结局，以及带给自身的影响，演绎和抽象等是此过程的能力表现。其次，展开"议论"，从现存的有争议的观点出发，引出思考和探究的问题；通过"譬喻"和"引导"的方法展开论证的过程，使之与生活相关联，形成生活视域；在关联的生活中获得对符合人性情感和价值观念的观点的确立，最终确认基本价值。这个过程需要转换、例证、比较、抽象和整合的能力支撑，因而促进这一过程的展开本身就是促使能力得以提升的过程。最后，关联"叙事"与"议论"。价值确立的过程，既需要来自生活的观察、体验、感受和发现；也需要以此为基础，进一步澄清与辩证，与生活中的问题相关联，从而逐步获得体现人性情感和共有追求的"仁"的价值。

这一生成过程对学生自我建构的意义是基础性的。哲学诠释学指出，对文本、作品或行为阐释的一个重要指向在于意义，阐释的过程可以理解为意义的建构过程。对"仁"的价值的阐释，也就是在关爱、体谅、成就他人中寻求和确立自我价值和意义的过程。在相关文本的教学中，关注学生"'仁'

的价值的阐释力"的生成,具有十分重要的现实意义。但在语文教学实践中,这一能力的培养处于浅层水平。不是说语文课程的目标就仅在于培养学生基本价值的阐释力,而是说语文教学过程缺乏对知识整合视野下的意义建构能力的引导和提升,这正指向学生的精神成长。初中古诗文的教学,更需要以完整的内容呈现和创造性的意义阐释,与学生在情感、价值和意志上建立关联,使之整体浸入、形成联系,继而感悟、阐释和反思。但孤立地给予启示和切割式地分析讲述,使学生仅得到静态的结果,而缺少动态的生成过程。由此,以创新的理念和方式,通过多样化的活动,给予学生在学习任务中进行分析阐释的机会,促进其分析阐释能力的提升,能够为"仁"的价值的阐释及生命意志的反思创造条件。

三、"生命意志的反思力"的生成——以《虽有嘉肴》与《与朱元思书》为例

约翰·杜威说:"所谓思维或反思,就是识别我们所尝试的事和所发生的结果之间的关系。"①对生命意志的反思,就是以他者视域审视自我的意向及选择与人性要求之间的一致性。在"仁"的价值阐释基础上,进一步反思自我在现实问题情境中的情意状态、价值选择、意向表现等,成为个体自我实现的关键。为了探究初中语文教学中学生"生命意志的反思力"的生成,选取S老师的《虽有嘉肴》和C老师的《与朱元思书》两个课例进行分析。选择这两个文本的教学展开探究,是因为它们本身就落脚于对相关问题的反思,《虽有嘉肴》指向学生对"学"的反思,《与朱元思书》指向个体对自我内心的反思;而这两个文本的教学体现出了反思得以生成的探究过程。对其教学的分析阐释,能够引发对"生命意志的反思力"生成过程的思考。

① [美]约翰·杜威.民主主义与教育[M].王承绪,译.北京:人民教育出版社,1990:158.

（一）"生命意志的反思力"的生成过程呈示

作为议论文的《虽有嘉肴》的教学体现出思维展开的过程，而《与朱元思书》的教学则关注景与情融合中自我反思的引导。对其教学目标的确定，有助于整体把握两个文本的教学内容和过程。

1. 教学目标

依据《义务教育语文课程标准（2022 年版）》第四学段（7~9 年级）"古诗文"部分的目标要求，依循"积累—感悟—运用"的目标框架，在整合基础上形成教学目标：积累——通过一定的论证方法和艺术手法把握作品的基本观点和情意内容；感悟——感受学习生活和确立人生态度；运用——思考和探究生活中的问题。据此，《虽有嘉肴》和《与朱元思书》的教学过程得以呈现。

2. 教学内容及过程

（1）《虽有嘉肴》的教学内容及过程

内容呈示：

> **虽有嘉肴** 《礼记·学记》
>
> 　　虽有嘉肴，弗食，不知其旨也；虽有至道，弗学，不知其善也。是故学然后知不足，教然后知困。知不足，然后能自反也；知困，然后能自强也。故曰：教学相长也。《兑命》曰"学学半"，其此之谓乎？

内容定位：《虽有嘉肴》位于统编版八年级下册第六单元第二十二课《〈礼记〉二则》中，是《礼记·学记》中的一段。如前所述，它所在的第六单元的主题是"情趣理趣"，既有对美好社会生活憧憬的作品，也有对现实生存状态反思的内容，要求能够在情与理之间思索社会人生。作为儒家经典中的一段文字，《虽有嘉肴》重点是对"教"与"学"关系的探讨。S 老师设计的出发点是将文本论说的内容与学生的生活经验和体验相关联，在学生对自己的学习生活进行感受和反思的过程中理解和阐释文本的基本观点，进而引发对自我生活状态和建构方式的思考。

教学设计：

A. 理念：将教学内容与学生生活相关联，从学生的生活经验出发探讨文章的中心论点，进而思考自我的学习生活状态。

B. 思路：从文章的中心论点入手，结合学生的生活实际经验和体验理解"学"与"教"及其相互关系，围绕"学"与"教"分析文章的论证结构，通过师生对话引发对"学"与"教"关系的思考，在与学生的真实学习生活关联的基础上，展开对自我的理解。

C. 内容：文本的教学分作两个课时完成，第一课时，在文本整体认知基础上进行与生活相关联的关键词探讨，以理解"学"和"教"的关系；第二课时，围绕中心论点进行文章论证思路的分析和启示的探讨，并在观点比较中加深对文本基本观点的理解。

教学过程：

第一课时，围绕文章的中心论点进行"学"与"教"关系的探讨。

中心论点："教学相长"

表达与分析："虽有……，弗……，不知……。"在"食"与"学"的类比中引出"学"和"教"的重要性，"食，知其旨；学，知其善。"

关联与示例：生：做实验的时候，操作流程和规则都忘了；演讲或写作的时候，不知道怎么写稿子；于是内心很困惑。

师：对我而言，在教学中也常有困惑的时候，不知道该如何继续下去的时候。

阐释与论证：由此引出"是故学然后知不足，教然后知困。"的观点。对此进行论证，对于学生而言，"教"可以理解为"实践"，结合自身的学习生活经验或体验进行验证。对于教师而言，"教"就是"教学"，结合自身的个人经历证明观点。由此，在"自反""自强"的论述中得出结论——"教学相长"。

师：从我个人的经历来说，知识主要是在高中期间奠定的，工作之后，很多知识都是自学的，有时也是工作逼出来的，不会就得学。

生：我在写演讲稿的过程中，刚开始不知道怎么写，老师讲了一下，我就知道内容越小、越贴合实际就越好。我就开始尝试着去写。

师：要明确思路，可以先列提纲，在组织材料的时候注意举例子，尤其是生活中的事例。

比较与探讨："反思"和"反省"的区别。

结构梳理：反面论证——类比；正面论证——层层论证；引出观点——教学相长；引用作结——进一步阐述观点。

第二课时，以议论文的结构架构文章内容，并由此进行相应问题的探讨。

结构：引论——类比引入（反面）；本论——层层论证（正面）；结论——引出观点；补论——引用作结。话题：学习。

问题1：文章第一句有什么作用？

解释：类比说理。

问题2：文章论证思路是什么？

讨论：先反面论证，再正面论证；类比；类比引入—逐层论证—教学相长；类比，引出话题。

问题3："教学相长"对你有什么启示？

认识：教和学相辅相成；学习是第一位的，学习能"自反"；教了才能知困惑；实践出真知；教育中知自己不足；互动和交流；学生和老师平等，老师也需要学习。

问题4：要"善为人师"，任何一个学习者都能在帮助别人学习中促进自己，能否举例？

回应：曾帮助同学讲解整式，教他的过程中我也学会了，甚至比他学得更好。

小结："三人行，必有我师焉。"

问题5："教学相长"与"敩学半"有什么异同？

理解：相同之处是都强调了教是学提升的过程。不同之处是侧重点，"敩学半"仅强调了"教"对"学"的重要性。

（2）《与朱元思书》的教学内容及过程

内容呈示：

内容定位：《与朱元思书》位于统编版语文教科书八年级上册第三单元

与朱元思书

吴均

风烟俱净，天山共色。从流飘荡，任意东西。自富阳至桐庐一百许里，奇山异水，天下独绝。

水皆缥碧，千丈见底。游鱼细石，直视无碍。急湍甚箭，猛浪若奔。

夹岸高山，皆生寒树，负势竞上，互相轩邈，争高直指，千百成峰。泉水激石，泠泠作响；好鸟相鸣，嘤嘤成韵。蝉则千转不穷，猿则百叫无绝。鸢飞戾天者，望峰息心；经纶世务者，窥谷忘反。横柯上蔽，在昼犹昏；疏条交映，有时见日。

第十二课，是一篇自读课文。其所在的第三单元均为山水名篇，旨在通过"感受山川风物之灵秀，体会作者寄寓其中的情怀"，从而"获得美的感受，净化心灵，陶冶情操"。①根据教材的设计要求，自读课文是在精读课文学习基础上，借助"阅读提示"和注释等助学系统，进行自学的文本。但因是文言文，学生仍需在语文教师的指导下进行自学；在教学实践当中，对此，语文教师也都采取了与精读课文一致的精读精讲的方式。C 老师指出，《与朱元思书》的难点在于从景到情的转换，即如何使学生理解景与情的关系，怎样从写景中获得对作者所要表达的情感的认识和把握。

教学内容设置：C 老师进行了四个方面的教学内容设置，分别为：第一，整体感知，从题目入手，结合"阅读提示"，把握文章的主要内容；第二，背景知识，包括作者、写作背景、文体特征等；第三，理解文章，通过多种形式的诵读，掌握字词的读音、书写、朗读节奏、语句翻译等内容；第四，总结归纳结构和主题内容，在学生自学理解文章语意内容之后，总结归纳文章的总体结构和主题内容。

教学过程：

A.以文章诵读贯穿，整体把握内容。

听读：学生听文章朗读录音，把握字词的读音，感知文章朗读节奏；

①　中华人民共和国教育部.义务教育教科书 语文 八年级 上册[M].北京:人民教育出版社,2017:53.

自读：在听读基础上，自己出声朗读，体会骈体文的韵律节奏特征；

朗读：全体学生一齐大声朗读，纠正字词读音和朗读节奏；

再读：明确字词读音和朗读节奏后，结合注释，自己翻译文章内容；

解读：理解文章内容后，全体朗读，回顾文章内容，厘清文章结构。

B.分析作品意象，明确意象所蕴含的情感倾向。

水："缥碧""见底""直视无碍""急湍猛浪"；"泠泠作响""嘤嘤成韵"——"异水"

山："寒树""轩邈""争高直指""千百成峰""千转不穷""百叫无绝""横柯上蔽""疏条交映"——"奇山"

景："奇山异水，天下独绝。"

情："鸢飞戾天者，望峰息心；经纶世务者，窥谷忘反。"

C.在景与情的交融中，分析作品的主旨。

主旨：蔑视追求功名利禄的人，表达避世归隐的高洁志趣。

3. 小结

依据确立的教学目标，S 老师《虽有嘉肴》的教学，达到了"积累"的目标，使学生掌握文本论证方法和艺术手法的同时，把握文本的基本观点和情意内容；在"感悟"和"运用"的目标上，关注到了文本内容与学生生活经验的关联，引发了学生展开自我的反思，但仍需通过引导学生对问题的进一步辩证与探究，使之进入对相关问题的深度理解上，才能实现自身反思力的提升。C 老师《与朱元思书》的教学，重点关注"积累"目标的实现，涉及在景与情的交融中自我思考和审视的问题，但着重于景物描写的分析，对景与情的相互蕴藉关系以及引导学生在情景交融的意境中进入对人生选择和价值的反思，尚未真正展开，仍处于问题探究的起始阶段，"运用"的目标未能触及。

（二）"生命意志的反思力"的生成过程分析

"生命意志的反思力"是以他者视域反思自我生命的意向、选择及行为合乎情理的能力。这一能力需要在问题情境中，围绕切己的问题，按照思维展开的脉络，呈现出对问题的反思过程。而已有的经验、现实的处境及未来的期许是促发学生进入反思的根源。在初中语文教学中，语文教师通过对思维过程的引导，学生能够在切身的思考与探究中，逐步获得"生命意志的反思力"的生成。

伽达默尔指出，问题"对于一切有揭示事情意义的认识和谈话"具有"优先性""应当揭示某种事情的谈话需要通过问题来开启该事情。"①因而"谈话必然具有问和答的结构"②。理解文本作为一种与文本进行的"谈话"，也便具有了"问—答"结构。阅读教学需要在这一结构中，引导学生进入对自我、他人及世界的洞察和反思。

1. 语文教师的提问

约翰·杜威曾对反思进行探讨，并提出了反思展开的序列：第一，真实的情境；第二，情境内部所产生的真实的问题；第三，占有资料，从事观察；第四，提出解决问题的方法和策略；第五，检验方法在应用中的有效性。③这一相互关联的过程为探究反思提供了框架，即语文教师可以依据"情境—问题—经验—策略—检验"的框架展开对学生反思过程的指导。而聚焦"提出问题"和"深化问题"则是使学生进入问题的关键。

（1）提出问题

"理解一个文本，就是理解这个问题。"④"这个问题"才是文本"理解"的核心，它能够建立联系，关联内容，引发思考，在真实的方向上促进意义的持续生发。而问题是"被提出"的，"提问"在开放性的预设中促使意义关联和对自我反思的引导。

在《虽有嘉肴》的教学中，S老师进行文本分析，始终伴随着提出问题，

---

① [德]汉斯－格奥尔格·伽达默尔.真理与方法——哲学诠释学的基本特征[M].修订译本.洪汉鼎,译.北京:商务印书馆,2019:513.
② [德]汉斯－格奥尔格·伽达默尔.真理与方法——哲学诠释学的基本特征[M].修订译本.洪汉鼎,译.北京:商务印书馆,2019:518.
③ [美]约翰·杜威.民主主义与教育[M].王承绪,译.北京:人民教育出版社,1990:179.
④ [德]汉斯－格奥尔格·伽达默尔.真理与方法——哲学诠释学的基本特征[M].修订译本.洪汉鼎,译.北京:商务印书馆,2019:522.

从围绕基本观点，提出"学"与"教"的关系问题，到"教学相长"所能带来的启示，整个过程不断关联学生的生活经验和现实问题，使文本分析的过程与问题解决的过程同步展开，促发了学生对真实问题的关注与自我的审视和反思，文本阅读的过程同时成为意义生发的过程。这有助于学生理解文本的同时，也发现自我、理解自我，既获得解决"学习"这一当下切身问题的启迪，又在此过程中审视和反思自我的学习方式、情意状态和意志行为等。由此，文本阅读的过程成为"生命意志的反思力"得以生成的过程。

（2）深化问题

如果说"提出问题"是意义的生发点，它促进了自我的审视与反思；"深化问题"就是拓展意义的范围，进入情理结构中，对生命的意志和行动展开引导。深化了的问题是超越文本表面内容的，在文化的视域中形成和提取出的、具有关联自我、他人和世界意义的深层问题；是由学习生活向更广阔的生活世界扩展的问题，因而需要深刻洞察与持续反思。

C 老师《与朱元思书》的教学，目前表现出的仅是对文本内容的分析，提出的问题也是在把握文本内容的范围内，未曾进入引导学生关联自我、深度理解的过程。但与 C 老师进行文本研讨时，他曾提出该文本教学的难点在于使学生理解景与情是如何关联和融合的，也就是怎样使学生能够透过"景"而理解"情"，就《与朱元思书》而言，就是如何获得"不与世俗同流合污的高洁志趣"的理解。C 老师引领学生解决了"景"的认识问题，接下来需要由此出发，进一步探究"情"的意义问题，以及在景与情的融合中进行价值的选择与反思。

笔者认为，探究景中人的情感，包含着学生可以进行反思的三重意蕴：第一是情感态度，人在景中，"一切景语皆情语"，文本中的景物呈现出优美、奇异、空灵等特征，使身在其中的人感受到美好、平静、放松，人开始关注自我。第二是自我理解，环境给予人的不仅是对周围世界的感知，还有因环境转换而引发的思考，即由社会环境到自然环境的比较与反观，这能够成为自我理解的基础。第三是抉择，在对自我、他人和世界理解的基础上做出价值判断与人生抉择。要引导学生进入对三重意蕴的反思，语文教师对问题的深化十分重要。为此，语文教师在提升自己"提出问题""深化问题"能力的同时，需要从学生已有经验出发，给予学生更多感受、发现、认识、思考自我、他人和周围环境的机会，引导学生在"问—答"结构中，基于现实问题和他人立场，提出疑问、多角度审视、理性反思，由此获得生命意志反思的能力，从而实现意义的建构。

2. 学生的思索

语文教师的提问旨在促进学生的发现和思索，在此过程中，学生通过关联问题和批判性地分析问题，使问题在真实的意义方向中呈现理解。因而关联问题和批判性地分析问题能够成为"生命意志的反思力"生成的关注点。

（1）关联问题

关联问题始于特定的问题情境，在特定的问题情境中，将文本中提出的问题与自我的现实问题相关联，将语文教师深化的问题与自我的人生问题相关联，逐步建立完整的问题域。在《虽有嘉肴》的学习中，文本提出的问题是"学"与"教"的关系问题，"学"是学生当下切身的问题，如何认识"教"对于"学"的影响，如何理解"学"对于"教"的作用，怎样在"教"的有效促进中进行"学"等问题，都与学生的学习密切相关，需要学生对此展开深入思索，以加深对自我的理解。在此基础上，S老师提出了"'教学相长'的启示"问题，提出了"善为人师""在帮助别人学习中促进自己"的问题，并引出"三人行，必有我师焉"作结，展现出"深化问题"的倾向，但未能更进一步引发对话和探究，使问题的意义生成价值未完全显现出来。而其进一步探究的切入点，正可以与"生命意志"相关联，从自身的现实状态和认识出发，"我"与"你"的互动如何能够创建一个有意义的世界，使我们能够在"立人立己""达人达己"中展现出生命存在的价值；如何才是智慧而负责任的决策与行动，使我们能够在问题的世界中获得意义等，这一持续反思，引导学生在问题视域中建构意义的过程，正是促动学生"生命意志的反思力"生成的过程。

（2）批判性地分析问题

学生在思索问题的过程中，批判性地分析问题，亦即从不同角度深入地理解和阐释问题，对于反思力的生成至关重要。学生有着不同的经验、思维方式和审视角度，对待同一个问题也会产生不同的视角和认识。就人生选择与决策问题而言，思索相关问题，不是得到唯一的答案，而是明确在符合人性情感和道德要求下，如何展开负责任的行动。为此，需要辩证地、多角度地看待和分析问题。在《与朱元思书》的学习中，景物（意象）的特征分析是起始问题，面对文本的景物特定描写，亦即意象的特定结构和意义，学生在语文教师的思路引导下，会得出不尽相同却又差异不大的认识；而在与情感相关联时，已有经验结构的不同，却可能得出意义方向不同的结论。关键在于如何通过多元对话和多角度分析，在共通的人性情意结构中实现自身的意义建构。就具体文本来说，《与朱元思书》的"情"集聚在"鸢飞戾天者，望峰息心；经纶世务者，窥谷忘反。"一句中，如何"息心"，为何"忘反"，需要引导学生结合自身已有经验进行思索；同时，景中人的这一人生感悟和选择的价值如何，又能够与学生建立怎样的当下联系，学生可由此开启怎样的意义世界等，语文教师都需引导学生通过批判性的分析，展开深入思索的过程，进而使之进入对自我人生的探求。"生命意志"的升华需要在这样的反思力生成中实现。

在语文教师"提问"和学生"思索"的积极互动中，学生"生命意志的反思力"会随之生成，通过以上实践探究，可获得相应的生成图式，如图7-5所示：

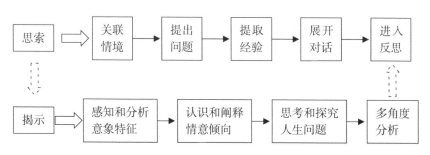

图7-5　"生命意志的反思力"的生成图式

(三) 反思

通过对以上生成过程的分析可以明确，在相关文本的教学中，"生命意志的反思力"的生成关注"问题"和"问题"的结构。围绕问题而展开的教学，是促发学生进入反思和生成反思的途径。为此，语文教师需更新自身的课程理念和教学方式，基于文本，又超越文本；通过深入思考和提炼文本中与学生生活密切相关的问题，展开对话和探讨，提升探究问题和分析问题的能力；引导学生多角度审视和分析问题，在自身已有经验关联的基础上，深入理解和阐释问题，不断拓展问题视域和意义空间，形成对"生命意志"的持续反思。

目前，在初中语文教学中，语文教师和学生都需要提升反思能力，尤其是从实践中反观自身、对自我的生命意志反思的能力。对于语文教师而言，具有问题意识，能够提出指引学生进入对自我真实状况进行思考的问题，这是前提；创设富有意义的问题情境，引导学生在已有经验基础上，通过对话方式，展开反思，这是关键。对于学生而言，在语文教师的引导下，从已有经验出发，积极地关联问题、主动地分析问题、多角度地探究问题，以自主、合作、探究的学习方式，在多元对话中，不断加深对自我、他人和世界的理解；同时，在问题的关联中拓展理解的视域，思考人生选择与决策的方向，明确自身的责任，以负责任的行动体现生命的价值。

笔者认为，在语文课程实施中促进学生"生命意志的反思力"的生成具有十分重要的意义，应予以重点关注。但在过往的教育教学实践中，未能对此展开深入的思考和探究，相关的语文实践活动较少，学生在阐释和反思方面的能力也相对较弱。而《义务教育语文课程标准（2022 年）》的颁布将成为改革的契机，在初中语文教学中，以中华优秀传统文化，特别是以儒家人文思想为内容和活动的主题，通过相应主题学习任务的设计和语文实践活动的组织，引导学生在"仁"的价值的阐释与生命意志的反思中提升自我建构的能力。

四、"负责任行动的应用力"的生成——以探究活动与写作为例

"负责任行动的应用力"是在同情之爱的感悟、"仁"的价值的阐释和生命意志的反思基础上获得的行动的能力，这一能力的生成需要丰富的实践活动予以支持。在初中语文教学中，通过相关的"探究活动"和"写作"这两种综合性、实践性较强的语文活动，促进学生在真实而富有意义的情境中获得负责任行动所需的知识、能力、情感、态度、价值观等，为进入现实的行动奠定基础。

在新近使用的统编版语文教材八年级和九年级的四册教科书中，均设置了"活动·探究"单元，通过"活动"展开"探究"，以"活动"的学习方式，在"探究"中落实学生语文素养的培育，是这一内容设置的目的。新修订的《义务教育语文课程标准（2022 年版）》也提出了设计语文学习任务，"要围绕特定学习主题，确定具有内在逻辑关联的语文实践活动"①，可见，语文课程的学习要在真实而富有意义情境下的语文实践活动中展开，以凸显其"实践性"和"综合性"的特征。

由此，本研究对初中语文教学情境中学生"负责任行动的应用力"的生成探究，也聚焦个案中的两位语文教师教学实践的活动内容。具体为 S 老师对"演讲"和"专题探讨"两次"探究活动"的设计和教学、C 老师的学生习作探讨活动。通过对这三次教学活动的呈现、分析和反思，探索"负责任行动的应用力"生成的可能性。

（一）"负责任行动的应用力"的生成过程呈示

探究活动和写作都是体现学生语文综合素养的实践活动，其教学目标、教学内容、教学过程和教学评价都需要关注学生综合实践能力的发展。伴随这一教学实践的探究，能够展现学生"负责任行动的应用力"的生成过程。

---

① 中华人民共和国教育部.义务教育语文课程标准（2022 年版）［EB/OL］.（2022−04−21）
　　［2022−04−23］.http://www.moe.gov.cn/srcsite/A26/s8001/202204/W020220420582344386456.pdf.

1. 教学目标

《义务教育语文课程标准（2011 年版）》在课程总目标中对"探究性学习"的目标这样陈述："能主动进行探究性学习，激发想象力和创造潜能，在实践中学习运用语文。"①新修订的《义务教育语文课程标准（2022 年版）》则强调了"探究"作为基本语文实践活动的重要性，在第四学段（7~9 年级）目标要求中，"探究"活动要求"能提出学习和生活中感兴趣的问题，共同讨论，选出研究主题，制订简单的研究计划。"②"表达与交流"活动要求"能就适当的话题""有准备的主题演讲"；写作要"表达自己对自然、社会、人生的感受、体验和思考，力求有创意"。③同时，个体的实践探究活动需要有知识、思维、方法、情意等要素的支撑，故在初中语文教学中，伴随语文实践探究活动展开的"负责任行动的应用力"生成探究，可以"积累—思考—表达"为目标框架，将具体的教学目标整合凝练为：积累——人在行动中所需的经验、知识、认识和体会等；思考——思索和探讨人的行动的指向；表达——自我和他人思想所蕴含的情感倾向、观念态度、价值取向、行动方向等。

2. 教学内容及过程

（1）演讲和专题讨论

探究活动一：在"演讲"中领悟思想光芒。

内容定位：这一探究活动是统编版语文教科书八年级下册第四单元的学习任务，单元主题为"思想光芒"④，围绕"演讲"，通过相关的实践探究活动，引导学生在学习语言运用的过程中获得伟大人物思想和精神的指引，并转化为现实行动。该单元具体设置了三项学习任务：第一，学习演讲词，

---

① 中华人民共和国教育部.义务教育语文课程标准(2011 年版)[M].北京:北京师范大学出版社,2012:6.
② 中华人民共和国教育部.义务教育语文课程标准(2022 年版)[EB/OL].(2022-04-21)[2022-04-23].http://www.moe.gov.cn/srcsite/A26/s8001/202204/W020220420582344386456.pdf.
③ 中华人民共和国教育部.义务教育语文课程标准(2022 年版)[EB/OL].(2022-04-21)[2022-04-23].http://www.moe.gov.cn/srcsite/A26/s8001/202204/W020220420582344386456.pdf.
④ 王本华.统编语文教材建设与立德树人教育——以统编初中语文教材为例[J].语文教学通讯,2020(10):6.

阅读四篇演讲词，把握演讲词的特点；第二，撰写演讲稿，在把握演讲词特点的基础上，学写演讲稿。第三，举办演讲比赛，根据撰写的演讲词，举办演讲比赛。这里呈示的是 S 老师"举办演讲比赛"的过程，即任务三的活动内容。

活动要求：在学生已完成的演讲稿基础上，每个小组推荐一位演讲者进行演讲。演讲过程中，向大家展示演讲题目和演讲内容，由语文教师和学生组成的评委组，依据《演讲比赛评分标准》①进行评比，给出演讲成绩和名次，并给予相应奖励。

活动程序：

A. S 老师首先展示他的"演讲"，根据他的演讲稿《思想的力量》进行演讲示范，引出本次演讲活动的主题"思想光芒"。

B. 按照小组顺序，十三位演讲者依次上台演讲，同时，评委依据《演讲比赛评分标准》展开评比。

C. 演讲者完成演讲，评委组根据总成绩进行排名，宣布获奖名单，颁发奖品。

活动焦点：围绕"思想光芒"的单元主题，重点关注演讲活动中学生的思想内容，强调思想内容"观点正确、鲜明，内容充实具体，生动感人；反映客观事实，具有普遍意义，体现时代精神；具有较强的思想性。"

活动过程：

首先，S 老师以《思想的力量》为题进行了演讲，演讲内容如下：

同学们，你们知道在我们这个星球上力量最强大的什么吗？也许有同学说是人，而我认为最强大的力量是思想。

自从人类出现在这个星球上，思想像一只无形的巨手，推动着历史的发展、社会的进步。

"王侯将相宁有种乎？"两千两百年前，陈胜的一声呐喊，拉开了封建王

---

① 《演讲比赛评分标准》是由 S 老师创制的，主要由"评价项目"和"评价要点"两个部分构成。"评价项目"包括"演讲内容""语言表达""综合印象""现场效果"；"评价要点"是在具体的"评价项目"下，从不同方面提出明确的评价要求，并根据权重大小赋分。

朝更替的序幕，曾经横扫六国的强大秦王朝顷刻覆亡。

孙中山、毛泽东，他们都是一介书生，但凭借思想的力量，他们缔造了一个新时代、一个新国家。

任何依靠武力的统治者最害怕、最担心的是思想，因为他们明白，再强大的武力，也抵挡不住、压制不了思想的力量。所以他们喜欢没文化、没思想的愚民，像牛马一样供他们驱使、奴役。

思想能造就一个人、一群人、一个民族、一个时代。

卢梭、孟德斯鸠、伏尔泰，是他们用思想将欧洲从黑暗的迷雾中拉出。

孔子、孟子、老子、庄子，是他们用思想塑造了中华民族的精神与灵魂。

马克思、恩格斯，是他们用思想将人类带入一个新时代。

思想的力量是伟大的，人是思想的母体，但人总是受思想的驱使去完成伟大的使命。

所以，社会发展的本质是思想的传播，演讲是思想传播最有效、最直接的方式。

其次，十三位同学从自身的生活出发，围绕与自身密切相关的问题，例如，理想、学习、交友等，从不同角度，以不同风格，表达各自对相关问题的思考和认识，呈现出特定的思想内容。

最后，S老师进行总结。同时还出现了一个插曲，在座的一位同学提出了与其中一位演讲者表达的观点相悖的主张，另有几位同学也加入了讨论，形成了一次微辩论。

活动反思：演讲活动完全按照演讲比赛的流程进行，核心内容在于学生演讲的思想内容，男生演讲者选题侧重个人的理想和成功，展示对其理性思考，引用古今中外历史与现实中的人物支撑观点；女生演讲者选题侧重个人在生活中的梦想和追求，呈现出细腻、感性的认识，从自我的观察、感受、体验和经历中提炼演讲内容。从演讲过程及结果来看，演讲者在此次活动中收获较大，这表现在：掌握演讲词的特征基础上，学会撰写演讲词；能够用演讲的技巧和方式表达自己的观点、认识、体会和思考；整个过程有对自我的认识和表达。评委组的学生在评比中加深了对"演讲"活动的认识，明确了"演讲"的结构和关注点，产生了"愿意""行动"等情感行为①。其他同学在聆听中呈现出了在情感、态度、价值上的表现和建构。从"演讲"活动的实践方式和价值追求上说，S 老师设计的探究活动需要创新，使学生通过探究活动获得更多能够转化为"负责任行动的应用力"的资源。

探究活动二：通过专题活动展开对"道"的思考。

活动预设：延续对"思想的力量"的探讨，围绕老子"道"的思想"坐而论道"，从七个方面的内容引导学生展开对"道"的理解和阐释，最终落实在对"天道"和"人道"问题的认识和思考上。

活动内容和过程：

老庄将"道"作为其核心思想。"道可道，非常道。"什么是"道"？为什么说不清？围绕这一问题，活动分别从以下七个方面依次展开：

第一，产生条件：有文化的人出现，博大的情怀；社会动荡。

第二，目的动机：

生：拯救苍生；"为天地立心，为生民立命，为往圣继绝学，为万世开太平"。

师：改变现状，认识世界。

第三，方式方法：著书立说，教书育人。

第四，道路的选择：

道家：由内而外，宇宙观；

儒家：由外而内，社会观，伦理观。例如牛顿与苹果，就是由外而内的探索。

你认为哪一种思想对人类思想影响更深远？

第五，老庄之"道"（宇宙观）：万物存在空间、活动规律，不依靠人的意志。鸟的空间是水，鸟的空间是天空，日升日落皆道法自然，因势利导，违背自然就会处于困境之中。

第六，天人合一：人是万物之灵，水是灵媒。

---

① "愿意""行动"的情感行为从学生的表情和同学的言语交流中可以获知。

第七，做人如水："上善若水"，人的最好品格、品性像水一样，接近于"道"。人有哪些如水的品格呢？

纯净（心如止水）；包容（沉淀污垢）；毅力（水滴石穿）；勇气（勇往直前）；低调谦逊（滋润万物不张扬，哺育万物不争荣）；团结（汇聚汪洋）；能屈能伸（上化云雾，下化雨露）。

总结：道家追求的是"天道"，儒家追求的是"人道"。都展现出的是对"天"与"人"的思考。

活动焦点：认识"道"的思想内涵，在儒道思想比较中思考"天道"与"人道"的关系，引导学生思考人的行动的意义和方向。

活动反思：由教科书内的文本阅读内容延伸扩展至专题活动探讨，拓展了学生的文化视野和意义空间。同时，课后要求学生将课堂的收获以文字形式表达出来，展示出学生内化的成果。只是以教师讲授为主，学生讨论较少，学生思考和理解的深度有限。

S 老师由教材内容出发，尝试设计不同形式的探究活动，以拓展学生的思想视域，丰富学生的思想世界。探究活动展开的过程中，不仅聚焦了口语表达能力，也辅以书面表达；引导学生进行"表达"，从而扩展自我意义的结构，为学生负责任的行动奠定基础。

（2）写作

写作，亦即书面表达，为学生进行意义理解和阐释提供的时空更为充分，有利于学生"负责任行动的应用力"的转化。C 老师的习作课①是一次开放性的教学活动，围绕"我想成为怎样的人"的主题，引发学生的思索与表达，使学生在问题的视域中开启自我理解和反思的道路。

习作题目：《我想成为这样的人》

探讨问题：

问题一：怎样写这篇文章？（知识）问题二：你想成为怎样的人？（意义）

活动焦点：在"这样的人"的思考和探讨中，以自己的方式将所思所想

---

① 这是一次以微信视频进行的习作探讨活动，笔者也参与其中，与学生一起探讨了相关的问题。

完整地表达出来，并与他人交流。

教学内容和过程：

首先，现身说法。C 老师从自我出发，结合自己的生活经历、感受和体验，明确自己想成为的人，并说明了理由。

其次，头脑风暴。

C 老师：我想成为苏轼那样的人，因为他在人生不得意的时候，依然乐观，以积极的心态面对人生中的各种问题和遭遇，给人以向上的力量。

笔者：想成为杜甫那样的人，爱国爱家，忧国忧民；关心民生疾苦、体恤百姓，心系天下。

学生：

我想成为像我的爷爷那样的人，因为他不仅幽默风趣，而且知识渊博。

我想成为像颜渊那样的人，因为他很勤学，没有欲望，具有高尚的（好）品格。

我想成为一个白衣天使，救死扶伤，让残疾人看起来跟正常人一样，让他们变得健康、快乐。

最后，自由表达并构思写作，学生积极主动地思考，结合自身已有的经验和认识，提出了想成为"这样的人"，并以自己的方式展开个性化写作。

活动反思：C 老师进行活动的初衷是使学生学会写这一类型的文章，而探讨过程中，学生对"这样的人"更感兴趣，愿意分享自己真实的想法，并进行了"表达"，呈现出自我思考的完整外化过程。

3. 小结

依据确立的教学目标，S 老师设计的两次探究活动使学生获得了面对特定问题所需的特定经验和认识，明确了源于自身现实与理想的行动中应有的情感、态度和价值观，进一步确认了现实的选择与决策的方向。"演讲"的探究活动完整充分，按照预设的任务设置逐一展开，活动包括了文本学习、写作构思和表达、言语表达及情感、态度、价值观的生成等一系列内容，有助于学生综合素养的提升，达到了教学目标，尽管仍具有进一步拓展的空间；专题探讨活动育人立意鲜明，能够以中华优秀传统文化主题形式统整相关内容，引导学生在文化视域中思考和关联问题，有助于学生精神世界的建构。只是传统的教学方式和学习方式不利于学生实现问题的深度理解。C 老师的写作活动教学，也在"积累""思考""表达"的目标指引下逐步展开对学生的积极引导，缺少的是深入而直接的对话互动，只能借助学生完成的习作分析和判断学生获得的思想成果和达到的理解水平，需要构建更为充分的意义拓展时空。透过以上实践探究活动的展开过程，能够明确促进学生"负责任行动的应用力"发展的方向。

（二）"负责任行动的应用力"的生成过程分析

"负责任行动的应用力"是人的情感、价值、意志等综合作用而形成的实践应用能力。伴随着"同情之爱的感悟力""'仁'的价值的阐释力""生命意志的反思力"的发展和提升，学生"负责任行动的应用力"能够呈现出发展的表现。在初中语文教学情境中，学生"负责任行动的应用力"指向的是真实情境创设下，学生在解决现实问题过程中的综合能力表现。促进学生"负责任行动的应用力"的生成，语文教师对主题任务的教学设计和学生在活动任务展开过程中的参与及反馈，就成为探究的焦点。

建构主义学习理论强调学生对经验和知识的主动建构，教师则是这一主动建构的积极促进者和有益指导者。在以核心素养为人才培养目标的时代，学生的学习需要关注的是，在复杂而不确定的情境中，分析和解决现实问题的能力及其问题解决过程中的情感、态度和价值观等的发展，因而知识可以被"广泛地理解为通过学习获得的信息、理解、技能、价值观和态度"[①]。据此，指向学生核心素养培育的语文课程与教学，应聚焦真实而富有意义的情境中，学生关键能力、必备品格和价值观念的整体发展，这需要以综合性和实践性的学习任务为支撑。语文教师的教学设计便是使之得以实现的前提，学生正是在此框架下展开其实践活动的。对此进行分析，学生"负责任行动

---

① 联合国教科文组织.反思教育:向"全球共同利益"的理念转变?［M］.联合国教科文组织总部中文科,译.北京:教育科学出版社,2017:8.

的应用力"的生成过程也由此而显现。

1. 语文教师的教学设计

教学设计是"对教学活动的系统性构想",包括对"教学目标、教学过程、学习方式、教学资源与环境、教学评价"等进行的最优策划。随着课程育人价值追求的明晰,教学设计也要求突破学科知识的范畴,"深入挖掘学科知识背后所隐含的思维方法、学科思想以及价值志趣",①以实现促进学生全面发展的教育目标。语文核心素养导向下,语文教师的教学设计同样需要明确知识、能力和素养之间的关系,关注"教—学—评"一致性指向下的教与学统整,由"学科实践"带动的学生学习方式的转变等。由此,从语文课程的性质出发,关注语言文字运用的实践情境和文化背景,按照语文实践活动展开的思路,形成"主题—任务—情境—内容—资源—评价"的序列,据此对以上呈示的语文教学设计进行分析。

就 S 老师的"演讲"活动来说,活动主题是明确揭示的,即以"演讲"为载体,引导学生从伟大人物的"思想光芒"中获得行动的力量;在此主题下,统编语文教材八年级下册第四单元的单元导引部分,列出了活动任务单,因而活动任务也是清晰的,语文教师依据主题任务可直接进入具体活动设计。为了使学生深入理解主题内容,S 老师创设了内容感知和思想交流的情境,即以《思想的力量》的演讲指引学生进入对主题的理解。活动的内容是以统编教材内的四篇演讲稿作为范例,进行演讲稿撰写学习基础上的自主演讲,整个过程呈现出思想的自由表达、观点的完整再现、理解的逐步展开、意义的内在生成。每一部分都是知识整合基础上的意义生成过程,因而成为促进自我认识、理解、反思和表达的精神成长过程。评价是过程性的,即关注学生通过阐释与反思,在演讲过程中的生成。纵观整个实践活动过程,虽然形式、内容及创新上都较为单薄,但从促进学生思想的升华、情感态度的生成、价值的辩证方面,仍然具有实践的意义,能够为学生"负责任行动的应用力"

---

① 郭元祥,刘艳.我国教学设计发展 20 年:演进、逻辑与趋势[J].全球教育展望,2021,50(8):3-14.

发展奠定基础。

S 老师的专题探讨活动是一次拓展文化视野、积淀文化底蕴、丰富思想内容的活动，具有跨学科的特点。《义务教育语文课程标准（2022 年版)》提出了"跨学科学习"的"拓展型学习任务群"，在第四学段（7~9 年级）的"跨学科学习"中明确可"围绕仁爱诚信、天下为公、和谐包容、自强不息"等，"选择专题，组建小组，开展学习与研究"。①可见，S 老师的教学实践活动已对此进行了先行探索。S 老师以其深厚的文化积淀和对语文课程的理解，引导学生进入对中国主要哲学思想的认识和理解，在儒道的思想比较中，不仅使学生获得了优秀传统文化的知识积累，而且在"天道"和"人道"中感受思想的力量。同时，为了使文化内容与学生的生活关联起来，活动的落脚点置于"做人"的引导上，对学生个体的精神建构意义显著。"坐而论道"的主题设计也具有吸引力。总体上，从促动学生思考和探究的角度，专题探讨活动具有启发意义，这从学生的微写作中可以看到，例如：

"道"，只可意会，不可言传，能写在随笔上的"道"还是"道"吗？

光有思想是根本不够的，如果没有行动和作为，是无法真正谈说论道的。

"无为"这二字包含的太多了，我原以为有些事情即使不可能逆转，只要我想去做，努力去做、一心去做、坚持去做，就一定会创造奇迹。

老师讲述的"道"，是十分奇妙的。老师说："道是说不清楚的，道是存在于万物之中，是人赋予了它存在的意义。"那么，既然是人赋予的，必定会有产生的条件。

从以上表达举例中可以看出，专题探讨活动确实引发了学生的思考和探问，但理解得有限，这既与主题内容本身的难度有关，也与缺乏充分的对话辩证有关，特别是儒和道的思想的比较，事实上，S 老师的这次专题探讨活动是在学生学习了《庄子》之后开展的，其活动设计的出发点也是在引导学生初步认识道家思想，进而能与学生的"做人"问题相联系，儒道思想的比

① 中华人民共和国教育部.义务教育语文课程标准（2022 年版)[EB/OL].（2022-04-21）[2022-04-23].http://www.moe.gov.cn/srcsite/A26/s8001/202204/W020220420582344386456.pdf.

较并不充分，与学生切己的问题相关联，比如在人生态度、人生选择、价值观念等，能够使学生在比较中深化和确立其价值选择和人生意义方面，未能完全展开。而这正是新课标所提出的学习任务群可以实践的，例如在"坐而论道"的主题之下，将"演讲"活动和专题探讨相结合，围绕"道"这一传统哲学思想设计相关学习任务，引导学生通过自主、合作、探究的学习方式展开实践活动，"文化自信"的素养能够由此提升。对于"负责任行动的应用力"来说，语文实践活动，亦即学习任务群的形式，是理想的能力促进和发展的实现样态。

C 老师的"我想成为怎样的人"的主题写作活动，也是一次有益的探索性活动，通过引导学生"表达"，关联起学生的理想与现实、过去与未来，在"表达"中开启了自我认识、自我理解的道路。这对于成长发展中的个体，特别是乡村学生来说，意义是重大的，例如：

很多人是希望得到众人的目光，得到掌声，为了成为人们心中最闪耀的一颗星而奋斗；也有人想站在属于自己的舞台上，让人生无怨无悔。而我，不想追逐名、追逐利，也不想忙忙碌碌地生活，我想成为一个值得别人尊重，并可以好好发挥我的潜力，踏实地成为一个品德高尚的人，像颜回一样的人。

在我的字典中，没有最好，只有更好，我只想一点一点向上爬，我并不贪心，并不会有一步登天的想法，但在努力途中，障碍是并不少的，但我仍会克服，以至于走完每一个小阶梯。

由此，学生获得了自我理解的机会。写作本身是"认识世界、认识自我、创造性表述的过程"[①]，在此过程中，学生表达出了对自我的认识和理解，这种理解将会为学生的发展奠定基础，同时，也成为指引其负责任行动的起点。

就整体设计来说，"现身说法"和"头脑风暴"的设计值得关注。"现身说法"是语文教师从自身的经历出发，将自我的感受、认识和体验呈示出来，与学生共享，学生能够从中找到契合点，产生共鸣，进而转化为自身行

---

① 中华人民共和国教育部.义务教育语文课程标准:2011 年版[M].北京:北京师范大学出版社,2012:23.

动的目标和方向。"头脑风暴"是思想碰撞、融合、交流的契机，通过对话互动，同样能够为学生的思考和探究创造条件，展现富于创造性的思想成果。这一实践生成方式所展现出的对话交互是学生"负责任行动的应用力"生成的关键。

（2）学生的参与和反馈

语文教师教学实践活动设计的有效现实转化，需要学生的参与和反馈。学生的参与和反馈是完整的学习过程不可或缺的内容和机制，也是提升教学活动质量的条件之一，初中语文教学中促进学生"负责任行动的应用力"的生成和发展，同样需要学生的参与和反馈。只有学生的有效参与，并及时提供反馈，探究活动才会真正发生。

从 S 老师的两个探究活动来看，"演讲"活动为学生提供了充分参与的机会，无论是演讲者，还是聆听者，都真实地参与到了演讲活动中，不同程度地获得了思想的深化、情感的触动、价值的澄清、意志的升华等，从而为个体负责任行动积蓄了力量。而在专题探讨活动中，未提供学生更多参与和表达的机会，学生的活动成果只能在其微写作中部分展现出来，但也从中获得了学生反馈的信息，学生能够借此与语文教师进行一定程度的交流。对于探究活动而言，需要学生真实而有效地参与和反馈，才能促进学生在思想、情感、价值、意志等方面的提升，也由此获得"负责任行动的应用力"生成的可能。

而 C 老师的"写作"活动，给予学生最直接的参与和反馈机会是"表达"本身，而不再将写作视为单纯技能训练的活动。重视学生在写作过程中的情感表达、价值生成、意志生发等，并能够将"所写"转变为"所行"，亦即发挥写作在引导学生关注自我、社会及人生，生成与建构情感、价值和意志中的作用，是"写作"活动的本质意义所在。因而，要引导学生在写作中关注自我的情意状态，适时调整自我的情绪态度，重视将情意表达与现实行动相关联，通过"表达"与"反思"，促进学生精神的成长。

总之，"负责任行动的应用力"的生成是一个持续展开的动态过程，既需要情感、价值、意志等的支撑，也需要在充分的实践活动中不断得到提升。

在初中语文教学情境中，学生积极参与的状态、对话互动的方式、自我反思的过程，能够成为促进其"负责任行动的应用力"生成的条件。

（三）反思

语文课程的综合性、实践性特质要求学生在真实的实践探究活动中展开学习。在初中语文教学中促进学生"负责任行动的应用力"的生成，更需要由有效的实践探究活动提供支撑。对于语文教师而言，清晰目标指引下的教学设计是关键。而在"主题—任务—内容—资源—评价"的框架下展开教学设计，能够为语文教师的实践提供明确的思路。在此框架下，语文教师确立活动任务主题，既可以借助统编版语文教材提供的指引，也可以在与学生讨论之下，就学生需要解决的现实问题确定主题；围绕确立的活动主题，依次设计相关任务，任务的设计既要整合听、说、读、写的言语活动，也需注意任务之间的"内在逻辑关联"；由此，进一步明确具体活动内容，形式多样的同时，要能从不同角度展现主题；并且，充分利用各种教学资源，拓展教学设计内容的丰富性；而评价要关注学生在探究活动中的生成，尤其是在情感、态度、价值观等的发展，使教学设计成为有效促动学生"负责任行动的应用力"生成的有力保障。对于学生而言，积极地参与和反馈是"负责任行动的应用力"生成的动力，它们促使语文探究活动真实而有效地展开。而自主、合作、探究的学习方式以及对话互动的机制则使学生在实践探究活动中获得更多的生成。

目前，初中语文教学实践中，实践探究活动随着统编版语文教材的使用和《义务教育语文课程标准（2022年版）》的颁布，正逐步展开，但需要更多的实践探索以提高其有效性；同时，也需在教材探究活动的基础上进行更多创造性的尝试。而写作则需要突破技能训练的浅层认识，在促进学生发展的高度展现其应有的价值。而学生"负责任行动的应用力"也是伴随着语文课堂教学的改革，亦即语文课堂文化育人的实现，而获得生成与发展的。促进语文课堂教学理念和实践的变革，成为现实需求。

综上所述，在初中语文课堂教学中，促进学生儒家人文思想理解能力的生成，具有适应性和可能性。通过对相关课例的分析和阐释，提炼和探究相应能力的生成要素及其过程，并进行相应的反思，能够获得在现实语文教学情境中相应能力生成和发展的思路，从而为探究学生儒家人文思想理解能力发展的路径和策略奠定基础。

第八章　初中语文教学中学生儒家人文思想理解能力发展的策略及建议

基础教育课程改革以来，初中语文课堂教学在促进学生语文知识增长和能力提升方面取得了一定成果，学生的语文素养整体得到了提升。但在应试倾向下，初中语文教学仍存在讲授解读多、合作探究少，文本分析多、自主表达少，知识记忆多、文化理解少的现象。就初中古诗文教学来说，关注语句内容的理解，而忽视文化意蕴的阐释，缺少文化视域的古诗文教学，在促进学生情感、价值、意志及行动的个体建构方面仍显不足，语文课程"以文化人"的育人价值未能充分彰显。通过实证调查发现，初中语文教学中学生儒家人文教育思想理解能力整体表现较好，但深入其内部去看，只有"同情之爱的感悟力"水平较高，体现学生深度理解的"'仁'的价值的阐释力""生命意志的反思力"表现一般，而实践指向的"负责任行动的应用力"水平较低。这与语文课堂教学的目标、内容、方式（教学方式、学习方式、师生互动方式）、实施、评价等因素密切相关。由此，透视初中语文教学过程，探究儒家人文思想理解能力各表现形式的生成过程，能够为学生儒家人文思想理解能力发展的策略和建议的提出，提供明确的思路和方向，据此探寻以儒家人文思想理解能力为起点的中华优秀传统文化教育与初中语文教学相融合的可能路向。

建构主义学习理论强调，学习具有主体性、建构性、交互性，学习的过程正是学习主体在真实情境下、通过多方交互而实现的对知识的主动建构。对此，由皮亚杰的学习主体通过同化和顺应机制促进"新旧经验的双向互动"

出发，维果茨基进一步指出了学习的"文化参与"含义，即学习是学习者在已有经验基础上，通过与外界环境的交互而实现的知识内化过程。①而使这一过程充分展开，则需要关注学习者的主体地位、学习者的已有经验、真实而有意义的情境以及学习者在情境中的多方交互。据此，在初中语文教学中发展学生儒家人文思想理解能力，创设真实的文化情境、整合新旧经验关联基础上的文化知识、设计实现意义建构的学习任务、通过多元对话互动促进学生建构理解，就成为实践的着力点。

一、依照"创建情境—思考探究—表达意义"的思路展开教学

"理解"指向意义的生成与建构。引导学生理解儒家人文思想，就是促进学生在情感、价值、意志和行动上的完善，实现个体"向上""向善"的价值追求。而学生的儒家人文思想理解能力的发展为此奠定了基础。在初中语文教学中，发展学生的儒家人文思想理解能力，首先需要明确教学展开的思路，以指引教学的方向。基于真实的生活情境，开启"理解"的通路；通过与经典古诗文的对话，对其文化意蕴展开思考与探究，获得自我理解的视域；继而进入意义建构的过程，形成自我认识与理解，由此不断建构和完善自我。

（一）创建"生活情境"

人类的理解发生在真实的生活情境（life situation）之中。现象学要求人要回到他的生活世界中，去唤醒个体内在于自身的直接经验（first-orderexperience），通过"此时此地"（here and now）的感知与体验，回到事物本身。而对生活情境的描绘，正是情境中的人自我理解、反思和主动建构个体意义世界的美学表现。它为"理解"提供了生发和创造的背景。在此背景中，"理解"真正成为个体显现其内在情感、体验和愿望的媒介，表达其知识和经验的方式，阐释和反思自我实现的过程，引导个体进行选择与决策的路向。

---

① 樊改霞.建构主义教育理论在中国的发展及其影响[J].西北师大学报(社会科学版),2022,59(3):87-95.

1."生活情境"创建的意义

在促进自我建构得以实现的初中语文课堂上,创建这一"生活情境"尤为重要。首先,它能够使学生感知到学习过程的意义性。生活是人的生命活动,人就在生活之中。生活充满了意义,生活给予人的不仅是实践的目的,还有创造的意义。学习本身就是意义的创生过程,在学习中学生收获的不只是"正确答案",还有寻求解决自身现实问题的诸多可能以及在可能中意义的展现。"搜寻并发现到达目标的途径远比简单地被告知正确答案更为令人高兴和满意"①。学习正是"搜寻并发现到达目标的途径",学习生活充满了过程中意义建构的丰富性。语文学习也是学生在生活中感知和建构意义的过程,生活情境为此奠定了基础。其次,它能够使学生发现学习过程中的生成性。学习的过程就是个体自我生成的过程,在这个过程中生成的不仅有知识和经验,还有情绪感受、体验期待、理解畅想等人的原初所获,并在与他人和世界的交互中发现自身的存在。语文的学习就是这样一个在感知和体悟、理解和阐释、反思和行动中自我生成的过程,生活情境为此提供了可能。最后,它能够使学生探明学习过程中的创造性。生活本身需要创造,创造彰显了人的价值。人的创造性就是在学习过程中激发的,通过学习,个体的语言、思维、审美等能力不断提升,创造力得以激发,生活由此变得更加丰富多彩。语文学习要求创造性的支撑,生活情境为此创设了背景。由此,学习生活展现出丰厚的意蕴,"理解"正是在此背景中得以生成和建构。

2."生活情境"创建的内容

在初中语文课堂教学中,"生活情境"的创建可以从以下三个方面展开:

(1)语言:凸显语言的内在特质以关联理解

海德格尔说:"语言是存在的家。"在这个"家"里,寓居着人的情感、思维、意义等内容,人运用语言表达着对世界的认识和理解,语言表征了人的存在。语文课程正是通过语言文字的学习和运用显示其本体存在的。为使

---

① 樊改霞.建构主义教育理论在中国的发展及其影响[J].西北师大学报(社会科学版),2022,59(3):87-95.

语言的学习真正凸显其"存在"的内涵,在语文教学中需要关注语音、语义和文字的意象等内在的意义与人的理解的关联性。

就人的情感的感知而论,一般而言,语言的语音在语调和语势的表现中就能够实现情感的传递。朱小蔓指出,语调蕴含着情感态度,语势也指向"一种情感势态"[①]。而汉语的语音在符合这一特性的基础上,其语音表现具有鲜明的特色。开口音为主、双声叠韵的存在、声调的富于变化、平仄的交替展开等音韵方面的表现极为丰富,使得汉语的韵律和节奏感强,这都为诗歌的创作提供了物质基础。同时,汉字作为一种表意文字,其意象的丰厚与语音一起,能够为语言的表达创造条件。而语义的具象与喻象又使得情感附着其上,呈现出丰富的意蕴。这集中表现在中国的古诗词上,凭借汉语的语音、汉字和语义,古诗词的情感传递、情意蕴藉、意义表达等得以实现。

在语言学习过程中,通过人的多感官感受自身存在的同时,也感知到生活情境的美善,这就回到了语言之家。

(2)叙事:借助故事的言说与想象以拓展理解

故事是一种人的德性叙事。故事中的人、事、过程、环境彼此影响,构筑起一个充满想象和文化的意义世界。读和听故事的人在故事中不仅获得自身向往的人和生活的样态,也确立起自身追求的价值和意义。故事的言说内容和形式结构与人的心理需求常能够达成一致,丰富的想象力又拓展了人的生活领域,文化的内容充盈起人的精神世界。对于成长中的学生而言,故事是探寻广阔的外部世界和丰富的内心世界的极佳载体。

在语文阅读教学中,故事可以成为引导学生进入文本主题,展开文本内容的途径,并通过讲故事的方式关联起学生与文本的世界。这既能激发学生的学习兴趣,也为学生理解文本、与文本对话打开通路。因而借助"故事"进入生活情境,感知此时此地的存在,具有真实的意义。

(3)审美:关联生活与文本以丰富理解

生活情境是人进行感受和理解的环境,人在其中建构自我展开的是一个

---

① 朱小蔓.情感教育论纲[M].3版.南京:南京师范大学出版社,2019:152.

审美的境界。借助汉语的音韵、汉字，以及由此构建起来的语文文本，都是学生进入审美世界的重要质素。借助它们，学生能够获得生活情境中的审美意蕴，成为理解自我、他人和世界的基本方式。在语文教学过程中，从学生的生活出发，进行学生生活与文本的关联，注重文本及其文本呈现方式的解说和指引，在关联的意义世界中展开理解，能够唤起生活情境的感知和呈现。

3."生活情境"创建的策略与建议

在"语言—叙事—审美"的框架下，可以提出如下在初中语文课堂教学中创建生活情境的策略：

（1）将文本诵读与感知表达结合起来

在《义务教育语文课程标准（2011年版）》的"课程基本理念"部分，明确指出"语文课程应特别关注汉语言文字的特点对学生识字写字、阅读、写作、口语交际和思维发展等方面的影响，在教学中尤其要重视培养良好的语感和整体把握的能力。"①新修订的《义务教育语文课程标准（2022年版）》在"语言运用"素养的内涵阐释中，也提出"通过主动的积累、梳理和整合，初步具有良好语感"，并"感受语言文字的丰富内涵"。②课堂教学中的文本诵读就是培养学生语感和感受语言文字文化内涵的基本途径。诵读的多种形式，如大声朗读、配乐诵读、合作共读等；多种类别，如教材内与教材外的单篇文本、课内与课外的经典古诗文等；多种时空，如语文课堂中、晨起早读时等，交替进行。与此同时，将自身诵读过程中产生的即时特定的感知内容用自己的语言表达出来，语文教师要在引导学生诵读后给予这一感知表达的时间和机会，注意口头表达和书面表达相结合。因为瞬时的感受往往是转瞬即逝的，呈现瞬时感受能够为学生提供认识和反思自我的机会，进而构建起"感知—表达"的意义生成图式，为生活情境的创建奠定情意基础。

---

① 中华人民共和国教育部.义务教育语文课程标准(2011年版)[M].北京:北京师范大学出版社,2012:3.
② 中华人民共和国教育部.义务教育语文课程标准(2022年版)[EB/OL].(2022-04-21)[2022-04-23].http://www.moe.gov.cn/srcsite/A26/s8001/202204/W020220420582344386456.pdf.

（2）将故事聆听与生活言说结合起来

伴随着"感知"与"表达"，"聆听"与"言说"也是生活情境创建的基本途径。在初中语文教学中，将知识内容以故事的形式呈现出来，聆听故事就成为语文学习中不可或缺的活动。聆听故事是感知他人生活的过程，也是与他人建立关联的契机，在与他人的关联中理解自我。同时，将由此引发的自身生活的体验和感受言说出来，与他者交流，在对话交流中构建起"聆听—言说"的意义阐释图式，为生活情境的创建奠定叙事基础。

（3）将审美体验与意义理解结合起来

"教育不仅关心人是否有知识，而且关心人是否有体验，关心人体验到什么，追求什么样的体验以及如何感觉自己的体验。"①初中语文课堂教学中，依托文本组织多种形式的审美体验活动，充分调动自身的多种感官和思维，获得自身独特的审美体验，将诸多体验转化为可以表现的形式，比如诗歌吟唱，将自己喜爱的乐曲纳入诗词的内容，再以自己的音调节奏吟唱出来，并体悟此过程对自我的建构意义，感知、阐释和反思所产生的意义的生成价值，逐渐形成完整的意义图式。这一过程正是个体"此时此地"的意义建构，生活情境的审美意蕴由此显现。

（二）开展"思考—探究"活动

思考与探究是促进深度理解的重要途径。儒家人文思想本身就是深层思考和探问的成果，理解儒家人文思想需要伴随思考的过程展开。在思考的基础上，进一步进行深入探究，审视和检验思考的结果，意义的建构才可能是完善的。"思考"与"探究"是不可分割的。

在初中语文教学中，伴随着学习语言文字运用而展开的儒家人文思想理解能力的提升，也需要在"思考—探究"的过程中进行。首先，初中生面对的儒家人文思想，不是需要积累知识层面的内容，而是从个体的情感、价值、意志及行动相互关联的人的完整建构意义上，引导个体进入感悟、阐

---

① 朱小蔓.情感教育论纲[M].3 版.南京:南京师范大学出版社,2019:131.

释、反思和应用等进程，因而需要超越浅层的知道、了解，关注与经验相关联的感知、体验、整合、反思、迁移等一系列理解能力的发展。促进发展的机制正是思考与探究。其次，"理解"是一种"弹性实作"，既要促动个体在理解过程中的建构与创造性的生成，也要在与他人合作和交流中积极互动。在本研究中，它不是指一个静态的结果，而是一个包含认知、情感、意志、行为等的动态过程，只有持续的思考与探究，"理解"才有可能展开；理解能力也只有在思考与探究的活动中得以提升。因而借助思考与探究的活动，学生的儒家人文思想理解能力才能获得发展。最后，本研究集中关注的文本阅读，是与文本进行对话的过程，对话本身就是激发思考与探究的过程，也是由此展开理解的过程。依托文本的阅读，特别是古诗文的阅读，探究学生儒家人文思想理解能力的发展可能，正是思考与探究充分实现的过程。

基于此，在初中语文古诗文教学中，发展学生的儒家人文思想理解能力，需要开展不同形式的"思考—探究"活动。为此，可提出如下策略：

1. 关注古诗文的语言文字，引导学生探究音韵文字的文化意蕴

上文已述，古诗文中的音韵和汉字，具有重要的"表意"功能，能够唤起和激发学生体悟情感、展开思维、发展审美和体验文化的意识和热情。围绕古诗文中的重要语词展开探究，思考和探索其所蕴含的深层文化意蕴，并由此发挥联想和想象，扩展其意义内涵，进而表达出自己独特的感受和体验。语文教师则可以通过设计和组织具身体验活动，阐释儒家包括"仁"字在内的基本汉字的文化内涵，通过提出相关问题、借助汉字视频动画等，引发学生关联起已有经验，思考其内在的文化意蕴，逐步建构起对"同情之爱"的感悟能力和"仁"的价值的阐释能力。这需要语文教师增加文化底蕴，丰富自身的音韵汉字知识，并不断提升解读音韵汉字的能力。在此基础上，将古诗文文本解读和阐释置于文化视域中，回应文化理解中的相关问题。对此，《义务教育语文课程标准（2022年版）》在义务教育第四学段（7~9年级）的"语言文字积累与梳理"学习任务群中要求，"在语言文字运用情境中，发现、感受和表现语言文字的魅力""围绕汉字、书法、成语典故、对联、诗文等方面内容，策划并开展语文学习、展示和交流活动，加深对语言文字及其文化内涵的认识和理解。"①这成为今后语文教学实践的焦点。

2. 紧扣古诗文的人文主题，引导学生思考人生问题

古诗文不应仅为记诵的对象，更应成为促进意义生发的文本，每一个古诗文文本，也都能作为引发人生问题思考的重要来源。因而，古诗文阅读教学的落脚点不应在情感表达的内容的静态陈述上，而需置于主题意义思考和探究的动态过程中。在紧扣古诗文的人文主题基础上，提炼与学生生活相关的"真"问题，展开师生、生生、文本之间的对话，思考与探究相关问题。重点并不在于获得确定的答案，而在于思考与探究问题的过程。过程中的探讨、争鸣、澄清等是促使意义理解不断深化的动力。学生由此能够达至情感的共鸣、价值的确认和志向的确立，并指引其现实的行动。为此，语文教师需设计和组织各种形式的"思考—探究"活动，可以是教材内文本的探讨，也可以是专题的活动；学生需养成善于思考的习惯，积极主动地参与探究活动，在与教师、学生、文本的多元对话中拓展自身的视域、提升自己的理解能力，从而为儒家人文思想理解能力的发展创造条件。《义务教育语文课程标准（2022 年版）》的"文学阅读与创意表达"学习任务群对此也给予了明确的教学提示：第四学段可围绕"精忠报国""人与自然和谐共生"等主题，创设主题情境，"开展文学阅读和创意表达活动，引导学生感受文学之美，表达自己的独特感受，促进学生的精神成长"②。主题探究活动应成为初中语文教学中发展学生儒家人文思想理解能力的重要载体。

3. 阐释古诗文的文化意涵，引导学生加深和拓展文化理解

古诗文具有深厚的文化意涵，对古诗文文化意涵的阐释，有助于学生深入理解古诗文的主题情感，在古诗文阅读中获得意义的感知与理解。语文教师需引导学生关联已有经验，积累与古诗文相关的文化知识，挖掘古诗文文

---

① 中华人民共和国教育部. 义务教育语文课程标准（2022 年版）[EB/OL].（2022−04−21）
 ［2022−04−23］.http://www.moe.gov.cn/srcsite/A26/s8001/202204/W020220420582344386456.pdf.
② 中华人民共和国教育部. 义务教育语文课程标准（2022 年版）[EB/OL].（2022−04−21）
 ［2022−04−23］.http://www.moe.gov.cn/srcsite/A26/s8001/202204/W020220420582344386456.pdf.

本蕴含的文化内涵，开展古诗文文化意涵的探究活动，在探究中思考包括儒家人文思想在内的优秀传统文化对人的塑建作用。语文教师可以结合当地特有的文物古迹、礼仪风俗等，阐述其中蕴含的人文意涵，并与儒家"仁"的情感、价值、意志等联系起来，引导学生深入理解儒家人文思想在促进个体自我建构中的作用，通过一系列的语文实践活动，促进儒家人文思想理解能力的发展。《义务教育语文课程标准（2022年版)》在"文学阅读与创意表达"学习任务群中提出要阅读表现"人与自然"和"人与社会、人与他人"的古诗文名篇，"体会作品的情感和思想内涵"。①可见，古诗文深厚的思想文化内涵阐释，能够成为学生拓展文化视域，加深文化理解，增强文化自信的重要方式。

（三）展开意义表达

通过"思考—探究"的活动，意义能够逐步获得阐释，而在语文教学展开的序列中，还需要学生对所获得的意义进行确认，"表达"在此过程中发挥着作用。在初中语文教学过程中，学生已有经验的不同，影响着其课堂中的生成。对内在的生成进行外显的表达，能够促进自我认识和自我理解的同时，实现意义的共享与共建，而这一过程为学生儒家人文思想理解能力的发展创造了条件。

意义的表达可以有多种形式，常见的意义表达形式就是口头表达和书面写作。这正是语文课程语言文字运用的基本形态。但在初中语文教学实践中，它们仅作为语文技能加以训练，忽视了其在促进个体意义建构中的作用。而伴随语言文字运用的学习，促进学生儒家人文思想理解能力的发展，需关注口头表达与书面写作的生成价值。为此，可提出如下策略：

1. 口头表达与书面写作结合

口头表达和书面写作的结合已在初中语文教师的课堂教学中开展，最常

---

① 中华人民共和国教育部.义务教育语文课程标准（2022年版)［EB/OL］.（2022-04-21）［2022-04-23］.http://www.moe.gov.cn/srcsite/A26/s8001/202204/W020220420582344386456.pdf.

见的形式就是围绕阅读教学中出现的相关话题，进行课堂上的口头表达并及时完成写作；或在课堂上完成口头表达的内容，课后再进行写作。这种形式看似是在一个统一的主题之下实现了听、说、写的整合，而实际上，彼此之间仍然是断裂和不连续的，学生并没有形成完整的意义建构。"依据话语过程建构主义理论，人们在阅读、创作和聆听文本的过程中进行意义的建构。"①据此，语文教师在进行教学设计时就应突出二者的有机结合，并在教学中关注结合的契机，并给予时间的保证。

　　具体来说，围绕文本确立人文主题，提炼相应的探究问题，例如，以"爱与责任"为主题，探讨"爱是什么"（感悟）、"爱与责任意味着什么"（阐释和反思）、"如何负责任地给予他人爱"（行动），引导学生先以书面形式呈现思考的结果，如关键词、关键句等；由此出发，进行自主口头表达，将自身对相关问题的认识、理解、感受等充分地表达出来，在学生口头表达的过程中，语文教师可以针对表达中出现的思想、观点、主张、态度等提出自己的认识，与学生进行对话交流。随着问题探讨的不断深入，学生同时进行着整合与建构，指导学生及时以微写作的形式记录思考和表达的收获。由此，再进行新一轮的问题思考和表达，使问题的探讨进一步深化，直至一次课堂教学结束前，能够形成对相应问题一定程度的理解，最后在课后能够形成一次完整的书面写作，将获得的理解呈现出来。这一过程本身就是自我认识、自我理解展开的过程，因而能够使学生在表达中理解，在理解中表达，相应的理解能力也随之得到发展。

　　新修订的《义务教育语文课程标准（2022年版）》明确提出了"表达与交流"的实践活动，要求能够整合听说读写，"鼓励学生在口头交流和书面创作中，运用多样的形式呈现作品，发挥自己的创造性。"②由此，探究口头表达和书面写作有机结合的方式，"使读写活动与培育言语精神、思想、人

---

① 李金云,李胜利.深度学习视域的"读写结合":学理阐释与教学核心[J].课程·教材·教法,2020,40(7):80.
② 中华人民共和国教育部.义务教育语文课程标准(2022年版)[EB/OL].(2022-04-21)[2022-04-23].http://www.moe.gov.cn/srcsite/A26/s8001/202204/W020220420582344386456.pdf.

格协同并进"①，真实促进学生发现、认识、理解自我、他人和世界，具有重要的现实意义。学生的儒家人文思想理解能力也因此获得了发展的空间。

2. 口头表达与书面写作各有侧重

口头表达与书面写作相结合，是围绕一个人文主题展开的、促使意义的统整和聚合的方式；而对口头表达与书面写作分别加以观照，则关注意义在过程中的生成，促使意义建构在开放的环境中展开。口头表达，促动思考和探问；书面写作，进行更新、确认和再思考，充分发挥各自的优势，使意义的建构过程呈现出丰富而生动的循环。

具体来说，基于统编版语文教材中的相关文本阅读，以一个与学生生活相关的、具有开放度的人文话题为意义生发点，聚焦这一话题展开思考，并进行自主口头表达，表达的过程中会伴随有语文教师和同学的讨论，形成争鸣与辩证，持续的讨论能够对相关话题的初始理解进行澄清。而再次进行口头表达，能够使素朴的认识获得深化，呈现出对相关话题的深入理解。由此，在语文教学设计中，需要依据文本特征设计相应的活动，如围绕相关话题进行即席讲话、微型辩论、观点陈述等。通过口头表达，将内在的思想、情感、价值、意志等呈现出来，与他人进行交流，由此获得自我反思的机会，促进相应能力的发展。

而对于书面写作，则可以由微而深地逐步展开。同样以统编版语文教材中相关文本的阅读为起点，提出一个与学生生活相关的、具有开放度的人文话题，首先进行瞬时写作，可以是一个词、一句话和一个语意清晰的表达；语文教师提出自己对该人文话题的瞬时理解后，指引学生继续进行写作，这时要扩展为一组词、一段话和一个主题聚焦的表达；语文教师根据自己的理解，再进行引导，学生由此形成一个完整的写作文本。将自身对相关人文话题的认识逐步丰富扩展，充分展现出自我的认识与理解。这一过程，需要基于已有的经验，进行充分地感悟、思考、理解、反思等，及时关注自身的瞬时情感变化和认识的变化，用语言文字的形式将其呈现出来，形成完整的意

---

① 李金云,李胜利.深度学习视域的"读写结合":学理阐释与教学核心[J].课程·教材·教法,2020,40(7):82.

义表达。因而，书面写作实现了个体思想、情感、价值、意志等的再思考、再建构、再整合，语文教师引导学生加深对意义的理解，展开意义的思考与探问，就成为促进学生个体发展的现实要求。儒家人文思想理解能力也因此而获得了发展的可能。

总之，依照"创建情境—思考探究—表达意义"的思路进行教学，旨在为学生儒家人文思想理解能力的生成与发展创造可能：创建生活情境，能够提供理解能力生成与发展的环境条件；开展"思考—探究"活动是使其生成与发展得以充分展开的过程；而意义表达则是通过"表达"的本质意义彰显以使意义"再现"和"再认"，从而促进学生儒家人文思想理解能力的发展。在此理论下，相应策略的呈现则为实践操作指明了方向，运用这些策略，学生儒家人文思想理解能力的发展能够获得可操作性的实现。

二、探索"核心概念—基本问题—逆向设计"的整合式教学

具体教学展开思路的明确，能够为在初中语文教学中促进学生儒家人文思想理解能力的发展提供实现可依循的路径，即整合内容。依据明确的展开思路进行语文教学，整合的教学内容是前提。脑科学指出，"理解"意味着"整体""浸润"和"联系"，"理解能力"是在整合化的环境中得以展开，而儒家人文思想理解能力则需要在文化浸润的过程中实现整体和联系的发展。因此，由教学目标出发，整合相关内容，探索内容整合式教学就成为发展儒家人文思想理解能力的重要方向。

(一)"核心概念"指引方向

建构主义学习理论强调学习者经验的引导性。而使经验以完整样态呈现，对经验进行提炼和抽象，就形成了"概念"。可以说，科学的世界就是概念的世界。而意义的建构同样需要以关键核心概念为指引，统领意义的理解方向。

当下为学界所关注的"大概念"（big idea）也为核心概念，它"既是各种条理清晰的关系的核心，又是使事实更容易理解和有用的一个概念锚

点"。①它是学科的核心，其"根本特性乃是意义性"②。将"理解"的探究锚定在"大概念"上符合其"整体""联系"的要求。

而对于语文学科而言，有学者认为语文的概念无须用"大"来标明③。就语文学科所能提供的知识来看，也是能够经验到的、促进个体对自我、他人和世界理解，并展开道德行动的"知识"，它指向个体幸福而美好的生活。因而语文课堂教学活动也是"诗性逻辑"的，即"以体验真实为基础，融心理空间和心理时间为一体""通过关联性、社会性的人文方法，将个体置于价值世界中，去追寻、体味、创造生活的意义和生活的本质诗意"。④由此，这里在文化的视域中、内容的统整意义上，强调指向人的现实生活、对人的存在具有重要意义的关键"核心概念"，它们同样是整体的、包容的、可迁移的。具体落实在儒家人文思想中，就是指向个体生存与建构、促进人的精神成长的"同情之爱""'仁'的价值""生命意志""抉择""负责任行动"等涵盖个体人性情感、理想人格、人生价值等方面的"概念"。它们能够指引语文教学内容整合的主题和方向，确立语文教学实践活动的意义内容，因而能够成为"理解"的生发点。

对于这里所强调的"核心概念"的确立问题，基于当下初中语文教学的现状，笔者提出以下策略：

首先，从语文教材出发，提取出语文教材内的相关阅读文本和活动主题所蕴含的、体现儒家人文思想的"核心概念"。目前使用的统编初中语文教材，在这方面能够提供指引。仍以统编版八年级语文教材为例，两册教材设计了包括"情操志趣""思想光芒""情趣理趣"在内的基本人文主题和"人无信不立""以和为贵"等综合性学习的主题，从中可以凝练出如"责任""诚信""和谐"等"核心概念"进行认识和理解，以此为指引，通过设计相关探究活动和语文实践活动，构建儒家人文思想浸润的课堂，在课堂

---

① ［美］格兰特·威金斯，［美］杰伊·麦克泰格.追求理解的教学设计［M］.2 版.闫寒冰，等译.上海：华东师范大学出版社，2016：75.
② 李松林.以大概念为核心的整合性教学［J］.课程·教材·教法，2020，40（10）：57.
③ 程翔."类文本"与"单元教学"［J］.中学语文教学，2021（7）：18-21.
④ 殷世东.课堂教学活动逻辑：诗性逻辑［J］.教育研究，2017（10）：100-105.

内实现引导学生进入"理解"、发展理解能力、组织促进儒家人文思想理解能力发展的活动；亦可由此拓展，确立"仁"范畴内的其他"核心概念"，如"仁"作为核心概念，就可以设计围绕汉字"仁"的文化阐释活动，以实现对基本问题的指引。新修订的《义务教育语文课程标准（2022年版）》对此也进行了探索，例如，在对第四学段"文学阅读与创意表达"学习任务群的教学提示中，就尝试提出了包括"人与自然和谐共生"在内的学习主题，由此可以提炼出"道"作为核心概念，进行分析阐释，形成基本问题，在深入理解的基础上转化为对现实行动的指引。

其次，从学生的现实问题出发，儒家人文思想关注人的存在本身，基于人性情感、在理想人格的塑建和人生价值的追求中完成意义建构，因而，它提供了解决人生现实问题的思路。对于当下的初中阶段学生而言，"理想""价值""选择""交往"等都是其需要面对的生活主题，从中凝练出如"尊重""坚韧""友爱"等核心概念，展开感知体悟和审视反思等活动。为此，可以通过与学生多种形式的交流，也可以依托相关文本，借助如"K-W-L"①的模型获得学生的真实问题和现实状况，以此讨论确立核心概念。

最后，从哲学文本出发，寻找哲学文本中与学生认识自我和理解自我有关的核心概念。哲学"在其产生之初是具有人文性的"，对于初中阶段学生而言，无须使之"陷入繁琐的掌故"，但仍要指导其实践"哲学的思维方式"。②从哲学文本中提取相关的核心概念，对其进行分析阐释，也是获得理解哲学思维方式的途径。选择适合初中阶段学生阅读的哲学文本，引导学生从中确立核心概念，从而收获对基本问题的指引。例如，统编版语文教材收录的《论语》中的相关篇章的研读和探讨，能够凝练出"学""志""乐"等核心概念，在与墨家、道家等相关思想的比较中，进一步认识和理解其对于自我的意义，由此进入对基本问题的思考与探究。

---

① "K-W-L"是一种阅读教学策略，也可以成为依托文本、获得学生经验结构的模板。具体指"我已知道的—我想知道的—我学到的"。

② 刘庆昌.人文底蕴与科学精神——基于《中国学生发展核心素养》的思考[J].教育发展研究，2017，37（4）：35-41.

总之，"核心概念"是实现"理解"的基础，也是语文教师引导学生发展儒家人文思想理解能力的关键支撑。以此为起点，形成"基本问题"，统整内容，便具有了依据。

(二)"基本问题"整合内容

"核心概念"为"理解"的实现奠定基础，也支撑起相关的"基本问题"。"基本问题"（essential question）在威金斯和麦克泰格看来，就是"能够促进对某一特定主题单元的内容理解，也能激发知识间的联系和迁移"①的问题，它具有如下特点：第一是启发性，能够加深对未曾深入理解的主题、概念、问题等的理解；第二是生成性，关注意义的生成；第三是引导性，引导和激发已有知识、经验与学习内容之间的"意义关联"，促进思考和探究。据此，"基本问题"的确立标准可从以下方面认识：首先，能够引起疑问、困惑、未有确定答案的人生问题；其次，激发对更多人生问题的深度思考、讨论和探究理解；最后，激励学生对已有经验或意义进行持续的反思。

以"基本问题"整合相关内容，就是以"基本问题"为线索，形成对儒家人文思想内容的凝练与综合。提出"基本问题"的角度不一，其中，初中生面对的儒家人文思想的四个方面就能够成为"基本问题"确定的框架，即"同情之爱""'仁'的价值""生命意志""负责任行动"，在此框架内，结合阅读教学的相关文本，提出"基本问题"。

以"同情之爱"为例，在"关爱"的核心概念指引下，依据"基本问题"的确立标准，能够提出如下相关"基本问题"：

你感受到"爱"了吗？谁给予了这份"爱"？你愿意回馈这份"爱"吗？

在你的记忆中，"爱"带给你怎样的感受和体验？你想与他人分享，并将其扩展到他者身上吗？

你认为"爱"对这个世界有怎样的意义？你想用自己的行动传递这份"爱"吗？

---

① ［美］格兰特·威金斯，［美］杰伊·麦克泰格.追求理解的教学设计［M］.2 版.闫寒冰，等译.上海：华东师范大学出版社,2016:121.

　　这一问题序列要求学生进行"整体感知""内容关联""意义体悟",呈现出的是"同情之爱的感悟力"逐渐展开的过程。在此过程中,"同情之爱的感悟力"获得发展的机会。

　　再以具体阅读文本为例,对《虽有嘉肴》来说,如果仅留滞于文本的内容,围绕文本内容提出文章的论点、论证思路和论证方法,还未进入"基本问题"范畴。而在确立的"学"的核心概念基础上,基于对文本内容的理解,提出更具"本质"意义的问题,例如:

　　"学"意味着什么?

　　"学"与"教"如何能够相互促进?

　　如何在与教师的良性互动中"学"有收获?

　　依据文本的论证思路,逐步拓展的问题要求"'仁'的价值的阐释力"的运用,由此相关能力获得发展。

　　而对《茅屋为秋风所破歌》来说,若仅提出诗歌记述了哪些内容,表达了什么情感等(从事件到情感的顺序),同样尚在"基本问题"之外,依据"基本问题"的判定标准,这只是获得答案的过程,并未进入思考和探究的过程。而由核心概念"责任"出发,以"基本问题"整合内容,便可以提出如下问题:

　　我们如何面对自身的现实境遇?

　　我们怎样超越自己的不幸境遇,以更大的责任感面对现实问题?

　　"我们如何将自己的命运与国家的发展联系在一起?"

　　思考和探究这一系列基本问题的过程,也是儒家人文思想理解能力得到发展的过程。

　　能够促进儒家人文思想理解能力发展的文本阅读过程,正是基于"基本问题"对目标的架构和内容的统整而逐步展开,收获的也将是自我理解、自我反思的自我建构。可以明确的是,"基本问题"的提出者不仅是语文教师,学生同样可以作为"基本问题"的提出者,结合阅读的文本,从自身的生活出发,提出问题,只是起初仍需与语文教师合作探讨,经由师生的启发互助,提出真正的"基本问题"。

由此，可具体提出如下相应的策略，使"基本问题"更好地引领目标、整合内容：

1. 在"目标—评价"一致性原则下确立学习目标

学习目标是教师的教和学生的学的基本导引，在明确的学习目标的导引下，教师的教和学生的学才是有效的。崔允漷等提出"教—学—评"一致性的原理，就是以清晰的目标为前提和灵魂，并指向有效教学的。①在目前的初中语文教学实践中，教师的教学活动基本仍是由教学目标出发，学生的学习目标并不凸显。要做出以学习目标为教与学活动核心的转变，是当下首要的任务。因为教师的教学活动最终是要落实在学生的学习上，以学习目标为核心，才能真正实现教学的有效性。因此，在促进学生的儒家人文思想理解能力发展的语文教学中，解决"基本问题"，也要在清晰的学习目标中得到体现。而要使学习目标有效，评价应成为学习目标确立的关注点，亦即在"目标—评价"一致的原则下，明确学习目标的具体内容。

学习目标确立的依据是课程标准。对于初中语文来说，《义务教育语文课程标准》是基本遵循。其中的"课程目标与内容"部分和"评价建议"部分能够为具体学习目标的确立提供依据，但还需根据具体的学习内容进一步提炼。例如，对于古诗文的教学，《义务教育语文课程标准（2011年版）》中"课程目标与内容"部分第四学段（7~9年级）指出古诗文学习要"注重积累、感悟和运用，提高自己的欣赏品位。"②"评价建议"部分指出古诗文要"重点考察学生的记诵积累，考察他们能否凭借注释和工具书理解诗文大意。"③二者相结合，就可以提炼出"积累—感悟—运用"的学习目标框架，再根据具体学习内容进一步细化。教学目标也可以作为学习目标确立的参照。在《义务教育语文课程标准》的"实施建议"部分有"教学建议"，根据课程标准中的"教学建议"和教师的教学目标，相对应地提取出学习目标，同时

---

① 崔允漷,夏雪梅."教—学—评一致性":意义与含义[J].中小学管理,2013(1):4-6.

② 中华人民共和国教育部.义务教育语文课程标准(2011年版)[M].北京:北京师范大学出版社,2012:16.

③ 中华人民共和国教育部.义务教育语文课程标准(2011年版)[M].北京:北京师范大学出版社,2012:30.

也需关注评价要求。新修订的《义务教育语文课程标准（2022 年版）》以核心素养立意，"关联"和"整合"的理念贯穿始终，就古诗文教学而言，延续了上一版课程标准的目标要求，相关学习任务群中的"教学提示"部分。"课程实施"的"评价建议"部分，"学业质量"部分，都能够为实现"目标—评价"的一致提供引导。

"目标—评价"一致原则实际上是为了实现教学的整体性，能够使学习目标更聚焦、更统一。这对于以"基本问题"整合学习内容的语文学习而言，是具有现实意义的。特别是在语文教学中发展学生的儒家人文思想理解能力，依照这一原则是更具操作性的。

2. 在确立的学习目标指引下，语文教师提供内容整合的框架

具体的学习目标确立后，就要以此为指引进入具体的教学过程和学习过程中。此时有了清晰的学习目标框架和具体的教学内容，但教学内容仍未完全统整起来，还需语文教师为此而提供内容整合的框架，它同时也是语文教师进行教学的方向指引，为语文教师的教学设计提供指引。

语文教师所提供的框架内容的来源，可以有多种途径，但需要根据具体的学习目标和教学内容做出适宜的选择。关键是要确定该教学内容所指向的学生的素养目标。对语文课程而言，就是"语言""思维""审美""文化"四个素养方面。再根据阅读文本的文体特征，确定框架的内容。而在初中语文教学中发展儒家人文思想理解能力，框架内容则具体以"同情之爱""'仁'的价值""生命意志""负责任行动"为主题方向，即"人文"的主题，结合阅读的文本的文体特征进行确立。例如，学习的文本为古代诗歌，其最鲜明的指向就在于人的情感，古代诗歌的学习就是进行"同情之爱的感悟力"发展的时机。为了使学生通过古代诗歌的学习理解"同情之爱"，发展"同情的感悟力"，就可以从"情境—方法—文化意蕴"三个方面整合诗歌的学习内容，形成整体的教学设计。

3. 依据内容整合的框架，嵌入学生的学习内容

语文教师的内容整合框架确定之后，就需将学生的学习内容嵌入其中。嵌入的方式是依据确立的学习目标和语文教师所确定的框架内容来提取分散展开的教学内容，对其进行相应的统整。嵌入的方位是在语文教师的内容整合框架下，由确立的学习目标所指引的学习任务。这既可以为教师的整合教学设计提供参考，也能够作为学生学习的导引，形成相应的理解能力。在初中语文教学中发展学生儒家人文思想理解能力，需要以这一整合的学习内容为支撑，依托系列学习任务展开思考与探究活动。

4. 以嵌入的学习内容为基础，发展学生儒家人文思想理解能力

学习内容要通过具体的学习活动才能转化为学生的学习成果。依据具体的学习目标和学习内容，才能展开相应的学习活动。以儒家人文理解能力的提升为方向，需针对不同的学习内容，开展促进学生"同情之爱的感悟力""'仁'的价值的阐释力""生命意志的反思力""负责任行动的应用力"发展的活动。在初中语文课堂教学中，需要有针对性地实施。以"生命意志的反思力"为例，选取《虽有嘉肴》进行阐释，首先确定进行探究的"基本问题"是"如何在与他人的良性互动中成长？"这是一个与学生生活密切相关的问题，也是初中阶段学生亟须解决的问题。在此"基本问题"的引导下，学生以文本内容为反思的起点，首先进行多角度审视：自己是怎样学习的，是不是每一次都会学有所获；他人是怎样学习的，他人的学习方法是不是能够成为我的学习借鉴；教与学是什么关系，自己在教与学的过程中有怎样的态度和表现，对文本提出的观点我是否认同；我是否能在与教师的良好互动中进行学习，等等。对其进行思考和分析，逐步形成自己对此问题的理解。由此出发，移情性理解得以展开，反思自身是否在与他人互动中控制好情绪，给予他人以尊重和包容，与他人积极互动，进而思考自己在与他人互动中表现出哪些问题，在哪些方面需要及时调整，形成反思基础上的自我认识、自我理解。

通过以上的分析，依托具体阅读文本，以"基本问题"整合相关内容，通过相应的实践活动，有助于发展学生儒家人文思想理解能力，需要关注的是语文教师需在"基本问题"确定基础上，明确具体的学习目标，并进行相应探究活动的设计和有效引导。《义务教育语文课程标准（2022年版）》对此提供了理念的指引和教学的提示，在对此进行充分研读的基础上，通过教研活动，探究实践路径。

（三）"逆向设计"促进实施

由"核心概念"指引方向、"基本问题"整合内容，逆向教学设计则能够促使其实现。威金斯和麦克泰格指出：好的设计，不仅是为了让学生获得新技能，而且是为了"以目标及其潜在含义为导向，产生更全面、更具体的学习"。①由此，他们提出了"确定预期结果—确定合适的评估证据—设计学习体验和教学"的逆向设计过程。在初中语文教学中发展学生儒家人文思想理解能力，以具体的能力提升为"预期结果"，确定评估的证据，并据此展开学习活动设计，可以成为深入探究的内容。

"预期结果"就是学生语文学习所要达到的目标，这里是在语言文字运用的学习中促进学生儒家人文思想理解能力的发展，不仅在人性情感上，更在"仁"的价值、生命意志和负责任行动中获得自我理解和建构。为此，"核心概念"指引下的"基本问题"仍然可以作为架构教学目标的路径，围绕人文主题，结合具体的阅读文本，提出相互关联的"基本问题"，并从中凝练出明确的学习目标。在具体文本教学中，依据确立的学习目标，有针对性地引导学生进行感悟、阐释、反思及探究，由此获得相应能力的发展。以《卜算子·黄州定慧院寓居作》为例，教材提示它表达了对"人生的反省"和对"理想的坚守"，这就揭示出人生选择的主题，据此可以确立"坚忍"的核心概念。由这一核心概念出发，可以提出相关的"基本问题"，例如：人生可以怎样度过？（积累）在逆境中，你还会坚持这样度过人生吗？（感悟）你也会坚守你的理想吗？（运用）由此可以明确相应的目标，成为引导师生思考和探究的方向。

"评估证据"即确定预期目标是否实现，在先前确立的目标基础上，寻求相应的证据证明目标得以达成。在初中语文教学中，这一证据可来自像演讲之类的口头表达、以写作为主要形式的书面表达等言语实践活动中，及其二

---

① ［美］格兰特·威金斯，［美］杰伊·麦克泰格.追求理解的教学设计［M］.2 版.闫寒冰，等译.上海：华东师范大学出版社，2016：14.

者的有机结合；也可以是探究活动中的相关表现性任务；抑或在相关文本阅读中，通过学生的对话互动，并经反思，呈现于与之相关的作品中。仍以《卜算子·黄州定慧院寓居作》为例，确定"积累"目标下，基于已有经验，学生对人生问题思考的状况，人物分析、主题探讨、文本阐释等，通过语文课堂中的交流分享，能够获得一定的证据支持。"感悟"目标下，通过联想和想象，将自己的真实感受和体验用各种形式（吟唱、短诗、画作等）呈现于书面，再与他人分享。"运用"目标下，能够从完整的写作作品中获得对于学生人生理想问题的认知，主题演讲过程同样是证据获取的渠道。

"设计学习体验和教学"就是通过学习活动的设计，达到预期的结果。威金斯和麦克泰格提出了"WHERETO"的设计要素，明确教学计划展开的过程。在《卜算子·黄州定慧院寓居作》的教学设计中，基于确立的教学目标，凝练"整体把握"（Hook，Hold）、"体验探索"（Experience，Explore）、"反思修改"（Rethink，Revise）、"个性化表达"（Tailor）四个要素进行设计。"整体把握"中，将苏轼的人生以"故事"形式呈现；"体验探索"中，体悟文本的情感表达，将其置于苏轼特定人生阶段的历程中体会和探索；"反思修正"中，对文本内容进行深入分析和阐释，获得苏轼的心路历程和人生态度，以促动学生的反思和对现有经验的修正；"个性化表达"中，引导学生进行基于经验和关联的个性化表达。

可见，依据逆向设计的思路，儒家人文思想理解能力能够在此过程中呈现出生成的可能，获得发展的机会。

综上所述，以"核心概念"为指引，由"基本问题"整合内容，进行逆向教学设计，凸显"整体""联系""生成""可迁移"的"理解"特征，实现语文教学内容的整体化呈现，能够为初中语文教学中学生儒家人文思想理解能力的发展，提供可深入探究的现实路径。

三、开展以"体验—反思—对话"为主的生成式教学

建构主义学习理论将深层理解作为目标，以对话和社会协商作为促进学

习的重要机制。在初中语文教学中，促进学生儒家人文思想理解能力的发展，亦即指向深度理解实现的能力发展，需要进行"体验—反思—对话"为序列，以"对话"为中心的生成式教学。

以"对话"为核心的生成式教学，展现的是一个促进文化理解的动态的生成过程，经历"体验"和"反思"而以"对话"的方式表现出来。具体来说：

体验，从不同视角看有不同的理解，这里强调从自我的真实感受出发，通过理解而获得对与自身相关联事物的情感及意义的生成过程。经由体验，个体基于已有经验，与体验对象之间能够达至融合，获得真实的感受和深入的领会，从而为实现情意的相通创造条件。文化的体验正是要达到这一目标，即通过文化的感知、理解和探寻，实现与文化的融通，展开文化实践，进而促进个体精神世界的丰盈。学生儒家人文思想理解能力的发展，需要在真实的情境中体验真实的情意内容和价值表达，与体验对象展开互动对话，在相互关联的基础上收获意义。在初中语文教学中，这种体验十分重要，它是通向文本理解和对话的基础，借助体验，学生能够获得对"同情之爱"的感悟、"'仁'的价值"的认识、"生命意志"的思考和"负责任行动"的激励，由此，促动学生儒家人文思想理解能力的发展进程开启。

如果说体验强调感性经验的累积，反思则重视理性思索的展开。真实的体验为个体的反思奠定了基础。反思，是基于经验、体验的内省，它能够拓展经验的范围，深化意义的感知，促进个体的自我认识及理性行动。文化的反思，是对文化在个体精神建构中的意义和价值的理性思索，它能够给予个体以文化的精神引导和价值指引，因而是指向个体生成的。学生儒家人文思想理解能力的发展，同样需要理性的反思过程，在反思过程中促进感性经验的深化。初中语文教学中，不仅需要创设真实而有意义的情境以增加丰富的体验，也需要关注理性的反思，为学生儒家人文思想理解能力的发展提供保障。

个体的体验和反思成果，最终都需要在对话的过程中加以展现和澄清。社会学认为"理解"是共通文化背景下个体与群体的意义交互，强调持续的对话互动是意义生成的方式。由此对话互动能够成为"理解"生发的重要机制。围绕主题进行互动交流，能够促使个体逐步进入精神的对话，"彼此认同、相互砥砺"①，使思维得以敞开，情感得以激发，价值得到辩证、意志获得升华，由此促进自我认识、自我理解的实现。在初中语文教学中，学生正是在对话互动中，与自我、教师、同学、文本等建立关联、建构意义，学生的情感、态度、价值观等也是在对话互动中逐渐生成、丰富和完善的。学生儒家人文思想理解能力的发展也需要在对话互动中展开。

佐藤学提出"对话学习"的理念，指出"对话学习"的"学习"不是知识的获得过程，而是意义的建构活动。"学习的活动是建构客观世界意义的活动，是探索与塑造自我的活动，是编织自己同他人关系的活动。"②据此，"关系重建"（retexturing relations）就成为学习的核心，它表现为同客体、自我、他人的对话实践，由此学习实践就成为"创造世界""探索自我""结交伙伴"的相互关联的"三位一体"实践。③

由此，在初中语文教学中发展学生的儒家人文思想能力，就是在与客体（生活中的问题）、自我（情感、价值、意志、行动）、他人（关系）的对话中展开的。通过思考与探究活动，思考与探究自身如何面对和解决生活中的现实问题，如何能够通过文本阅读这一对话形式进行自我建构，如何正确处理人际关系并在与他人对话中认识和理解自我、他人和世界。为此，可以关注课堂内外、学校内外不同场景和情境中的对话，形成如下三点策略：

第一，基于文本主题内容，展开课堂内的多元对话探索

语文课堂是对话学习的基本场域。依托语文教材内的文本展开阅读，无论是自主阅读，还是合作共读，通过阅读提炼出相应的人文主题、核心概念，基于体验和反思，在语文教师和学生之间、学生与学生之间、学生与文本之间进行多元对话。对话的形式可以是"问—答"的结构，语文教师问、学生答，学生问、学生答，学生的自我问答，在"问—答"中思考和探究由阅读文本提炼的人文主题和核心概念，提出基本问题，展开思考和探究，并及时将思考的成果转变为书面表达形式，以强化和确认意义建构的内容。通过共

① 刘铁芳.以教学打开生命:个体成人的教学哲学阐释[M].北京:教育科学出版社,2019:230.
② ［日］佐藤学.学习的快乐——走向对话[M].钟启泉,译.北京:教育科学出版社,2004:38.
③ ［日］佐藤学.学习的快乐——走向对话[M].钟启泉,译.北京:教育科学出版社,2004:38-40.

读共阅，相互交流，在对话中感悟、阐释和反思，从而确立情感态度与价值追求。

同时，拓展语文课堂，开辟人文主题对话的"第二课堂"。可以是利用课间、课后活动时间，由学生自己组织开设哲理小课堂、传统文化讲习课堂等，在更广阔的时空内进行广泛的探究学习。可以是在班会或课后活动时间继续进行相应主题的对话学习，无论是辩论会、演讲比赛、主题讨论会，还是读书会、朗诵会等，都在参与活动中进行自我内、他人间的对话学习。也可以扩展至相近的人文学科课堂，进行"跨学科"学习，包括体育、劳动在内的课堂，在儒家人文主题的聆听与对话中思考和探究问题，并对语文课堂内形成的对儒家人文思想的认识和理解进行比较、扩充，形成进一步感悟、阐释和反思的起点。

第二，紧扣"核心概念"和"基本问题"，进行课堂外的多形式对话活动

学习作为沟通的实践活动，沟通的时空还可以拓展至学校场域内的其他活动中。活动的展开紧扣"核心概念"和"基本问题"，在儒家人文思想范畴内，通过自我阅读与沉思、与他人交流和沟通、哲学思索等，进行多种形式的对话活动。通过采访、访谈等活动形式，在学校开放的时空内展开"核心概念"的思索和阐释、"基本问题"的探问和讨论。同时，开学典礼和毕业典礼、历史纪念日活动、校庆等特定时空场域也可以成为人文对话学习的时机。其中也包括校园文化这一隐性课程内容，能够作为自我内、他人间对话学习的资源。这是在拓展了的语文课堂上进行的广泛对话；是基于语文课堂内的生成而展开的对话学习。因而同样有助于学生儒家人文思想理解能力的发展。

第三，围绕现实生活问题，拓展校内外的多层面对话实践

将课堂、校内开展的多种形式的对话学习活动拓展至课后、家庭及社会实践中。特别是在家庭当中，同样可以进行自我阅读、开设课堂、进行活动的方式开展对话学习。特别是疫情防控期间，当无法来到学校进行学习时，家庭中的人文话题探讨、相关文本阅读、人文行动实践，都能够成为促进儒家人文思想理解能力发展的有益方式。家庭内的对话学习可以从生活中的

"小"问题起始，凝练出值得探讨、可以探究的"大"问题，无论是进行自我反思、自我探究，还是与家人共同讨论、合作解决，都能够成为学生理解儒家人文思想，发展儒家人文思想理解能力的方式和途径，因为儒家人文思想本身就是围绕"人"的问题而形成的探问、反思和建构，发展儒家人文思想理解能力可以将学校与家庭教育贯通，拓展更广阔的时空展开对话实践。

总之，学生儒家人文思想理解能力需要在动态生成的教学过程中获得发展的机会，引导学生从真实的体验开始，经过理性的反思，在对话互动中进入对儒家人文思想的理解，发展其儒家人文思想理解能力。由此，在相应策略提出的基础上，针对初中语文教学的实际，提出如下建议，以促进初中语文教学中学生儒家人文思想理解能力的发展。

1. 重视文化视域下汉语言文字的教与学

德国哲学家恩斯特·卡西尔（Ernst Cassirer）指出，"人类生活的典型特征，就在于能发明、运用各种符号，从而创造出一个'符号的宇宙'——'人类文化的世界'"。[①]可见，作为人类文化现象的语言文字，凝结了人类创造性活动的重要成果，是人类文化的重要组成部分。但以往的初中语文教学却忽视了对语言文字文化内涵的解读与阐释，语言文字被孤立静态地识读，缺少了本应具有的文化视域，未能显示出其对个体文化自信素养培育的价值。直面这一现实，语文教师的教与学生的学都需重视在文化视域下观照语言文字，语文教师通过对学生情意生成的促进，使之在回归生活世界的道路上，充分感知和体悟人性情感的价值，进而为个体建构奠定情意的基础。具体来说：

对于语文教师的教而言，语文教师基于已有的文化积淀，首先要形成对语言文字的敏感度，在不同文本的教学中，能够注意并理解文本主旨情感相关的重要语词，发现并意欲探索其所蕴含的文化内涵，尝试在分析和阐释的基础上引导学生感知其指向文本情意内容理解的意义。其次，提升自我对语言文字的理解力，深入体悟和领会特定语词在语音、语义、语用等方面特点，理解其深厚的文化意蕴。最后，发展自身对语言文字的探究力，在已有语言

---

① ［德］恩斯特·卡西尔.人论:人类文化哲学导引［M］.甘阳,译.上海:上海译文出版社,2013:11.

文字文化理解的基础上，探究汉语汉字的文化意蕴对个体情意生成的价值，由此奠基其语言文字文化感知和理解的基础。

为此，语文教师需提升自身的语言文字素养，既深入理解汉语的特质，也能够探究汉字的文化内涵。在汉语的教学过程中，侧重引导学生理解汉语的内容方面，例如语音的独特作用，不仅有助于学生语感的培养，而且"音的抑扬顿挫是改变语词意义的最重要手段之一"①。以《诗经·子衿》的教学为例，语文教师可引导学生关注一个重要的语词，即"挑达"②，从语音上来讲，它具有双声叠韵的特征，两个语素的声调也有起伏变化，而这正能体现出诗歌的抒情主人公因期待而徘徊不定的状态。音义的关联展现出汉语极强的表现力，使"爱"的情感得以凸显，体现出儒家人文思想的核心内容。在汉字的教学中，不仅要关联特定的语音，而且关注其在构造和表意上所呈现出的丰富的文化意涵。李泽厚先生曾指出，汉字具有"表情"功能，它"熔情感、理解、记忆三者于一炉"③。由此，语文教师从自身的理解与探究出发，引领学生进入语言文字的文化世界，感悟儒家人文思想的情意内容对中华民族的深刻影响，能够成为学生文化理解的起点。

对于学生的学来说，在语文教师的引导下，通过多种形式的活动和多样化的感知方式，获得对汉语汉字的感知和领会。仍以《诗经·子衿》为例，学生在学习这首古诗时，因与现代汉语的发音相异，"挑达"的语音是相对难于把握的。而通过听的刺激、读的注意、说的有意、写的转换等一系列强化和有意识的行为活动，学生可形成对该语词的记忆和理解。而从其构形和语意关联上，从手与从辵，透过外在的行为表现能够显示出人物内心的复杂情感体验，这就成为学生把握诗歌主旨情感的切入点。再如，聚焦儒家人文思想核心价值的过程中，可从"仁"字入手进行探究，在语音上与"人"字同音，强调"仁"乃人的标识，人应以增进他者福祉彰显其人之为人的存在价值；在构形和语意上，二人为仁，再一次明确了人的存在需要他者视域，

---

① [德]恩斯特·卡西尔.人论:人类文化哲学导引[M].甘阳,译.上海:上海译文出版社,2013:214.
② 原文是"挑兮达兮"，这里的"挑达"读为"tāo tà"。
③ 李泽厚.由巫到史 释礼归仁[M].北京:生活·读书·新知三联书店,2015:165.

方能显示人本身存在的意义。中华文化的仁爱思想和责任意识等借此获得了表达。

循此思路，学生的语言文字学习不再是零散而孤立的，而是在文化的视域下、与文本表达的密切关联中进入文化理解与传承的。对此，新修订的《义务教育语文课程标准（2022 年版）》提出的"语言文字积累与梳理"这一基础型任务群就强调，在语文教师的引导下，学生要"积累语言材料和语言经验，形成良好的语感；通过观察、分析、整理，发现汉字的构字组词特点，掌握语言文字运用规范，感受汉字的文化内涵，奠定语文基础"。①据此，在初中语文教学中，语文教师要指导学生加强诵读、积累、感知和理解，在特定的主题内容下，合作探究汉语汉字的深层文化意蕴，展开相应文本的深入理解，进而获得自我建构的情意基础。

2.关注"整体"视域下活动内容的关联与统整

如果说"生活情境"的创建，是为学生构建起理智思索的情意基础；那么，"思考—探究"活动就指向学生理智的生长与发展。脑科学强调"理解"的"整体"与"联系"，因而促进学生包括儒家人文思想在内的文化理解能力的发展，要求语文教师在教学设计和实践过程中，以"整体"的视域对相关内容进行关联与统整，学生则以"整体领悟"和"内容关联"的方式进入文化理解的进程。

事实上，人们认识和把握世界的方式就是整体的，对文化的理解也同样需要以整体的视域、运用关联与统整的方法展开。对此，《义务教育语文课程标准（2022 年版）》给予了充分回应，为了使学生获得整全发展，"注重课程内容与生活、与其他学科的联系，注重听说读写的整合，促进知识与能力、过程与方法、情感态度与价值观的整体发展。"②成为义务教育语文课程的基本理念之一，而在三种文化的主题框架内，通过对语文学习任务群的设

---

① 中华人民共和国教育部.义务教育语文课程标准(2022 年版)〔EB/OL〕.(2022-04-21)〔2022-04-23〕.http://www.moe.gov.cn/srcsite/A26/s8001/202204/W020220420582344386456.pdf.
② 中华人民共和国教育部.义务教育语文课程标准(2022 年版)〔EB/OL〕.(2022-04-21)〔2022-04-23〕.http://www.moe.gov.cn/srcsite/A26/s8001/202204/W020220420582344386456.pdf.

计，整合各种资源，实现学习活动的统整，展现出的正是"整体"育人的价值追求。

语文教师在此过程中，首先需要确立全新的课程理念，以新课标为基本遵循，改变传统零散的知识内容教学，以学习任务群统整的方式设计和组织教学活动，引导学生在学习任务展开过程中获得对世界的整体认识和理解。其次要关注语文教学设计的统整性，聚焦对学生学习过程和学习方式的设计和引导，使学生在文化深度理解的达至中展开文化实践、社会实践、审美实践和生命实践①。最后需指引学生进行学习方式的转变，这是促动教学改革的关键。自主、合作、探究的学习方式也为学生包括儒家人文思想在内的文化理解能力的提升提供支持与保证。而真实且富有意义的学习情境的创设，与生活中的现实问题相关联的学习主题任务的设计，"信息技术与语文教学深度融合"②方式的探索等，都需要语文教师在自身的教学实践中展开探究。

学生在语文教师的设计和实践指引下，需要聚焦"整体领悟"与"内容关联"两个方面，并以学习方式的转变加以保障。就"整体领悟"来说，这既是把握教学文本的基本方式，也是促进儒家人文思想理解能力发展的基础目标。以古诗文教学为例，学生不可做切割分解式的翻译或解释，而要从主题内容入手，整体认识和理解文本的主旨情感、观点主张、态度价值等。在人文主题的统摄下，实现文本内的理解、文本间的对照、文本外的关联。就"内容关联"而言，由现实生活中的切己问题出发，建立文本内容、社会生活和个体经验之间的关联，在解决问题的过程中展开对自我、他人和世界的理解，拓展自我建构的现实时空。初中阶段学生所面临的自我认同、社会情感、价值选择等现实问题，都可在儒家人文思想框架内获得解释，而儒家人文主题，如仁爱、诚信、责任、担当等便可成为学习任务展开的聚焦点，由此实现关联意义上的内容整合。

---

① 郭元祥,刘艳.我国教学设计发展20年:演进、逻辑与趋势[J].全球教育展望,2021,50(8):6.
② 中华人民共和国教育部.义务教育语文课程标准(2022年版)[EB/OL].(2022-04-21)[2022-04-23].http://www.moe.gov.cn/srcsite/A26/s8001/202204/W020220420582344386456.pdf.

3. 加强多形式、多样态的表达与创造

表达与创造是个体实现意义建构的基本方式与途径。通过表达，个体能够建立起自我与他人、世界的对话与关联；通过创造，个体能够畅通与进入意义的世界。当下的初中语文教学，缺少对学生表达与创造的激发与唤起，意义建构的引领与促动，而包括儒家人文思想在内的中华优秀传统文化，则能够提供促进学生表达与创造的智慧和方向。

为此，语文教师首先要激发学生自主表达和进行创造性活动的兴趣和热情，使之产生表达和创造的意愿、形成积极的态度；其次为学生创设展开多种形式表达与创造的时空、情境和主题，使之在内容丰富、意义多元的时空、情境和主题中展开活动；最后拓展学生的视野，引导其进行现实问题与主题阐释的关联，使之获得表达与创造的内容和条件。学生则需要通过自主阅读和写作等活动，充分表达和创造，建构自我的思维场域、审美世界和道德境界，进而收获向上向善的价值追求。

综上所述，依照"生活情境—思考探究—意义表达"的思路，探索"核心概念—基本问题—逆向设计"的整合，在"体验—反思—对话"中实现教学生成，在此框架下呈现具体的策略，并据此提出整体建议，能够为初中语文教学中学生儒家人文思想理解能力的培养提供指引和方向，进而为中华优秀传统文化教育与语文课程融合的实践开辟道路。

第九章　结论与展望

　　本研究在阐释初中生儒家人文思想理解能力内涵、表现形式和建构能力指标体系基础上，采用混合研究设计，在量化研究整体把握初中语文教学中学生儒家人文思想理解能力的现状和影响因素基础上，融合质性研究深入探查影响初中语文教学中学生儒家人文思想理解能力的深层要素及原因；在此基础上，通过对初中语文教学的具体课例进行呈示，探究初中语文教学中学生儒家人文思想理解的生成过程，由此提出初中语文教学中学生儒家人文思想理解能力发展的策略及建议。

一、研究结论

　　第一，确立了初中生儒家人文思想理解能力的构成，阐释其基本内涵，探求其表现形式，并在此基础上建构了能力指标体系。本研究在文献梳理的基础上，首先对"理解"在词源学、哲学诠释学、心理学、社会学、教育学及脑科学不同领域的含义进行了阐释，以揭示"理解"的本质意蕴；同时，明确了初中生面对的儒家人文思想的基本内容。通过对"理解"内含的行为表现与初中生面对的儒家人文思想的内容进行匹配，形成初中生儒家人文思想理解能力维度。在此基础上，阐释初中生儒家人文思想理解能力的内涵，探求其具体表现形式，并建构了初中生儒家人文思想理解能力指标体系。与此同时，借助初中语文教学中学生儒家人文思想理解能力现状的统计学分析，再次印证了四个维度建构的适切，确定了初中生儒家人文思想理解能力的构成，即同情之爱的感悟力、"仁"的价值的阐释力、生命意志的反思力、负责任行动的应用力。

第二，探明了初中语文教学中学生儒家人文思想理解能力的现状及影响因素。本研究调查分析发现，初中语文教学中学生儒家人文思想理解能力整体水平较高，但各因素表现差异明显，学生并未形成完整的能力结构。其中，"同情之爱的感悟力"的水平较其他因素水平高，说明在语文教师的指导下，通过文本的学习，学生能够对文本蕴含的"爱"的情感有感知、有体悟，能够整体把握文本的主旨情感，并从自身的角度出发获得不同程度的情感理解。相较之下，"'仁'的价值的阐释力"和"生命意志的反思力"的水平低于"同情之爱的感悟力"水平，在需要对文本进行深度理解、以理性思维探究文本深层内涵且关联自身展开反思方面，学生的能力水平有待提升。在四个因子中，表现水平最低的是"负责任行动的应用力"，这是一种将文本对话的成果进一步迁移和应用于现实问题解决和行动的能力维度，学生的水平相对较低，说明学生通过语文课程的学习，将人文知识、思考和理解转化为行动的能力不足。进一步聚焦调查对象中的两所学校八年级某班的学生状况，能够发现，学生亟须将身与心、课内与课外、学习活动与生活问题相结合，将自身在多元对话中的感悟、阐释、反思转化为行动，直面现实的问题，回应并尝试解决现实生活中的各种真实问题。为此，初中语文课堂教学需要有针对性地开展各种形式的思考与探究的活动，伴随语言文字运用的学习，生成和发展学生的负责任行动的应用能力。

通过探索性因子分析发现，四个因子中，"生命意志的反思力"的解释力最强，为了进一步加深对初中生儒家人文思想理解能力的认识，以"生命意志的反思力"为效标变量，其他三个因子"同情之爱的感悟力""'仁'的价值的阐释力"和"负责任行动的应用力"为预测变量，探查各因子之间的关系。由此可知，"'仁'的价值的阐释力"和"同情之爱的感悟力"的β系数的绝对值相对较大，能够对"生命意志的反思力"产生较大影响；而"负责任行动的应用力"的回归系数较小，是在初中语文教学中学生需要进一步发展和提升的儒家人文思想理解能力维度。调查还发现，在影响初中语文教学中学生儒家人文思想理解能力的各因素中，学生的年龄、知识基础、动机是主要的内部因素，而语文教师、课程和课堂文化则从外部影响着学生的儒家人文思想理解能力的发展。同时，为了深入阐释和理解相关问题、探查现象背后的深层原因，融入了对 N 学校和 H 学校两所个案学校八年级某班的语文教师和学生相关的质性分析和阐释，形成了对初中语文教学中学生儒家人文思想理解能力的现实把握。

第三，探索了初中语文教学中学生儒家人文思想理解能力的生成过程。在把握了初中语文教学中学生儒家人文思想理解能力的现状及影响因素基础上，仍聚焦 N 学校和 H 学校两所个案学校八年级某班的语文课堂，在呈示相关阅读文本的教学内容及过程的基础上，分别探索"同情之爱的感悟力""'仁'的价值的阐释力""生命意志的反思力""负责任行动的应用力"伴随相关文本教学而获得的生成过程，关注和分析语文教师和学生能够在促进相应能力维度生成中的表现，并经过笔者基于经验、观察和访谈的反思，由此获得对初中语文教学中学生儒家人文思想理解能力生成过程的理解，并为探寻学生儒家人文思想理解能力发展的路径和策略提供视点、建立基础。

第四，探寻了初中语文教学中学生儒家人文思想理解能力发展的路向，并由此提出具体的策略及建议。在调查研究和深入分析阐释基础上，展开了对初中语文教学中学生儒家人文思想理解能力发展的可能路向以及策略的探寻。针对实证研究反映出的问题，提出如下路向：1.明确教学的思路，初中语文教学可依照由情境到意义的思路展开，即从"生活情境"的创建开始，呈现有助于儒家人文思想理解能力发展的生活和文化视域，进行思考和探究的活动，并由此获得对生成的意义的表达。2.探索"核心概念—基本问题—逆向设计"的整合教学路向，以"整体"和"联系"的方式进行目标、内容及评价的整合，以"核心概念"为基础，由"基本问题"贯穿和整合，逆向设计落实，展现出完整的语文教学整合过程，以促进学生对儒家人文思想的理解及获得相应能力的发展。3.开展"体验—反思—对话"的生成式教学，在体验的基础上，进行理性反思，在对话的深入开展中获得自我的认识和理解，进行自我的建构，由此促进学生儒家人文思想理解能力的发展。在此基础上，针对初中语文教学的实际，提出整体建议，即重视文化视域下语言文字的教与学，关注"整体"视域下活动内容的关联与统整，加强多种形式的表达与创造。

二、研究展望

儒家人文思想是对人的德性建构与人文实现，初中生面对的儒家人文思想，以人性情感为基础，通过"仁"的价值与生命意志的确立，进入负责任行动的进程。基于此，在与感悟、阐释、反思、应用的"理解"能力维度匹配中，形成初中生儒家人文思想理解能力，即同情之爱的感悟力、"仁"的价值的阐释力、生命意志的反思力、负责任行动的应用力。而在初中语文教学中培养学生儒家人文思想理解能力，是中华优秀传统文化教育与语文课程融合探究的起点。伴随着《义务教育语文课程标准（2022 年版)》的颁布，这一融合获得了探究及实践的有力支撑。立足当下的现实情境，从已有经验出发，聚焦学生、语文教师、语文课程、课堂文化四个方面，对包括儒家人文思想在内的中华优秀传统文化在初中语文教学中展开教育的图景，进行如下展望：

（一）学生方面

学生是语文课堂教学的主体，一切课堂教学的设计和活动都应以学生为中心。而促使学生获得文化内容的深层把握、文化价值与意义的深度理解、文化实践的深入开展，都需以学生的具身感知和理智思维为基础。因而学生需重视自身文化视域的扩展，关注三种文化，特别是中华优秀传统文化对语文学习的支撑作用，注意将自己的现实生活与问题境遇关联和整合起来，通过对切己的现实问题的解决，建构自我的文化理解与传承，将成为学生语文学习的焦点。

在初中语文学习中，尤其是古诗文的学习中，学生具身性的感知与体验需成为首要关注的内容。这不仅体现在对文本的阅读与鉴赏过程中，在汉语汉字的学习中也同样需要加以关注。具体而言，首先要强调诵读的意义，不仅重视诵读本身的存在价值，而且探求诵读的多形式、多样态的展开，是使自身获得语感、提升直觉思维、进行审美鉴赏的主要方式。这一方式的应用，不应仅被视为语文学习过程中必不可少的形式和环节，而是通过语文教师的设计，使之真正成为促使学生获得具身感知和体验的有效途径。其次是聆听与表达，文学鉴赏需要通过聆听与表达呈现自我的感受与认知，汉语汉字文化意蕴的感知与体悟也需要在聆听与表达中获得，形成对意义的具身性认识。据此，通过一系列的语文实践活动，实现听说读写的有机整合，充分调动学生的多种感官，获得身心一体的审美性体验，将成为学生语文学习不可忽视的方面。

在此基础上，学生理智思维的发展是语文学习关注的另一方面。母语课程的学习不可缺少思维能力的培养，以往将二者相分离的状况，在语文核心素养立意的当下，势必将发生转变。而由生活出发，关注自身现实问题与学习内容的关联，学习任务展开的过程同时是现实问题解决的过程，联想想象、分析比较、归纳演绎、抽象整合等思维能力的运用就成为重要的支持力量。在初中语文教学中进行中华优秀传统文化教育，特别是依托像儒家人文思想这一能够促进个体德性生成和人文建构的重要思想文化，需要围绕人生核心问题展开理智的辩证与反思，方能真正进入文化育人的视域。而通过培养学生儒家人文思想理解能力，在分析、阐释、辩证、反思等一系列的思维活动中拓展思考与探究的广度和深度，促使学生在与思想的对话中获得个体精神的成长，应成为中华优秀传统文化教育与语文课程融合的关键点。

这不仅需要语文教师的课程理念、教学方式、教学评价等的变革，也要求学生的学习方式和活动结构等发生根本性转变。对于初中阶段学生而言，在中华优秀传统文化主题内容的框架内，学习语言文字的运用，并收获人格的发展和人生意义的建构，既是语文课程的价值追求，也是中华优秀传统文化教育的育人本质体现。

(二) 语文教师方面

实现中华优秀传统文化教育与语文课程的融合，在初中语文课堂教学中展开包括儒家人文思想在内的文化理解能力的培养，语文教师是关键的指导者和促进者。在以培育学生语文核心素养为导向，三种文化为主题内容架构和整合语文学习内容的背景下，语文教师需要加强自身的文化积淀、拓展自身的文化视野、提升自我引导学生展开文化理解和文化实践的能力。具体来说：

首先，加强自身的文化积淀。文化积淀是文化理解和文化实践的基础，其中，文化知识的学习是初中语文教学中的重要内容。学生文化知识的学习不再以简单记忆和机械训练为形式，而是要关注对其进行感悟、理解、阐释、反思基础上的思考与探究活动的指引。因此，语文教师需重视对自身文化积淀的加强，才能引导学生获得真实的文化知识。这里的文化知识，不仅是教材或教学参考书内的静态"知识"，而是具有完整意义内容且能够引发学生思考和探究的"文化"。它既来自日常的观察、对话、思考、探索等，也需对古今中外的文化知识进行筛选，提炼为有益的文化内容带入语文课堂，在与教材中的文本内容、自身的感受体验、学生的现实问题进行关联，作为可以对话的知识背景，最终呈现于语文课堂之上。基于此，语文教师需通过多种形式扩展自身的文化知识，专业自主的阅读、同伴的互动分享、专家的求教学习，以及网络资源的运用等，都应成为语文教师丰富自身文化知识，加强文化积淀的重要途径。

其次，拓展自身的文化视野，将"语文"置于整体的文化脉络中去"看"语文、"讲"语文。在进行文本分析过程中，从更广阔的文化视角进入，以"基本问题"引发学生的思考和探究，在"解决问题"的思路下促进自身和学生、文本展开多种形式的对话，通过对话建立"理解"的关系，提升"理解"的能力。其中，关注古诗文的研读仍是重点，在指导学生理解基本语义内容的基础上，重视音韵、汉字等负载丰富文化信息的要素，并将其作为引导学生理解文本蕴含的情感、价值、态度等内容的基点，凝练出其中蕴含的与文本相关的意义内容，并以多样化的形式呈现出来，使学生及其自身，不仅感知到汉语汉字的文化意蕴，也能够建立起与古诗文的文化联系，进而实现自我和学生在与优秀传统文化相遇中的共进。

最后，提升自我引导学生展开文化理解和文化实践的能力。这一能力提升的前提是语文教师自身对文化的理解。文化理解的过程就是意义建构的过程。在关注当代文化的同时，重视对中华优秀传统文化的感知和理解、阐释和反思，是语文教师自我成长不可或缺的内容。理解的过程，是从自身已有的经验出发，在感悟、诠释、分析、反思和应用中进行自我、他人及世界的文化性建构。对以思想为代表的中华优秀传统文化，语文教师不仅要理解，更需在内化基础上展开深入思考与探究。只有语文教师自身对优秀传统文化有着深度理解和积极实践，对学生的引导才会是有益和有效的。

总之，语文教师不再仅为科学知识的传授者，更需成为学生文化感知的指引者、文化理解的对话者、文化实践的引领者。在其语文教学实践中，以中华优秀传统文化的视域关注学生的德性生成与精神发展，从而促进学生的个体建构。

（三）语文课程方面

语文课程是一门学习国家通用语言文字的综合性、实践性课程，语文课程要使学生在学习语言文字运用的过程中，促进个体在情感、态度、价值观等的综合而全面的发展。语文课程的育人价值正在于此，即通过语文核心素养的培育，实现个体整全的生长。为此，在语文核心素养的目标指引下，关联和整合课程内容的基础上，聚焦语文课程实施的基本场域语文课堂，关注语文课堂教学中对学生的文化指引、促进其文化生成，是语文课程的探究方向，具有现实意义。

在初中语文课堂教学中，语文教师需要关注教学的设计和实施引导学生展开文化视域下的语文学习。伴随语言文字运用的学习，在促进学生包括儒家人文思想在内的文化理解能力发展的语文课堂教学中，语文教师首先需要依据语文课程标准，确立指向鲜明的学习目标，在学习目标的指引下开展相应的教学活动。学习目标的确立不仅指引学生学习活动的开展，更是指向学生的个体生成。因此，在语文课程标准框架内，结合具体学习材料和内容，确立明确而清晰的学习目标，是语文教师展开教学活动的首要任务。

其次，重视教学内容的整合。"理解"本身是一个包含个体认知、情感、行为在内的整体"实作"过程，它不同于知识的学习。以学生文化理解能力生成与发展为目标的初中语文课堂教学，整合学习内容是必然要求。因而，在学习目标确立的基础上，根据教材文本的特征，进行单元主题、核心概念、基本问题等统领的学习内容关联与整合，既是《义务教育语文课程标准（2022年版）》的要求，也是促进学生儒家人文思想理解能力发展和提升的重要前提。新课标提出的中华优秀传统文化、革命文化、社会主义先进文化三种文化的主题框架设计，为此提供了明确的方向。语文教师需要基于自身的实践经验和行动智慧，在共同体成员的协作研讨中，经由学科专家的理论引领，展开积极的实践探索。

再次，关注语文课程教学过程中的文化生成。语文教师的课前预设固然是语文课堂教学展开的基础，但语文课堂中的文化生成更应成为语文教师关注的重点。特别是以对话为中心、促进学生文化理解能力发展的语文课堂教学，学生的文化生成尤为重要，也尤为宝贵，及时抓住学生在对话中的文化生成，并进行适时的引导和拓展，能够为学生进一步的思考和探究奠定基础。关注学生在语文课堂教学中的情感、态度、价值、意志等的生成，彰显语文课堂教学的"教育性"，是文化育人实现的重要路径。

最后，聚焦语文教学设计。语文教学设计是语文教师课程理念和课程目标的具体体现，为语文课程的实施提供保障。以学生的学为中心的语文教学设计，不仅要关注语文知识的聚合，更需强调文化感知、文化理解、文化实践的文化建构和生成。而在初中语文教学中发展学生的儒家人文思想理解能力，则需思考和探究文化理解的实现机制，也就是要以探索文化理解的实现为聚焦点展开语文教学设计。这同样对语文教师提出了更高的要求，拥有文化的视域，拓展文化的视野，展开积极的文化理解与实践活动，进而引领学生进入文化的世界，进行文化理解与实践，是时代及语文课程的现实需求。

（四）课堂文化

语文课堂应是充满思想火花、人文气息、精神对话的场域。民主、和谐、关爱、思考和创新的视角，不仅是透视所有课堂文化的基点，也同样是语文课堂文化的标识，能够为学生的文化感知、文化理解和文化实践创造条件。随着民主和谐社会的发展，构建民主和谐的课堂也成为学校文化建设的重要组成部分。在初中语文课堂上，民主、和谐、关爱的课堂文化已逐步建立起来，但思考和创新的课堂文化仍有待进一步创建。这需要语文教师与学生的共同实践。相互尊重、理解包容、平等相待，是语文课堂文化创建的基础，也是中华优秀传统文化的核心观念；在此基础上，重视思考、强调创新，积极引导学生进入思考与创新的情境，拓展和升华学生思考与创新的背景，促进学生思考与创新的实践，成为语文课堂文化生成的基本思路。在初中语文教学中，语文教师与学生平等对话、共同思考、探索创新，不仅有助于新型师生关系的建立，提高语文课堂教学的质量；而且能够为学生发展和提升以儒家人文思想为内核的中华优秀传统文化理解能力奠定基础，是培育学生文化理解与传承素养的有力保障。

总之，中华优秀传统文化教育指向"以文化人"的育人目标实现，语文课程具有独特的育人价值，从现有研究出发，中华优秀传统文化教育与语文课程的融合研究将成为"文化育人"背景下语文课程与教学研究的焦点，而聚焦基础教育语文课堂教学中学生文化自信素养的培育，也将成为实现语文课程育人价值的实践探究方向。

参考文献

中文著作类

［1］［美］B.S.布卢姆等.教育目标分类学:认知领域［M］.罗黎辉,等译.上海:华东师范大学出版社,1986.

［2］［美］戴维斯.心智交汇:复杂时代的教学变革［M］.2版.毛齐明,译.上海:华东师范大学,2011.

［3］［美］L·W·安德森.学习、教学和评估的分类学——布卢姆教育目标分类学修订版［M］.皮连生,译.上海:华东师范大学出版社,2008.

［4］［英］阿尔弗雷德·诺斯·怀特海.教育的目的［M］.汉英双语版.靳玉乐,刘富利,译.北京:中国轻工业出版社,2017.

［5］［英］埃里克·埃里克森.童年与社会［M］.高丹妮,等译.北京:世界图书出版有限公司北京分公司,2017.

［6］［美］爱德华·希尔斯.论传统［M］.傅铿,吕乐,译.上海:上海人民出版社,2004: 12.

［7］［古希腊］柏拉图.理想国［M］.郭斌和,张竹明,译.北京:商务印书馆,1986.

［8］［美］伯克·约翰逊,［美］拉里·克里斯滕森.教育研究:定量、定性和混合方法［M］.4版.马健生,等译.重庆:重庆大学出版社,2015.

［9］［英］伯特兰·罗素.西方哲学简史［M］.文利,编译.西安:陕西师范大学

出版社,2010.

[10]［美]布鲁纳.布鲁纳教育论著选[M].2 版.邵瑞珍,等译.北京:人民教育出版社,2018.

[11]陈来.古代宗教与伦理:儒家思想的根源[M].北京:北京大学出版社,2017.

[12]陈来.守望传统的价值:陈来二十年访谈录[M].北京:中华书局,2018.

[13]陈向明.质的研究方法与社会科学研究[M].北京:教育科学出版社,2000.

[14]崔允漷.有效教学[M].上海:华东师范大学出版社,2009.

[15]［美]戴维·罗克里克.哲学思考:思想史上的伟大论辩[M].欧阳昊,译.北京:新华出版社,2020.

[16]［美]丹尼尔·贝尔.资本主义文化矛盾[M].严蓓雯,译.北京:人民出版社,2010.

[17]［德]恩斯特·卡西尔.人论:人类文化哲学导引[M].甘阳,译.上海:上海译文出版社,2013.

[18]费孝通.乡土中国[M].北京:北京大学出版社,2012.

[19]冯友兰.中国哲学简史[M].涂又光,译.北京:北京大学出版社,2013.

[20]［美]格兰特·威金斯,[美]杰伊·麦克泰格.追求理解的教学设计[M].2 版.闫寒冰,等译.上海:华东师范大学出版社,2017.

[21]葛兆光.中国思想史:导论[M].2 版.上海:复旦大学出版社,2019.

[22]葛兆光.中国思想史:第 1 卷[M].2 版.上海:复旦大学出版社,2019.

[23]郭为藩,高强华.教育学新论[M].台北:正中书局,1987.

[24]韩星.儒家人文精神[M].西安:陕西人民出版社,2012.

[25]［德]汉斯－格奥尔格·伽达默尔.科学时代的理性[M].薛华,译.北京:国际文化出版公司,1988.

[26]［德]汉斯－格奥尔格·伽达默尔.真理与方法——哲学诠释学的基本

特征[M].修订译本.洪汉鼎,译.北京:商务印书馆,2019.

[27] 贺麟.文化与人生[M].上海:上海文艺出版社,2001.

[28] [德]洪堡特.论人类语言结构的差异及其对人类精神发展的影响[M].姚小平,译.北京:商务印书馆,2011.

[29] 胡德海.教育学原理[M].3版.北京:人民教育出版社,2013.

[30] 黄光雄,蔡清田.核心素养:课程发展与设计新论[M].上海:华东师范大学出版社,2017.

[31] [美]杰罗姆·布鲁纳.教育过程[M].上海师范大学外国教育研究室,译.上海:上海人民出版社,1973.

[32] 金生鈜.理解与教育:走向哲学解释学的教育哲学导论[M].北京:教育科学出版社,1997.

[33] [德]卡尔·雅斯贝尔斯.什么是教育[M].邹进,译.北京:生活·读书·新知三联书店,1991.

[34] [德]卡尔·雅斯贝尔斯.时代的精神状况[M].王德峰,译.上海:上海译文出版社,2013.

[35] [美]莱斯利·P·斯特弗等.教育中的建构主义[M].高文,等译.上海:华东师范大学出版社,2002.

[36] [美]罗伯特·斯莱文.教育心理学:理论与实践[M].10版.吕红梅,等译.北京:人民邮电出版社,2017.

[37] 李零.丧家狗:我读《论语》[M].附录.太原:山西人民出版社,2007.

[38] 李申申,陈洪澜,李荷蓉,王文礼.传承的使命:中华优秀文化传统教育问题研究[M].北京:人民出版社,2011.

[39] 李泽厚.论语今读[M].北京:生活·读书·新知三联书店,2004.

[40] 李泽厚.由巫到史 释礼归仁[M].北京:生活·读书·新知三联书店,2015.

[41] 联合国教科文组织.反思教育:向"全球共同利益"的理念转变?[M].联合国教科文组织总部中文科,译.北京:教育科学出版社,2017.

[42] 林崇德,杨治良,黄希庭.心理学大辞典:上[M].上海:上海教育出版

社,2003.

[43] 林崇德.21 世纪学生发展核心素养研究[M].北京:北京师范大学出版社,2016.

[44] [美]琳恩·埃里克森,洛伊斯·兰宁.以概念为本的课程与教学——培养核心素养的绝佳实践[M].鲁效孔,译.上海:华东师范大学出版社,2018.

[45] 刘铁芳.追寻生命的整全:个体成人的教育哲学阐释[M].北京:高等教育出版社,2017.

[46] 刘铁芳.以教学打开生命:个体成人的教学哲学阐释[M].北京:教育科学出版社,2019.

[47] 刘翔.中国传统价值观诠释学[M].北京:生活·读书·新知三联书店,1992.

[48] 刘月霞,郭华.深度学习:走向核心素养[M].理论普及读本.北京:教育科学出版社,2018.

[49] 楼宇烈.中国文化的根本精神[M].北京:中华书局,2016.

[50] [德]马丁·海德格尔.存在与时间[M].修订译本.陈嘉映,王庆节,译.北京:生活·读书·新知三联书店,2014.

[51] [加]马克斯·范梅南.教学机智:教育智慧的意蕴[M].2 版.李树英,译.北京:教育科学出版社,2014.

[52] [美]马扎诺,肯德尔.教育目标的新分类学[M].2 版.高凌飚,等译.北京:教育科学出版社,2012.

[53] [美]梅瑞迪斯·高尔,等.教育研究方法[M].6 版.徐文彬,等译.北京:北京大学出版社,2020.

[54] [美]内尔·诺丁斯.幸福与教育[M].2 版.龙宝新,译.北京:教育科学出版社,2014.

[55] 倪梁康.现象学及其效应——胡塞尔与当代德国哲学[M].北京:商务印书馆,2014.

[56] [法]帕斯卡尔.思想录[M].何兆武,译.北京:商务印书馆,1995.

[57] 钱穆.中国思想史[M].北京:九州出版社,2012.

［58］沈毅,崔允漷.课堂观察:走向专业的听评课[M].上海:华东师范大学出版社,2008.

［59］吴明隆.问卷统计分析实务——SPSS操作与应用[M].重庆:重庆大学出版社,2010.

［60］熊川武,江玲.理解教育论[M].上海:华东师范大学出版社,2005.

［61］徐梓.中华优秀传统文化教育十五讲[M].北京:北京师范大学出版社,2018.

［62］［美］亚伯拉罕·马斯洛.动机与人格[M].许金声,等译.北京:中国人民大学出版社,2012.

［63］［古希腊]亚里士多德.尼各马可伦理学[M].商务印书馆,2009.

［64］杨伯峻.论语译注[M].2版.北京:中华书局,2004.

［65］杨伯峻.孟子译注[M].北京:中华书局,2008.

［66］杨立华.中国哲学十五讲[M].北京:北京大学出版社,2019.

［67］叶圣陶.叶圣陶语文教育论集[M].北京:教育科学出版社,2015.

［68］殷鼎.理解的命运:解释学初论[M].北京:生活·读书·新知三联书店,1988.

［69］［美]约翰·W.克雷斯威尔.混合方法研究导论[M].李敏谊,译.上海:上海人民出版社,2015.

［70］［美]约翰·杜威.民主主义与教育[M].王承绪,译.北京:人民教育出版社,1990.

［71］赵汀阳.论可能生活[M].2版.北京:中国人民大学出版社,2009.

［72］中华人民共和国教育部.义务教育语文课程标准(2011年版)[M].北京:北京师范大学出版社,2012.

［73］中华人民共和国教育部.普通高中语文课程标准(2017年版)[M].北京:人民教育出版社,2018.

［74］中华人民共和国教育部.普通高中语文课程标准(2017年版2020年修订)[M].北京:人民教育出版社,2020.

［75］朱熹.四书章句集注[M].北京:中华书局,1983.

[76] 朱小蔓.情感教育论纲[M].3 版.南京:南京师范大学出版社,2019.

[77] [日]佐藤学.学习的快乐——走向对话[M].钟启泉,译.北京:教育科学出版社,2004.

中文期刊类

[1] 陈来.守望传统的价值[J].社会主义核心价值观研究,2016,2(4): 5-10.

[2] 陈云龙,任建英,曾莹.中华优秀传统文化教育发展的探讨[J].课程·教材·教法,2019,39(12):89-95.

[3] 程慧.古诗教学的三个要点——以李白诗作为例[J].语文建设,2018 (32):20-22.

[4] 崔允漷,夏雪梅."教—学—评一致性":意义与含义[J].中小学管理, 2013(1):4-6.

[5] 大卫·罗斯.致辞:从"4C"到"5C"——祝贺"21 世纪核心素养 5C 模型"发布[J].华东师范大学学报(教育科学版),2020,38(2):19.

[6] 戴晓娥.聚焦学科育人,提升语文核心素养——义务教育统编语文教材大单元教学设计策略[J].语文建设,2020(12):29-32.

[7] 邓斌,张伟莉.中华传统核心价值观的历史变迁与传承[J].重庆大学学报(社会科学版),2015(6):205-209.

[8] 丁际旺.浅议加强优秀传统文化教育[J].中国成人教育,1997(2):38.

[9] 樊改霞.建构主义教育理论在中国的发展及其影响[J].西北师大学报(社会科学版),2022,59(3):87-95.

[10] 樊浩.文化与文化力[J].天津社会科学,2019(6):4-16.

[11] 方中雄. 从国家文化战略格局出发 思考中华优秀传统文化教育[J]. 中小学管理,2017:31-34.

[12] 高德胜.同情的伦理价值及其教育境遇[J].西北师大学报(社会科学版),2022,59(1):58-68.

[13] 高国希.中华优秀传统文化的现代阐释与教育路径[J].思想理论教

育,2014(5):9-13.

[14] 高小燕.高校开展中华优秀传统文化教育的时代价值与路径选择[J].中国高等教育,2020(8):55-57.

[15] 顾明远.弘扬传统文化需要走出一些误区[J].中国教育学刊,2010(1):42.

[16] 顾明远.文化是一个民族的根与魂——谈谈中华优秀传统文化教育[J].人民教育,2017(23):45-49.

[17] 郭银龙.优化课堂教学结构 发展语文核心素养[J].教育理论与实践,2016(26):54-55.

[18] 郭元祥,刘艳.论课堂教学中的文化育人[J].课程·教材·教法,2020,40(4):31-37.

[19] 郭元祥,彭雪梅.在中小学教学中渗透文化自信教育[J].教育研究与实验,2020(5):1-8.

[20] 郭元祥,刘艳.我国教学设计发展20年:演进、逻辑与趋势[J].全球教育展望,2021,50(8):3-14.

[21] 郭子超.中华优秀传统文化教育研究的发展历程与未来图景——基于CiteSpace知识图谱的分析[J].教育理论与实践,2020(22):50-54.

[22] 韩雪屏.发掘语文课程的传统文化教育因素——兼谈语文教材中的传统文化建构[J].语文建设,2015(16):8-11.

[23] 何更生.基于目标导向教学论培育语文核心素养[J].语文建设,2018(22):30-33.

[24] 何莲芳.不拘一格降人才:传统文化进校园的几点启示[J].中小学管理,2016(10):53-54.

[25] 何晓清.儒家人文教育思想与中国伦理教育现代化[J].中共福建省委党校学报,2001(6):65-68.

[26] 何晔,盛群力.理解的六种维度观——知识理解的新视角[J].全球教育展望,2006,35(7):30-32.

[27] 何晔,盛群力.理解的维度之探讨[J].开放教育研究,2006(6):28-34.

[28] 何友晖,彭泗清.方法论的关系论及其在中西文化中的应用[J].社会学研究,1998(5):34-43.

[29] 洪汉鼎. 论哲学诠释学的阐释概念 [J]. 中国社会科学,2021(7):114-139.

[30] 胡德海.关于什么是儒家传统修养问题的学理解读[J].中国教育科学(中英文),2019(2):3-19.

[31] 胡定荣.警惕国学经典教育的五种误区[J].中国教育学刊,2011(11):16-19.

[32] 胡航,等.深度学习品质刻画:评测工具的开发与应用——基于四城市小学生数学学习的实证研究[J].华东师范大学学报(教育科学版),2021,39(11):76-77.

[33] 胡卫.传承与超越:文化教育建设的重要使命[J].教育发展研究,2006(10):1-4.

[34] 黄庆丽.回归教育中的同情之爱[J].教育学报,2015,11(10):34-41.

[35] 黄荣华.我们是如何将学生带进中华优秀传统文化世界的[J].人民教育,2017(5):43-49.

[36] 纪春.为学而教:3P 教学模型对大学本科教育改革的启示[J].江苏高教,2019(12):109-115.

[37] 焦连志. 社会主义核心价值观与中华优秀传统文化教育协同机制研究[J].中国高等教育,2020(6):34-36.

[38] 金德楠.论中华优秀传统文化认同的建构逻辑[J].湖北民族学院学报(哲学社会科学版),2018(2):179-183.

[39] 孔慧云.儒家思想与人文素质教育[J].山东教育科研,2000(Z1):30,59.

[40] 赖瑞云. 用传统文化滋养学生心智——从语文教材的选文和设计谈起[J].语文建设,2015(7):11-13.

[41] 兰学文.现代认知心理学理解过程的模式及其教学策略[J].教学与管理,1999(4):3-5.

［42］郎镝,张东航.统编初中语文教材中的传统文化教育研究[J].课程·教材·教法,2019,39(5):92–99.

［43］乐晓华, 曾毅. 基于语文学科核心素养培育的文言文对译教学研究[J].中国教育学刊,2019(11):82–83,100.

［44］李季.民族文化与青少年爱国主义教育[J].江西教育科研,1992(2):6–10.

［45］李建,傅永聚.儒家"仁礼合一"传统与中华优秀传统文化教育[J].齐鲁学刊,2015(4):5–9.

［46］李蕉.儒家修身思想与现代大学教育[J].清华大学教育研究,2006(S1):10–15.

［47］李金云,李胜利.深度学习视域的"读写结合":学理阐释与教学核心[J].课程·教材·教法,2020,40(7):79–85.

［48］李锦全.论儒家人文思想的历史地位[J].哲学研究,1989(1):47–52.

［49］李琴.基于语文核心素养的"教学解读":问题与对策[J].教育理论与实践,2018(8):53–54.

［50］李清华.儒家人文教育思想的现实意义探究[J].教育评论,2015(6):147–149.

［51］李群,李凯,牛瑞雪."人文化成":中华优秀传统文化课程建设的反思与实践[J].教育科学研究,2019(6):48–52.

［52］李群,李凯.中小学需要怎样的传统文化教育? ——基于北京市中小学"中华优秀传统文化"课程与教材建设的思考[J].中小学管理,2019(1):49–52.

［53］李群,王荣珍.论中小学中华优秀传统文化课程的开发与实施[J].课程·教材·教法,2018,38(3):101–105.

［54］李群,王荣珍.小学中华优秀传统文化课程建设:北京扫描[J].中小学管理,2016(4):29–31.

［55］李群.在文化脉络中寻找文化课堂的有效实施[J].中国教育学刊,2017(10):89–94.

［56］李松林.以大概念为核心的整合性教学［J］.课程·教材·教法,2020,40(10):56–61.

［57］李西顺.故事:一种德育课程［J］.教学与管理,2011(28):3–4.

［58］李一茗,黎坚.复杂问题解决能力的概念、影响因素及培养策略［J］.北京师范大学学报(社会科学版),2020(5):36–48.

［59］李英善.优秀传统文化教育须从小抓起——从《三字经》所想到的［J］.当代教育科学,2005(16):63.

［60］李煜晖,白如.中华优秀传统文化进语文课程的认知误区及其澄清［J］.课程·教材·教法,2022,42(1):78–84.

［61］李泽厚.孔子再评价［J］.中国社会科学,1980(2):77–96.

［62］李宗桂.试论中国优秀传统文化的内涵［J］.学术研究,2013(11):35–39.

［63］李作芳.浅谈阅读教学中小学语文核心素养的培养［J］.教育理论与实践,2017(14):60–61.

［64］梁淮平.儒家人文思想与大学生思想品德修养［J］.学海,2007(6):194–197.

［65］刘峻杉.对传统文化展开教育学研究的意义、难点与方法论省思［J］.中国教育科学(中英文),2019(5):123–134.

［66］刘清平.认知能够凌驾于意志和情感之上吗?——"知情意"排序的解构与重构［J］.社会科学家,2017(1):14–19.

［67］刘庆昌.人文底蕴与科学精神——基于《中国学生发展核心素养》的思考［J］.教育发展研究,2017,37(4):35–41.

［68］刘庆昌."仁""智"范畴与中国教育精神［J］.教育发展研究,2020,40(10):1–12.

［69］刘铁芳.土志于学:从《论语》看少年立志与个体成人［J］.教育研究,2021,42(9):24–38.

［70］刘铁芳.探寻乡村教育的基本精神［J］.探索与争鸣,2021(4):15–18.

［71］刘铁芳.学习之道与个体成人:从《论语》开篇看教与学的中国话语

[J].高等教育研究,2018,39(8):14-22.

[72] 刘昕,刘海鹰.论中华优秀传统文化在大学生思想政治教育中的作用与实践[J].管子学刊,2016(4):70-73.

[73] 刘妍,等.文化理解与传承素养:21世纪核心素养5C模型之一[J].华东师范大学学报(教育科学版),2020,38(2):29-44.

[74] 柳文茂,柴春华,张海南.中华优秀传统文化在中小学教育的实现路径研究——以河北师范大学附属实验中学为例[J].中学政治教学参考,2018(3):36-39.

[75] 鲁洁.道德教育的根本作为:引导生活的建构[J].教育研究,2010,31(6):3-8.

[76] 鲁洁.教育:人之自我建构的实践活动[J].教育研究,1998(9):13-18.

[77] 鲁洁.生活·道德·道德教育[J].教育研究,2006(10):3-7.

[78] 鲁昕.国民教育视域下的马克思主义与中华优秀传统文化[J].齐鲁学刊,2017(3):71-75.

[79] 吕洪刚,李小鲁.中华优秀传统文化教育的现代释疑与实践路径[J].学术探索,2016(11):120-124.

[80] 吕林海,等.追求高质量的大学学习——高等教育大众化背景下大学学习、教学与课程的一些核心观念[J].远程教育研究,2011(2):10-24.

[81] 吕林海.促进学生理解的学习:价值、内涵及教学启示[J].教育理论与实践,2007(7):61-64.

[82] 马文琴.加强中小学中华优秀传统文化教育的有效策略[J].教学与管理,2016(18):45-48.

[83] 倪文锦.语文教育要切实加强语文基础——从语文教材谈起[J].课程·教材·教法,2011,31(5):33-36,64.

[84] 倪文锦.语文教材编制与民族文化传承[J].语文建设,2015(16):4-7,18.

[85] 倪文锦.语文核心素养视野中的群文阅读[J].课程·教材·教法,2017,37(6):44-48.

［86］潘懋元,张应强.海外华文教育与弘扬中华优秀文化传统[J].教育研究,1996(6):10-13.

［87］潘懋元,张应强.华文教育与中华优秀传统文化现代价值的彰显[J].高等教育研究,1998(3):12-15.

［88］潘懋元.中华优秀传统文化与高等教育现代化建设［J］.东南学术,1998(3):4-5.

［89］钱逊.传承中华文化要重本末终始[J].人民教育,2016(22):14-17.

［90］秦和.加强学校中华优秀传统文化教育[J].教育与职业,2015(1):7.

［91］曲天立.中华优秀传统文化教育内容选择的标准维度[J].教学与管理,2017(28):25-27.

［92］曲天立.中华优秀传统文化教育课程的系统设计与实施[J].教育理论与实践,2020,40(26):41-44.

［93］任翔.中国传统文化教育的目标与内容初探[J].中国教育学刊,2019(1):58-63.

［94］沈立.浅论如何在中小学推行传统文化教育[J].中国教育学刊,2007(5):24-27.

［95］沈伟,王娟.社会情感学习为国家人才培养带来了什么——基于政策流动的视角[J].教育发展研究,2019,39(20):8-17.

［96］沈云霞.中华优秀传统文化融入高校人文教育的价值及途径[J].中国高等教育,2019(22):38-40.

［97］盛群力,褚献华.布卢姆认知目标分类修订的二维框架[J].课程·教材·教法,2004(9):90-96.

［98］盛群力,褚献华.重在认知过程的理解与创造——布卢姆认知目标分类学修订的特色[J].全球教育展望,2004,33(11):73-76.

［99］师曼,等.21世纪核心素养的框架及要素研究[J].华东师范大学学报(教育科学版),2016,34(3):29-37,115.

［100］师曼,等.新加坡21世纪素养教育的学校实践[J].人民教育,2016(20):68-74.

[101] 石中英.全球化时代的教师同情心及其培育[J].教育研究,2010,31(9):52–59.

[102] 石中英.孔子"仁"的思想及其当代教育意义[J].教育研究,2018,39(4):127–134.

[103] 舒义海,周刘波,等.传统文化视域的社会主义核心价值观培育[J].中学政治教学参考,2017(18):10–11.

[104] 孙殿忠.在中小学弘扬中华民族优秀文化传统的几点思考[J].思想政治课教学,1994(6):41–43.

[105] 孙杰远.论学生社会性发展[J].教育研究,2003(7):67–71.

[106] 孙振杰.小学阶段中华优秀传统文化教育中的问题与对策[J].教学与管理,2017(21):36–38.

[107] 孙正林.中国优秀传统文化教育研究述论[J].黑龙江高教研究,2014(9):106–109.

[108] 谭红樱,田穗.中小学开展中华优秀传统文化教育的研究综述[J].重庆第二师范学院学报,2016(1):152–156.

[109] 王本华.强化核心素养 创新语文教科书编写理念——部编义务教育语文教科书的主要特色[J].教育实践与研究,2017(5):8–12.

[110] 王本华.构建以核心素养为基础的阅读教学体系——谈统编语文教材的阅读教学理念和设计思路[J].课程·教材·教法,2017,37(10):35–42.

[111] 王本华.统编语文教材与立德树人教育——以统编初中语文教材为例[J].语文教学通讯,2020(10):4–9.

[112] 王定华.中小学生优秀传统文化教育的提升路径[J].中国教育学刊,2015(9):59–61.

[113] 王嘉毅,鲁子箫.规避伦理风险:智能时代教育回归原点的中国智慧[J].教育研究,2020,41(2):47–60.

[114] 王丽波.传统文化融入新课标语文教学的问题与对策[J].教学与管理,2020(3):96–99.

[115] 王丽华,庞粟.语文教学如何渗透中华优秀传统文化教育——以《孔

融让梨》为例[J].语文建设,2016(34):22-25,39.

[116] 王丽荣,刘晓明.传承中国智慧,创新经典教育[J].教育科学研究,2018(12):30-33.

[117] 王明娣,翟倩.中华优秀传统文化融入教学的价值、困境及路径[J].民族教育研究,2020,31(6):24-30.

[118] 王宁.谈当代的传统文化教育[J].北京师范大学学报(社会科学版),1994(4):59-61.

[119] 王宁.语文教育与核心素养[J].中学语文教学,2016(11):4-8.

[120] 王朋.学生·教师·学习:美国大学教学评价的路径演变——基于约翰·比格斯的3P教学模型[J].高教探索,2017(10):52-57.

[121] 王占忠.以语文为基建设中华优秀传统文化校本课程[J].语文建设.2018(12):72-74.

[122] 王志宏.博融语文:培养小学生核心素养的教学创新[J].中国教育学刊,2019(11):101-103.

[123] 魏锐,等.“21世纪核心素养5C模型”研究设计[J].华东师范大学学报(教育科学版),2020,38(2):20-28.

[124] 温小军.语文课程传承中华优秀传统文化的困境与突破[J].教学与管理,2016(1):36-39.

[125] 温小军.语文课程传承中华优秀传统文化的三个必要追问[J].教育科学研究,2019(6):53-57.

[126] 吴红耘,皮连生.修订的布卢姆认知教育目标分类学的理论意义与实践意义——兼论课程改革中“三维目标”说[J].课程·教材·教法,2009,29(2):92-96.

[127] 吴腊梅.刍议先秦儒家人文思想在加强大学生道德教育中的运用[J].理论月刊,2008(7):180-182.

[128] 吴丽华.基于核心素养培养的语文教学探究:问题、策略与路径[J].教育理论与实践,2018(32):43-45.

[129] 吴文涛.传统文化如何走进学校?——论学校传统文化教育的实践

逻辑[J].中国教育学刊,2018(3):37-42.

［130］忤兆琪.语文教学传承中华优秀传统文化的方法与"度"[J].语文建设,2018(30):72-74.

［131］夏惠贤,陈鹏.以核心价值观塑造好公民品格——新加坡品格与公民教育2014课程标准述评[J].外国中小学教育,2017(5):14-22.

［132］许嘉璐.中华文化·传统道德·思想教育[J].中小学管理,1994(5):4-6.

［133］许静波,王春朝.中华优秀传统文化融入高校思想政治教育路径探析[J].学校党建与思想教育,2018(14):85-87.

［134］薛文竹,张丽娟.语文核心素养培养的路径探析——以文言文教学为例[J].语文建设,2018(26):34-36.

［135］杨帆.古诗文教学应以培养语文核心素养为重——以曹植《白马篇》教学为例[J].语文建设,2019(7):40-43.

［136］杨惠.中华优秀传统文化融入思想政治教育的方法探究[J].学校党建与思想教育,2020(2):77-78.

［137］杨敏.在古诗文教学中渗透中华优秀传统文化[J].语文建设,2018(27):78-80.

［138］杨明全.以人文促教化:我国传统儒学课程考辨[J].课程·教材·教法,2017,37(6):106-111.

［139］杨叔子.对加强社会主义核心价值体系教育的一点理解[J].高等教育研究,2014,35(4):1-7.

［140］杨文英,范宗宪.基于传统文化的社会主义核心价值观培育[J].教育理论与实践,2016(31):53-56.

［141］杨永彬.指向语文核心素养的寓言教学策略[J].教学与管理,2017(17):40-42.

［142］姚永辉.文博资源的"活化":中华优秀传统文化课程化改革推广新思路[J].基础教育,2017(2):40-47.

［143］叶澜.扎实　充实　丰实　平实　真实——"什么样的课算一堂好

课"[J].基础教育,2004(7):13-16.

[144] 殷世东. 课堂教学活动逻辑:诗性逻辑 [J]. 教育研究,2017(10):100-105.

[145] 尹秀坤.以书法教育为载体弘扬中华优秀传统文化[J].中国教育学刊,2019(S2):59-60.

[146] 游韵.中国文化观照下的社会情感学习[J].西北师大学报(社会科学版),2022,59(2):38-47.

[147] 于春海,杨昊.中华优秀传统文化教育的主要内容与体系建构[J].重庆社会科学,2014(10):67-75.

[148] 于莉莉.基于核心素养发展的小学语文教学设计和策略研究[J].中国教育学刊,2018(8):77-80.

[149] 于洋.中小学生语文核心素养培育的困境与路径探析[J].教育探索,2016(12):31-33.

[150] 于漪.弘扬人文 改革弊端——关于语文教育性质观的反思[J].语文学习,1995(6):2-5.

[151] 于漪.聚焦在文化认同上[J].中学语文教学参考,2005(Z2):2-5.

[152] 张广斌.对中小学开展中华优秀传统文化教育的几点建议[J].人民教育,2017(Z2):34-38.

[153] 张广斌.社会主义核心价值观教育的文化路径探索[J].全球教育展望,2019(8):53-61.

[154] 张宏.中华优秀传统文化与语文课程深度融合的路径探析[J].教育研究,2018(8):108-112,147.

[155] 张岂之.大学生文化素质与中国优秀传统文化[J].中国高等教育,1997(2):17-18.

[156] 张庆伟. 中华优秀传统文化融入综合实践活动课程的路径探讨[J].当代教育科学,2018(7):36-40.

[157] 张晚林. 从儒家教育思想看人文教育的基本内涵——以《礼记·学记》为诠释中心[J].现代大学教育,2011(1):6-13,111.

［158］张亚,杨道宇.基于核心素养导向的小学语文教学[J].教育探索, 2016(10):21-24.

［159］张艳,彭苏华,陈雯雯.用适合儿童的方式激活传统文化——中华优秀传统文化教育的校本探索与实践[J].人民教育,2019(21):55-58.

［160］张阳.中华优秀传统文化的当代教育价值及其实现[J].思想政治教育研究,2015(3):112-114.

［161］张应强,张乐农.大中小学中华优秀传统文化教育衔接初论[J].高等教育研究,2019(2):72-82.

［162］赵长河.指向核心素养培育的语用性语文教学[J].教学与管理,2020 (1):46-48.

［163］赵馥洁.优秀传统文化是爱国主义教育的宝贵资源[J].理论导刊, 1995(1):15-16.

［164］赵曙光.中华优秀传统文化育人的价值省思[J].黑龙江高教研究, 2019(6):133-136.

［165］赵晓霞.文化记忆视角下青少年传统文化教育的路径与策略[J].西北师大学报(社会科学版),2019(2):112-118.

［166］郑东辉.深度学习分层的教育目标分类学考察[J].全球教育展望, 2020(10):13-26.

［167］郑淮.论学生社会性发展的研究范式转变[J].华南师范大学学报(社会科学版),2011(10):103-107,160.

［168］郑新丽.统编版初中语文教材中的传统文化梳理[J].教学与管理, 2018(36):86-89.

［169］郑新丽.统编本初中语文教材传统文化要素选编分析——以七、八年级为例[J].语文建设,2018(17):4-9.

［170］郑昀,徐林祥.修辞策略与问题驱动——基于语文核心素养的口语交际教学[J].语文建设,2017(4):11-14.

［171］中共中央、国务院.爱国主义教育实施纲要[J].人民教育,1994(10): 6-9.

［172］中共中央、国务院.关于深化教育改革全面推进素质教育的决定［J］.人民教育,1999(7):4–7,12–13.

［173］钟樱,周刚.培育儿童中华优秀传统文化素养路径探究［J］.中国教育学刊,2010(4):79–81.

［174］周远清.弘扬中华文化是我国大学的历史使命［J］.中国大学教学,2008(5):9–10.

［175］祝安顺.中华优秀传统文化教育的实践与思考［J］.上海教育科研,2016(9):1.

英文期刊类

［1］Allison DiBianca Fasoli. *Interpretive approaches to culture：Understanding and investigating children's psychological development.* Applied Developmental Science,2020,24:1–11.

［2］J.B.Biggs. *Individual and Group Differences in Study Processes*［J］.British Journal of Educational Psychology,1978(48):266.

［3］J.B.Biggs. *Individual and Group Differences in Study Processes*［J］.British Journal of Educational Psychology,1978(48):267.

［4］Jan B. Y. Berkvens . *The Importance of Understanding Culture When Improving Education：Learning from Cambodia.* International Education Studies,2017,10(9):161–174.

［5］Keith J. Holyoak,Merideth Gattis. *Reviewed Work（s）：Children's Understanding：the Development of Mental Models by Graeme S. Halford*［J］. Merril–Palmer Quarterly,1995(3):402.

［6］Mari Haas. *Strategies for Teaching Culture in Grades* K–8. Learning Languages,2006（2):12–17.

［7］Victoria Durrer ,Grace Kelly,Martina Mcknight & Dirk Schubotz. *Exploring young people's understanding of culture：a study from Northern Ireland.* Culture Tends,2019 ,29(1):4–18.

〔8〕 Vismania S.Damaianti，Lira Fessia Damaianti，Yeti Mulyati. *Cultural Literacy Based Critical Reading Teaching Material with Active Reading Strategy for Junior High School.* International Journal of Evaluation and Research in Education，2017，6（4）：312-317.

学位论文

〔1〕 邓斌.中华优秀传统文化与社会主义核心价值观建设〔D〕.长春：东北师范大学,2016.

〔2〕 吕林海.数学理解性学习与教学研究〔D〕.上海：华东师范大学,2005.

〔3〕 石莹.先秦儒家君子人格思想融入大学生道德教育研究〔D〕.成都：西南交通大学,2020.

〔4〕 杨澄宇.基于现象学视角的语文课程探索〔D〕.上海：华东师范大学,2014.

〔5〕 余娟.从语言学习到文化理解——论外语课程教学的文化立场〔D〕.武汉：华中师范大学.2011.

〔6〕 张乐农.我国大中小学中华优秀传统文化教育衔接研究〔D〕.武汉：华中科技大学,2019.

其他

〔1〕 国务院.国务院关于基础教育改革与发展的决定〔EB/OL〕.（2001-05-29）〔2021-08-06〕.http://www.gov.cn/gongbao/content/2001/content_60920.htm.

〔2〕 习近平.把培育和弘扬社会主义核心价值观作为凝魂聚气强基固本的基础工程〔N〕.人民日报,2014.

〔3〕 习近平.习近平在庆祝中国共产党成立95周年大会上的讲话〔EB/OL〕.（2016-07-01）〔2021-08-12〕.http://cpc.people.com.cn/n1/2016/0702/c64093-28517655.html.

〔4〕 习近平.决胜全面建成小康社会 夺取新时代中国特色社会主义伟大胜

利——在中国共产党第十九次全国代表大会上的报告［EB/OL］.（2017-10-18）［2021-09-12］.http://www.gov.cn/zhuanti/19thcpc/baogao.html.

　　［5］习近平.用新时代中国特色社会主义思想铸魂育人 贯彻党的教育方针落实立德树人根本任务［EB/OL］.（2019-03-19）［2021-09-12］.http://cpc.people.com.cn/n1/2019/0319/c64094-30982234.html.

　　［6］习近平.坚持中国特色社会主义教育发展道路 培养德智体美劳全面发展的社会主义建设者和接班人［EB/OL］.（2019-09-10）［2021-09-12］.http://edu.people.com.cn/n1/2018/0911/c1053-30286253.html.

　　［7］中共中央.中共中央关于进一步加强和改进学校德育工作的若干意见［EB/OL］.（1994-08-31）［2021-10-13］.http://www.moe.gov.cn/jyb_sjzl/moe_177/tnull_2479.html.

　　［8］中共中央，国务院. 关于深化教育改革，全面推进素质教育的决定［EB/OL］.（1999-06-13）［2021-07-22］.http://old.moe.gov.cn/publicfiles/business/htmlfiles/moe/moe_177/200407/2478.html.

　　［9］中共中央，国务院. 新时代爱国主义教育实施纲要［EB/OL］.（2019-11-12）［2021-07-23］.http://www.gov.cn/zhengce/2019-11/12/content_5451352.htm？trs=1.

　　［10］中华人民共和国教育部. 教育部 2010 年工作要点［EB/OL］.（2010-01-29）［2020-08-09］.http://www.moe.gov.cn/jyb_sjzl/moe_164/201009/t20100920_108605.html.

　　［11］中华人民共和国教育部. 完善中华优秀传统文化教育指导纲要［EB/OL］.（2014-03-26）［2021-08-11］.http://old.moe.gov.cn//publicfiles/business/htmlfiles/moe/s7061/201404/xxgk_166543.html.

　　［12］中华人民共和国教育部. 中华优秀传统文化进中小学课程教材指南［EB/OL］.（2021-01-19）［2021-07-16］.http://www.moe.gov.cn/srcsite/A26/s8001/202102/t20210203_512359.html.

　　［13］中华人民共和国教育部. 义务教育语文课程标准（2022 年版）［EB/OL］.（2022-04-21）［2022-04-23］.http://www.moe.gov.cn/srcsite/A26/s8001/

202204/W020220420582344386456.pdf.

［14］中宣部，教育部.中小学开展弘扬和培育民族精神教育实施纲要［EB/OL］.(2004-03-30)［2021-08-07］.http://www.moe.gov.cn/s78/A06/jcys_left/moe_710/s3325/201005/t20100527_88477.html.

致　谢

　　五月初夏，宁静而安详。此时此刻，身居屋内，思绪却早已飘出窗外。是期待？是向往？还是无法说清的疑惑与惆怅？人生或许就是这样，有太多的渴望，却又有太多的迷惘，而最后留下的是时间流逝之后的不知从何说起。

　　定心凝神，还是回到2018年的那个秋天。秋天是收获的季节，那时，我收获的是回到母校、开始学习的生活。工作数年之后重返学校，陌生中充满了喜悦，熟悉中酝酿着欢愉。一边工作一边学习，回到家中又能看到两个女儿的快乐与成长，感到生活如此美好。但随着时间的推移，起初我也能成为一名教育研究者的欣喜逐渐被各种问题冲淡，工作事务多、学习进步慢、孩子总生病，这样的矛盾也曾让我深感焦急与疲惫。可是不能放弃的信念常常提醒我，要坚持下去。两年之后，停下了工作，全身心地投入到了学习中。虽然有时也会因为没有经济收入、增加家人的负担而感到内心焦灼，但完全沉浸地去做一件事情，却也能够发现每天都有新的收获，每天都在成长。就这样，跌跌撞撞，时而清醒、时而糊涂地走到了今天。回首过往发现，一切辛苦、不平、挫折和无奈，都只是那时那刻的短暂情绪而已，真正留下来的是人生最可宝贵的东西，那就是爱。

　　从小到大，从来都不说，却也从来都感受到的就是爱。因为爱，我一路走到了今天。看似冠冕堂皇的表达，却是人间最真实的存在。因而此刻的"致谢"，不是必不可少的形式，而是不容遗漏的内容。因为当我有机会完成"致谢"内容的书写，就意味着幸运地得到了一定程度的认可，那"致谢"就更是不可或缺的。

那就从西北师大的教育学院开始吧！西北师大的教育学院历史悠久、学术氛围浓厚，处于开阔怡人的新校区，为在这里学习的我们提供了良好的学习环境。不知是否有意为之，教育的化育意涵正与这里的环境交相辉映，而这里的人与事则更加为教育的含义做着注解。

来到这里，最先相遇，也是最重要的相遇，就是能够受教于导师傅敏教授。傅敏教授学术水平高、科研能力强，培养出了许多优秀的学生。而我，却是他学业不精的学生。从一开始，他就敏锐地发现了我存在着教育研究基础薄弱的问题，于是"不放心"就既是他对学生如父亲般的负责与关爱，也是他对我严格要求的初衷。事实上，在生活中他亲切和蔼、温文尔雅，待人真诚和气，但对待工作和研究则认真严谨、一丝不苟。跟随他学习，我不仅收获了知识，而且学会了为人处世。他包容了我的诸多不足，以最大的宽容和尊重引领我在教育研究的路上向前走。这是我的荣幸，更是我的幸运！或许文字无法穷尽我想要表达的，但也需要借助文字表达我对傅敏教授的感激之情！学教育并不容易，幸有傅老师的指引，我才不会迷失方向、不知所措。说感谢的时候，或许是要分别的时候，分别固然令人悲伤，但分别时定要道一声珍重！常愿傅老师和家人顺利安康！

常祝安康的还有教育学院令我尊重并喜爱的老师们，刘旭东老师、王兆璟老师、吕世虎老师、赵明仁老师、周晔老师、吕晓娟老师、高承海老师、杨鑫老师，都给我留下了深刻的记忆，敬佩其学识渊博，更敬重其正直为人。有幸聆听各位老师的课，让我如沐春风，收获颇丰！真诚感谢各位老师的辛苦付出！还有美丽知性的李金云老师，虽未能聆听她的课，但我对她的感情尤深，希望她一直如此美丽下去！正是由于诸位老师的悉心教导，才有如今我的收获满载！真挚的祝愿永留我心！

同愿幸福快乐的还有几位老师，他们都是工作在中学一线的教师，勤恳而负责、真诚而热心。路岩老师曾是我的同事，在与她共事期间，常被她的认真负责所深深地折服，她以其极大的责任心对待每一堂课，以其令人动容的善良对待每一个人，更是如母亲般对待每一个学生，从她的身上我也感受到了温暖、也学会了怎样对待他人、对待学生。学习期间，也常收到她给予我的鼓励和支持，让我备受感动。史明老师是我调研期间结识的一位老师，他有思想、有态度、有坚持，每一堂课都有特点，常令我自愧不如。与他对话交流，每一次都有收获，并且对我的每一个问题、每一次请求，都给予了极大的支持与帮助，令我受益匪浅。车占平老师同样对我的每一个要求都给予了充分回应，每一次对话也是我学习的机会，他的质朴、谦虚和善良更是让我深深地感动。感谢给予我帮助的老师们！

同样要感谢的还有与我一起学习的同窗，林玉春、许国燕、孙宁、秦建军、杜成林，都曾是或仍是一线的教师，来自不同地方，有着不同经历，但都对学问有着一份执着，不辞辛苦地奔波往返于学校和家之间，既要工作学习，还要照顾家庭，十分不容易！感谢他们与我共读共学，并给予我帮助，才使我坚定地走完了这段人生旅程！

在这段人生旅程中，还有同门师友相伴，可爱的王太军师兄、稳重的王爽师姐、热情的高建波师兄、直爽的许瑞师姐、温柔的常笑雯师妹、聪明的冉利敏师妹，每一个人都个性鲜明，从他们身上，我学会了不同的东西。也要感谢他们给予我的支持和帮助！

还不能忘记李晓娟妹妹，可爱善良，耐心诚恳，在做论文的统计分析期间，给予了我极大的技术支持。每有不懂的地方向她求助，总会细心地给我讲解，帮我分析，成为我并不熟稔、却又亲近的朋友。十分感谢她！

最后要感谢的是我本该感谢、却又常常不必感谢的家人。家人给予我的则是无声的支持与默默地付出。四年学习期间，母亲、爱人和孩子都在以自己的方式支持着我，母亲毫无怨言地承担起了全部家务活，做饭洗衣带孩子，使我没有后顾之忧；爱人独自工作，支撑起了整个家庭，还要陪伴孩子，特别是在疫情防控期间，做了许多妈妈应该做的事情，才令我能全情投入学习；两个孩子虽偶尔不听话，但我学习期间一定不会打扰我，独立性强，这让我十分安心。生活的细节难以言尽，感谢之情也无法言表。感谢之余，也总感愧对他们，但他们仍在一如既往地支持与付出，才让我始终有勇气直面各种困难和问题。生活还在继续，家人也在陪伴，不说感谢，但仍要感激！唯愿家人健康快乐！

　　此时此刻，周围寂静安宁，一个人静坐着，有太多的话想要说，瞬间却又不想说。常听到有人说，做论文的过程是自我修炼的过程。一年半的时间，从读书到写作，感觉虽然很辛苦，但进步不小。与其说我得到"修炼"了，倒不如说我认识自我了。读博就是读自己，我坚守了我的信念，我坚定了我要走的路！

　　路漫漫其修远兮，吾将上下而求索！

　　路虽远，心已至！

　　愿未来更好！

李彩霞

二〇二二年五月十八日夜

附　录

附录一　初中生儒家人文思想理解能力调查问卷

亲爱的同学：

　　你好！伴随着世界的急剧变化和社会的高速发展，回归文化传统，守望精神家园，成为人类共同的理想追求。中华优秀传统文化丰厚而深邃，其中的思想文化，更是具有重要的育人价值。儒家人文思想以"人"为中心，关注个体的人性情感、德性生成、人生意义，理解儒家人文思想就是能感知"同情"的情感、阐释"基本价值"的内涵、反思"自我实现"的过程、实现"选择与决策"的应用。为了解各位同学借助经典古诗文的阅读和学习，理解儒家人文思想的现状，探究提升儒家人文思想理解能力的路径和策略，特发放此问卷。问卷不用署名。所有的数据都将保密并用于学术研究，请你按照实际情况和真实想法作答。

一、你的基本情况（请在对应选项前的"〇"上打"√"）

　　1. 你的性别：〇A. 男　〇B. 女

　　2. 你的年龄：〇A. 12 岁以下（包括 12 岁）　〇B. 13–14 岁　〇C. 15–16 岁〇D. 16 岁以上（不包括 16 岁）

　　3. 你所在的年级：〇A. 七年级　〇B. 八年级　〇C. 九年级

4. 你所在的学校所属性质：○A. 公办　　○B. 私立

5. 你所在的学校类别：○A. 地方初中　　○B. 高校（企业）附属初中
○C. 合作共建的分校　　○D. 其他

6. 你所在的学校所处的位置：○A. 市（州）级城市　　○B. 县城　　○C. 乡镇

7. 你的语文教师性别：○A. 男　　○B. 女

8. 你的语文教师的年龄：○A. 35 岁以下　　○B. 36–45 岁　　○C. 46–55 岁
○D. 56 岁以上

9. 语文课堂之外，你每周阅读时长：○A. 5 小时以内　　○B.5–10 小时
○C. 11–15 小时　　○D. 15 小时以上

10. 你平时阅读的经典文学作品的种类：　［多选题，最多可选 3 项］

　　○A. 古诗词　　　○B. 古体小说　　　　○C. 古代散文（抒情）

　　○D. 古代戏剧　　○E. 古代哲理小品　　○F. 古代寓言或传说　　○G. 其他

**二、初中语文教学中儒家人文思想理解能力的现状（请在对应的空格内
打"√"）**

序号	题目	非常符合	符合	一般	不符合	非常不符合
1	通过阅读作品，你能整体把握作品的思想和主题，并与自己的生活相联系					
2	学习经典作品是启迪人生感悟与思考，引导现实行动的起点					
3	语文教师能创设丰富情境、讲述生动故事，使你把握作品的主旨情感					
4	教师广博的文化知识、充满感情的语言表达，帮助你理解古诗文的情感					

续表

序号	题目	非常符合	符合	一般	不符合	非常不符合
5	赏读经典作品，体悟它的情感、认识它对你的意义，是你语文课的收获					
6	通过把握内容、体会情感，你能从古诗文学习中认识到情感是相通的					
7	自由、对话、合作的环境，让你感受到情感可以在师生和作品间互通					
8	作品表达的情感会引发你对自身经历的回忆，并获得作品带给你的意义					
9	赏读《悯农》让你产生情绪感受，并通过联想，体悟到它带给你的意义					
10	教师通过动情讲述、多媒体使用，引发你的想象，使你获得情感的浸润					
11	教师引导你对古诗文情感的体悟，使你在回忆和联想中获得情感体验					
12	在古诗文学习基础上，能讲述你的情感经历、说出你的情绪感受和体会					
13	讲读语文教材中的古诗文，让你确认自己的情感，在联想中体会其意义					
14	师生共读、平等对话，有助于你感受和体会人与人之间的真实情感					

续表

序号	题目	非常符合	符合	一般	不符合	非常不符合
15	通过语文教师对古诗文的赏析，你能概括出"爱"是人的共同情感主题					
16	你能在阅读认识和经验上，总结并说出人的基本价值，如关爱、责任					
17	你能举出古诗文中的事例，概括和说明它所体现的人的基本价值选择					
18	你能对生活和古诗文中体现的基本价值做出解释说明，如关爱的意义					
19	教师由教材出发，通过古诗文主旨内容的分析比较，使你思考人的选择					
20	教师将古诗文主题与生活相关联，通过比较分析使你确立人的价值选择					
21	你能在相同主题、不同类型的古诗文比较阅读中，提炼出人的基本价值					
22	以人的选择为课堂讨论的话题，你能在古诗文对比阅读中认识价值					
23	思考、辩论、对话、交流的语文课堂，有助于你认识人的价值选择问题					
24	你能根据已有经验，明确怎样对待他人、怎样立于社会才是有价值的					

续表

序号	题目	非常符合	符合	一般	不符合	非常不符合
25	你能从自己对待他人的行为表现出发，思考和分析自己哪些方面不足					
26	你能在思考和分析自己的态度和表现中，形成自我认识，并尝试改进					
27	学习古诗文，与人物、作者、内容、自己对话，能让你认识自己					
28	讨论和分析每个人可能遇到的现实问题，能引起你关注自己，思考不足					
29	教师会联系你的生活，分析《论语》中的观点，引导你提出自己的认识					
30	对话古诗文中的人和事，你会思考自己在生活中对待他人的态度和做法					
31	课外广泛阅读、与他人对话、自我反思使你获得思考和认识自己的机会					
32	你能站在他人立场想问题，根据自我认识来控制和调节情绪，与人相处					
33	反思自己与他人交往中的态度、做法和表现，是你常有的做法					
34	教师对古诗文的分析讲解，最后会落在人怎样认识自己、他人和世界上					

续表

序号	题目	非常符合	符合	一般	不符合	非常不符合
35	语文教师对他人的关爱、尊重和负责任，常影响着你的做法和选择					
36	你通过学习《论语》，知道了关爱和尊重他人、反思和评估自己的重要					
37	民主、合作、关爱、互助的课堂，是你获得理解他人、反思自己的机会					
38	学习古诗文，引发你思考和探问人与人间的情感、价值和意义					
39	你与语文教师在古诗文的赏读中，逐渐获得了对情感和价值的理解					
40	你从古诗文阅读中获得自我认识，关注自身的理解，调节自己的行为					

三、初中语文教学中儒家人文思想理解能力的影响因素（请在对应的选项"□"上打"√"，以下均为多选题）

11. 你认为在语文课上，理解儒家人文思想的方法和途径有？ ﹝最多选4项﹞

□A. 与老师和同学进行合作与对话，获得使自己成长的经验知识

□B. 深入阅读人文经典作品，在与作品对话中思考待人处世的态度和方法

□C. 在与作品的互动中感知、理解、反思自己的情感、态度、价值及行动

□D. 注重平时的观察、感受、积累和学习，提升自己对周围人、事、物的感受和认识

□E. 多进行口头表达与交流，充分展现自己对作品的认识、思考和理解

□F. 积极参与课堂问答、小组讨论或小组合作学习，关注自己的思考和创造性成果

□G. 重视自主阅读过程中问题的提出，语文教师对此问题的回应，并对此进行进一步思考

□H. 语文教师创设丰富的情境，使学生获得情感体验，以感知和思索人文思想的力量

□I. 语文教师组织多种形式的课堂活动，提供丰富的内容和学习材料

□J. 营造民主、平等、关爱的课堂氛围，有助于学生展开感悟和思索

12. 在初中语文教学中，影响学生理解儒家人文思想的主要因素有： ［最多选 4 项］

□A. 学生已有的经验知识和能力　　□B. 真实情境的感知和体验

□C.语文教师对语文的认识和态度　　□D. 语文教师丰富的思想文化积淀

□E. 语文教师的教学设计　　□F. 教学内容的呈现方式

□G. 情感与思维并重的课堂

□H. 多媒体、图片、实物、阅读材料等教学资源的应用

13. 你认为语文教师有哪些方面的表现对儒家人文思想理解能力的提升影响大？ ［最多选 3 项］

□A. 语文教师对思想文化有兴趣并有积淀

□B. 语文教师有文化的视野，重视语文的情感浸润和价值指引的功能

□C. 语文教师有丰富的思想文化知识，并对此有自己的深入思考和理解

□D. 语文教师对思想文化的阐释和分析能力

□E. 语文教师的教学目标明确，围绕学生对思想文化的理解进行设计

□F. 语文教师在讲述相关内容时，会引用诗词、文章中的语句、名人名言等，使表达非常生动、富有内涵和感染力

14. 为提升学生的儒家人文思想理解能力，你认为需要什么样的语文课程？　［最多选 3 项］

□A. 重视思想文化，能从中汲取现实行动的智慧和力量

□B. 以优秀传统经典作品为载体的丰富的内容，例如古诗词、经典散文

□C. 能够在语文课堂教学中以丰富的形式展现出来，例如音韵、汉字的学习

□D. 语文课本内有不同形式呈现的儒家思想文化内容，从相关知识介绍到具体作品

□E. 以多样化的形式关注学生独特的阅读感受、情感体验、意义理解、价值取向

□F. 语文课程资源充分，有积淀丰厚的语文教师、充足的文化学习资源、图书馆（室）的图书音像资源等

□G. 校园、教学楼、教室内的标语、张贴画、宣传海报、黑板报等有儒家思想文化的介绍、讲解

15. 你认为，语文教材对学生的儒家人文思想理解能力的支持作用主要表现在哪些方面？　［最多选 3 项］

□A. 阅读材料的经典性和思想性，特别是优秀的传统经典作品

□B. 以儒家人文思想内容为主题来安排和组织单元内容、综合性学习及名著、课外古诗词部分

□C. 课前预习、注释、课后练习等部分帮助传统经典作品的理解和解释

□D. 语言知识、文化常识或知识等补充说明传统经典作品

□E. 围绕儒家人文思想内容开展语文活动的材料提供和计划或方案的撰写、设计的指导

□F. 课外传统经典阅读作品的荐读和方法指导

16. 在初中语文教学中，影响学生的儒家人文思想理解能力提升的学生因素包括：　［最多选 3 项］

□A. 生活中的观察太少、感受太少、思考太少

□B. 相关经典作品阅读少，没有培养起对传统思想文化的兴趣

□C. 经典作品阅读和理解起来难度大，也只作为考试内容学习，并没有充分感知到它能影响自己的情感、态度、价值等

□D. 课业负担重，没有那么多时间阅读经典作品并充分思考对自己的意义

□E. 升学考试压力大，时间都用于做题复习，对经典作品所表达的情感、态度、价值等内容的感悟、解释、反思能力不强

□F. 家庭没有阅读经典作品的氛围，也很少与家人交流和讨论经典作品对自己的影响和意义

17. 在初中语文教学中，影响学生的儒家人文思想理解能力提升的教师因素包括： ［最多选 3 项］

□A. 语文教师侧重语文课的工具性，将语文视为仅学习语言文字的学科

□B. 语文教师的教学重点在分析和讲解课本中作品的结构、内容和主旨上，缺少更广阔的文化视野

□C. 语文教师只关注字词书写、背诵、抄写等与知识相关的活动，较少开展思想的讨论、争鸣、辩论等活动

□D. 语文教师基本按照传统的教学方式，较少进行小组合作或探究性的学习和体验活动

□E. 语文教师在古诗词、文言文、名著等为载体的传统文化方面不常进行教学设计或教学方法的创新

18. 在初中语文教学中，影响学生的儒家人文思想理解能力提升的课堂文化因素包括： ［最多选 2 项］

□A. 语文课堂太沉寂，只有教师的声音

□B. 语文课堂的思考不足，提问和回答都太固定，较少和现实的问题结合，很少能激发师生的探究活动

□C. 语文课堂上，关爱和鼓励的声音不够，教师和学生之间、学生和学生之间交流互动的机会较少，没有表达出自己真实的想法和情感

□D. 语文课堂的创新较少，学生和教师都习惯于已经形成的教学环节、问答过程、结果生成方式

再次感谢你对本次调查活动的参与！

附录二　学生访谈提纲

时间：　　　　　　　地点：　　　　　　　被访谈人：

1.你认为，语文课程的学习带给你的是什么？

2.你喜欢阅读古代经典的诗文吗？为什么？

3.在语文老师讲解古诗文时，是否会重点讲解其中的音韵、汉字等内容？

4.语文教师在讲解古诗文时，会采用哪些你认为有效的方法帮助你理解作品的情感、态度、价值、意志等？

5.在阅读和学习古代诗文时，你会不会产生一些相关事物的联想或想象？比如，提到陶渊明会想到菊花。

6.你认为学习古代经典的诗文能够对你产生怎样的影响？

7.你有没有把从古诗文所获得的思想、情感、价值等与你现实生活中遇到的问题关联起来？

8.你想成为一个什么样的人？

附录三 教师访谈提纲

时间：   地点：   被访谈人：

1.能谈谈您对语文课程的理解吗？

2.您认为中华优秀传统文化教育，特别是思想文化，如何更好地融入语文课程之中？它们的契合点是什么？

3.您在语文阅读教学中，会有意识地将中华优秀传统思想文化的相关内容传授给学生吗？

4.您在进行古代诗文教学时，更加重视哪些方面？（教学重点）您认为音韵、汉字方面的知识对古代诗文的学习有什么作用吗？

5.在进行古代诗文教学时，您是如何引导学生理解作品蕴含的情感、态度、价值、意志的？

6.您认为有哪些具体的方式或方法能够让学生更好地去理解作品中的情感、态度、价值、意志？

7.在《论语》《孟子》《庄子》等经典散文教学过程中，您认为教学的重点是什么？怎样使学生更加深入地理解和把握相应的观点、主张、思想等？

8.在语文教学中，您认为如何引导学生将经典中的思想、情感、价值等与自身的现实问题相结合？

9.在您看来，一个完整的人是怎样的？应具备哪些品质？

附录四　N学校八年级某班学生"坐而论道"探究活动随笔

课堂随笔 6.6

　　今天的语文课上，老师和我们讨论了道。

　　在今天来看道的出现仿佛是必然的，在当时的历史背景下，被战乱摧残到对生活失去希望的人们需要一个精神寄托，庄子发现了这点，于是他便创造了道教，希望以此改变现状。他是这样想的，也是这样做。直到现在，道家的思想还影响着一些人和一些事，就我而言，我是很钦佩他的，他怕是个自愿下凡的神仙，以一己之力创造道家充实人们对道的认知。所以思想却实是个伟大的东西，它能支配人们的想，也能推动时代的进步。

道家和道教产生各何时间不同

道教产生于汉，形成于魏北时。

6.8

"生而花开"——后续（阅记阅志）

一个人身计中的"有知识，有情怀"是不约的，结合社会条件一些因素，发现光凭思想是根本不够的，加里没有的动和行为，只是生在那条所学的皮毛知识来谈论谈道，去浇灌别人冰脉，那么这个人如果一时就很同身花一现，甚至还不如眼看散美，这时的人是碰不上什么车上，更多是干什么行动家罢了……

"无道无为"是一个很深奥的词语，所谓"无为"是"有为"，老子的道家学派我一直不太认识，我觉得太过习惯的性情在这情绪写生中，我竟还是不太认识。但上初中后我才能慢慢发现许多事情并没有认为的那样，"无为"这一字母合的不一了，即使不去理解它看着表面意思，都会有所感想，我原以为有些事情即使不可能也难做，只要我愿去做努力去做一些去做，坚持去做，就一定会到某占处……

人既爱他一起知自己是谁？或许在我们视线从外有些细，走出整个内在，在性活里身价承担，我们会谁那为什么？行住都不知？不加顺其自然，加水般平静，大岁多色彩。但那不知是因为性味小了车息，若大于车身水硬以来去影响吗！它用一切对待它们，却却知他人思心同在……

以做人都是像水的性格，而不是其他。

学生学习乱是沙漠大潮，这是一个信息化时代，

顺息而为，才不会被时代所淘汰。6.8

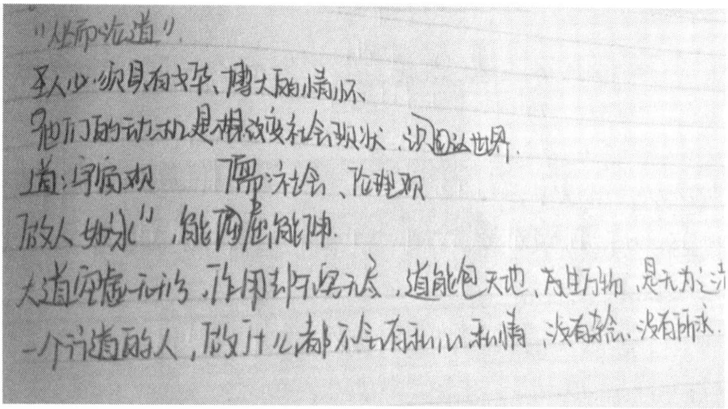

附录五　H 学校八年级某班学生写作活动《我想成为这样的人》

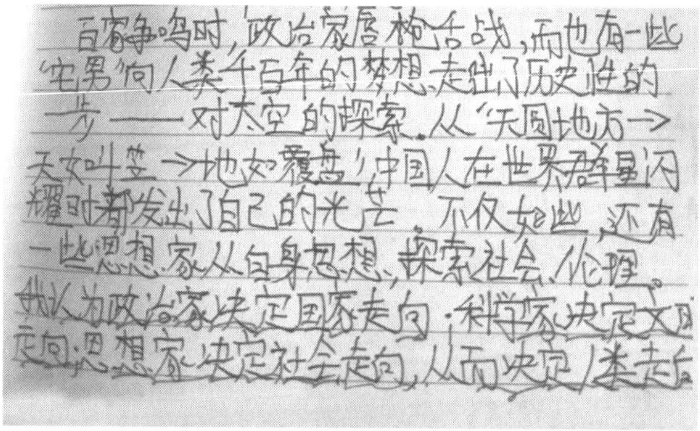

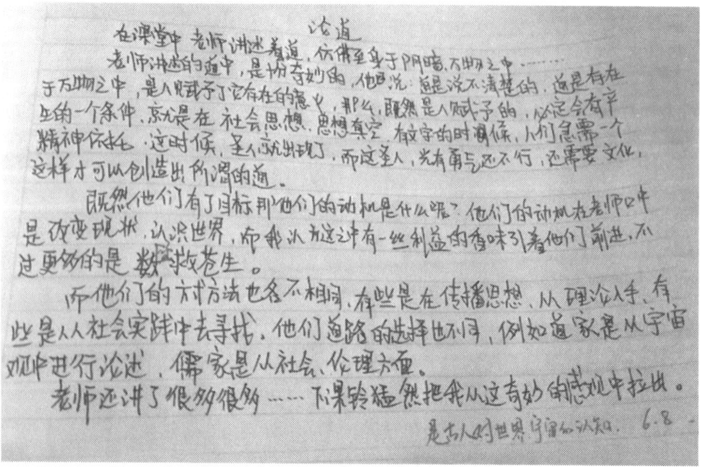

我想成为这样的人

漫步在闲读的星空下，徜徉在知识的海洋里。古今中外，无数的古圣先贤、历史人物犹如夜空中的点点繁星，用璀璨的光芒为我指引方向。夜深人静的时候，我常常在想：我到底要成为什么样的人了今天，或许我自从中找到答案。

我想成为一个独立生活的人。"生活"？我们每天不都在生活吗？错了，不要把生活和生存搞混，"生存"是想方设法的活在这个世上，而"生活"是尽力活的更好、更有意义，它绝不是生存那么简单。好好生活，用心对待事物，做自己喜欢的事，偶尔出门爬爬山、散散步，心情无比舒畅。

而我仅不做到"好好生活"还有"独立"二字。以后我不想依赖任何人，只想靠自己的能力，且有稳定的工作与可靠收入，有自制力。并且不想像如今很多女性做了"家庭主妇"，甚至变成了一家中的保姆。那这样的一生有什么意义呢了那么如何变成想成为的人呢？首先，我要有自制力。现在我的自制力不是很高，大量时间都被我浪费，不能做到按规划来做事，导致拖到了期限的最后。这样做事，既无效率，更没有大用。而今后应更好的克制住自己。

第二点是要心胸宽广。待人多一点宽容和理解，多多换位思考，不要为一些鸡毛蒜皮小事而勃勃计较。俗说退得好：退一时风平浪静，退一步海阔天空。当然，宽容别人并不是纵容。

第三点是对自己的目标不能太低。目标若不切合实际，非常容易达到，那么也许很可能就会放纵自己。一定要学会慎重，做事也会更精。

说了这么多，也是需要与践行动用。每个人都希望自己可以生活的更好，而不是浑浑噩噩地度过自己的人生。为了自己的理想，努力执行，退步奋斗，最终走上人生巅峰，让生活变得更充足，更美更好，更加有意义。

我想成为这样的人

　　望着题目，我沉思良久，我想成为什么样的人呢？这个问题缠绕着我很久，让我感到迷惘。

　　回首望去，在历史的长河中有无数的古圣先贤，他们犹如夜空里那颗最亮的星，用璀璨的星光为我们指引方向，这时那个缠绕我很久的问题似乎在我的心中有已了答案。

　　我想成为一个善良的人，心中常存感恩之念。吕蒙正是北宋名臣，为人正直、善良，有一次朝廷任命高官，许多大臣都极力推荐他，但有一位大臣却极力反对并说了许多坏话，经过多次讨论，皇帝还是任命了吕蒙正。事后有位朋友为吕蒙正遭人非议愤愤不平，告诉他这些情况，并要告之那个人的姓名。吕蒙正劝阻了他的朋友，他说："我们不能因为私人恩怨与他争吵。如果知道他是谁，就会终身忘不了那人的过错，我不追问那人的姓名，也是为了我以后能够大公无私，秉公办事，个人的委屈算得了什么呢？"所以我们要"怨欲志，恩欲报"

　　我想成为一个宽容的人，心胸宽广。在春秋时期，齐襄公被杀后，公子小白和公子纠为争夺王位而战。鲍叔助小白，管仲助纠。双方交战，管仲用箭射中小白，小白佯遭毙命，后来小白做齐国国君，即齐恒公。齐恒公执政后，有智人之明，宽容大度，不记私仇，采用了鲍叔的建议，重用管仲，任命他为相国。管仲担任相国后，通过数年改革，让齐国由弱变强，成为春秋时期最发达的强国。　　放下仇恨，也是放过自己。

　　我想成为一个孝顺的人，心中常存感激。仲由，字子路，季路，春秋时期鲁国人，孔子的得意弟子，性格直率勇敢但又十分孝顺。早年家穷，自己常常采野菜充饥，却从百里之外背米回家侍奉双亲。父母死后，也做了大官，也仍常常怀念双亲，慨叹说："即使我想吃野菜，为父母亲去背米，哪里能够实现呢？"孔子赞扬说："你侍奉父母，可以说是生时尽力，死后思念啊！"

古人的事故引指着我，让我知道了我想成怎样的人。

没我者父母，教我者师长，伴我着祖国。在成长的道路上，每个人都给予我帮助与力惜，心怀感恩，心怀慌才，激斗仙————

每一个倒下挪起的银妆，校在于每一点上没进原因倒多简思。

结尾高些类好。

　　　　　　　　　　我想成为这样的人　　　　　政治

　　　漫步在阅读的星空下，徜徉在知识的
草海里，古今中外，无数的古圣先贤。历
史人物就如夜空中的点点繁星，用难谋的
光芒为我指引方向。夜深人静的时候，我
常常在想：我到底要成为一个什么样的人？
今天，或许我已从中找到答案。

　　　我想成为一个正直的人。或许大家看
到这儿会忍俊不禁，其实所谓的"正直"，
并不是每个人都能做到，而且"正直"，也
不如我们想象的那样简单。正直，意味着
要有道德感且要遵从自己的良知。孟子·
离娄曾对敌人说："去做任何违背良知的事，
既谈不上安全稳妥，也谈不上谨慎明智。"
　　　　　　　　　　　　　　　　　　不为利益所惑，不为权势所
　　　　　　　　　　　　　　　　　　坚守道德底

　　　正直可以让人对自己有一个更高的标
准，正直可以让人们更加坚定，正直可以
使人心坦然，正直还可以使人们更加勇敢。

　　　除了正直，我还想做一个宽容的人。
欧文曾说："宽容是一切事物中最伟大的，
是人性中的极致。"其实，宽容，并不仅指

一种关源，更是一种道德风险，一种行为习惯。相信生活中大部分人都碰到过喜欢斤斤计较的人，这些人太过于看重自己的得失，自己的利益，所以这些人往往不能容纳别人的任何过失，还容易斤斤计较。仔细想来，不宽容的人在生活中好像总是不能让人喜欢。曾经的"公交车事件"则极度反映出了宽容的重要性，还有生活中那些不宽容的人好像时时刻刻都在提醒我一定要做一个宽容的人。宽容别人也是宽恕自己

　　我还想成为一个不怕困难，也不轻易言弃的人。在学习生涯中，多多少少总会遇到困难，每当遇到一些问题时，你会选择装着自己都懂的样子，还是抱着一颗钻研的心去请教同学、家长、老师，我希望我在日后能继续成为后者。如今的我们，已踏入了九年级的大门，那将面临的，就是人生第一道分水岭——中考，我想，我们在这一年里一定会遇到许多困难，我们一定要迎难而上，咬咬牙，鼓鼓劲，再努

努力，朝着理想靠近，如果在这关头轻言放弃，何尝不会后悔呢？

我希望，日后的我，能比现在优秀，能正直，能宽容，能不惧困难的努力拼搏。

《礼记》有云"修身、齐家、治国、平天下"每个人的起点都是修身，现加强自身的修养，这样才能走得更高，更远。

引用的例子恰当非常贴切，文章脉络结构及层次清晰，立意深远，语言流畅，很棒！

作文